DE GERAÇÃO PARA GERAÇÃO

DE GERAÇÃO PARA GERAÇÃO

ALTA BOOKS
EDITORA
Rio de Janeiro, 2017

De Geração para Geração
Copyright © 2017 da Starlin Alta Editora e Consultoria Eireli. ISBN: 978-85-508-0086-8

Translated from original Generation to Generation. Copyright © 1997 by Owner Managed Business Institute. ISBN 9780875845555. This translation is published and sold by permission of Harvard Business School Press, the owner of all rights to publish and sell the same. PORTUGUESE language edition published by Starlin Alta Editora e Consultoria Eireli, Copyright © 2017 by Starlin Alta Editora e Consultoria Eireli.

A editora não se responsabiliza pelo conteúdo da obra, formulada exclusivamente pelo(s) autor(es).

Marcas Registradas: Todos os termos mencionados e reconhecidos como Marca Registrada e/ou Comercial são de responsabilidade de seus proprietários. A editora informa não estar associada a nenhum produto e/ou fornecedor apresentado no livro.

Impresso no Brasil.

Obra disponível para venda corporativa e/ou personalizada. Para mais informações, fale com projetos@altabooks.com.br

---

Tradução
Nivaldo Montingelli Jr.
Editoração Eletrônica
Estúdio Castellani
Revisão Gráfica
Edna Cavalcanti
Produção Editorial
Elsevier Editora — CNPJ 42.546.531/0001-24

Erratas e arquivos de apoio: No site da editora relatamos, com a devida correção, qualquer erro encontrado em nossos livros, bem como disponibilizamos arquivos de apoio se aplicáveis à obra em questão.

Acesse o site www.altabooks.com.br e procure pelo título do livro desejado para ter acesso às erratas, aos arquivos de apoio e/ou a outros conteúdos aplicáveis à obra.

Suporte Técnico: A obra é comercializada na forma em que está, sem direito a suporte técnico ou orientação pessoal/exclusiva ao leitor.

CIP-Brasil. Catalogação-na-fonte.
Sindicato Nacional dos Editores de Livros, RJ

D32

De geração para geração / Kelin E. Gersick... [et al.]; tradução de Nivaldo Montingelli Jr.. – Rio de Janeiro : Alta Books, 2017.ª 4 - reimpressão.
il.

Tradução de: Generation to generation
Inclui – bibliografia
ISBN 978-85-352-0086-8

1. Empresas familiares – Administração. 2. Empresas familiares – Sucessão. I. Gersick, Kelin E.

06-0246.   CDD 658.041
                                            CDU 658.114.1

Rua Viúva Cláudio, 291 — Bairro Industrial do Jacaré
CEP: 20970-031 — Rio de Janeiro - RJ
Tels.: (21) 3278-8069 / 3278-8419
www.altabooks.com.br — altabooks@altabooks.com.br
www.facebook.com/altabooks

Agradecimentos

Os PRIMEIROS A quem precisamos agradecer por tornar possível este livro são as famílias que nos ensinaram aquilo que sabemos a respeito de empresas familiares. Conhecemos centenas delas, de todos os tamanhos, em todo o mundo. Elas nos convidaram a entrar em suas empresas e suas vidas. No processo de trabalhar conosco em suas metas, cada família acrescentou algo — uma nova história sobre a criação de filhos, um dilema único de planejamento imobiliário, um exemplo de diferenças culturais no Chile ou na Noruega, uma indústria com restrições incomuns à estratégia. Foram essas histórias e as lições que delas apreendemos que originaram este livro.

Queremos mencionar em particular os executivos da Caterpillar Inc., especialmente Dave Lewis, Bob Kinne e Ron Bonati, que patrocinaram o projeto original que nos levou a trabalhar em equipe. Os revendedores Caterpillar foram muito generosos em nos revelar suas experiências ao longo de mais de uma década, e muitos dos seus dilemas e soluções estão embutidos em nosso modelo.

A Harvard Business School Press tem nossos sinceros agradecimentos por nos ajudar a transformar nossas idéias em uma publicação. O entusiasmo inicial de Carol Franco pelo livro convenceu-nos de que valeria a pena tentar escrevê-lo; os estímulos e o entusiasmo contínuo de Hollis Heimbouch nos levaram a superar as dificuldades. Foi um prazer trabalhar com todos os outros membros da equipe, em edição, projeto e marketing. Também queremos agradecer a By Barnes e Howard Stevenson, da Harvard Business School, pelas revisões dos textos iniciais, extremamente úteis.

É muito importante para nós, como participantes deste campo profissional jovem e em desenvolvimento, agradecer a influência e as contribuições de nossos colegas. Procuramos registrar no livro o trabalho de outros que prepararam a base para nosso pensamento. Além disso, queremos reconhecer o quanto devemos aos nossos mentores. Foram professores, conselheiros, patrocinadores, guias – e, em última análise, amigos queridos e de confiança. A Dan Levinson, Ron Tagiuri, Dick Beckhard, Barbara Hollander e Mort Deutsch: de maneira que nem vocês nem nós podemos isolar, sua sabedoria e seus ensinamentos estão embutidos no coração deste livro.

Finalmente, dedicamos este livro, com amor, às nossas famílias.

Aos nossos pais e irmãos,
    os primeiros a nos ensinar a respeito de famílias e empresas.

Aos nossos cônjuges, Connie, Nancy, Tom e Margarita,
    nossos verdadeiros parceiros.

Aos nossos filhos,
    nossas melhores esperanças e nossos sonhos mais carinhosos.

Sobre os Autores

JOHN A. DAVIS, presidente do Owner Managed Business Institute em Santa Bárbara, foi professor na University of Southern California, e organiza programas executivos sobre empresas familiares em várias importantes faculdades de administração e presta consultoria a muitas empresas familiares no mundo inteiro, sobre aspectos como: trabalho com parentes, planejamento estratégico e sucessório, e profissionalização da empresa familiar.

Seus interesses de pesquisa incluem relacionamentos de trabalho na família e controle da empresa familiar. Faz parte do Conselho editorial da *Family Business Review* e está atualmente escrevendo um livro sobre as melhores práticas de empresas familiares bem-sucedidas.

KELIN E. GERSICK é co-fundador e sócio da Lansberg, Gersick & Associates, uma empresa de consultoria e pesquisa especializada em empresas familiares e filantropia familiar. Lecionou em Harvard e Yale, e é atualmente professor de psicologia organizacional na California School of Professional Psychology e membro do corpo docente do Owner Managed Business Institute.

O trabalho de pesquisa e consultoria do Dr. Gersick com empresas familiares focaliza a interação das dinâmicas familiares com o controle e o gerenciamento de empresas. Ele escreve muito sobre empresas familiares, fundações familiares, paternidade e desenvolvimento de adultos. Foi co-editor chefe e é colaborador regular da *Family Business Review*.

MARION MCCOLLOM HAMPTON é professora-associada de comportamento organizacional na Boston School of Management e membro do corpo docente do Owner Managed Business Institute. Seus interesses de pesquisa incluem cultura organizacional, empresas familiares, dinâmica de grupo e relações intergrupais. A Dra. McCollom Hampton tem publicado artigos em vários jornais e é co-editora de *Groups in Context: a new perspective on group dynamics* e co-autora de *The physician-manager alliance*.

IVAN LANSBERG é psicólogo organizacional em New Haven, Connecticut, e co-fundador e sócio da Lansberg, Gersick & Associates. Também faz parte do corpo docente do Owner Managed Business Institute. O Dr. Lansberg foi docente de psicologia organizacional na Yale School of Organization and Management por sete anos e também pesquisador no Institute for Social and Policy Studies de Yale. Antes de ir para Yale, lecionou na Columbia University Graduate School of Business. O Dr. Lansberg fez palestras em muitos centros internacionais de empresas familiares. É fundador e antigo editor-chefe da *Family Business Review* — na qual tem atualmente uma coluna —, e é autor de *Succession and continuary in family firms*. Além disso, realiza pesquisas em áreas como sucessão da liderança e continuidade em empresas familiares.

Prefácio

Um dos aforismos mais famosos de Kurt Levin é: "Não há nada tão prático quanto uma boa teoria." Mas essa era somente a metade da sua mensagem, e nossa experiência em escrever este livro também apóia a outra parte, que diz que nada contribui mais para uma boa teoria do que a prática. Nosso foco em empresas familiares deu-se a partir dos nossos antecedentes acadêmicos. Todos têm experiência em universidades, fazem pesquisas e lecionam para alunos de cursos de graduação e pós-graduação. Mas cada um de nós sentiu-se atraído pelos aspectos aplicados das ciências sociais. Assim, passamos a atuar também como consultores e pesquisadores de campo. Em nosso trabalho com empresas familiares encontramos uma grande oportunidade. Tratava-se de um campo que se valia das mais ricas tradições de todas as ciências sociais e de administração, e que, além de se constituir num território inexplorado, conceitual e teórico, propiciava oportunidades quase ilimitadas de oferta de serviços práticos a fascinantes clientes do mundo real.

A atividade que nos uniu e nos levou a escrever este livro foi uma consultoria. No início dos anos 80, John Davis e lvan Lansberg começaram um projeto com a Caterpillar, Inc. Essa gigantesca empresa multinacional de capital aberto, com faturamento de US$100 bilhões — que começou como empresa familiar —, distribui seus produtos na América do Norte por meio de uma rede de revendedores independentes, dos quais 95% são empresas familiares. A liderança executiva da Caterpillar queria prestar assistência aos seus revendedores em todos os aspectos da sobrevivência nos negócios, inclusive quanto ao gerenciamento de operações e da continuidade familiar. Nossas freqüentes reuniões para planejar seminários de uma semana e discutir visitas a revendedores começaram a evoluir para generalizações conceituais e construção de modelos.

Ao mesmo tempo, começamos a registrar as questões gerais que surgiam em nosso trabalho com outras empresas familiares, que, então, chegavam a centenas. Nossa experiência também estava se tornando mais internacional. Desenvolvemos programas para empresas familiares com o Institute for Management Development, em Lausanne, Suíça; com a Universidade Adolfo lbaftez, no Chile; com o INCAE, nas Américas Central e do Sul; e, em todo o mundo, com a Young President's Organization (YPO). Estávamos acumulando detalhes e histórias, mas, ao mesmo tempo, ficando frustrados com as limitações de casos individuais, na ausência de teorias. Nossos antecedentes acadêmicos começaram a nos fazer pensar em termos mais conceituais. Estávamos convencidos de que deveria haver uma estrutura subjacente útil para nos ajudar a extrair sentido das nossas experiências e fazer um trabalho melhor no futuro.

Assim, a frustração, a excitação da descoberta e o estímulo dos colegas nos levaram a criar o modelo de desenvolvimento de empresas familiares aqui apresentado. Este livro é uma pausa para a colocação das idéias no papel, mas não um ponto final. Continuamos ainda a rever nosso modo de pensar à medida que aprendemos mais a respeito dessas empresas complexas e fascinantes. Esperamos que surjam comentários e novas colaborações, de nossos colegas e, em especial, respostas de donos de empresas. Este é um campo novo, com muito território inexplorado. O melhor trabalho irá surgir a partir do diálogo entre consultores, pesquisadores e participantes das empresas familiares.

Para que esse diálogo continue, é preciso haver um importante conjunto de regras para o respeito à privacidade das empresas discutidas. A confidencialidade é muito importante para todas as empresas com que trabalhamos e nas quais adquirimos nossa experiência. Quando o verdadeiro nome de uma empresa é aqui utilizado, significa que houve uma concordância específica na sua inclusão ou que a história foi tirada de uma publicação ou de um foro público. Em sua maioria, os casos estão disfarçados de alguma forma. Alguns são descrições de casos isolados; outros são combinações de mais de um caso, com mudanças de nomes, indústrias ou outras características não-essenciais, para tornar as fontes irreconhecíveis. Todos os exemplos são "reais", mas quase todos foram alterados, em um esforço para satisfazer requisitos de veracidade e de ética profissional.

Prefácio à edição brasileira

John A. Davis

Líder do programa de educação executiva Families in Business, Harvard Business School e Presidente do Conselho, Cambridge Institute for Family Enterprise

Nos 13 anos que se passaram desde a publicação do livro *De geração para geração*, o interesse por empresas familiares explodiu — no Brasil e em diversos outros países. Essa explosão no interesse pelo assunto fica evidente no aumento da oferta de seminários, cursos acadêmicos, reuniões profissionais e conferências de pesquisa sobre o assunto; na expansão das redes de membros de empresas familiares; no surgimento dos institutos de pesquisas e centros acadêmicos sobre o tópico; no crescimento dos serviços de consultoria e profissionais para empresas familiares; no aumento do número de artigos acadêmicos e dissertações sobre o assunto, bem como de periódicos que publicam tais artigos; e no crescente número de livros e periódicos úteis que tratam do assunto. Hoje, são escritos e publicados anualmente mais de 100 artigos e inúmeros livros sobre empresas familiares. Acadêmicos, consultores, psicólogos, advogados, contadores, especialistas em planejamento financeiro e outros profissionais dão importantes contribuições para a literatura sobre empresas familiares. Atuo nessa área desde seu surgimento, na década de 1970, e foi com imensa satisfação e alívio que testemunhei seu crescimento. Durante a última década, tive a sorte de poder pesquisar, conversar com o público e prestar consultoria a empresas familiares no Brasil; testemunhei também o crescimento dessa área no país. Algumas das empresas familiares mais progressivas e profissionais que conheci ao longo da minha carreira estão aqui, no Brasil.

Dada a importância econômica das empresas familiares no Brasil e em outras partes do mundo, era de se esperar que houvesse esse nível de interesse. Nos Estados Unidos, as empresas familiares constituem mais de dois terços de todas as empresas (Gersick et al., 1997), cerca de 50% da força de trabalho, responsáveis por pelo menos 40% do PIB do país e por até 78% dos novos empregos criados de 1976 a 1990 (Shanker and Astrachan, 1996). Outros países reportam estatísticas semelhantes. No Brasil, as empresas familiares são responsáveis por mais da metade do PIB e três quartos dos empregos (Garcia, 2001). Quando lemos em um jornal ou revista brasileiros uma reportagem sobre uma importante ou inovadora empresa local, é bem provável que essa empresa seja familiar.

Curiosamente, o moderno estudo das empresas familiares, que começou com a dissertação de Calder, em 1952, sobre os problemas típicos das pequenas empresas familiares, teve um início lento, acelerando-se apenas em meados da década de 1980. Isso porque, entre 1930 e 1990, a maior parte dos acadêmicos, consultores e responsáveis pela elaboração de políticas via as empresas familiares – na melhor das hipóteses – como uma forma singular de negócio, um meio de se chegar a configurações empresariais mais eficazes. As empresas familiares eram descritas como retrógradas e ineficientes – uma forma de empresa em franco declínio. Esses trabalhos iniciais e visões tendenciosas desestimularam os pesquisadores e consultores de se concentrar nas empresas familiares, o que impediu nossa compreensão de seu funcionamento e operação, bem como sua importância para a economia e a sociedade de qualquer país. Só recentemente conseguimos estabelecer um diálogo equilibrado sobre as empresas familiares.

No final da década de 1970 e início da década de 1980, alguns acadêmicos e consultores começaram a estudar as empresas familiares, seus problemas e sua natureza característica. Neste grupo de pioneiros estavam dois experientes consultores brasileiros, João Bosco Lodi e Renato Bernhoeft, que descreveram os problemas singulares das empresas familiares e como abordá-los. Esses pioneiros logo destacaram os interesses distintos e muitas vezes divergentes das famílias e dos negócios que influenciam as empresas familiares. É importante ressaltar que, quando começamos a refletir sobre o *sistema* da empresa familiar, começamos a explorar as interações entre a empresa e a família que influenciam o bem-estar de ambas.

Foi durante este período na Harvard Business School que o professor Renato Tagiuri e eu desenvolvemos nosso Modelo de Três Círculos para descrever e explicar o sistema das empresas familiares. Nosso modelo (vide a seguir) integra explicitamente os proprietários de empresas familiares e seus interesses em discussões que antes só comparavam interesses da família e da empresa. Este Modelo de Três Círculos, hoje o paradigma dominante na área de empresas familiares, nos ajuda a entender as características importantes dos grupos empresa, família e proprietários e como os três grupos interagem para influenciar o desempenho da empresa e da família. Temos um longo caminho diante de nós no que diz respeito ao desenvolvimento de uma teoria do comportamento do sistema de empresas familiares, mas este é um bom começo.

Modelo de Três Círculos do sistema de empresas familiares

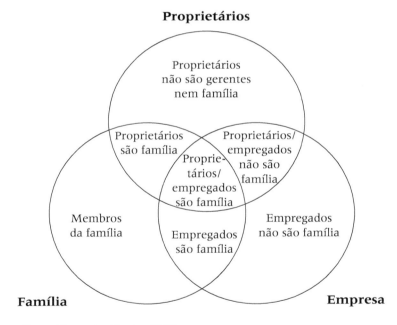

Fonte: Tagiuri e Davis, 1982.

Desde o final da década de 1970, os teóricos e pesquisadores das empresas familiares também reconheceram que o sistema de empresas familiares e suas partes componentes, inclusive os indivíduos e seus relacionamentos, mudam com o tempo e passam por diversos estágios, cada um deles com características e problemas próprios. Barnes e Hershon (1976), Holland e Oliver (1992) e Ward (1987) descreveram as etapas de gestão e propriedade das empresas familiares; McWhinney (1984) explorou o desenvolvimento dos indivíduos no sistema de empresas familiares; Davis (1982) e Davis e Tagiuri (1989) mapearam os estágios dos relacionamentos entre pais e filhos nesses sistemas.

Esses vários fluxos culminaram, em 1997, no livro *De Geração em Geração*, uma análise integrativa do desenvolvimento do sistema de empresas familiares, baseado em uma amostra internacional de empresas familiares. Na época, Kelin Gersick, Marion McCollom Hampton, Ivan Lansberg e eu já havíamos trabalhado com empresas familiares há mais de uma década. Este livro, baseado na estrutura conceitual do Modelo de Três Círculos, é uma tentativa de entender os pontos fortes e os desafios enfrentados pelos sistemas de empresas familiares em cada estágio de seu desenvolvimento, e indica como se preparar para o futuro. Depois de explicar as interações resultantes da sobreposição entre os três grupos (família, empresa e proprietários), disseca o sistema de empresas familiares, expõe suas três partes e analisa o desenvolvimento de cada círculo. Em seguida, examinamos cada etapa do sistema e oferecemos orientações a respeito da sucessão e da governança.

Meu mentor, Renato Tagiuri, enfatiza a importância da clareza, simplicidade e utilidade ao se determinar o poder de qualquer conceito, sistema ou orientação. A julgar pela longevidade do livro e pelos comentários favoráveis dos leitores a seu respeito, é provável que tenhamos desenvolvido alguns *insights* sobre a natureza e o desenvolvimento desses sistemas que fazem diferença.

Deleita-me, em particular, o fato de este livro estar sendo reeditado em função da demanda. O leitor verá que o livro descreve tanto empresas brasileiras familiares quanto empresas familiares de qualquer outra parte do mundo. Espero que continue sendo acolhido como um guia útil para as famílias e para as empresas brasileiras, que tanto admiro.

Abril de 2010

REFERÊNCIAS

Barnes, L. B. e Hershon, S. A. (1976). "Transferring power in the family business". *Harvard Business Review*, 54(4):105-114.

Calder, G. H. (1952). "Some management problems of the small family-controlled manufacturing business". Tese de doutorado (inédita). Universidade de Indiana.

Davis, J. "The Influence of Life Stage on Father-Son Work Relationships in Family Companies". Tese de doutorado, Harvard Business School, 1982, Ann Arbor: University Microfilm n. 8219510.

Davis, J. A e R. Tagiuri (1989). "The Influence of Life Stage on Father-Son Work Relationships in Family Companies". *Family Business Review*, 2(1):47-76.

deVisscher, F. e Bruel, M. (1994). "The adolescence of the American family business". *FBN Newsletter*, 9.

Garcia, Volnei Pereira (2001). *Desenvolvimento das famílias empresárias*. São Paulo: Qualitymark Editora.

Gersick, K. E., Davis, J. A., Lansberg, I. e McCollom, M. (2006). *De geração para geração: Ciclos de vida das empresas familiares*. Rio de Janeiro: Campus/Elsevier, 2006.

Holland, P. G. e Oliver, J. E. (1992). "An empirical examination of the stages of development of family businesses". *Journal of Business and Entrepreneurship*, 4(3):27-37.

McWhinney, W. (1984). "The use of family systems theory and therapy in working with family-managed businesses". Artigo apresentado no encontro da Western Academy of Management, Vancouver, BC.

Shanker, M. e Astrachan, J. (1996). "Myths and Realities: Family Businesses' Contribution to the US Economy-A Framework for Assessing Family Business Statistics". *Family Business Review*, 9(2): 107-123.

Ward, J. L. (1987). *Keeping the family business healthy: How to plan for continuing growth, profitability, and family leadership*. San Francisco: Jossey-Bass.

Sumário

Introdução: Um Modelo de Desenvolvimento de
Empresas Familiares   1

PARTE I
O Modelo de Desenvolvimento Tridimensional

CAPÍTULO 1   A Dimensão de Desenvolvimento da Propriedade   29

CAPÍTULO 2   A Dimensão de Desenvolvimento da Família   58

CAPÍTULO 3   A Dimensão de
Desenvolvimento da Empresa   103

PARTE II
Quatro Tipos Clássicos de Empresa Familiar

CAPÍTULO 4   Os Fundadores e a Experiência Empreendedora   137

CAPÍTULO 5   A Empresa Familiar: Crescendo e Evoluindo   155

CAPÍTULO 6   A Empresa Familiar Complexa   177

CAPÍTULO 7   A Diversidade de Sucessões: Sonhos e Desafios Diferentes   194

PARTE III
Gerenciando o Desenvolvimento da Empresa Familiar

CAPÍTULO 8   Estruturas e Planos para Guiar o Desenvolvimento   225

CAPÍTULO 9   Consultoria para Empresas Familiares   251

CONCLUSÃO   Lições dos Ciclos de Vida   273

Referências Bibliográficas   279

Índice   289

INTRODUÇÃO

Um Modelo de Desenvolvimento de Empresas Familiares

WALL-MART. CARGILL. MCGRAW-HILL. Assim como Petralli and Sons Auto Repair, Ethel's Tree Service e Goldman Furniture Co. Este livro trata de famílias que possuem ou administram empresas e das próprias empresas — da loja de conveniência da esquina, com um punhado de funcionários, até o conglomerado multinacional, com cinqüenta mil. Incluem-se nessa categoria algumas das empresas mais conhecidas nos Estados Unidos, bem como milhares de outras, desconhecidas. A variedade é enorme, mas todas essas empresas possuem uma característica central: estão ligadas a uma família, e é esta ligação que as torna um tipo especial de empresa.

Algumas delas identificam-se orgulhosamente como empresas familiares, como a loja de móveis na terceira geração, com irmãos e primos em todos os papéis de gerenciamento. Outras são controladas por famílias mas não se vêem primordialmente como empresas familiares, mas sim como empresas, fabricantes, corretoras de imóveis ou construtoras de "capital fechado". Em qualquer dos casos, as pessoas envolvidas sentem a diferença. Os proprietários de empresas familiares estão bem cientes de como seu papel é diferente daquele desempenhado pelos acionistas em empresas de capital aberto. Os funcionários de empresas familiares conhecem a diferença que o controle familiar faz em suas vidas profissionais, na cultura da empresa e em suas carreiras. Os homens de marketing apreciam a vantagem que a imagem de uma empresa familiar pode representar para os clientes. E as famílias sabem que o fato de estarem juntas nos negócios é uma peculiaridade importante em suas vidas.

QUEM SÃO AS EMPRESAS FAMILIARES?

As empresas familiares são a forma predominante de empresa em todo o mundo. Elas ocupam uma parte tão grande da nossa paisagem econômica e social que sequer nos damos conta. Nas economias capitalistas, a maioria das empresas se inicia com as idéias, o empenho e o investimento de indivíduos empreendedores e seus parentes. Casais juntam suas economias e dirigem lojas em conjunto. Irmãos e irmãs aprendem o negócio dos pais desde crianças, ficando atrás dos balcões ou na plataforma de carga depois da escola. Fazer com que um empreendimento empresarial tenha sucesso e depois passá-lo de pais para filhos (e, recentemente, filhas) não é apenas um sonho americano. O sucesso e a continuidade das empresas familiares são o sonho dourado para grande parte da população do mundo.

Artigos sobre empresas familiares fazem várias suposições a respeito do número de empresas controladas por famílias, mas mesmo as estimativas mais conservadoras colocam a proporção dessas empresas entre 65 e 80% do total.[1] É verdade que muitas delas são pequenas propriedades que nunca irão crescer ou ser passadas de uma geração para outra. Mas também é verdade que muitas dessas empresas estão entre as maiores e mais bem-sucedidas do mundo. Estima-se que 40% das empresas listadas pela revista *Fortune* 500 sejam de propriedade de famílias ou por elas controladas.[2] As empresas familiares geram metade do Produto Nacional Bruto (PNB) dos Estados Unidos e empregam metade da força de trabalho. Na Europa, elas dominam o segmento das pequenas e médias, e em alguns países chegam a compor a maioria das grandes empresas.[3] Na Ásia, a forma de controle familiar varia de acordo com as nações e culturas, mas as empresas familiares ocupam posições dominantes em todas as economias mais desenvolvidas, com exceção da China.[4] Na América Latina, grupos construídos e controlados por famílias constituem a principal forma de propriedade privada na maioria dos setores industriais.[5]

Se as empresas familiares são tão comuns, como podem também ser tão especiais? Quando perguntaram a Freud o que ele considerava o segredo de uma vida plena, sua resposta tinha três palavras: *"Lieben und arbeiten"* (amar e trabalhar). Para a maior parte das pessoas, as duas coisas mais importantes em suas vidas são suas famílias e seu trabalho. É fácil compreender o poder das organizações que combinam ambas as coisas. Estar em uma empresa familiar é algo que afeta todos os participantes. O papel de presidente do Conselho é diferente quando a empresa foi fundada pelo seu pai, e sua mãe e seus irmãos participam das reuniões, assim como se sentam em torno da mesa de jantar. O trabalho de um CEO é diferente quando o vice-presidente, na porta ao lado, é também uma irmã mais nova. O papel de sócio é diferente quando o outro sócio é um cônjuge ou filho. O papel de representante de vendas é diferente quando uma pessoa cobre o mesmo território que vinte anos atrás era coberto por seu pai e vinte e cinco anos antes dele, por seu avô. Até mesmo passar pela porta da empresa em seu primeiro dia de trabalho, seja numa linha de montagem, ou no setor de faturamento é diferente se o nome acima da porta é o seu.

Esta diferença não é apenas um sentimento. Ela está enraizada na realidade da empresa. As empresas possuídas e administradas por famílias constituem uma forma organizacional peculiar, cujo "caráter especial" tem conseqüências positivas e negativas. Elas extraem uma força especial da história, da identidade e da linguagem comuns às famílias. Quando dirigentes-chave são parentes, suas tradições, seus valores e suas prioridades brotam de uma fonte comum. As comunicações, verbais ou não, podem ser grandemente aceleradas nas famílias. Os proprietários-gerentes podem decidir resolver um problema "como fizemos com o tio Harry". Cônjuges e irmãos têm maior probabilidade de entender as preferências explícitas e as forças e fraquezas ocultas uns dos outros. Mais importante, o empenho, até mesmo ao ponto do auto-sacrifício, pode ser solicitado em nome do bem-estar geral da família.

Entretanto, esta mesma intimidade também pode trabalhar contra o profissionalismo do comportamento empresarial. Antigas histórias e dinâmicas familiares podem se intrometer nos relacionamentos de negócios. Pode ser mais difícil exercer autoridade com os parentes. Os papéis na família e na empresa podem tornar-se confusos. As pressões da empresa podem sobrecarregar e destruir relacionamentos familiares. Quando trabalhando mal, é possível criarem-se níveis de tensão, raiva, confusão e desespero que podem destruir, de forma surpreendentemente rápida, boas empresas e famílias sadias. Algumas tragédias familiares acompanhadas de desastres nos negócios são de conhecimento público. A família Bingham em Louisville, os Pulitzer e os du Pont são leitura obrigatória. Por muitos anos, "Dallas" e "Dinastia" foram os dois seriados de televisão mais populares do mundo, retratando uma América de famílias ricas que brigam por causa dos negócios.

Infelizmente, os fracassos sensacionais às vezes obscurecem a beleza de empreendimentos familiares bem-sucedidos. Quando trabalham em harmonia, as famílias podem trazer para a empresa níveis de comprometimento, investimentos de longo prazo, ação rápida e dedicação ansiados por empresas não-familiares, mas raramente alcançados. Juntos, *lieben* e *arbeiten* são uma base forte para uma vida satisfatória. As empresas familiares são tremendamente complicadas, mas, ao mesmo tempo, decisivas para a saúde da nossa economia e a satisfação de milhões de pessoas.

Entretanto, nem sempre os profissionais estão preparados para lidar com a natureza especial deste tipo de empresas familiares. A influência das famílias sobre os negócios que elas possuem e dirigem muitas vezes é invisível para os teóricos e escolas de administração. Os tópicos principais do ensino de administração – comportamento organizacional, estratégia, finanças, marketing, produção e contabilidade – são ensinados sem que se diferenciem empresas familiares e não-familiares. Os modelos econômicos subjacentes à maior parte da ciência da administração dependem da "intercambiabilidade" dos responsáveis pelas decisões, portanto não faz diferença "quem" eles são. Normalmente as publicações de negócios tratam o envolvimento da família com a empresa como informação anedótica – pitoresco e interessante, mas raramente importante.

Este livro apresenta um modelo para a compreensão desta forma peculiar de empresa. Ele foi concebido para ajudar profissionais de todas as disciplinas – consultores de negócios, advogados, contadores, conselheiros familiares e psicólogos, entre outros – a trabalharem com a enorme complexidade desse sistema. O modelo também pretende ajudar os proprietários de empresas familiares a pensarem de forma mais clara a respeito de si mesmos.

MODELOS CONCEITUAIS DE EMPRESAS FAMILIARES

O estudo das empresas familiares ainda é relativamente novo. O trabalho acadêmico começou com descrições de casos de empresas familiares por consultores. Nas últimas décadas, pesquisadores de gerenciamento e comportamento empresarial começaram a aplicar, em empresas menores ou de capital fechado, seus modelos de comportamento organizacional, estratégia, gerenciamento de recursos humanos e finanças. Ao mesmo tempo, terapeutas de família começaram a aplicar conceitos como diferenciação, envolvimento/separação e outros para subgrupos das famílias que possuem empresas. As contribuições desses estudiosos e praticantes, bem como o trabalho de psicólogos, sociólogos, economistas, advogados, contadores, historiadores e outros, começaram a se aglutinar aos modelos conceituais de empresas familiares.

Empresas Familiares como Sistemas

O estudo das empresas familiares como sistemas começou com alguns artigos isolados nos anos 60 e 70.[6] Esses primeiros clássicos focalizavam problemas típicos que pareciam atrapalhar as empresas familiares, como nepotismo, rivalidade entre gerações e irmãos, e administração não-profissional. O modelo conceitual subjacente afirmava que as empresas familiares são, de fato, compostas por dois subsistemas superpostos: a família e a gestão.[7] Cada um desses dois "círculos" tem suas próprias normas, regras de admissão, estruturas de valores e organizacionais. Os problemas surgem porque as mesmas pessoas têm que cumprir obrigações em ambos os círculos; por exemplo, como pais e como gerentes profissionais. Além disso, a empresa em si precisa operar de acordo com práticas e princípios de negócios sadios, satisfazendo ao mesmo tempo as necessidades familiares de emprego, identidade e renda. Desde o início, estava claro que a descoberta de estratégias capazes de satisfazer ambos os subsistemas era o desafio-chave enfrentado por todas as empresas familiares.[8]

Este conceito de dois sistemas ainda está em evidência hoje em dia. Pesquisadores e acadêmicos usam-no como base para suas análises de comportamento organizacional complexo, estratégia, competitividade e dinâmicas familiares. Consultores e outros profissionais consideram-no útil para esclarecer as fontes do comportamento e das decisões individuais. Por exemplo, um advogado especializado em planejamento de patrimônio pode se surpreender com a relutância de um cliente para implementar o plano de distribuição mais racional, até levar em conta o conflito deste entre seus desejos como pai (de tratar igualmente cada filho) e como proprietário de empresa (consolidar o controle em um sucessor). Da mesma forma, uma estratégia de expansão aparentemente ilógica para uma empresa em crescimento pode fazer sentido quando se compreende a necessidade de irmãos co-proprietários manterem iguais suas divisões, independentemente de qualquer fator. A pressão conflitante que os círculos familiar e empresarial colocam sobre as pessoas que estão no meio foi o primeiro conceito prático neste campo de estudo.

Tagiuri e Davis elaboraram o modelo de dois sistemas com seu trabalho em Harvard no início dos anos 80.[9] Segundo eles, um retrato mais preciso de toda a gama de empresas familiares precisaria fazer uma distinção crítica entre os subsistemas de propriedade e de gerenciamento dentro do círculo da empresa. Isto é, algumas pessoas são proprietárias mas não estão envolvidas na operação da empresa; outras são gerentes mas não controlam ações. Nosso trabalho com diferentes tamanhos de companhia fortaleceu o argumento deles de que muitos dos mais importantes dilemas enfrentados pelas empresas familiares — por exemplo, a dinâmica de complexas empresas controladas por primos — têm mais a ver com a distinção entre proprietários e gerentes do que entre a família e a gestão como um todo. Em conseqüência disso, surgiu o *modelo de três círculos* (Figura I-1).

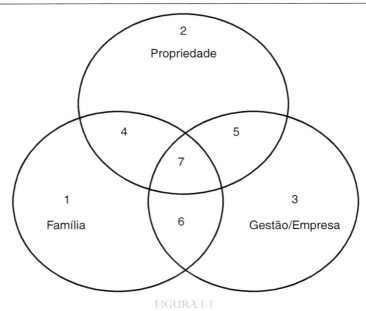

FIGURA I-1
O Modelo de Três Círculos da Empresa Familiar

O modelo de três círculos descreve o sistema da empresa familiar como três subsistemas independentes, mas superpostos: gestão, propriedade e família. Qualquer pessoa em uma empresa familiar pode ser colocada em um dos sete setores formados pelos círculos superpostos dos subsistemas. Por exemplo, todos os proprietários (sócios e acionistas), e *somente* eles, estão no círculo superior. Analogamente, todos os membros da família estão no círculo inferior esquerdo e todos os funcionários, no círculo inferior direito. Uma pessoa com somente uma conexão com a empresa estará em um dos setores externos – 1, 2 ou 3. Por exemplo, um acionista que não é membro da família nem funcionário pertence ao setor 2 – dentro do círculo de proprietários, mas fora dos outros. Um membro da família que não é nem proprietário nem funcionário estará no setor 1.

As pessoas com mais de uma conexão com a empresa estarão em um dos setores superpostos, que caem dentro de dois ou três círculos ao mesmo tempo. Um proprietário que também é membro da família, mas não funcionário, estará no setor 4, que está dentro dos círculos de proprietários e da família. Um proprietário que trabalha na empresa mas não é membro da família estará no setor 5. Finalmente, um proprietário que também é membro da família e funcionário estará no setor central 7, dentro dos três círculos. Neste modelo, cada pessoa que é membro do sistema da empresa familiar tem uma única localização.

A razão pela qual o modelo de três círculos teve uma aceitação tão ampla é que ele é teoricamente elegante e também imediatamente aplicável. É uma ferramenta muito útil para a compreensão da fonte de conflitos interpessoais, dilemas de papéis, prioridades e limites em empresas familiares. A especificação de papéis e subsistemas diferentes ajuda a derrubar as complexas interações dentro de uma empresa familiar e facilita verificar o que está de fato acontecendo, e por quê. Por exemplo, as brigas familiares em relação à política de dividendos ou ao planejamento sucessório tornam-se compreensíveis se for levada em conta a posição de cada participante no modelo de três círculos. Uma pessoa no setor 4 (membro da família/proprietária/não-funcionária) pode querer aumentar os dividendos, sentindo que isto é uma recompensa legítima para os membros da família e um retorno razoável sobre o investimento para ela como proprietária. Por outro lado, uma pessoa no setor 6 (membro da família/funcionária/não-proprietária) pode querer suspender os dividendos para reinvestir numa expansão, que poderá criar melhores oportunidades de avanço na carreira. Essas duas pessoas também podem ser irmãs — semelhantes em personalidade e estilo, e com uma ligação emocional íntima — que não entendem por que não podem concordar a respeito desta questão. Outro exemplo comum diz respeito às decisões difíceis que uma família precisa tomar sobre a oferta de empregos a seus membros. Quais filhos devem ser admitidos na empresa? Como devem ser remunerados? Eles serão promovidos? Vistas através das lentes dos três círculos, as opiniões de diferentes pessoas sobre questões como estas tornam-se mais compreensíveis. Uma pessoa no setor 1 (somente no círculo da família) pode achar: "Dê-lhes uma chance, todos são nossos filhos." Por outro lado, o setor 3 (somente no círculo da empresa) poderá dizer: "Somente admitimos parentes se eles forem melhores que todos os outros candidatos, e seu progresso na carreira será determinado estritamente pelo seu desempenho." O modelo dos três círculos ajuda todos a ver como o papel organizacional pode influenciar o ponto de vista de uma pessoa; os conflitos de personalidade não são a única explicação.

Um outro exemplo pode ilustrar como mensagens dos três círculos podem ser trocadas ao mesmo tempo. O Conselho de Administração da Tru-Color, Inc., uma fabricante de tintas familiar, está tentando decidir como responder a uma oferta de compra de um grande concorrente. O Conselho é composto por seis membros da família Franklin (Figura I-2).[10] O Sr. Franklin, Al e Carol trabalham na empresa. Como são, ao mesmo tempo, membros da família, funcionários e proprietários, eles estão no setor 7 do modelo de três círculos. A Sra. Franklin, Bob e David não trabalham na empresa. Como

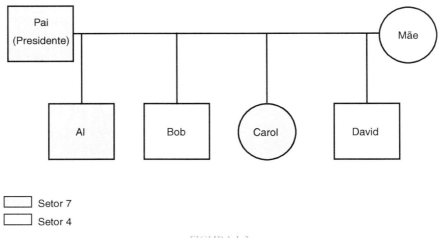

FIGURA I-2
A Família Franklin

membros da família, estão no setor 4. David nunca participou do Conselho e sua mãe o representava mediante uma procuração. Enquanto o Conselho debate a oferta, as declarações de cada pessoa refletem seu papel nos três círculos: a família, a empresa e o grupo proprietário. Na Tabela I-1, trechos da conversação aparecem na coluna da esquerda. As colunas 2, 3 e 4 apresentam aquilo que cada pessoa está tentando dizer "nas entrelinhas", refletindo seus três diferentes papéis.

O Sr. Franklin está convencido de que serve aos seus três papéis – presidente do Conselho, CEO e pai – mantendo a empresa. Como pai, o Sr. Franklin está mais preocupado com a responsabilidade de cuidar financeiramente da família. Ele descreve a empresa como seu "legado" aos filhos. Como CEO, ele quer proteger sua autoridade para dirigir a empresa como achar melhor, e, como presidente do Conselho, insiste que as ações da Tru-Color ainda constituem um bom investimento. Seu maior oponente é Bob, seu segundo filho, que vê a mesma decisão do ponto de vista de um filho mais jovem, não-funcionário e investidor minoritário. Bob está agindo como um filho que sempre teve um relacionamento difícil com seu pai, como observador crítico do estilo de gerenciamento do CEO e como um investidor preocupado. Os dois homens podem estar em conflito sobre muitas coisas, mas desacordo sobre esta questão parece ser mais racional e menos arbitrário à luz dos seus papéis muito diferentes em cada círculo.

À medida que progride a reunião, outros membros do Conselho juntam-se ao debate (ver Tabela I-2). Os irmãos podem ter crescido na mesma família, mas também representam diferentes" combinações de papéis. Na conversação captada na Tabela I-2, Carol é guiada não só por sua personalidade e seu estilo individual, mas também está no papel de filha mais jovem, única mulher, funcionária promovida recentemente, gerente-chave e nova acionista. É fácil entender por que ela se vê em conflito com seu irmão mais velho e não-funcionário*.

Mais tarde Al, o filho mais velho, que estava quieto até então, é solicitado a dar seu ponto de vista (ver Tabela I-3).

Todos supõem que ele irá apoiar a idéia de manter a empresa na família. As dinâmicas entre gerações são sempre complicadas, em especial entre o líder atual e o indicado. Cada um deles está reagindo à transferência prevista de liderança em cada um dos três círculos. Tanto o Sr. Franklin como Al expressam a ambivalência que sentem a respeito de passar ou retomar o controle. O modelo dos três círculos nos ajuda a manter em mente que estão tendo lugar não uma, mas três transições separadas, e que elas podem ocorrer em diferentes momentos e envolver participantes diferentes.

Ao final da reunião do Conselho, o Sr. Franklin anuncia confiante que, apesar da oposição de Bob, a maioria dos acionistas é claramente a favor da manutenção da empresa. Nesse momento, Carol anuncia que tem uma carta da Sra. Franklin relativa ao voto de suas ações e daquelas do filho ausente, David. Ela tem instruções para a ler em caso de falta de unanimidade do Conselho (ver Tabela I-4).

Os membros da família da Tru-Color ilustram a complexidade que dá às empresas familiares seu caráter especial. Os principais participantes representam diferentes interesses ao mesmo tempo. Cada um vê todos os outros simultaneamente como pais ou filhos, colegas de trabalho e co-investidores. As mensagens com freqüência tornam-se confusas quando se originam da ambivalência. Nem mesmo as próprias pessoas entendem o que estão sentindo, ou de onde se originam a tensão e o conflito. Todas essas dinâmicas complicam as tarefas em qualquer um dos círculos – família, empresa ou propriedade.

---

*Nota do Tradutor: Os termos mais comuns usados para diferenciar os acionistas que trabalham numa empresa familiar daqueles que não o fazem são *ativo* e *passivo*. Esta nomenclatura é contrária à nossa ênfase no papel crítico da propriedade na empresa familiar, independente da situação empregatícia do acionista. Assim, usaremos *sócio funcionário* e *sócio não-funcionário* para diferenciar estes grupos.

TABELA 1-1 **Tru-Color, Inc.: Opiniões de Bob**

Conversa Real	Perspectiva do Círculo Familiar	Perspectiva do Círculo da Empresa	Perspectiva do Círculo de Propriedade
Presidente: Resisti em trazer este assunto para votação porque prefiro que cheguemos a um consenso. Mas estou começando a ver que isso pode não ser possível. Como vocês sabem, sou contra esta venda — em especial neste momento, quando a empresa está à beira de um tremendo crescimento.	**Pai:** Sempre procurei envolver cada um de vocês em decisões, mas alguns são demasiadamente teimosos para ouvir a razão. Eu fundei esta empresa e não estou disposto a entregá-la. Ela será meu legado para cada um de vocês.	**CEO:** Acredito na tomada de decisões participativa, mas somente com meus gerentes-chave, não com sócios não-funcionários. A empresa está indo muito bem e ainda é lucrativa. Temos muitas novas iniciativas e nossa previsão é de um crescimento significativo.	**Presidente (30%):** Minha posição é muito firme: não devemos vender. A oferta é totalmente inadequada, em especial neste momento, quando estamos prevendo um grande crescimento.
Bob membro do Conselho: Você tem falado há anos de crescimento, mas isso será realista?	**Bob filho:** Sei que deveria manter a boca fechada, mas não posso deixar de discordar de novo de papai. Ele é um sonhador e, de qualquer forma, nunca deu valor às minhas opiniões realistas.	**Bob não-funcionário:** Sua liderança costumava ser ótima, mas o mundo dos negócios deixou-o para trás. O velho estilo paternalista de lidar com os funcionários simplesmente não funciona mais.	**Acionista Bob (10%):** Nossos dividendos vêm caindo regularmente. A patente do novo solvente não pode ser concedida. Acho que está na hora de fazer caixa.
Presidente: Em minha opinião, você se opôs a tudo o que fiz nesta empresa desde que entrou para o Conselho. O que quer realmente?	**Pai:** Você sempre reclamou, mas nunca tentou realmente ser um sucesso em nada, com exceção do basquete. Sua mãe e eu lhe demos todas as chances.	**CEO:** Isto é típico de você. Você não sabe nada a respeito desta empresa ou desta indústria.	**Presidente:** Por que você não consegue ver que esta empresa é sua melhor oportunidade de retorno para seu investimento?

TABELA 1-2 **Tru-Color, Inc.: Opiniões de Carol**

Conversa Real	Perspectiva do Círculo Familiar	Perspectiva do Círculo da Empresa	Perspectiva do Círculo de Propriedade
Carol membro do Conselho: Acho que o Conselho deve deixar que aqueles que também trabalham na empresa tomem a decisão. O presidente dirige esta empresa há quase trinta anos e até agora seu julgamento tem sido muito bom. Se ele quer recusar a oferta, não vejo por que precisamos votar. Esta empresa é dele.	**Carol filha:** Papai sempre cuidou de nós e proveu tudo o que temos. Ele sabe o que é melhor. A decisão é dele, e ponto final.	**Carol gerente de vendas:** Os executivos e gerentes devem tomar a decisão. Não se pode obter de fora uma perspectiva operacional. Houve muitas razões para as vendas não crescerem no último trimestre. Novos proprietários quase certamente significariam dispensas. Muitos ficariam sem trabalho.	**Acionista Carol (10%):** Bob sempre viu isto como apenas um investimento, buscando apenas retornos de curto prazo. Se o presidente quer recusar a oferta, não vejo por que precisamos votar. Ele e sua esposa controlam a empresa.
Bob membro do Conselho: Discordo totalmente. Não é assim que este Conselho deve funcionar. Desde que foi nomeada gerente de vendas e recebeu suas ações, você virou uma "vaca de presépio".	**Bob filho:** Isto é típico de você. Tudo o que papai diz deve ser certo. Quando você irá crescer e ficar em pé por si mesma?	**Bob não-funcionário:** Estar dentro da empresa deixa você absolutamente cega! Lealdade cega! Se esta é a espécie de comportamento premiado por este CEO, como podemos ter confiança na empresa?	**Acionista Bob:** Este não é um comportamento responsável de dirigente. Você apóia a presidência em todos os casos. Funcionários acionistas não deveriam estar no Conselho. Precisamos de uma avaliação crítica dos interesses dos acionistas.

TABELA I-3 Tru-Color, Inc.: Opiniões de Al

Conversa Real	Perspectiva do Círculo Familiar	Perspectiva do Círculo da Empresa	Perspectiva do Círculo de Propriedade
Al membro do Conselho: Vocês sabem que, como diretor-gerente da empresa, tenho mais a perder com a venda. Assim, voto contra a oferta. Porém, a decisão não é fácil como vocês pensam. Não me agrada continuar tentando dirigir esta empresa com um Conselho destes, e uma parte de mim pensa que seria igualmente bom sair agora e recomeçar. Este Conselho tem resistido a todas as mudanças importantes que propus e estou ficando cansado.	**Al filho mais velho**: Na verdade, ser o mais velho é difícil. Papai sempre foi muito generoso comigo, mas também muito exigente. Nada do que tenho feito jamais foi suficientemente bom. Outros da minha idade dirigem suas próprias empresas. Ainda sou um "júnior" e sempre serei. Com exceção de Carol, todos vocês sempre se mostraram ciumentos e competitivos.	**Al diretor-gerente**: Tenho o título de diretor-gerente, mas ninguém sabe o que isso significa. O CEO resiste a qualquer mudança em relação à maneira pela qual ele sempre dirigiu a empresa. O desempenho financeiro da empresa não está melhorando, mas não consigo obter autoridade suficiente para fazer muito a este respeito. Estou pensando seriamente sobre minhas oportunidades em outro lugar.	**Al acionista (10%)**: Espero algum dia ser dono desta empresa; voto pela rejeição da oferta. Mas não é uma decisão fácil. Posso acabar dedicando toda a minha energia ao enriquecimento dos outros e ser criticado continuamente. Do jeito que as coisas estão, tenho apenas uma participação igual à dos meus irmãos e não sei se papai e mamãe pretendem entregar-me o controle. Eles não tocam no assunto e não sei como fazê-lo. Talvez seja melhor receber meu dinheiro agora e começar um negócio meu.
Presidente: Tenha um pouco de paciência. Quando eu me aposentar, você poderá fazer o que quiser.	**Pai**: Alguns de vocês têm estado ao meu lado e outros são quase estranhos. De qualquer maneira, sua mãe e eu queremos que todos vocês se beneficiem daquilo que realizamos, desde que tenham um pouco de paciência.	**CEO**: Sairei do caminho tão logo você mostre que tem aquilo que é preciso para se dirigir esta empresa. Desde que eu o nomeei diretor-gerente, seu desempenho tem sido um tanto irregular.	**Presidente**: Você receberá um negócio estabelecido. Mas não pode me culpar por ser cauteloso — quando eu me aposentar, você estará jogando com minha segurança financeira, não apenas com a sua.

TABELA 1-4 **Tru-Color, Inc.: Opiniões da Mãe**

Conversa Real	Perspectiva do Círculo Familiar	Perspectiva do Círculo da Empresa	Perspectiva do Círculo de Propriedade
Carta da mãe, membro do Conselho: Como todos vocês sabem, raramente compareço a reuniões do Conselho e sempre tenho votado com a presidência. Se estão lendo esta carta, isto significa que não conseguiram chegar a um consenso e ainda discordam quanto ao que fazer com a empresa. Eis o que penso. Al tem feito um excelente trabalho como diretor-gerente. Ele deu duro por quase vinte anos na empresa e conhece cada parte dela. E também tem idéias novas. O atual presidente do Conselho tem quase 65 anos. Há outras coisas que ele deveria fazer em sua vida e esta pode ser sua última chance de sair enquanto ainda jovem e saudável para se divertir. Portanto, o voto de minhas ações é o seguinte: se o presidente do Conselho entregar o controle ao diretor-gerente da empresa, votarei pela rejeição da oferta. Caso contrário, votarei pela venda.	**Carta da mãe**: Nosso filho mais velho é um adulto com sua própria família para sustentar. Ele sempre esteve à sombra do pai. Meu marido tem quase 65 anos. Há outras coisas que desejamos fazer juntos e esta pode ser sua última chance de sair enquanto ainda jovem e saudável para se divertir. Mais importante ainda, estas lutas constantes estão separando nossa família. Posso estar errada, mas acho que nos entenderemos melhor se alguns de vocês, ou todos, estiverem fora da empresa. Portanto, meu voto é este: se meu marido se aposentar e pudermos viver o resto de nossas vidas longe da empresa, votarei pela rejeição da oferta. Caso contrário, votarei pela venda.	**Carta da mãe, não-funcionária**: Sempre apoiei o CEO, e conversamos mais do que vocês pensam a respeito da empresa. O diretor-gerente trabalha duro há quase vinte anos na empresa. Ele não é um líder carismático como o fundador, mas talvez a empresa não precise disso agora. Suas idéias novas podem ser um benefício real nesta empresa complexa em que nos transformamos. A tensão entre o fundador e o diretor-gerente está enfraquecendo a moral de funcionários vitais. Portanto, meu voto é o seguinte: se o fundador passar o controle ao diretor-gerente, votarei pela rejeição da oferta. Caso contrário, votarei pela venda.	**Carta da mãe acionista (30%)**: A oferta de compra é generosa o suficiente para que cada acionista saia com uma quantia confortável. Seria suficiente para sustentar o presidente do Conselho e eu na aposentadoria, e para oferecer novas oportunidades de investimentos ou empreendimentos aos outros acionistas. Acredito que o diretor-gerente pode proteger o investimento de vocês e também nossa aposentadoria. Portanto, voto assim: se o presidente do Conselho concordar em passar nossas ações aos outros acionistas, votarei pela rejeição da oferta. Caso contrário, votarei pela venda.

Todas as metas de pesquisas e teorias convergem para a descoberta de estruturas para desfazer os nós desse comportamento complexo. O modelo dos três círculos tem sido uma ferramenta poderosa para se atingir essa meta. Ao separar os domínios, ele esclarece a motivação e as perspectivas das pessoas em vários locais do sistema como um todo. Mas é necessária uma dimensão adicional para dar vida a essa estrutura e torná-la mais aplicável à realidade das organizações familiares e empresariais. Esta dimensão é o tempo.

O Tempo e a "Inevitabilidade" das Mudanças

Pesquisas psicológicas são valiosas na expansão do nosso conhecimento, mas, para a maioria das pessoas, aquilo que compreendemos sobre o comportamento humano provém de nossas experiências pessoais, muitas vezes lembradas na forma de histórias. Considere as quatro histórias a seguir a respeito de empresas familiares:

O Sr. A Jr. sente-se apanhado em infindáveis disputas com seu pai. O Sr. A fundou a empresa há vinte anos e passou o papel de CEO ao Sr. A Jr., no último verão. Administrar a interferência contínua do pai é apenas um dos problemas do Sr. A Jr. Os lucros não crescem e é necessário ampliar o desenvolvimento de novos produtos, campo que tinha baixa prioridade nos últimos anos do pai na empresa. A mulher do Sr. A. Jr. acha que ele tem trabalhado demais desde que assumiu como CEO. Ele anda tão ocupado que quase não tem tempo para a filha e ela não sabe se quer ter mais filhos caso ele não possa ajudá-la mais.

O Sr. B não sabe como responder à solicitação do seu irmão Jim para que admita a filha deste na empresa. Jim é um dos acionistas da família, possuindo 25% da empresa. A filha do Sr. B entrou para o departamento de contabilidade no ano passado depois de se formar na faculdade, e seu filho está tentando decidir se entra para a empresa ou tenta uma outra. Dois dos gerentes-chave não pertencentes à família expressaram sérias preocupações a respeito do número excessivo de parentes na empresa.

A filha do Sr. C, vice-presidente de marketing da empresa, quer levá-la para uma nova direção estratégica. O filho dele, que tem o cargo de gerente de operações da fábrica, opõe-se a qualquer grande mudança. O Conselho de Administração e os altos gerentes estão divididos a respeito da questão. O Sr. C acredita que uma parte dos conflitos seja alimentada pela crescente competição entre seus filhos pela sua sucessão. Ambos estão na empresa há dez anos.

O Sr. D e sua mulher pretendiam aposentar-se dentro de três anos, quando ele completasse 65 anos, mas agora ele está em dúvida. Ele acha que sua filha de 40, a quem nomeou diretora-gerente há dois anos, pode dirigir a empresa com sucesso, mas não está certo de que ela saiba como isso será difícil. Além disso, há um incômodo conflito entre seu neto, que trabalha no departamento de vendas, e seu sobrinho, que é o novo gerente de vendas. Some-se a tudo isso o fato de, recentemente, uma grande corporação ter abordado o Sr. D com uma boa oferta pela compra da empresa.

O que essas histórias têm em comum? Elas retratam quatro dilemas típicos enfrentados por proprietários-gerentes em empresas familiares. Todos ilustram exemplos da complexidade de se administrar diferentes normas, valores e expectativas de várias posições nos três círculos. Porém, surpreendentemente, todas foram extraídas da mesma empresa familiar, em diferentes pontos do tempo. E todas se referem a uma mesma pessoa. O Sr. A é Ben Smith aos 30 anos, que, aos 45, é o Sr. B, aos 55, o Sr. C, e aos 63, o Sr. D.

Estar vivo é mudar constantemente. As histórias A, B, C e D sobre Ben Smith podem ser a respeito da mesma pessoa no sentido de que tratam de uma mesma vida humana, mas, por outro lado, ele nunca é o mesmo, de uma semana para outra ou de um ano para outro. Cada experiência e cada decisão afeta todas aquelas que se seguem. O curso do desenvolvimento único de qualquer pessoa é o produto do seu amadurecimento e também das suas experiências no mundo.

Sistemas e organizações também envelhecem e mudam. A família composta por um jovem casal e seu bebê de seis meses não é igual àquela com filhos adolescentes, ou à família com avós idosos, filhos adultos e uma nova geração começando a estudar. Analogamente, as novas empresas não são iguais àquelas que garantiram um lugar no mercado, mas estão preocupadas com o crescimento. E ambas são diferentes das empresas mais velhas, que estão perdendo vantagem e tentam gerar os novos empreendimentos que irão mantê-las competitivas no futuro. Devido aos papéis críticos desempenhados por pessoas-chave em períodos prolongados, as empresas familiares são especialmente afetadas pelo inevitável envelhecimento de pessoas em cada um dos setores. A lição mais importante que aprendemos nos últimos quinze anos de trabalho com empresas familiares é que nossos modelos precisam levar em conta o tempo e as mudanças para que reflitam com exatidão o mundo real.

CONSTRUINDO UM MODELO DE DESENVOLVIMENTO

Os círculos da gestão, dos proprietários e da família podem criar um quadro de qualquer sistema de empresa familiar em determinado momento. Este pode ser um valioso primeiro passo na compreensão da empresa. Entretanto, muitos dos mais importantes dilemas enfrentados pelas empresas familiares são causados pela passagem do tempo, e envolvem mudanças na organização, na família e na distribuição da propriedade. Por exemplo, no caso da Tru-Color, o quanto não seria diferente uma reunião alguns anos antes, em período anterior à distribuição das participações minoritárias aos quatro filhos? Da mesma forma, o quanto não o será alguns anos depois, quando o Sr. Franklin estiver aposentado e o equilíbrio de participação acionária tiver passado para a nova geração?

É fácil ver como cada círculo muda quando pessoas entram e saem dele ao longo do tempo. As famílias são uma série infindável de entradas de pessoas através de casamentos e nascimentos, e de saídas através de divórcios e mortes. Todos nós temos uma compreensão intuitiva — baseada na experiência em nossas próprias famílias — de que cada uma dessas adições e subtrações muda a família de forma fundamental. O mesmo se dá com as empresas, à medida que gerentes-chave vêm e vão, e com os grupos de acionistas, quando novos proprietários assumem a responsabilidade pela empresa e os antigos a deixam.

Também é importante ver como toda empresa familiar muda à medida que as pessoas se movimentam nos limites *internos* do sistema. Em outras palavras, a movimentação de uma pessoa de um setor para outro, por exemplo de "membro da família" para "membro da família/funcionário", ou de "funcionário" para "funcionário/proprietário", também pode estimular uma reação geral em todo o sistema. A admissão em tempo integral do primeiro membro de uma nova geração na empresa — quando ele cruza a fronteira de membro da família para membro da família/funcionário — é um marco importante. A primeira vez em que parcelas da propriedade são passadas a novas pessoas, membros ou não da família, também é um momento importante. Muitas dessas transições podem ser de fachada, embutidas em planejamento tributário ou uma doação, mas mesmo assim têm conseqüências de longo alcance. O mesmo se dá com a aposentadoria de um alto executivo membro da família, ou com a venda de ações por um membro ou por um ramo dela. Os ajustes do sistema a essas jornadas, através de fronteiras por parte dos seus membros, e o significado dessas jornadas nas vidas das pessoas estão no âmago de todo o fenômeno da empresa familiar.

O resultado da adição do desenvolvimento ao longo do tempo aos três círculos é um *modelo tridimensional de desenvolvimento* da empresa familiar (ver Figura I-3). Para cada um dos três subsistemas — propriedade, família e gestão/empresa — existe uma dimensão separada de desenvolvimento. O subsistema de propriedade passa por sua seqüência de estágios, o da família tem sua

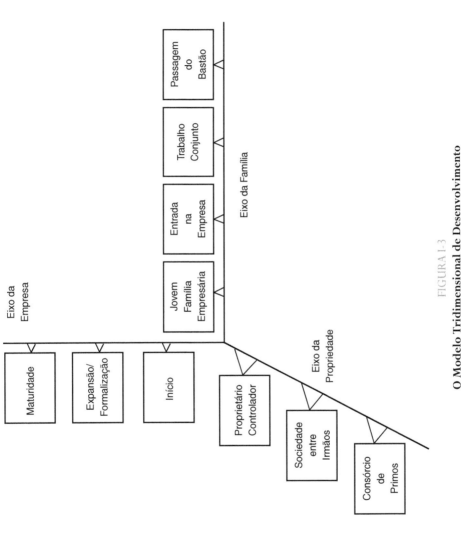

FIGURA 1-3
O Modelo Tridimensional de Desenvolvimento

seqüência própria, e o da gestão também progride por meio de uma seqüência de estágios. Essas progressões de desenvolvimento influenciam umas às outras, mas também são independentes. Cada parte muda em seu ritmo próprio e de acordo com sua seqüência.

Através do conjunto dos três eixos de desenvolvimento de propriedade, família e empresa, o modelo descreve um espaço tridimensional. Toda empresa familiar progrediu até certo ponto no eixo de desenvolvimento da propriedade, outro ponto no eixo de desenvolvimento da família e ainda outro no eixo de desenvolvimento da empresa. O empreendimento assume um caráter particular, definido por esses três pontos de desenvolvimento. À medida que a empresa familiar se desloca para um novo estágio em qualquer das dimensões, assume uma nova forma, com novas características. Veremos como as três dimensões trabalham em conjunto depois de apresentar cada uma delas com mais detalhes.

A Dimensão de Desenvolvimento da Propriedade

A primeira dimensão descreve o desenvolvimento da *propriedade* ao longo do tempo (Figura I-4). Nossa descrição dessa dimensão é, em grande parte, baseada no trabalho de John Ward.[11] Ela reconhece que as diferentes formas de propriedade da família resultam em diferenças fundamentais em todos os aspectos da empresa familiar. É claro que existe uma gama quase ilimitada de estruturas de propriedade nas empresas familiares. Algumas são de propriedade de uma só pessoa, ou de um casal, ou de dois sócios sem relação de parentesco. No outro extremo da escala de complexidade, estão as empresas de propriedade de combinações de membros de uma família (chegando, em alguns casos, às centenas), acionistas públicos, fundos e outras empresas. Para esta dimensão, como para as outras duas, o modelo procura ser simples e útil. Nenhum modelo de um fenômeno tão complexo pode representar categorias que sejam completamente exaustivas e não superpostas. Constatamos, entretanto, que as questões centrais do desenvolvimento da propriedade estão bem captadas em três estágios: empresas com Proprietário Controlador, Sociedade entre Irmãos e Consórcios de Primos. Essas três categorias ajudam os profissionais que trabalham com empresas familiares a fazer algumas distinções críticas entre organizações de diversos tipos e ajudam as próprias famílias a entenderem como sua atual estrutura de propriedade afeta todos os outros aspectos da operação da empresa e da família. A dimensão de desenvolvimento da propriedade será discutida no Capítulo 1.

FIGURA I-4
O Eixo de Propriedade

Esta dimensão não se limita a três categorias; assume também uma direção desenvolvimentista subjacente. Ela sugere que a maior parte das empresas começa com um único proprietário.[12] Depois, muitas empresas passam, com o tempo, pela Sociedade entre Irmãos, até o Consórcio de Primos. Não estamos dizendo que todas as empresas familiares seguem sempre esta seqüência. Na verdade, muitas empresas são fundadas e possuídas por combinações de mais de uma geração da família e podem passar de uma combinação para qualquer outra. Por exemplo, a substituição de um proprietário-gerente por um único sucessor da geração seguinte é um tipo de sucessão que, neste modelo, seria representada por uma empresa de Proprietário Controlador, permanecendo no mesmo estágio. Mas esta não é a única possibilidade. Alguns Proprietários Controladores distribuem suas ações entre dois ou mais filhos, criando uma Sociedade entre Irmãos. Alguns desses, por sua vez, distribuem ações para um Consórcio de Primos, ou restringem a propriedade a uma Sociedade entre Irmãos na geração seguinte.

E estas duas últimas formas podem reverter ao estágio de Proprietário Controlador se uma única pessoa comprar todas as ações e consolidar sua propriedade. A adição de grupos de propriedade de múltiplas famílias, grupos de propriedade de acionistas não pertencentes à família, classes de ações, fundos e títulos acrescenta tempero aos casos individuais. Entretanto, esses três estágios de desenvolvimento ainda explicam a maior parte da variação ao longo da mais ampla gama de empresas. Em qualquer momento, a maioria das empresas familiares pode ser localizada principalmente em um dos três estágios e há uma dinâmica subjacente de desenvolvimento que as empurra através da seqüência de gerações, a partir dos Proprietários Controladores, para Sociedade entre Irmãos e depois Consórcios de Primos. É por isso que a dimensão de desenvolvimento da propriedade é a primeira neste modelo de empresa familiar.

A Dimensão de Desenvolvimento da Família

A segunda dimensão do modelo descreve o desenvolvimento da *família* ao longo do tempo. Esta dimensão capta o desenvolvimento estrutural e interpessoal da família por meio de aspectos como casamento, paternidade, relacionamentos entre irmãos adultos, cunhados e sogros, padrões de comunicação e papéis familiares. Para conceituar o desenvolvimento individual e familiar, recorremos ao trabalho pioneiro sobre desenvolvimento normal de adultos de Daniel Levinson e seus colegas e aos muitos teóricos que estudam os ciclos de vida das famílias.[13] A divisão das famílias proprietárias de empresas em subgrupos de desenvolvimento ajuda a separar a enorme variedade de famílias que possuem empresas. Embora haja variações e superposições entre estágios, vimos que, no interior de um destes, as famílias tinham muito em comum. Vimos também que a transição de um estágio para outro era um momento reconhecível e importante na história do desenvolvimento de uma família. As famílias com as quais trabalhamos reagem imediatamente ao conceito de mudança ao longo do tempo. Elas se reconhecem nas descrições dos vários estágios. O senso de semelhança com outras empresas familiares no mesmo estágio é, ao mesmo tempo, esclarecedor e tranqüilizador. Elas acham particularmente útil aprender a respeito dos desafios que provavelmente as esperam em estágios posteriores de desenvolvimento, para que possam se antecipar e se preparar para o futuro.

Depois de considerar as histórias de vida de centenas de famílias proprietárias de empresas de todos os portes e tipos à luz dessas teorias de desenvolvimento, constatamos que essas famílias podem ser divididas em quatro estágios, definidos pelas idades dos membros de cada geração que estão ativos na empresa. Chamamos esses estágios de: Jovem Empresa Familiar, Entrada na Empresa, Trabalho Conjunto e Passagem do Bastão (Figura I-5).

O primeiro estágio, da Jovem Família Empresária (JFE), é um período de intensa atividade, inclusive de definição de uma parceria conjugal que possa suportar o papel de proprietário-gerente; de decisão sobre ter ou não filhos e criá-los; de formar um novo relacionamento com os pais que envelhecem. Voltando ao exemplo de quatro partes que iniciou esta seção, Ben Smith "A" está preocupado principalmente com a solução do seu conflito contínuo com o pai e com a questão de tornar-se o líder da empresa de fato tanto quanto nominal. Sua mulher está preocupada com as exigências da empresa. Ela precisa do envolvimento dele no círculo familiar para cobrir as tarefas de criação de um lar e dos filhos, e talvez permitir que ela própria siga seus sonhos de uma carreira. O estágio JFE apresenta os pais com todos os dilemas do início da vida adulta definidos pelo modelo de desenvolvimento de adultos de Levinson: criar um sonho do futuro, explorar estilos de vida alternativos, estabelecer credibilidade, comprometer-se com uma carreira e, com muita freqüên-

FIGURA I-5
O Eixo da Família

cia, com um papel familiar e, finalmente, "tornar-se dono do próprio nariz" pouco antes dos 40 anos.[14]

Em um estágio-eixo acima, Entrada na Empresa (EE), cada geração é de dez a quinze anos mais velha do que aquela no estágio da Jovem Empresa Familiar. Este é o estágio em que as famílias precisam promover a saída, da infância, da geração mais jovem e sua entrada em vidas adultas produtivas. As famílias no estágio EE estão preocupadas com a criação de critérios de entrada e com o planejamento de carreiras para a geração de jovens adultos, incluindo a decisão de entrar ou não na empresa; o trabalho em questões de transição como casal e como irmãos; e com a definição de um papel em meio a três gerações de adultos – entre os pais idosos sobreviventes e os filhos que estão se preparando para formar suas próprias famílias.

Como ocorre comumente em empresas familiares, Ben Smith "B" precisa administrar não só a entrada de seus próprios filhos na empresa, mas também a dos netos. Normalmente, ao chegar à faixa dos quarenta, o proprietário-gerente sente que é o momento de aprender as primeiras lições de "entregar", isto é, de entregar a empresa aos filhos à medida que se tornam adultos, de abrir mão do controle direto sobre todos os aspectos de uma empresa mais complexa e também de algumas das opções por vidas alternativas. Estes são os desafios da transição da meia-idade.

Quando a geração dos pais avança na direção dos cinqüenta e a mais jovem está na faixa dos 20-30 anos, a família está no estágio do Trabalho Conjunto (TC). Neste estágio, ela está tentando administrar complexas relações entre pais, irmãos, cunhados, primos e crianças de idades amplamente variadas. A capacidade do sistema da empresa para sustentar uma família em rápida expansão é testada durante esses anos, em especial de duas maneiras: a lucratividade da empresa pode acompanhar as necessidades de renda e de estilo de vida de toda a família e seu porte pode prover oportunidades interessantes de carreira para os membros qualificados da família?

Ben Smith "C", neste estágio da empresa, está na invejável posição de possuir uma empresa próspera e dois filhos competentes. Mesmo assim, a complexidade de tantos planos de carreira e objetivos pessoais diferentes está causando tensão na empresa. Este é o estágio que privilegia a comunicação familiar e procedimentos operacionais claros. Também é o estágio em que muitas famílias tornam-se muito mais complexas. Existe toda uma nova geração adulta somando-se à mistura de casamentos, divórcios e novos casamentos, enteados e meio-irmãos e avós. Trabalhar em conjunto é a meta, mas isto requer as qualificações de um regente de orquestra.

Finalmente, no estágio da Passagem do Bastão, todos estão preocupados com a transição. Embora a sucessão seja freqüentemente considerada uma questão de negócios, temos ficado impressionados com sua enorme importância também no círculo da família. Há escolhas a serem feitas a respeito de partilhar ou passar a liderança da geração mais velha para a intermediária em todos os aspectos da vida familiar. As famílias proprietárias de empresas têm o aspecto simbólico do gerenciamento e do controle para ajudá-las a focalizar as questões básicas do envelhecimento e dos relacionamentos entre gerações. Se a família se preparar bem e tiver força para superar as muitas resistências a essas grandes mudanças, então a Passagem do Bastão poderá ser concluída com sucesso. De qualquer maneira, quer as empresas estejam ou não preparadas — cedo ou tarde demais, ou no momento exato —, as transições ocorrem de forma inevitável e os ciclos recomeçam.

Ben Smith "D" pensava que tinha um plano de transição acertado, mas separar-se da sua empresa está mostrando ser mais difícil do que esperava. Pensar na aposentadoria faz com que ele analise a maneira pela qual está se relacionando com o filho e a filha, que estão também entrando na meia-idade. A proposta de compra também faz com que ele reconsidere sua própria segurança financeira. Olhando adiante para sua velhice, que poderá facilmente se estender por vinte anos ou mais depois da aposentadoria, ele compreende que este estágio é de fato uma transição e não um fim, e requer mais "planejamento estratégico" do que ele havia pensado.

O eixo de desenvolvimento da família acompanha o ciclo de desenvolvimento de um núcleo familiar. Porém, como será discutido em profundidade no Capítulo 2, à medida que as famílias tornam-se mais complexas há mais de um ciclo de vida familiar ocorrendo ao mesmo tempo. Na verdade, nas empresas que atingiram os estágios de Sociedade entre Irmãos e de Consórcio de Primos no eixo da propriedade, pode haver grupos familiares que estão em dois, três ou mesmo em todos os quatro estágios. A interação de diferentes grupos familiares, todos lidando com seus próprios problemas de desenvolvimento, cria algumas das mais interessantes dinâmicas em empresas familiares e é uma das áreas nas quais este tipo de modelo pode ser mais útil.

A Dimensão de Desenvolvimento da Empresa

A última dimensão descreve o desenvolvimento da *empresa* ao longo do tempo. Nossa descrição desta dimensão baseia-se no trabalho de vários teóricos dos ciclos de vida das empresas, inclusive Neil Churchill, Eric Flamholtz, Larry Greiner e John Kimberly.[15] A maturidade tem sido negligenciada na maior parte das obras sobre empresas familiares. Contudo, existe uma variação importante em crescimento, maturidade de produtos, capitalização e endividamento, desenvolvimento de executivos não-familiares e internacionalização, que se deve ao estágio da empresa. Na verdade, constatamos que o seu estágio de desenvolvimento tem, com freqüência, um impacto poderoso, mas oculto, sobre decisões como vendas de ações da família a terceiros ou a sucessão da liderança da família.

Os modelos de ciclos de vida de empresas em geral fazem claras distinções entre os estágios, marcados por mudanças específicas na estrutura e nas operações da organização. Este nível de diferenciação é demasiado específico para os fins deste modelo tridimensional. Mais uma vez, uma progressão simples de três estágios capta a diferenciação essencial entre os estágios da empresa (Figura I-6). As variações dentro de cada estágio serão mais bem discutidas no Capítulo 3.

O primeiro estágio – Início – abrange a fundação da empresa e os primeiros anos, quando a sobrevivência está em questão. Quer para a empresa como um todo, quer para novas unidades de negócios criadas em complexos conglomerados familiares, é inegável que sempre existe um período inicial com características únicas e bem definidas. Em seus primeiros anos, as empresas diferem de maneiras importantes daquilo que serão em qualquer outro ponto de seus ciclos de vida.

O segundo estágio – Expansão/Formalização – cobre um amplo espectro de empresas. Ele inclui todas as empresas familiares a partir do ponto em que estas se estabeleceram no mercado e estabilizaram suas operações dentro de uma rotina inicial previsível, por meio de expansões e de uma complexidade organizacional crescente, até o período no qual o crescimento e as mudanças organizacionais caem drasticamente de velocidade. Este estágio pode durar poucos ou muitos anos, até mais que uma geração. É a época em que as empresas familiares procuram moldar a sua curva de crescimento e a sua estrutura emergente para servir às necessidades do grupo de proprietários em evolução e à família em desenvolvimento. Neste estágio, as empresas familiares experimentam conseqüências positivas e negativas do crescimento: mais oportunidades e mais senso de possibilidade, mais tensões provenientes do fato de a expansão ultrapassar a infra-estrutura (às vezes repetidamente).

Se a empresa está tendo sucesso, são criadas novas oportunidades para que os proprietários obtenham retornos aceitáveis sobre seus investimentos e para que os gerentes – da família ou não – construam carreiras com níveis atraentes de remuneração, autoridade e *status*. Quando a empresa deixa de crescer, ou declina durante o estágio de Expansão/Formalização, as conseqüências vão além do círculo da empresa. O grupo de proprietários e a família precisam reavaliar seu compromisso com a empresa.

O estágio final deste eixo é o da Maturidade. Este estágio tem suas raízes na avaliação do mercado, descrevendo o ponto em que um produto deixa de evoluir e as dinâmicas competitivas mudam para batalhas pela participação no mercado cada vez menos lucrativas. Estamos usando-o para descrever um estágio de estagnação numa empresa familiar, quando as operações estão "rotinizadas" ao ponto de o comportamento automático e as expectativas a respeito de crescimento serem muito modestos. Porém, não apresentamos este estágio como sendo final e sustentável por períodos indefinidos. Mesmo quando uma empresa opera com eficiência extraordinária e tem uma posição dominante no mercado, as forças por mudanças não podem ser contidas indefinida-

FIGURA I-6
O Eixo da Empresa

mente. Existem duas saídas do estágio de Maturidade para uma empresa familiar: renovação e reciclagem, ou a morte da empresa.

Há limites para a utilidade de uma tipologia de algo tão complexo como o é a empresa familiar. Este modelo não permite que as empresas sejam categorizadas em tipos. Contudo, o excesso de ênfase na categorização pode conduzir ao excesso de simplificação. As empresas familiares estão em movimento constante e as distinções entre estágios tornam-se vagas. Existem muitas condições "híbridas", como quando a propriedade é dividida entre gerações, ou como no caso de uma empresa complexa que está em maturidade confortável com seu produto original e, ao mesmo tempo, inicia alguns novos empreendimentos e cresce em outros. Não estamos muito interessados em reduzir as empresas familiares a tipos rigidamente definidos; isto nos afastaria da verdadeira compreensão da sua natureza especial. O melhor uso do modelo está em prover uma estrutura previsível para o desenvolvimento de empresas familiares ao longo do tempo, em cada dimensão, e em sugerir como o reconhecimento do estágio atual – e a combinação de estágios entre propriedade, família e empresas – ajuda-nos a analisar as dinâmicas de qualquer empresa familiar.[16]

Os capítulos seguintes exploram a complexa variedade de empresas, focalizando ao mesmo tempo os elementos comuns que tornam possível um modelo. A Parte I (Capítulos 1 a 3) analisa com mais detalhes cada uma das três dimensões de desenvolvimento. A Parte II (Capítulos 4 a 7) apresenta quatro tipos clássicos de empresa familiar e mostra como suas características e seus desafios vitais são moldados pelo estágio em que ela se encontra em cada uma das dimensões de desenvolvimento. A Parte III (Capítulos 8 e 9) aprofunda algumas das lições específicas que aprendemos com a intervenção em empresas familiares segundo o modelo. Essas idéias são endereçadas aos vários profissionais consultores de empresas familiares e às próprias famílias proprietárias.

Notas

1. Dreux, 1990, 1992. Ainda não foi desenvolvida uma base de dados verdadeiramente confiável com informações demográficas específicas a respeito do número e dos tipos de empresas familiares. Isto se deve, em parte, ao fato das principais fontes de dados deste gênero, como o *bureaux* do censo e os anuários de empresas, não classificarem as empresas de acordo com a situação familiar dos proprietários ou dos altos dirigentes. Em dois excelentes novos esforços: a Massachusetts Mutual Insurance e a Andersen Consulting começaram a colher amostras de dados de pesquisas (Massachusetts Mutual Insurance, 1994; Arthur Andersen & Co., 1995). Quando os fatos são ambíguos, preferimos usar estimativas conservadoras.
2. Zeitlin, 1976.
3. Collin & Bengtsson, 1991; Donckles & Frölich, 1991; Lank, 1991.
4. Chau, 1991.
5. Lansberg & Perrow, 1990.
6. Algumas das primeiras publicações incluem Calder, 1991; Donnelley, 1964; Levinson, 1971; Barry, 1975; Danco, 1975; e Barnes & Hershon, 1976.
7. Beckhard & Dyer, 1983; Lansberg, 1983.
8. Tem havido, na literatura, algumas exposições muito interessantes a respeito do equilíbrio relativo entre a análise de subsistemas e de sistemas inteiros. Ver Kepner, 1983; Hollander & Elman, 1988; Benson, Crego & Drucker, 1990; e Whiteside & Brown, 1991.
9. Tagiuri & Davis, 1982.
10. Esta forma de diagrama familiar é chamada de "genograma". Ela descreve a estrutura organizacional de uma família, indicando idade, sexo e relacionamentos familiares de cada pessoa. Para maiores informações sobre genogramas, ver McGoldrick & Gerson, 1985.
11. Ward, 1987, 1991.
12. Como acontece com todos os estágios, em todas as três dimensões do desenvolvimento, os títulos dados não refletem todas as variações neste estágio. Por exemplo, embora o estágio seja denominado de *proprietário controlador,* em alguns casos um casal pode possuir uma empresa

em conjunto, ou pode haver um proprietário dominante com um pequeno número de outros investidores. O fator determinante deste estágio é que uma voz, normalmente de uma única pessoa, controla os interesses de propriedade e fala por eles.

13. Levinson, 1978, 1986, 1996. Ver também Erickson, 1963; Vaillant, 1977; Gould, 1978; Gilligan, 1982; e Levinson & Gooden, 1985.

14. Levinson, 1978, p.144-165; 1996, p.143-148.

15. Greiner, 1972; Kimberly, 1979; Kimberly, Miles e Associados, 1980; Churchill & Lewis, 1983; Flamholtz, 1986.

16. O'Rand e Krecker (1990, p. 259) propõem uma análise elegante da utilidade e das limitações dos "usos heurísticos da idéia do ciclo de vida" nas ciências sociais.

PARTE I

O Modelo de Desenvolvimento Tridimensional

Os próximos três capítulos apresentam as três dimensões de desenvolvimento que compõem nosso modelo: propriedade, família e empresa. Cada capítulo explora em detalhe os estágios de uma dimensão, provendo a base teórica e conceitual para nossas generalizações e conclusões a respeito de empresas familiares. Focalizamos, em particular, os principais desafios de cada estágio, os quais devem ser enfrentados enquanto o sistema continua a se desenvolver.

CAPÍTULO 1

A Dimensão de Desenvolvimento da Propriedade

M AIS QUE O NOME da família sobre a porta ou o número de parentes na alta direção, é a propriedade de uma família que define a empresa familiar. Assim como para as estruturas família e empresa, existem diversas formas que o eixo propriedade pode assumir na empresa familiar. A estrutura e a distribuição da propriedade – quem possui quanto, e qual tipo de ação – podem ter efeitos profundos sobre outras decisões empresariais e familiares (por exemplo, quem será o CEO ou um líder familiar) e sobre muitos aspectos operacionais e estratégicos. Na verdade, temos observado que até mesmo pequenas alterações estruturais de propriedade, quer sejam provocadas pelo envelhecimento de membros da família ou por decisões estratégicas, podem ter fortes efeitos em cadeia, durante gerações, em cada um dos três círculos. Esses padrões diferentes de propriedade, ao evoluir ao longo do tempo, compõem a primeira dimensão de desenvolvimento deste modelo.

A propriedade privada da empresa tem sido um assunto controverso por muitos séculos. A *Política,* de Aristóteles, e as *Leis* e a *República,* de Platão, tinham muito a dizer a respeito do papel da propriedade privada na criação do estado ideal.[1] Debates sobre as leis e costumes de herança foram bem documentados na história cultural de sociedades tão variadas como a Europa medieval, a antiga China e as Américas coloniais.[2] Uma premissa central do Manifesto Comunista era a abolição da propriedade privada e do direito de herança (especialmente de empresas).[3] Ao mesmo tempo, as economias capitalistas estavam testemunhando a dramática expansão da classe média proprietária de empresas e a introdução da posse de ações pelo público. Até a teologia tratou do empreendimento privado, como a Encíclica Papal de 1891, que encontrava uma justificativa divina para o direito da família à "propriedade de bens lucrativos" e sua "transmissão aos filhos por herança".[4]

Mesmo assim, os trabalhos iniciais no campo da empresa familiar davam menos atenção à propriedade do que ao gerenciamento ou às dinâmicas familiares. Recentemente, porém, algumas das melhores pesquisas sobre empresas familiares têm sido sobre suas dinâmicas de controle e propriedade. O modelo dos três círculos identificou de forma explícita o grupo de proprietários no sistema da empresa familiar, substituindo o conceito de dois círculos, que não diferenciava entre propriedade e gestão.[5] Foi então que o criterioso trabalho de John Ward pela primeira vez chamou a atenção para diferentes categorias de propriedade para empresas familiares.[6]

Ward propôs uma progressão típica de propriedade, do fundador para sociedade entre irmãos e, finalmente, para a dinastia familiar. Nossas idéias a respeito de como a estrutura de propriedade se desenvolve numa empresa familiar, e como a propriedade influencia as dinâmicas de todo o sistema, foram fortemente influenciadas pela obra de Ward.

Tem havido a tendência de se ver a simples passagem da propriedade de uma geração para outra como um subproduto do controle de gerenciamento. Na verdade, um retrato preciso e detalhado da gama de empresas familiares revela uma variedade muito mais ampla e interessante de estruturas de propriedade. A propriedade pode ser mantida por meio de diferentes classes de ações, de infinitas variedades de fundos e de elaboradas combinações multigeracionais de grandes e pequenas distribuições. Além disso, essas configurações de posse de ações são normalmente a principal característica determinante do estágio de desenvolvimento da empresa familiar.

PENSANDO A RESPEITO DA PROPRIEDADE EM TERMOS DE DESENVOLVIMENTO

A estrutura de propriedade numa empresa familiar pode permanecer estática por gerações, mesmo quando mudam os acionistas. Por exemplo, uma vinícola próxima a Lausanne, Suíça, colocou o controle majoritário nas mãos de um membro da família em cada geração, durante quatorze gerações – uma seqüência de proprietários dominantes únicos por mais de trezentos anos. Normalmente, porém, depois da primeira geração a forma de propriedade, e não apenas os proprietários, muda de uma geração para outra. Com muita freqüência, a propriedade torna-se cada vez mais diluída, a partir de um único proprietário majoritário, para poucos ou vários proprietários e depois para uma distribuição muito mais ampla. Para cada mudança na estrutura de propriedade ocorrem outras correspondentes, nas dinâmicas da empresa e da fa-

FIGURA 1-1
A Dimensão de Desenvolvimento da Propriedade

mília, no nível de poder detido por acionistas funcionários e não-funcionários e nas demandas financeiras feitas sobre a empresa.

Embora a estrutura específica de propriedade em qualquer empresa familiar reflita sua história única e a composição da família, na maioria dos casos ela cai em um de três tipos (Figura 1-1): empresas controladas por proprietários únicos (Proprietário Controlador), por irmãos (Sociedade entre Irmãos) e por um grupo de primos (Consórcio de Primos).[7] Consideramos a progressão da propriedade de uma forma para outra como desenvolvimentista, porque ela segue uma seqüência previsível e é, ao menos em parte, motivada pelo envelhecimento e pela expansão da família proprietária. Porém, esta é uma interpretação livre do conceito de desenvolvimento. A seqüência de estágios não é determinada de forma inalterável ao longo de uma trilha fixa, como acontece com grande parte do desenvolvimento biológico. E as empresas podem ser fundadas sob qualquer uma das três formas de propriedade. Como no caso da vinícola suíça, a propriedade da empresa pode permanecer concentrada em uma ou em poucas pessoas por muitas gerações. Alternativamente, a distribuição de ações pode ir e vir entre o controle individual, de irmãos e de primos, depois de períodos de consolidação, expansão e transferência de propriedade dentro de uma geração ou entre gerações.

OS ESTÁGIOS DE PROPRIEDADE DA EMPRESA FAMILIAR

Nos Estados Unidos e na maioria das outras economias ocidentais, estimamos que cerca de 75% de todas as empresas familiares estejam sob o controle de uma pessoa ou um casal, as quais denominamos "empresas familiares de Proprietário Controlador". Outras 20% aproximadamente são controladas por Sociedades entre Irmãos. Finalmente, estimamos que cerca de 5% dessas empresas são Consórcios de Primos.[8]

Muitas dessas empresas têm formas híbridas de propriedade[9] – por exemplo, de maioria controlada por um grupo de irmãos, mas também com alguns primos acionistas e talvez até mesmo gerenciadas pelos primos minoritários.

Essas formas híbridas normalmente representam transições de um estágio para outro. Especialmente em gerações posteriores, a gama de idades dos irmãos e primos pode ser ampla e as gerações podem misturar-se. Portanto, é muito comum a propriedade mudar de um estágio para outro por meio de uma série de etapas intermediárias, que podem durar de poucos meses a muitos anos.

O ESTÁGIO DO PROPRIETÁRIO CONTROLADOR

Características

Quase todas as empresas familiares são fundadas como empresas de um Proprietário Controlador, nas quais a propriedade é controlada por um dono ou, em alguns casos, por um casal.[10] É tentador rotulá-las de empresas familiares "empreendedoras", porque, em sua maioria, as empresas dos fundadores assumem esta forma, mas isso seria incorreto. Nem todas as empresas familiares de um Proprietário Controlador são empreendedoras (no sentido de serem inovadoras ou de assumirem riscos), e nem todas as empresas empreendedoras têm um Proprietário Controlador.

O ESTÁGIO DO PROPRIETÁRIO CONTROLADOR NO DESENVOLVIMENTO DE PROPRIEDADE

Características
- Controle na propriedade consolidado em uma pessoa ou um casal.
- Outros proprietários, caso existam, possuem somente participações simbólicas e não exercem nenhuma autoridade significativa.

Desafios-chave
- Capitalização.
- Equilibrar o controle unitário com a entrada de interessados-chave.
- Escolher uma estrutura de propriedade para a próxima geração.

As empresas familiares de Proprietários Controladores variam muito de porte. Embora a maioria permaneça modesta em escala, algumas atingem receitas de muitos milhões de dólares, em alguns casos dentro da primeira geração. Os funcionários membros da família costumam ser limitados ao núcleo da família do proprietário. O Conselho de Administração, em especial na primeira geração de uma empresa de proprietário-gerente, normalmente existe apenas "no papel", isto é, para preencher os requisitos legais, não desempenhando qualquer papel de aconselhamento ou sendo um "Conselho de carimbo", que se reúne somente para endossar aquilo que o primeiro já decidiu fazer. Em ambos os casos, esses Conselhos tendem a ser compostos total ou principalmente por membros da família. Devido à posição dominante do proprietário-gerente na empresa e, com freqüência, na família, as reuniões do Conselho em geral não constituem foros para debates familiares ou de negócios.

Cragston Employment Services

Um forte exemplo da importância dos fatores de propriedade no estágio do Proprietário Controlador é dada pela Cragston, uma impressionante empresa de serviços que cresceu até acima de US$100 milhões de faturamento em sua primeira geração. Em 1978; Arthur Cragson, o carismático e visionário fundador, comprou uma pequena firma especializada em reivindicação trabalhista. Ele havia acabado de se formar em uma faculdade de direito local. Como já tinha 36 anos, com uma família para sustentar, ele estava pessimista quanto às suas chances de subir suficientemente rápido na hierarquia de um grande escritório de advocacia. Quando soube que o pai de um colega de escola estava querendo vender uma pequena firma que processava reivindicações trabalhistas, Arthur juntou suas modestas economias e dirigiu-se a um banco local para tomar emprestado o restante do valor da compra. O banco recusou seu pedido, citando sua falta de experiência em negócios. Mas ele estava decidido. Fez uma nova hipoteca da sua casa e convenceu o vendedor a financiar o restante da compra com uma nota vencível em dez anos. A firma já tinha dois funcionários em tempo integral e dois em tempo parcial. Carolyn, a segunda mulher de Arthur, ajudou-o a dirigir o escritório por alguns anos e depois retomou à sua vocação de novelista.

A firma teve um sucesso modesto por dois anos, até que Arthur começou a ler a respeito de uma nova tendência no sentido de trabalhadores contratados sem vínculo empregatício. Craig, um antigo amigo que era contador, deu a Arthur a idéia de transformar sua empresa. Ela atenderia empresas de porte médio, "contratando" para estas todos os funcionários, cuidando de todos os assuntos relativos a benefícios e impostos, e terceirizando o pessoal. Craig propôs uma sociedade, mas Arthur ofereceu-lhe, em vez disso, um salário generoso e participação nos lucros. Craig contribuiu com uma pequena quantia de capital de investimento tirada de suas economias em troca de uma parcela de 10% das ações, e o acordo foi fechado. Arthur e

Craig montaram um kit de vendas e começaram a visitar as empresas já clientes da firma, oferecendo o novo produto. Só duas se interessaram, mas isso deu à nova empresa, a Cragston Employment Services, a experiência de que ela necessitava. Decorridos pouco mais de seis meses com os dois primeiros clientes, vieram dois pareceres muito favoráveis da Secretaria da Receita, em apoio ao conceito de terceirização da mão-de-obra. De repente, a demanda explodiu; a Cragston chegou ao topo de uma enorme nova onda e começou a crescer rapidamente.

Para reduzir os custos operacionais iniciais, Arthur continuou a operar no pequeno escritório que havia usado para o serviço de processamento de reivindicações. Ele contratou novos funcionários, um a um, segundo as necessidades, forçando o pessoal existente quase ao ponto de estafa com horas extras, até que fosse essencial contratar mais uma pessoa. Seu estilo pessoal com cada funcionário e suas histórias sobre a grande empresa que eles estavam construindo motivaram surpreendentemente bem seu grupo.

Certo dia, em um almoço de negócios, Arthur conheceu Frank Hampton, que também estava desenvolvendo um programa de terceirização de mão-de-obra para uma grande empresa de serviços. Arthur decidiu que precisava dos conhecimentos de Frank na Cragston e ofereceu-lhe um salário 50% superior e generosos incentivos por desempenho. Quando Craig soube da oferta, ficou furioso. Depois de uma briga bastante séria, Arthur demitiu Craig. Este entrou com uma ação contra a empresa, e como Arthur recusou-se a fazer um acordo, a batalha arrastou-se por quase três anos, custando à empresa milhares de dólares.

Frank assumiu o gerenciamento dos planos de clientes, enquanto Arthur cuidava do marketing. O escritório estava em constante confusão, devido ao frenético nível de atividade em espaço apertado. Arthur era um ótimo vendedor e gerava negócios rapidamente. Frank reclamava freqüentemente que não podia se manter em dia sem novos funcionários, computadores melhores e mais espaço. A primeira resposta de Arthur sempre era: "Se os clientes não vêm, não podemos nos dar ao luxo de gastar dinheiro com isso." O verdadeiro problema era que Arthur ainda insistia em conhecer todas as partes do pacote de cada cliente. Cada nova proposta requeria sua aprovação em todas as etapas. Como ele também estava fora vendendo novas contas, a papelada empilhava-se sobre sua mesa. Finalmente Frank convenceu-o a contratar um contador para pôr os livros em ordem e analisar o fluxo de caixa. Como conseqüência deste trabalho, ficou claro que a empresa podia arcar com um aluguel mais alto e contratar mais pessoal com as receitas operacionais já existentes, evitando o tipo de dívida temido por Arthur. Depois da mudança para um escritório maior e mais bem equipado, as coisas se acalmaram e Arthur tirou uma semana de férias com a família – sua primeira ausência da empresa em três anos.

Desafios-chave

Três desafios-chave caracterizam o estágio do Proprietário Controlador: garantir o capital adequado, lidar com as conseqüências da concentração societária e imaginar uma estrutura de sociedade para a continuidade. Arthur Cragston teve sucesso porque reagiu bem ao primeiro desafio e sobreviveu aos seus problemas com o segundo. Entretanto, como veremos mais tarde, o fato de ele evitar a questão da continuidade poderia significar que a empresa nunca iria além do estágio de Proprietário Controlador.

Capitalização. Nas empresas de primeira geração, onde o proprietário-gerente é o fundador, as principais fontes de capital são normalmente as economias e o "suor" investido pelo acionista majoritário, sua família e seus amigos. A menos que o proprietário-gerente possua capital de investimento considerável, as empresas de primeira geração normalmente obtêm capital de membros da família. Embora possa haver aspectos psicológicos importantes, esta ainda é a fonte mais fácil: o cônjuge (investindo seus fundos ou ativos herdados), pais, irmãos ou mesmo os filhos do proprietário-gerente. Os parentes têm maior probabilidade de emprestar dinheiro ao fundador, contra a simples promessa de dividendos e valorização do patrimônio caso a empresa tenha sucesso, e sem qualquer intenção de ajudar a dirigi-la. Em alguns casos existe, na família, a norma de aplicar os excessos de caixa nos novos empreendimentos de parentes. Em outros, o novo cônjuge possui economias, na versão da empresa familiar de um dote moderno. Arthur Cragston teve sorte de poder comprar, em condições favoráveis, uma empresa já em operação. Ele conseguiu levantar o capital necessário para fazer a aquisição. Isso significava que ele e sua mulher estavam arriscando todo o seu patrimônio, inclusive o pequeno fundo que haviam iniciado para a faculdade dos filhos, e eles não tinham nenhum parente em condições de ajudá-los.

A participação de estranhos à família é rara em pequenas empresas familiares. Os verdadeiros investidores de capital de risco em geral exigem um controle significativo sobre a empresa, o que os torna relativamente pouco atraentes para os fundadores que estão interessados em controlar suas criações. Contudo, a participação de estranhos ocorre às vezes no início da empresa, quando o fundador é ajudado financeiramente por um sócio (ativo ou "capitalista"), com quem mantém um relacionamento pessoal. Em alguns casos, esses sócios saem no final da primeira geração ou no início da segunda. Em outros casos, a propriedade é passada para as famílias dos fundadores, criando uma empresa multifamiliar. Esta se constitui num fascinante subconjunto das empresas familiares e tem potencial para permanecer estável por gerações. Porém, as forças pela dissociação são muito fortes e, se a empresa sobrevive, normalmente as famílias costumam dividi-la ou vendê-la na segunda ou terceira geração.

As fontes externas de capital mais comuns para as firmas de Proprietário Controlador são os bancos. Estes podem ter exigências de crédito relativamente rigorosas e ser conservadores em suas avaliações de risco, mas raramente procuram interferir nas operações da empresa uma vez feito o empréstimo. Arthur Cragston tentou um banco em primeiro lugar, mas sem sucesso. Depois que sua empresa iniciou as atividades, fazia o possível para evitar qualquer endividamento significativo com bancos, mesmo que este significasse a aceleração do crescimento da empresa.

Se os investidores da família recebem ações em troca do seu investimento, então a empresa começa a se afastar da forma clássica do Proprietário Controlador. Esta é uma dessas situações híbridas comuns, nas quais a linha entre Proprietário Controlador e Sociedade entre Irmãos nem sempre é clara. Quando uma pessoa atua como Proprietário Controlador, com arbítrio individual para dirigir a empresa como achar melhor, então a empresa é de Proprietário Controlador, mesmo que outros membros da família tenham participações minoritárias e alguns direitos legais. Quando o proprietário começa a levar em conta as opiniões de outros acionistas da família, a empresa passa a operar mais como uma Sociedade entre Irmãos.

Equilibrar o controle unitário com a entrada de interessados-chave. O segundo grande desafio é encontrar o equilíbrio entre a autonomia do Proprietário Controlador na direção da empresa e sua sensibilidade a contribuições de interessados construtivos. Nenhuma empresa possui maior concentração de autoridade do que aquela inteiramente possuída e gerenciada por uma pessoa. As empresas de Proprietário Controlador podem explorar as vantagens da clareza e da eficiência provenientes de se ter um líder único claramente identificado. Os interessados internos (gerentes e funcionários) preferem um processo menos confuso a respeito das diretivas do proprietário e há menos risco de se perder uma oportunidade enquanto os sócios lutam pelo controle.

Um líder único também torna a vida mais fácil para o ambiente organizacional – bancos e outros credores, clientes, fornecedores, contadores e advogados, que preferem "olhar para um par de olhos" quando necessitam de uma decisão.

Mas também há riscos neste estágio. As empresas de Proprietário Controlador muitas vezes têm sucesso ou fracassam, dependendo da competência, energia, versatilidade e sorte de uma só pessoa. Muitos Proprietários Controladores acham que precisam estar presentes em todos os momentos e participar de todas as decisões. A empresa pode ficar paralisada se o proprietário fica doente, deprimido, perturbado ou fatigado. O dono de uma gráfica na Califórnia disse: "Eu não tirava férias havia muitos anos, então fomos esquiar. Mas eu não agüentei – estava recebendo dez mensagens telefônicas por dia, e então voltamos dois dias antes." As demandas de tempo são extremas, mas às vezes os Proprietários Controladores, em particular os fundadores, ficam presos a um estilo de envolvimento excessivamente intenso. Eles se convencem da sua "indispensabilidade". Podem relutar em buscar os Conselhos e a assistência de membros da família e de outras pessoas, com medo de perder sua independência. Isto pode tornar-se um problema sério se a empresa baseou-se nele em tudo para atingir seu sucesso inicial, mas atualmente o crescimento e desenvolvimento rápidos exigem critérios e qualificações além da sua capacidade.

Arthur Cragston era um Proprietário Controlador clássico que estava no centro de cada atividade da empresa, fosse ela importante ou trivial. Ele estava disposto a contratar alguns gerentes-chave, mas limitava sua autonomia. Todos os dias começavam com uma reunião em seu escritório, na qual o colocavam a par de tudo o que havia acontecido no dia anterior, durante sua ausência em busca de novos clientes. Frank Hampton era o tipo de gerente que florescia sob a liderança de Arthur; ele gostava de ser o "número dois". As frustrações de alguns dos outros gerentes eram abafadas porque a empresa crescia depressa, os salários eram altos e Arthur respondia com encorajamento pessoal (e, às vezes, presentes) se alguém ficasse demasiadamente tenso. Contudo, alguns funcionários não puderam tolerar o fato de serem constantemente criticados e saíram. O caso de Craig custou a Arthur um amigo e, à empresa, um bocado de dinheiro. Mas quando alguém deixava a empresa, como fez Craig, para Arthur era como se a pessoa tivesse deixado o planeta; ele nunca olhava para trás.

Os bons e maus aspectos da concentração da liderança também podem ser reforçados no círculo da família. Em especial, na geração do fundador, os Proprietários Controladores são freqüentemente uma força psicológica fundamental em suas famílias. Se a empresa tem sucesso e cresce, as oportunidades de empregos, riqueza e status com que ela provê a família podem resultar em grande influência para o proprietário. Sua voz tem peso especial nas discussões familiares. Suas decisões relativas à empresa têm grande importância para a família por motivos puramente financeiros e, em muitos casos, também porque a identidade ou a reputação dela está ligada à empresa. Há, com freqüência, muita competição entre os filhos pela atenção, aprovação e favores do proprietário-gerente. A família de Arthur não possuía (ainda) ações da empresa, mas ele era generoso com sua crescente renda. Acertou uma antiga disputa com a primeira mulher a respeito de pensão alimentícia e sustento do filho, e seu relacionamento com este melhorou muito. Seus dois irmãos e sua irmã começaram a procurá-lo em busca de Conselhos, particularmente sobre assuntos financeiros. Pôde ajudar seus pais a se mudarem para o Arizona e ele próprio mudou-se para a grande casa na qual havia crescido. Depois disso, era natural que Arthur recebesse a família para os jantares dos dias de Ação de Graças e Natal, como seus pais haviam feito no passado. Arthur tornou-se o líder claro da família Cragston.

Escolher uma estrutura de propriedade para a próxima geração. Quando um Proprietário Controlador, ao prever o final do seu mandato, decide manter a empresa na família, ele necessita tomar uma decisão a respeito de continuar ou não a investir o controle em uma única pessoa ou dividi-lo entre um grupo de herdeiros. (As complexidades deste processo de decisão são discutidas em maior profundidade no Capítulo 7.) Na elaboração de um plano patrimonial, o proprietário precisa ponderar muitas considerações financeiras relativas às ações da empresa: minimização de impostos, necessidades financeiras para a aposentadoria, responsabilidades como provedor do cônjuge e outros dependentes, endividamentos e assim por diante. Alguns instrumentos de planejamento patrimonial, em particular os fundos de investimentos, que são estabelecidos por razões fiscais, também podem influenciar fortemente o desenvolvimento da empresa familiar. Eles podem exigir decisões que restringem opções sobre a distribuição ou liquidação de parcelas por muitos anos.[11] Embora tenham benefícios fiscais inegáveis, eles também podem ter o efeito (pretendido ou não) de perpetuar o controle do proprietário — até mesmo depois da sua morte.

A decisão central do proprietário a respeito da estrutura de propriedade depende de um julgamento de valor sobre qual forma faz mais sentido para a empresa e a família; há muitas influências sobre esses julgamentos.[12] Tradições culturais, refletidas em leis de heranças, normas sociais e doutrinas religiosas também podem influir.[13] Por exemplo, alguns Proprietários Controladores temem que qualquer divisão que não seja eqüitativa provoque ciúmes e encoraje lutas pelo poder entre os filhos. É interessante notar que as distribuições eqüitativas raramente acalmam antigas rivalidades, mas o desejo de conter conflitos familiares leva os pais a manter uma severa igualdade e não considerar outras alternativas.[14]

Oito anos depois da sua fundação, a Cragston Employment Services havia chegado a vendas anuais de US$ 20 milhões. Arthur decidiu passar uma parte das suas ações ao filho, que trabalhava como vendedor na empresa, e à sua filha, cujo marido também entrara para a empresa depois de completar o mestrado em administração. O plano de Arthur era transmitir o controle acionário ao filho, preservando a forma de Proprietário Controlador. Mas ele desconversava sempre que lhe perguntam sobre o cronograma para a transição; o seu relacionamento com o filho sempre foi difícil, com pouca confiança mútua. O fato de ser o proprietário tem sido o principal instrumento de Arthur para controlar sua empresa e sua família, e para conceber uma vida que o mantinha no centro. É pouco provável que ele abra mão do controle da empresa até sua morte, e também que seu filho ainda esteja na empresa quando isso acontecer.

Quando as famílias têm uma tradição de identificar um líder empresarial em cada geração, a maioria dos membros da geração mais jovem sabe desde cedo que sua carreira ocorrerá fora da empresa. Se o atual proprietário está mais preocupado com autonomia e clareza no círculo da família, e acredita que a operação tranqüila da empresa requer um líder desimpedido, então ele poderá procurar um novo Proprietário Controlador. Se, por outro lado, ele der valor à igualdade, à harmonia familiar e à distribuição justa do patrimônio para o futuro da família, então aumentará a probabilidade de preferir uma forma de Sociedade entre Irmãos. Isto introduz o estágio seguinte de desenvolvimento da propriedade.

O ESTÁGIO DE SOCIEDADE ENTRE IRMÃOS

Características

Como quase todas as Sociedades entre Irmãos estão em sua segunda geração familiar ou além, em média elas sobreviveram mais tempo e cresceram mais do que as empresas no estágio de Proprietário Controlador. No estágio de Sociedades entre Irmãos o controle é partilhado por dois ou mais irmãos e irmãs, que podem ou não ser funcionários da empresa. Pode haver outros sócios, da geração dos pais ou entre os netos, mas eles não exercem influência significativa nesse estágio da empresa. Se o pai detém um papel ativo mas o controle passou para o grupo dos filhos, então a empresa é uma híbrida dos dois estágios (Proprietário Controlador e Sociedade entre Irmãos). Quanto mais o pai ainda é visto como a autoridade suprema, mais a empresa se comporta como de Proprietário Controlador.

O ESTÁGIO DE SOCIEDADE ENTRE IRMÃOS DO DESENVOLVIMENTO DE PROPRIEDADE

Características
- Dois ou mais irmãos com controle acionário.
- Controle efetivo nas mãos de uma geração de irmãos.

Desafios-chave
- Capitalização.
- Desenvolver um processo para a partilha do controle entre os proprietários.
- Definir o papel dos sócios não-funcionários.
- Reter o capital.
- Controlar a orientação das facções dos ramos da família.

Fashion Imports

A Fashion Imports, fundada em 1962 por Maria e Joseph Giuliani, importa roupas infantis. Nos primeiros anos, centrava-se sobre modelos italianos e franceses para o mercado intermediário de pequenos varejistas e lojas de especialidades. Gradualmente, cresceu o volume de importações de Taiwan, da Coréia e, mais recentemente, da Indonésia, e agora os principais clientes são grandes lojas de descontos e de departamentos. Nos primeiros anos, Maria e Joseph dirigiam juntos a empresa. Ele era o comprador e viajava várias vezes por ano à Europa para achar fornecedores não muito conhecidos no mercado americano. Maria cuidava das vendas. Com o crescimento da empresa, eles foram contratando gerentes profissionais, começando com um supervisor do depósito; mais tarde, montaram uma operação de marketing e vendas crescente e mais complexa. Em 1990 as vendas haviam atingido US$22 milhões.

Os Giuliani tinham cinco filhos — três homens, seguidos por duas mulheres. Todos eles trabalhavam na empresa durante seus anos escolares, mas somente os dois filhos mais velhos e a filha mais moça pensavam em lá fazer carreira. O mais velho, Joseph Jr., era um líder natural. Ele começou a trabalhar em período integral logo depois de formado. Nos anos subseqüentes, Joe Jr.

passou por todas as divisões da empresa, ganhando experiência e ótima reputação entre os gerentes e funcionários. Em 1991, aos 38 anos, ele era vice-presidente de vendas. Na ocasião, seu irmão e sua irmã também trabalhavam na empresa. Franco era comprador, passando grande parte do tempo na Ásia. Sophie era desenhista. O outro irmão operava um pequeno restaurante e a outra irmã era advogada num escritório local.

Alertado por um leve ataque cardíaco em 1991, Joseph Sr. não tinha mais como postergar os testamentos e planos patrimoniais seus e de Maria. Ele trabalhou alguns meses com seu advogado e seu contador para elaborar um plano que daria o grosso das ações da empresa a Joe Jr., com parcelas menores para Franco e Sophie, e outros ativos indo para os outros filhos. Joseph Sr. acreditava que a empresa necessitava de um líder forte que detivesse o controle e que a harmonia familiar seria mantida se isso fosse deixado claro antecipadamente.

Quando Maria viu o rascunho do plano, voltou-se para o marido e disse: "Isto não é possível." Ela estava inflexível em sua crença de que os cinco filhos deveriam herdar porções iguais da empresa e beneficiar-se igualmente como co-proprietários, mesmo que somente alguns deles trabalhassem na empresa. "Passamos nossas vidas construindo esta empresa por uma razão – ter algo substancial para deixar a todos os nossos filhos. Eles se deram muito bem juntos até agora. Não irei separá-los e dar a alguns mais do que aos outros." Ela estava absolutamente convicta de suas crenças.

Inseguro quanto ao que fazer, Joseph buscou assistência junto a um consultor de empresas familiares. Depois de uma série de reuniões e entrevistas, a segunda geração começou a se reunir sem a presença dos pais. Em relativamente pouco tempo, chegaram a um consenso a respeito de três princípios: (1) que todos os irmãos tinham confiança em Joe Jr. como futuro líder da empresa; (2) que cada um deles queria permanecer como sócio da empresa, para honrar a ligação com a família; e (3) que eles iriam achar outras maneiras, via salários e outros benefícios, de recompensar os irmãos que trabalhavam na empresa por seus esforços. Com a aprovação de Joseph Sr. e Maria, eles começaram a cuidar da criação de um Conselho de Administração e de políticas de participação.

Desafios-chave

Desenvolver um processo para a partilha do controle entre os proprietários. O estágio de Sociedade entre Irmãos inclui uma gama de estruturas, refletindo diferentes distribuições de ações e de controle entre os irmãos. O primeiro desafio-chave é conceber uma Sociedade entre Irmãos adequada aos integrantes da família. Em uma das formas, um dos irmãos assume o papel de líder quase-pai. Esta forma, a que mais se assemelha ao estágio de Proprietário Controlador, é mais provável quando o controle da empresa é dado a esse irmão (mais de 50% das ações com direito a voto). Ela também é comum quando um ou ambos os pais morrem relativamente jovens, ou quando existe uma diferença significativa de idade entre o irmão mais velho e os mais novos. Em teoria, quando uma pessoa detém o controle acionário, não é necessária uma aliança entre os irmãos para a tomada de decisões estratégicas para a empresa. Essa pessoa tem, legalmente, o poder de dar a palavra filial, e todos os outros irmãos conhecem o fato. Isto pode liberar o novo proprietário-gerente da necessidade do consenso dos irmãos e simplificar a tomada de decisões. Entretanto, mesmo nas situações mais harmônicas, o irmão que detém o controle será ingênuo se pensar que a maioria de 1% permite a mesma autonomia inquestionável de um proprietário único. Sem o apoio dos irmãos acionistas minoritários, a vida poderá ser miserável para ele – e todos os outros irmãos sabem disso.[15]

A forma quase-paterna de Sociedade entre Irmãos normalmente ocorre quando existe um histórico – iniciado muito antes da transição de liderança – de relacionamento muito íntimo entre os pais (ou o genitor sobrevivente) e o filho selecionado. Se esse filho sempre foi o líder informal da sua geração na família, a adoção gradual da responsabilidade quase-paterna pelos irmãos e irmãs pode ser um resultado natural. Em alguns casos ele adota representações simbólicas do papel paterno, como viver na casa que foi dos pais ou centralizar as comemorações familiares. Pode ser que essa pessoa queira consolidar gradualmente o controle e compre as participações dos irmãos ao longo do tempo, para evitar conflitos na geração seguinte. Se o novo líder for competente e consultar os acionistas minoritários, e estes acharem que a distribuição é justa, esta solução poderá ser utilizada. Porém, esta forma pode tornar-se instável à medida que os outros irmãos ficam mais velhos e começam a questionar a legitimidade do paternalismo do irmão. Mesmo nos casos mais favoráveis, é difícil sustentar esta forma por muitos anos, porque a geração de primos em ascensão tem probabilidade ainda menor de sentir-se à vontade com essa disparidade de poder entre as várias "subfamílias". Há um mito grego sobre uma revolta no Olimpo, que diz que Zeus liderou um grupo de irmãos para derrubar seu pai, Cronos, como chefe dos deuses. Depois da rebelião, Zeus foi aceito como líder dos irmãos, mas quando começou a assumir o papel de "quase-pai" – exigindo, por exemplo, que se dirigissem a ele como "Pai Zeus" –, eles o amarraram com cem nós para ensinar-lhe uma lição de humildade.[16]

Uma versão mais contemporânea dessa revolta, embora não tenha ocorrido durante a vida do "quase-pai", envolve a Steinberg, Inc., um dos maiores conglomerados do Canadá. Sam Steinberg, o mais dinâmico dos quatro irmãos da segunda geração, dominou a empresa por muitos anos. Ele era claramente o gênio empreendedor por trás do crescimento da Steinberg, Inc., de uma pequena mercearia fundada por sua mãe até um império multimilionário de supermercados e negócios imobiliários. Ele também era um dos melhores exemplos dos riscos do abuso de poder por um irmão. Como descrito no livro *Steinberg: the breakup of a family empire*, Sam ultrapassava de longe seus irmãos em talento e sagacidade para negócios e, de acordo com sua filha Mitzi, ditava cada movimento deles. ("Quando ele dizia sentem-se, eles se sentavam; se dizia deitem-se, eles se deitavam.") No final, esse sistema quase-paterno estava mal equipado para a continuidade. Não há dúvida de que o ressentimento da família pelo estilo ditatorial de Sam contribuiu para a queda e a venda de um empreendimento muito bem-sucedido quando ele morreu.[17]

Uma segunda forma de Sociedade entre Irmãos é o "primeiro-entre-iguais".[18] Neste caso, uma pessoa atua como o irmão líder mas não chega a assumir o papel de quase-pai. Esta forma é mais provável quando os acionistas minoritários pretendem exercer alguns direitos, mas não desejam a responsabilidade de igual envolvimento. A administração de "primeiro-entre-iguais" é um papel muito delicado. Se houver excesso de liderança, os irmãos se revoltam contra as pretensões paternas do líder; com pouca liderança, o sistema poderá ruir em meio a disputas e facções. Contudo, quando o líder é qualificado e a família tem um bom histórico de colaboração, este sistema pode equilibrar efetivamente o desejo de respeito e envolvimento dos irmãos com boas tomadas de decisões.

O sucesso do arranjo "primeiro-entre-iguais" depende muito de como foi escolhido o líder. Nos melhores casos, o líder possui credenciais bem-estabelecidas como o mais forte visionário para a empresa, associadas a um estilo que transmite respeito e abertura aos outros irmãos. Uma designação paterna como o "primeiro-entre-iguais" costuma ser útil, mas isto se dá com o endosso voluntário de todos os irmãos. Esta foi a solução feliz na família Giuliani. Joseph havia pensado em um arranjo quase-paterno, mas Maria insistiu na divisão igualitária das ações e em um sistema de maior colaboração. Havia, nesse caso, todos os ingredientes para uma solução de "primeiro-entre-iguais": o líder, o ambiente familiar e os relacionamentos entre irmãos eram corretos. No entanto, mesmo com tais ingredientes, esse sistema requer muito trabalho na elaboração dos arranjos específicos de autoridade, contribuições e recompensas que todos os irmãos considerem justas.

Em algumas famílias as coisas não funcionam tão bem. Os outros irmãos, quer trabalhem na empresa ou não, podem não gostar deste arranjo. Eles podem achar que o pai *fez* uma escolha errada, ou que o irmão que ficou com o controle deveria ser mais contido pela regra da maioria. Como ocorre na forma quase-paterna, parentes descontentes que são também acionistas minoritários podem não ser capazes de dirigir a empresa, mas podem provocar problemas familiares e empresariais para o novo dirigente (como demonstra a explosão de ações propostas por acionistas minoritários).

Finalmente, algumas Sociedades entre Irmãos operam como arranjos realmente igualitários. É claro que isto é mais comum quando as ações estão distribuídas de forma muito equilibrada. Na ausência de uma forte liderança individual, a autoridade é exercida pela equipe de irmãos, com freqüência através dos seus papéis no Conselho de Administração. Essas empresas criam maneiras criativas para cada um dos sócios partilhar do poder e da glória. Por exemplo, Jerry Scolari e seu irmão Louis, sócios iguais da Scolari's Warehouse Markets, uma cadeia de supermercados sediada em Sparks, Nevada, alternam-se na presidência todo mês de maio, quando seu ano fiscal se inicia. Jerry Scolari diz que a presidência dividida tem importância principalmente simbólica, enfatizando para os funcionários e gerentes de lojas que os irmãos "tomam suas decisões de negócios em conjunto".[19] A família Houghton, da Corning Company, optou, há algum tempo, por utilizar uma abordagem completamente diferente. A Sra. Houghton decidiu que os dois filhos deveriam ter a oportunidade de dirigir a empresa por certo número de anos. Assim, por um acordo prévio, Amory Houghton, o filho mais velho, serviu como CEO por vinte anos, renunciando a seguir em favor do irmão mais novo, Jaime.[20] Outras famílias têm experimentado co-presidências ou entregue o papel de presidente do Conselho a alguém de fora da família.

Mais uma vez, as Sociedades entre Irmãos são uma dança delicada. Como ocorre com as outras duas formas, o segredo está na adequação do estilo familiar global e histórico dos irmãos à estrutura de distribuição acionária escolhida. Se os irmãos sempre operaram como um grupo sem líder, ou alternavam-se na liderança de acordo com as diferentes tarefas e qualificações especiais, a equipe igualitária pode ser muito satisfatória e produtiva. (Este é um daqueles casos em que a teoria clássica da organização falha diante da empresa familiar. Lansberg compara isto aos cientistas que determinaram que, segundo as leis da física, o besouro não pode voar.[21] A maioria dos peritos em controle organizacional argumentariam contra a divisão do poder. Contudo, em algumas empresas familiares ela funciona.)

Definir o Papel dos sócios não-funcionários. Um segundo desafio-chave no estágio de Sociedade entre Irmãos é a criação de um relacionamento viável entre os irmãos que trabalham na empresa e aqueles que não o fazem. Os pais preocupam-se muito com o impacto da divisão das ações sobre os relacionamentos entre seus filhos adultos. Alguns Proprietários Controladores procuram minimizar o conflito, deixando ações da empresa somente aos filhos que nela trabalham, refletindo um valor familiar pelo qual aqueles que geram os lucros devem deles beneficiar-se. Normalmente isto também significa a existência de outros ativos que permitem aos pais prover todos os filhos, limitando a distribuição de ações àqueles que trabalham na empresa. Para as famílias afortunadas nesta situação, a passagem das ações somente aos que trabalham na empresa pode simplificar as questões de justiça, mas é pouco provável que estas sejam completamente resolvidas. Freqüentemente existem diferenças no grau de motivação pela qual os irmãos sentiram-se convidados a entrar na empresa e, com isso, usufruírem das compensações financeiras e oportunidades de crescimento.

Outras famílias distribuem as ações a todos os filhos. Isto reflete um valor familiar segundo o qual a empresa é um legado criado pelos pais para o benefício de todos os seus filhos. Nesses casos, encontrar um processo que atenda às necessidades tanto dos irmãos que trabalham na empresa como daqueles que não trabalham é, provavelmente, o desafio mais difícil do estágio de Sociedade entre Irmãos. Constatamos que os sócios que trabalham estão mais preocupados com suas metas de carreira e com o status e as compensações financeiras que julgam merecer por seus serviços à empresa da família. Eles diferem quanto ao nível de consciência das obrigações para com os irmãos que não trabalham na empresa, mas, em sua maioria, aceitam a idéia de dividir os resultados de uma empresa bem-sucedida em troca do apoio daqueles, tanto em termos emocionais como financeiros. Normalmente, os filhos não-funcionários estão em busca de uma maneira de contribuir. Alguns preferem ser completamente passivos e resistem a quaisquer expectativas de participação, de qualquer tipo. Outros querem ser ouvidos. As Sociedades entre Irmãos bem-sucedidas atêm-se a essas dinâmicas e fazem o trabalho necessário para conhecer e procurar corresponder às várias necessidades individuais. Utilizam-se de diversas técnicas para enfrentar este desafio: oportunidades e mercados internos para a venda de ações, boa comunicação, Conselhos de Família e estruturas de controle bem-construídas, inclusive Conselhos de Administração. Por mais difícil que possa ser esta questão, as recompensas também podem ser grandes. Entre as empresas familiares mais satisfatórias e impressionantes que temos visto as estão Sociedades entre Irmãos que resolvem questões de comunicação e de papéis entre os irmãos que são funcionários da empresa e aqueles que não o são.

Reter o capital. Um terceiro desafio-chave do estágio de Sociedade entre Irmãos é atrair e reter capital. As empresas mais antigas tendem a ser consideradas, por bancos e outras instituições de empréstimos, devedoras mais confiáveis. Em nossa experiência, as Sociedades entre Irmãos tendem a ter maior facilidade para financiar seu crescimento por meio de empréstimos do que as empresas de Proprietário Controlador, de primeira geração. Contudo, como o estágio de Sociedade entre Irmãos costuma provocar um aumento no número de pessoas que são proprietárias, mas não-funcionárias, o equilíbrio de prioridades entre reinvestimento e dividendos pode mudar. Na busca de uma vida confortável (que às vezes torna-se competitiva, ou, no mínimo, comparativa entre os irmãos), ou para financiar empreendimentos externos, os irmãos podem exercer pressões por dividendos mais elevados. Os irmãos funcionários podem sentir-se obrigados a atender às necessidades daqueles que não o são, especialmente se alguns destes não tiveram oportunidade de fazer carreira na empresa da família. Em alguns casos isto leva as Sociedades entre Irmãos a sacar fundos excessivos, prejudicando as perspectivas de crescimento da empresa. Quando os bancos identificam esse tipo de comportamento, relutam em fazer empréstimos. Educar os acionistas e outros membros da comunidade a respeito das necessidades de capital da empresa é uma das responsabilidades mais importantes dos líderes da Sociedade entre Irmãos.

Controlar a orientação das facções dos ramos da família. Finalmente, à medida que a Sociedade entre Irmãos envelhece e a próxima geração se aproxima da idade adulta, surge um novo desafio. Enquanto os co-proprietários estão atuando principalmente como irmãos e irmãs (e, ao mesmo tempo, como filhos e filhas), eles podem ser mantidos unidos por sua história comum e seus laços pessoais íntimos. Porém, quando seus filhos crescem, eles também começam a interagir como pais e mães e como chefes de ramos da família. Irmãos podem começar a agir como se sua responsabilidade fosse a de representar seu próprio ramo da família, e não a empresa ou os acionistas como um todo. Esta orientação pode desviar os acionistas e membros do Conselho das necessidades da empresa e fomentar a competitividade e a desconfiança. Irmãos que ocupam papéis na alta direção podem querer reservar, para seus filhos, acessos especiais a carreiras na empresa. Os mais jovens ou aqueles que não trabalham na empresa podem querer garantir oportunidades iguais para seus filhos. Mesmo irmãos sócios que foram cooperativos e generosos entre si ao longo dos anos sentem pressões para proteger os interesses dos seus próprios filhos quando estes se aproximam da vida adulta. Essas preocupações paternas podem aumentar o conflito entre os irmãos de forma súbita e significativa, embora a causa muitas vezes não seja reconhecida, porque as discussões podem ocorrer por questões rotineiras ou por a posse das ações.

Os agregados trazem suas próprias forças e questões para a família e podem servir para fortalecer ou enfraquecer o grupo dos acionistas. Como, naturalmente, não vêem as dinâmicas familiares através das lentes da história da família, eles podem trazer objetividade e espírito de cooperação para a cultura dos irmãos. Por outro lado, como os agregados tendem a se concentrar em seu cônjuge e nos seus filhos, e têm suas necessidades e estilos, eles podem contribuir para uma abordagem faccionária na empresa. Embora raramente participem dos Conselhos de administração, o comportamento dos agregados é fator importante para a eficácia e a harmonia dos grupos de irmãos acionistas.

Todos esses desafios continuam até a época em que a Sociedade entre Irmãos se prepara para a próxima transição de gerações. Quando os irmãos que estão na liderança se aproximam da aposentadoria, o grupo de acionistas precisa decidir qual será a estrutura no futuro. Ocasionalmente, uma Sociedade entre Irmãos se resolve retornando ao estágio de Proprietário Controlador, diante de um infortúnio (a morte de outros irmãos em famílias pequenas) ou da venda. Com maior freqüência, é formada uma nova Sociedade entre Irmãos na próxima geração, mediante a concentração das ações em somente um ramo da família. Porém, a transição mais comum é aquela em que herdeiros em mais de um ramo recebam ações, criando o mais complexo de todos os estágios de propriedade: o Consórcio de Primos.

O ESTÁGIO DO CONSÓRCIO DE PRIMOS

Características

Neste estágio, o controle da empresa é exercido por muitos primos de diferentes ramos da família; nenhum ramo possui, sozinho, ações com direito a voto suficientes para controlar as decisões. Mais uma vez, os modelos se misturam. Grupos de primos em famílias pequenas, com um número limitado de acionistas, possuem algumas características das Sociedades entre Irmãos. Contudo, a empresa familiar clássica neste estágio, em nosso modelo, inclui pelo menos dez ou mais proprietários (vimos Consórcios de Primos com várias centenas de acionistas). Normalmente são necessárias três gerações para que uma empresa atinja este estágio de propriedade. Assim, os Consórcios de Primos tendem a ser empresas maiores e mais complexas que os outros dois tipos. Mas vemos uma ampla variedade de portes e formas de empresas familiares neste estágio.

O ESTÁGIO DE CONSÓRCIO DE PRIMOS DO DESENVOLVIMENTO DA PROPRIEDADE

Características
- Muitos primos acionistas.
- Mistura de sócios funcionários e não-funcionários.

Desafios-chave
- Administrar a complexidade da família e do grupo de acionistas.
- Criar um mercado de capital para a empresa familiar.

Holiday Hotels, Inc.

Os membros das terceira e quarta gerações da família Sanderson possuem atualmente 70% desta diversificada corporação de instalações recreativas. O restante está dividido entre um Plano de Participação Acionária dos Funcionários (PPAF) e alguns investidores externos. A empresa possui e administra seis *resorts* no Caribe e na costa do Golfo do México, bem como uma empresa de pacotes turísticos e serviços de planejamento de férias. Ela foi fundada por August Sanderson, um jogador profissional que ganhou um pequeno hotel residencial em Miami Beach nos anos 40. August morreu em 1969. Nos anos 70 e 80, a empresa era de propriedade de cinco membros da segunda geração – quatro filhos de August e uma sobrinha. O segundo filho de August, seu sucessor designado, morreu em um acidente em 1970. As suas ações da empresa – que crescia – foram herdadas pela sua mulher, que, mais tarde, casou-se com Mike Ransomme, um agente imobiliário. Como nenhum dos outros filhos de August estivesse muito empenhado em operar a empresa, Mike gradualmente assumiu a gestão da Holiday Hotels. Ele era um negociador agressivo e alavancou fortemente a empresa para adquirir mais hotéis e expandir os serviços. Quando morreu, em 1987, a empresa havia triplicado seu porte até US$80 milhões de receita anual, mas estava muito endividada e vulnerável a uma queda na economia do turismo.

Naquela época havia 28 acionistas individuais da família Sanderson, além de um certo número de fundos de investimentos. A família Ransomme e outro ramo venderam suas ações depois da morte de Mike. A batalha pela avaliação das ações foi difícil, em razão de antigos ressentimentos familiares decorrentes do fato de August encorajar a competição entre seus filhos "para ver quem é o campeão da ninhada". O presidente do Conselho, na época, era Sam Sanderson, o filho mais velho de Mike, mas a empresa estava de fato nas mãos de um gerente profissional que havia sido gerente de operações deste último por muitos anos. Quando "baixou a poeira" em 1992, os 70% antes pertencentes à família estavam divididos de forma mais ou menos igual entre os três ramos restantes: Sam e seus três filhos, uma irmã mais nova (Elizabeth) e seus cinco filhos e uma prima (Susan Connelly) e seus quatro filhos de dois casamentos. A segunda geração nunca se recobrou dos conflitos de infância; eles não eram íntimos e se falavam principalmente por intermédio dos seus advogados. O gerente de operações, que não era da família, havia desenvolvido um bom quadro de gestores profissionais, mas estava com 63 anos, e não havia um plano de sucessão. Três dos primos, um de cada ramo, trabalhavam na empresa, embora nunca tivessem conversado muito a respeito de planejamento de carreiras ou do papel da família na alta direção.

Em 1993, Susan Connelly morreu e suas ações foram divididas entre seus quatro filhos. A família dela pertencia à elite do Alabama, onde residia, e seu segundo marido tinha sido um homem de negócios muito rico. Durante toda a vida, ela se mantivera distante da Holiday Hotels, apesar de sua filha mais velha ter ido trabalhar na empresa como chefe de cozinha depois de se formar pelo Culinary Institute. Seus filhos perguntavam-se o que fazer com sua significativa participação na empresa.

Desafios-chave

A maior parte das características distintivas do Consórcio de Primos provém da complexidade dessas surpreendentes empresas, a qual se evidencia de duas maneiras:

(1) a *crescente complexidade da família,* à medida que ela se amplia em razão de casamentos e nascimentos, até uma rede de irmãos, cônjuges e filhos; e

(2) a *complexidade da propriedade,* à medida que os planos patrimoniais dos diferentes irmãos e ramos criam uma gama de situações acionárias.

Administrar a complexidade da família e do grupo de acionistas. Nos Consórcios de Primos existe com freqüência uma ampla gama de idades, relacionamentos familiares, riqueza e locais de residência. Os acionistas podem ser uma mistura de primos em primeiro grau, tias e tios, primos em segundo grau e mesmo parentes mais distantes, alguns dos quais nunca se viram. As ligações pessoais, que foram tão poderosas nos dois primeiros estágios de propriedade, estão certamente quase que diluídas neste. Na verdade, um dos aspectos mais problemáticos da transição da Sociedade entre Irmãos para Consórcio de Primos é a dificuldade de os irmãos entenderem que o elo familiar entre seus filhos não pode ser o mesmo da sua geração. Independente do quanto a família foi unida, primos não têm os mesmos pais nem a mesma infância. Além disso, os primos costumam estar pelo menos uma geração mais distante daquela da fundação da empresa. Em muitos casos, esta é a primeira geração que inclui acionistas que não conheceram pessoalmente o fundador e não testemunharam os primeiros anos da empresa. As histórias e lendas familiares podem preencher uma parte, mas não tudo. Assim, a lealdade à empresa não pode se basear com a mesma firmeza na lealdade pessoal ao fundador e à sua visão.

Como conseqüência dessas duas dinâmicas, os relacionamentos entre primos tendem a ser menos intensos, e mais políticos que entre irmãos. Apesar de termos visto Consórcios de Primos demonstrarem altos níveis de compromisso com a empresa em todo o grupo de primos, este costuma ser um estado difícil de se alcançar. Normalmente, carreiras diferentes na geração dos irmãos levam a uma concentração de primos de um ramo na posição de gerentes. À medida que esse ramo se torna dominante no gerenciamento da empresa na segunda geração, os outros ramos começam a se afastar do envolvimento com a empresa. Se alguns irmãos e suas famílias moram hoje distante da empresa, a ligação de muitos dos primos com a casa original da família e com a posição da empresa em sua cidade natal são reduzidas. Além disso, conflitos familiares antigos podem ser transmitidos a gerações de primos, polarizando-os em facções. Portanto, não é de surpreender que muitos grupos de primos acionistas agem como se pouco tivessem em comum além dos seus interesses financeiros na empresa.

As famílias que melhor administram esta complexidade são aquelas que esclarecem a distinção entre a participação no grupo de sócios e a participação na família. Elas trabalham para criar uma identidade familiar comum fora da empresa, via atividades e comunicações que enfatizam a família e não a empresa. As empresas de primos bem-sucedidas não exigem que os membros da família mantenham suas ações caso queiram vendê-las e usar o dinheiro para outros fins. (A questão da criação de um mercado para as ações da família será vista a seguir.) Os membros da família que optam por não ser sócios não são excluídos da posição de "primeira classe" na família nem da sua liderança.

No caso dos Sanderson, foi a morte de Susan Connelly em 1993, seguida de perto pela morte de Sam em 1994, que levou o grupo de primos a tomar conhecimento da situação da família e do seu relacionamento com a empresa. Naquela ocasião, o controle acionário estava claramente na geração de primos, com somente um membro do grupo dos irmãos ainda vivo. A família se reunia somente em funerais. Embora os primos tivessem sido criados com muita proximidade quando crianças, quase não se viam depois de adultos. O filho mais velho de Sam, que era vice-presidente da empresa, sugeriu que os primos acionistas se reunissem num fim de semana, em uma das propriedades, para discutir os planos para o futuro. Ao contrário do que ele esperava – uma reação de indiferença –, todos os primos, com exceção de três, decidiram comparecer, e a maioria levou suas famílias. Esse foi o primeiro dos retiros anuais da família.

Como a família neste estágio é maior, a porcentagem de membros adultos que fizeram carreira na empresa é, em geral, muito menor na geração dos primos. É raro haver mais que alguns poucos primos ativos na empresa. As dinâmicas políticas que emergiram na Sociedade entre Irmãos ampliam-se no Consórcio de Primos. Mesmo na melhor das situações, as necessidades e interesses dos primos sócios que trabalham na empresa tendem, com o passar do tempo, a divergir daqueles que não o fazem. Os sócios funcionários acham que suas vidas profissionais, e também seus egos, estão ligados à empresa; os sócios não-funcionários vêem a empresa apenas como um compromisso entre muitos outros que requerem sua atenção e seus investimentos. Os sócios funcionários recebem seus retornos financeiros da empresa de muitas maneiras, inclusive salário, benefícios, "prestígio" e acesso a instalações e serviços. Mas os primos não-funcionários, mesmo considerando essas recompensas completamente justificadas, às vezes ressentem-se do estilo de vida dos primos funcionários quando a empresa dá a mensagem de que os lucros não permitem dividendos significativos. Eles tendem a priorizar os dividendos, dos quais podem depender. Muitas vezes sentem-se "ricos no papel e pobres em dinheiro", e questionam o valor do seu investimento continuado na empresa. Os sócios funcionários acham que deveriam ter o controle de decisões a respeito de riscos e estratégias, porque possuem o conhecimento e são mais vulneráveis às conseqüências. Mas os não-funcionários podem preocupar-se porque os funcionários estão demasiadamente dispostos a assumir riscos com os investimentos da família e sofrem de uma "visão de túnel" protetora a respeito das operações da empresa e do seu futuro. Finalmente, os sócios funcionários sabem que dispõem de mais informações que os primos não-funcionários, mas eles não têm tempo de educá-los plenamente. Os não-funcionários normalmente acham-se prejudicados ou afastados do processo de tomada de decisões e sentem que estão sendo solicitados a endossar em branco o critério e a justiça dos primos funcionários.

Uma arena onde essas diferenças podem ser explicitadas é o Conselho de Administração. Conselhos ativos são raros em empresas familiares de qualquer porte, mas são mais comuns nos Consórcios de Primos – embora ainda sofram a probabilidade de ser fortemente dominados por membros da família. Em sua maioria os Conselhos de Consórcios de Primos são de natureza representativa, com alguma fórmula para a representação dos ramos da família. Embora esses Conselhos possam ser bastante profissionais e eficazes, tendem a focalizar excessivamente os interesses pessoais dos ramos familiares, em vez de tratar das difíceis questões estratégicas que a empresa tem diante de si. Com freqüência são inertes e ineficazes na tomada de decisões quanto à direção, à futura liderança e ao financiamento da empresa. Sua estrutura de participação somente pode ser determinada por regras a respeito de representações iguais, sem consideração por qualificações ou contribuições em potencial. Um desafio-chave enfrentado pelas famílias dos Consórcios de Primos é chegar a um acordo sobre os requisitos da propriedade responsável. Estes, em geral, incluem uma postura pública de lealdade e apoio, a disposição para pensar em termos amplos a respeito das necessidades financeiras comuns da empresa, juntamente com as necessidades individuais, e também para contribuir de forma adequada com o talento, o esforço e as opiniões de cada um.

Na família Sanderson, a pauta principal no primeiro retiro dos primos foi o Conselho de Administração. A discussão provavelmente teria degenerado nas disputas características da maior parte das interações na geração anterior, não fosse a liderança inspirada do gerente de operações, que tinha sido convidado para fazer uma apresentação da empresa e suas necessidades para o futuro. Ele havia preparado uma exposição de novas iniciativas de gerenciamento e das vantagens provenientes de um Conselho reestruturado que incluísse diretores de fora da família. A partir dessa orientação, foi elaborado um sistema incluindo representação externa e da família, escolhida não apenas por ramo mas também de acordo com o preparo e a disposição de manter-se informado a respeito das operações da empresa. Ao longo de dois anos formou-se um novo Conselho, com quatro diretores externos, o qual, juntamente com o gerente de operações, implementou um procedimento, vigente em 1996, para a admissão e promoção de membros da família, e prevendo a aposentadoria do gerente de operações aos 66 anos. Albert, filho de Sam, permaneceu como presidente do Conselho e foi contratado um novo profissional de fora da família para presidir a empresa.

É fácil entender por que tão poucas empresas, em especial nos Estados Unidos, prosperam sob o controle da família no estágio do Consórcio de Primos. Existem muitas forças que destroem as conexões integrantes de todas as partes da empresa familiar: conflito interpessoal; distância e falta de experiências comuns; perturbações familiares normais, causadas por mortes e divórcio; e a crescente variabilidade, entre os membros da família, nos custos e benefícios financeiros de se permanecer envolvido com a empresa. Tradições familiares mais fortes e limitadas oportunidades concorrentes de carreira fizeram da Europa e da América Latina um terreno mais fértil para empresas de Consórcio de Primos. Nos Estados Unidos, com sua forte ênfase em espírito empreendedor, independência, mobilidade e seu foco no núcleo da família ao invés dela como um todo, quase todas as empresas familiares que sobrevivem à primeira geração têm maior probabilidade de se subdividirem e voltar aos estágios de Proprietário Controlador e de Sociedade entre Irmãos.

Criar um mercado de capital para a empresa familiar. O que acontece quando alguns membros do Consórcio de Primos querem sair? Demandas não planejadas a serem pagas podem ser onerosas para a administração de uma empresa familiar. Muitas dessas empresas precisaram ser vendidas a terceiros porque alguns acionistas não se sentiram tratados com respeito. Entretanto, primos sócios que não podem vender as ações também não são uma resposta. Os sócios que queiram retirar seu investimento para outros fins mas não podem fazê-lo, ou que não concordam com as ações da gerência mas não possuem ações em quantidade suficiente para influenciar a política, podem significar altos custos em termos de tomada de decisão e conflito familiar, além dos honorários jurídicos. Portanto, o terceiro desafio-chave para o estágio do Consórcio de Primos é a criação de um mercado interno viável para acionistas da família, de modo que seus membros tenham opções para vender seus interesses, mas o processo deve ser administrado de forma a minimizar as conseqüências negativas para a empresa.

Os fatores-chave para o sucesso na criação do mercado interno são objetividade e justiça na avaliação dos lotes de ações, bem como paciência. Quase sempre é preciso usar profissionais externos para ajudar a avaliar os lotes de pessoas e ramos. Às vezes é necessário mais de um perito, para aumentar a confiança da família no resultado por confirmação, e para levar em conta todas as ramificações fiscais e legais do processo de avaliação. Além disso, é preciso paciência para que as transações possam ser realizadas sem nenhum impacto negativo sério sobre o fluxo de caixa e a viabilidade da empresa. Nesta arena, como na maior parte das políticas para empresas de Consórcios de Primos, é importante e, em última análise, mais fácil criar as regras antes que elas sejam necessárias, para que as políticas possam ser geradas na atmosfera do melhor interesse geral e não como reação às necessidades particulares imediatas de um setor da família.

Uma questão associada, que não se limita ao estágio do Consórcio de Primos mas surge com maior freqüência nessas empresas familiares de várias gerações, é a opção de abertura do capital a investidores de fora da família.

Em alguns casos, as necessidades de capital da empresa, nesse estágio, vão além daquilo que pode ser gerado por ganhos retidos e por endividamento. Então pode-se considerar uma venda ou alguma forma de oferta limitada ou pública de ações.[22] As empresas familiares suficientemente grandes, com perspectivas de crescimento suficientes para atrair investidores externos, precisam ponderar a atratividade de novas fontes de capital em relação aos custos envolvidos com a perda do controle total. Nas empresas que se inclinam pela abertura do capital o controle acionário é com freqüência extremamente diluído e alguns membros podem sentir-se distantes e menos interessados na manutenção do controle pela família. Um Conselho profissional com forte contingente de elementos externos pode dirigir a empresa, e esta pode estar num ramo ou em um ponto de seu ciclo de vida em que é necessária uma grande injeção de capital. Aqueles que resistem são motivados principalmente pelo valor que dão à capacidade de uma empresa de capital fechado operar de forma mais sigilosa em relação aos concorrentes, de remunerar seus dirigentes com maior flexibilidade, sem a supervisão de um Conselho público, de tomar decisões mais depressa, de controlar a direção, a cultura e os sistemas da organização. (James Cargill, membro do Conselho de Administração da Cargill, Inc., diz: "Ao abrir o capital você recebe duas coisas, dinheiro e problemas, e a Cargill as tem em quantidade suficiente, muito obrigado.")[23] No final, menos de

2% de todas as corporações dos Estados Unidos vendem suas ações no mercado público. Quando o fazem, vendem de 20 a 40% das suas ações, tornando-se empresas de capital aberto, mas ainda controladas pela família.

As conseqüências das ofertas públicas são variadas. Algumas empresas familiares ficam encantadas com elas, outras, desapontadas. As primeiras, em geral, citam os benefícios de poderem contar com mais capital para crescimento, o estímulo de poderem concorrer de forma mais agressiva, do maior profissionalismo exigido pelo mercado público e das maiores oportunidades de carreira para gerentes talentosos. Os desapontamentos incluem a perda da privacidade na tomada de decisões, o tempo e o dinheiro gastos em razão dos maiores requisitos de relatórios públicos e a pressão para atingir metas financeiras de curto prazo (trimestrais), a qual pode desviar a empresa de objetivos de longo prazo mais significativos. Na verdade, há empresas familiares, como a Levi Strauss, que fizeram grandes esforços para recomprar as ações em poder do público para recuperar os benefícios do capital fechado.

Finalmente, chega um ponto no estágio do Consórcio de Primos em que se torna financeira e politicamente difícil reverter a progressão do desenvolvimento e voltar a uma forma mais simples. Uma vez que a posse das ações tornou-se extremamente diluída, nenhuma pessoa ou ramo possui muito poder e a empresa passa a se parecer com uma estrutura de capital aberto, com muitos acionistas com quase o mesmo poder. A menos que um ramo da família, através de um casamento ou de interesses externos, consiga gerar reservas consideráveis de capital, é pouco provável que qualquer das pessoas, ou grupos de irmãos, seja capaz de comprar as ações de todos os outros e reconsolidar o controle. Neste estado final, o desenvolvimento posterior costuma ser estimulado por mudanças na família e nas dimensões da empresa. Partes do Consórcio de Primos irão retirar seus investimentos ou usar o capital para criar novos empreendimentos e oportunidades. Se a empresa original ainda for viável e o retorno sobre o investimento para os primos permanecer competitivo geração após geração, ela poderá continuar indefinidamente como a "empresa-mãe" numa rede de empreendimentos. Se essas condições não forem satisfeitas, então a empresa poderá ser dissolvida e seus recursos se espalharão em muitos novos empreendimentos, que, por sua vez, iniciarão seus próprios ciclos.

Notas

1. Aristóteles ed. 1992, p.112-119; Platão (Saunders, ed.), 1970; Platão (Lee, ed.), 1987.

2. Marcus, 1980; Cates & Sussman, 1982; Chau, 1991.

3. Engels & Marx, 1848; Engels, 1884 (em Engels, 1942).
4. Papa Leão XIII, 1891 (em Rheussein 1940, 173-4).
5. Tagiuri & Davis, 1982.
6. Ward, 1987, 1991; Ward & Aronoff, 1994.
7. Como esta é, por definição, uma dimensão do desenvolvimento da propriedade da família ao longo do tempo, decidimos incluir nos nomes dos estágios os relacionamentos familiares (irmãos e primos) que com maior freqüência acompanham o estágio de pulverização do controle acionário. Os termos não pretendem ser exclusivos: estamos usando Proprietário Controlador para incluir um casal que atua como um proprietário individual assim como, também, o caso em que há outros acionistas minoritários que atuam como investidores completamente silenciosos e não buscam um papel no controle. Sociedades entre "Irmãos" e Consórcios de "Primos" podem incluir alguns sócios de fora da família ou parentes afastados; a interação do grupo será mais ou menos característica deste estágio, dependendo da concentração do relacionamento familiar especificado no grupo dos acionistas.
8. Estas estatísticas parecem valer para a maioria das culturas ocidentais, mas é possível variarem ligeiramente de um país para outro; por exemplo, na China. As famílias chinesas inclinam-se mais pela divisão das ações entre irmãos quando iniciam uma empresa familiar, evitando às vezes o estágio de Proprietário Controlador. Além disso, nas empresas familiares chinesas há uma abordagem de posse conjunta à sucessão, a qual divide as ações, entre cada geração, de forma relativamente igual. (Hsu 1984; Chau 1991).
9. Lansberg, a ser publicado.
10. Quando um casal, e não uma pessoa, desempenha o papel de Proprietário Controlador neste estágio, cada um pode possuir metade da empresa e ter papel ativo em seu gerenciamento. Em outros casos, o cônjuge não é funcionário da empresa, sendo dono somente no papel, ou dono em potencial devido às provisões de propriedade comum.
11. Cohn, 1990; McCollom, 1992.
12. Menchik, 1980; Ward,1987; Ayers, 1990; Swartz, 1996.
13. Clignet, 1995; Judge, 1995. Por exemplo, a primogenitura (preferência para o filho mais velho, comum em muitas partes do mundo, inclusive na Inglaterra e no Japão), sistemas de posse conjunta (onde uma propriedade é dividida igualmente entre os herdeiros, como no sistema chinês tradicional) e a regra de Benjamin (o sistema suíço no qual o filho mais novo herda a fazenda) ajudaram a estabilizar as transições de propriedade e a manter a ordem nas famílias e sociedades com predominância desses conceitos. Na economia americana, a influência de muitos sistemas culturais de herança – que chegaram com cada grupo de imigrantes empreendedores desde os tempos coloniais – criou uma mistura complicada de leis e normas. Em alguns Estados, a liberdade patrimonial é muito ampla; em outros não; por exemplo, resíduos do Código Napoleônico restringem os direitos da geração mais velha para excluir seus filhos da herança. (*Nota do Tradutor*: No Brasil também existem restrições à exclusão ou diferenciação dos filhos na herança).
14. Gersick, 1996.
15. Murdock & Murdock, 1991.
16. Lansberg, 1994.
17. Gibbon e Hadakel, 1990; também Minrzberg & Waters, 1982.
18. Lansberg, 1994; a ser publicado.
19. Hollander, 1990,p.40.
20. Vancil, 1987; Sonnenfeld, 1988, p.247-251. O conceito de autoridade executiva compartilhada, como um "gabinete do presidente", também está começando a ter aceitação nas empresas de capital aberto. Por exemplo, ver Vance 1983, p.193-251.
21. Lansberg, a ser publicado.

22. A posse de ações pelos funcionários é versão controversa de uma expansão restrita de propriedade nas empresas familiares. Uma exploração dos prós e contras em empresas familiares está começando a aparecer na literatura especializada (por exemplo, ver Weiser, Brody e Quarry, 1988; Hoffmire, Willis e Gilbert, 1992).

23. Carlock 1994, p.300; ver também Johnson, 1990.

CAPÍTULO 2

A Dimensão de Desenvolvimento da Família

AS FAMÍLIAS SÃO AS instituições sociais mais interessantes. Para melhor ou para pior, nossas famílias determinam quem somos. Elas são as fontes tanto da "natureza" como do "estímulo" do desenvolvimento individual. Psicólogos, sociólogos, historiadores e economistas consideram-na como um dos elementos críticos da construção dos sistemas que estudam.

A dimensão da família em nosso modelo tridimensional é a mais fácil de conceituar em termos de desenvolvimento, porque estamos acostumados a ver nossas famílias mudarem ano após ano. Elas seguem o ritmo natural da vida. Cada novo núcleo familiar é formado nos primeiros anos de vida adulta dos seus membros. Quando estes atingem a meia-idade, ela cresce e opera de formas cada vez mais diversificadas, e, à medida que envelhecem e morrem, surge uma nova geração, e a família gradualmente se dissolve. Experiências e eventos, como o divórcio e outras reconfigurações, podem acrescentar complexidade, mas a seqüência das tarefas básicas da família é fundamental. A continuidade da existência humana se dá pelos filhos que amadurecem e tornam-se pais, dando início ao novo ciclo.

PENSANDO NAS FAMÍLIAS EM TERMOS DE DESENVOLVIMENTO

Quando consideramos como as famílias mudam continuamente, fica claro por que é necessária uma abordagem desenvolvimentista para a compreensão das empresas familiares. Muitas das questões-chave enfrentadas por elas — a entrada de uma nova geração, a passagem da autoridade dos pais para os filhos, os relacionamentos entre irmãos e primos, os efeitos do casamento e da aposentadoria – somente podem ser descritos ao longo do tempo.

Dentre todos os modelos que os cientistas sociais têm aplicado ao desenvolvimento familiar, encontramos duas perspectivas de grande utilidade para esclarecer questões-chave para as famílias que têm empresas. A primeira é o conceito de desenvolvimento normal do adulto, em particular como foi investigado por Daniel Levinson e seus colegas na Universidade de Yale, ao longo das três últimas décadas. A pesquisa de Levinson a respeito das experiências típicas de vida de homens e mulheres levou-o a estudar uma teoria abrangente do desenvolvimento de adultos. Nessa teoria, a vida adulta normal não é estática após a adolescência. Ao contrário, ela é composta por eras e períodos, assim como a infância é dividida em estágios de desenvolvimento. Levinson constatou que esses períodos para adultos formam um padrão alternado de transições drásticas e relativa estabilidade. As transições são ocasiões nas quais as pessoas reconsideram a estrutura de suas vidas – as prioridades, atividades, metas e valores que guiam o comportamento de todos os dias. Quando as transições se encerram, as pessoas tomam decisões e fazem opções a respeito do que será mais importante em suas vidas (sua "estrutura de vida") no decorrer do próximo período. Os períodos estáveis são épocas em que as pessoas usam essa estrutura de vida para viver o dia-a-dia. Durante essa fase, as pessoas agarram-se tenazmente à estrutura de vida que criaram (afinal, seria muito exaustivo mudar constantemente seus comportamentos básicos). Elas experimentam as forças e inadequações da estrutura. Aquilo que é aprendido a respeito da utilidade de uma estrutura de vida pode ser usado no próximo período de transição para projetar mudanças futuras.[1]

Nossa compreensão deste conceito de estruturas de vida deslocando-se através de períodos de estabilidade e transição é captada na metáfora de uma pessoa construindo uma casa em que possa viver. Quando uma pessoa passa da adolescência para a maioridade jovem, por volta dos 20 anos, ela constrói uma primeira estrutura que reflete as prioridades da sua nova vida. A primeira estrutura é, algumas vezes, distante da casa dos pais e, em outras, na porta ao lado. Ela pode ser simples, com uma cama grande, um centro de entretenimento, um grande forno de microondas, um congelador para pizzas e pouco mais. "Estabilidade" não significa que nada muda; à medida que esta pessoa passa pelos 20 anos, a casa é adaptada e redecorada quando necessidades específicas mudam – uma garagem para o primeiro carro pode ser adicionada, uma banheira de hidromassagem pode ser instalada quando o segundo ou terceiro emprego finalmente começa a gerar alguma renda disponível –, mas a estrutura básica é mantida até o próximo período de transição, normalmente por volta dos 30 anos. Na transição, as mudanças de vida são suficientemente significativas para requerer não só uma redecoração, mas uma reconstrução. A estrutura inicial é demolida e é construída uma nova, que reflete novas e diferentes prioridades. Agora ela tem dois quartos, para refletir o casamento e a possibilidade de um filho. São adicionados vários banheiros e uma cozinha. A garagem é ampliada para acomodar dois carros – a perua e o carro de ir para o trabalho. A nova estrutura reflete a atual situação de vida da pessoa, moldada pela experiência do período anterior, e antecipando, o melhor possível, as necessidades do futuro vislumbrado. Mais uma vez, no decorrer da década dos 30, são feitos ajustes segundo as necessidades, mas a estrutura básica é mantida até a próxima grande transição – desta vez entre os 38 e os 44 anos. Este padrão continua ao longo da vida inteira. Durante os períodos de transição, novas estruturas são construídas sobre a fundação das anteriores, não mais adequadas. As novas estruturas são defendidas e consertadas tanto quanto possível durante o período estável seguinte, até que se tornem irremediavelmente inapropriadas para a vida da pessoa, que evoluiu, e faz-se necessário um novo período de transição.

Usamos este modelo de desenvolvimento adulto para compreender uma ampla gama de questões sobre o desenvolvimento das empresas familiares. Ele é um guia para o comportamento dos membros da geração mais velha na posição de proprietários e gerentes de empresa, ajudando a explicar os períodos de ambição impulsiva e de mudanças de curso previamente pensadas que fazem parte das carreiras da maioria dos proprietários-gerentes. Ele também se constitui numa moldura para a compreensão dos altos e baixos do desenvolvimento dos membros da geração mais jovem em suas carreiras. Em particular, como veremos melhor no estágio de Trabalho Conjunto, ele ajuda a explicar alguns padrões de qualidade no relacionamento de trabalho entre as gerações, quando cada membro da família recorre ao outro a partir do seu próprio estágio de desenvolvimento individual.

A segunda perspectiva útil na compreensão do desenvolvimento da empresa familiar é o conceito de ciclos de vida familiar.[2] A idéia básica de que uma família também passa por estágios previsíveis de desenvolvimento como unidade é amplamente aceita. Em sua maioria, os modelos descrevem um ciclo que se inicia com a formação de uma nova família: casamento. Porém, além deste ponto, os teóricos e pesquisadores têm focalizado, em seus modelos, uma variedade de diferentes definições de estágios.[3] Alguns usam as idades de pais e filhos.[4] Outros examinam eventos ou a realização de tarefas críticas, como estabelecer um lar, criar e educar filhos jovens, lançá-los em vidas independentes e administrar a vida adulta mais avançada depois que os filhos começam suas próprias famílias. Outros ainda enfatizam os aspectos cíclicos do desenvolvimento familiar, ou a interação do desenvolvimento individual com o do sistema familiar.[5]

Os muitos modelos de ciclos de vida familiares também variam quanto ao cuidado com definições contemporâneas sobre o que é uma "família".[6] A família é uma estrutura social notavelmente durável,[7] mas isto não quer dizer que não esteja mudando de forma drástica. Estudos populacionais estimam que quase a metade de todos os primeiros casamentos nos Estados Unidos terminam em divórcio. Menos de um terço das crianças americanas nascidas nesta década viverão sua infância e adolescência num "núcleo familiar tradicional" — isto é, formada por um casal casado e filhos comuns. Para os filhos de afro-americanos, o número é inferior a 10%.[8] Na verdade, "o modelo dos anos 50 da família nuclear branca de classe média chefiada por um pai provedor e apoiada por uma mãe dona-de-casa atualmente é encontrado em somente 8% dos lares americanos".[9] Pais solteiros e famílias mistas, com três ou quatro gerações, relacionamentos de padrasto-enteado-meio-irmãos e cônjuges casados novamente tornaram-se a norma e não a exceção.

Portanto, adaptamos e integramos esses conceitos de desenvolvimento individual de adultos e de ciclos de vida familiares — idades de pais e filhos, eventos-chave e tarefas criticas de desenvolvimento — para aplicá-los às famílias que possuem empresas, utilizando a definição mais ampla do termo família. Os estágios que usamos no eixo de evolução da família são baseados nas tarefas comuns de desenvolvimento que surgem, independente do tamanho ou da estrutura familiar. Estamos cientes de que divórcios e novos casamentos criam variações quase infinitas, as quais exigem algumas adaptações para o encaixe das descrições genéricas. Mas a experiência nos ensinou que as questões centrais são bastante consistentes ao longo das muitas diferentes definições de família. Portanto, por exemplo, usamos a palavra casamento quando nos referimos a qualquer relacionamento *íntimo* de duas pessoas que atuam, no sistema da empresa familiar, como num casamento. O mesmo vale para palavras como pai, irmão, primo e assim por diante. Sendo realistas a respeito de variações comuns, constatamos que as histórias de famílias que possuem empresas podem ser agrupadas em estágios de um ciclo normal de desenvolvimento. Também constatamos que esses estágios ajudam muito na compreensão dos desafios especiais enfrentados pelos relacionamentos familiares nas famílias que possuem empresas.

Os Estágios de Desenvolvimento da Família

O eixo de desenvolvimento da família inclui quatro estágios seqüenciais, ilustrados na Figura 2-1: a Jovem Família Empresária, Entrada na Empresa, a Família que Trabalha em Conjunto e a Família da Passagem do Bastão. O eixo da família é diferente dos outros dois (propriedade e empresa), neste modelo. Como é regido pelo envelhecimento biológico dos membros da família, ele é mais de mão única que os outros. Embora seja possível deter o desenvolvimento de uma empresa; ou ir para diante e para trás a partir de qualquer forma de propriedade, isto não pode ser feito facilmente com famílias. É verdade que, em determinada família, um estágio pode ser relativamente mais longo ou mais curto, assim como os eventos em cada estágio podem diferir muito de uma para outra. Muitos adultos reciclam os estágios à medida que passam do primeiro para o segundo casamento ou para os posteriores. Algumas famílias têm poucos filhos ou nenhum; outras têm muitos. Algumas famílias têm longos períodos de duas ou mais gerações trabalhando em conjunto; outras não os têm. Contudo, como nenhum de nós pode deter o tempo ou ficar mais jovem, a progressão das famílias através dos estágios, à medida que pais e filhos amadurecem, segue fundamentalmente numa direção.

FIGURA 2-1
A Dimensão de Desenvolvimento da Família

Esta dimensão também é diferente das descrições de outras teorias sobre o ciclo de vida da família porque trata especificamente de famílias que possuem empresas. Mais importante, isto significa que seus estágios cobrem toda a extensão da vida adulta em blocos aproximadamente iguais. Quase todos os outros modelos de ciclos de vida familiar concentram-se nos primeiros anos desta, antes de os filhos atingirem a idade adulta. Estes, ao final da adolescência, são descritos como "deixando" a família; e os anos restantes da geração mais velha são chamados de "pós-paternos". Isto é compreensível, porque para a maior parte das famílias os contatos diretos entre as gerações caem drasticamente depois que os filhos passam dos 25 anos.[10] Porém, naquelas que possuem empresas, o nível de contato, ao menos para alguns membros, permanece alto durante toda a vida, podendo de fato ser mais elevado na vida adulta que no final da infância. Além da intensidade de contato, as questões de importância também duram a vida toda. Portanto, nosso modelo coloca ênfase especial na porção do desenvolvimento da família em que há, no mínimo, duas gerações de adultos.

A JOVEM FAMÍLIA EMPRESÁRIA

Características

Nas Jovens Famílias Empresárias, a geração dos pais, em geral, tem menos de 40 anos e, se há filhos, estes têm menos de 18. Este estágio pode abranger um longo período para a família, dos primeiros anos de vida adulta dos jovens empreendedores ou sucessores até a adolescência dos seus filhos. Isso inclui, em um só estágio, muitos daqueles outros das teorias tradicionais de desenvolvimento familiar: namoro, casamento, estabelecimento, nascimento do primeiro filho, nascimento de outros filhos e os primeiros anos escolares dos filhos.

O ESTÁGIO DA JOVEM FAMÍLIA EMPRESÁRIA DE DESENVOLVIMENTO FAMILIAR

Características
- Geração adulta abaixo de 40 anos.
- Filhos, se houver, abaixo de 18 anos.

Desafios-chave
- Criar um "empreendimento casamento" viável.
- Tomar as decisões iniciais a respeito do relacionamento entre trabalho e família.
- Estabelecer relacionamento com a família ampliada.
- Educar os filhos.

Rockman Equipment Company: parte 1

A Rockman Equipment Company foi fundada em 1926 por Micah ("Big Mike") Rockman. Micah havia trabalhado em uma oficina de conserto de carros e antevira o potencial do ramo de equipamentos para consertos. Ao longo dos setenta anos seguintes, a Rockman expandiu-se para distribuir e dar assistência técnica a todos os tipos de equipamentos de manutenção e reparos de automóveis. Micah dirigia a Rockman Equipment à sua maneira e ganhou a reputação de homem de negócios perspicaz e patrão exigente. Wyatt, o único filho de Micah, começou trabalhando na empresa depois da escola, aos 11 anos: foi o único emprego que teve. Micah certificou-se de que Wyatt aprendesse tudo o que houvesse para saber a respeito da Rockman Equipment, começando na oficina, pegando peças e fazendo limpeza nas áreas de reparos. Wyatt sempre foi bom aluno e planejava ir para a faculdade quando estava para terminar o segundo grau. Mas quando o terminou, Micah deixou claro que seria preferível matricular-se em tempo parcial na escola técnica local. Wyatt nunca pensou em discordar.

Wyatt conheceu Margaret Sullivan por acaso. Ela havia retornado a Knowland, sua cidade natal, depois da faculdade e de alguns anos de trabalho no Texas. Eles se deram bem desde o início. Margaret era mais sofisticada que a maioria das moças com quem Wyatt havia saído. Ele gostava do misto de calma e autoconfiança dela. Ela via Wyatt como um diamante em estado bruto: muita ponderação e confiabilidade, envoltas por uma surpreendente timidez. Devido à programação de viagens de Wyatt, eles se viram apenas esporadicamente durante o ano e meio de namoro. Finalmente Wyatt fez uma proposta formal e Margaret aceitou sem hesitar: casaram-se no dia em que ele completou 25 anos; Margaret tinha apenas 23. Ao longo dos oito anos seguintes, eles tiveram três filhos: Joe, Marcy e David. Com o auxílio financeiro de Micah, compraram uma bela casa nos arredores da cidade. Wyatt era o gerente geral de Micah e seu sucessor designado. O grande sonho americano parecia estar ao alcance deles.

Em 1968, quando Micah morreu, Wyatt (então com 37 anos) ficou surpreso com a profundidade da sua própria tristeza. Mentalmente repetia, inúmeras vezes, cenas com seu pai. E perguntava-se o que seu pai teria dito a um cliente ou como ele teria chegado ao preço de uma venda. Seu maior medo era que cada pessoa estivesse dizendo para si mesma: "Wyatt é legal, mas não é nenhum Big Mike." Parte da insegurança de Wyatt vinha dos termos do testamento de Micah. Ele recebera somente 50% das ações com direito a voto da empresa. A outra metade foi dividida entre suas duas irmãs. Wyatt não tinha certeza de como iria fazer funcionar a sociedade entre irmãos; ele e suas irmãs não tinham sido muito íntimos enquanto cresciam.

Como novo presidente, Wyatt viu-se de repente trabalhando muitas horas por dia, sete dias por semana. Ele e Margaret tinham cada vez menos tempo para conversar. Raramente brigavam, mas também tinham menos tempo para sair à noite ou para estar com os amigos. Quando Wyatt foi convidado pelo prefeito para presidir o comitê de empresários em um importante evento cívico, Margaret entusiasmou-se, mas ele recusou a nomeação, dizendo não poder ficar longe do escritório tanto tempo. Margaret argumentou: "Você está enterrado naquele escritório há três anos, desde que seu pai morreu. Isto deveria ser um negócio, não a sua vida." Mas Wyatt só conseguiu responder: "Logo teremos mais tempo juntos e com as crianças. Mas não posso assumir um compromisso desses agora."

A despeito do seu desejo por mais tempo de Wyatt, Margaret estava empenhada em manter a família na empresa. Quando ele lhe perguntou se achava que deviam vendê-la, ela respondeu que o nome da empresa era Rockman Equipment, construída por Micah para Wyatt e, por extensão, aos seus filhos. Wyatt apreciava muito a confiança e a determinação dela, e decidiu que estava na hora de Joe, seu filho mais velho (então com 13 anos), começar a passar algum tempo na empresa. Ele explicou a Joe que tinha um emprego, para ele na Rockman Equipment, para que pudesse ganhar algum dinheiro e acostumar-se com o lugar. Joe ficou muito entusiasmado com a idéia e concordou em ajudar todos os sábados no departamento de peças. Ele havia relutado um pouco em abrir mão do futebol com os amigos nas tardes de sábado, mas Wyatt foi firme e Joe queria agradá-lo.

Wyatt recordou seu início na empresa com mais ou menos a mesma idade. A diferença era que ele ficava lá todas as tardes, deixado pelo ônibus escolar. Big Mike aparecia ao final do dia, normalmente para achar alguma falha em seu trabalho antes de levá-lo de carro para casa. Pensando em seu filho, Wyatt compreendeu que seu pai não havia acertado em tudo — talvez houvesse espaço para que ele se saísse melhor.

Desafios-chave

Criar um "empreendimento casamento" viável. O primeiro desafio-chave do estágio da Jovem Família Empresária é estabelecer um relacionamento com o cônjuge ou parceiro e os primeiros anos das vidas dos filhos. Com a ênfase que atualmente se dá às dificuldades do casamento e à qualidade anacrônica da família tradicional, é surpreendente a popularidade de que ainda goza o casamento. Em 1890 somente 63% da população dos Estados Unidos já havia se casado; nos anos 70, o número subiu para cerca de 95%.[11]

Diante das desvantagens e dos riscos do casamento, por que ele ainda tem apelo para tanta gente? A visão romântica do casamento não diz muito a respeito de como um casal trata o dia-a-dia dos negócios depois que o casamento acabou. Um conceito mais útil para nossa análise é o "empreendimento casamento"[12]: o sistema montado pelo casal para realizar seu sonho de parceria e, em muitos casos, de uma família. Os casamentos contemporâneos são complexos arranjos psicológicos e sociais. Na criação do seu casamento psicológico, o casal elabora acordos e hábitos, implícitos e explícitos, a respeito de dinheiro, trabalho, afeição, sexo, filhos, comportamento social, relacionamentos com os parentes por afinidade e as metas para o futuro. As violações desses acordos constituem a fonte da maioria dos conflitos conjugais. Porém, à medida que as pessoas crescem e mudam, o empreendimento casamento precisa mudar com elas, embora não se deixem de lado as premissas básicas. Alguns acreditam que permitir que o empreendimento conjugal amadureça e se desenvolva à medida que as pessoas mudam é a tarefa mais importante do casamento e o maior prognóstico de longevidade conjugal.

Nas famílias que possuem empresas, o empreendimento conjugal tem importância especial, mas pode assumir formas muito diferentes. Por exemplo, na família Rockman, Wyatt vê a direção da empresa familiar como tarefa de tempo integral. Ele sai de casa para o escritório logo cedo, trabalha duro e volta tarde. Seu acordo implícito com Margaret é que ele será o provedor da casa, e ela, a administradora doméstica, cuidando também dos filhos. Antes de Micah morrer e de Wyatt ter que trabalhar na maioria dos sábados e domingos, este passava todo o tempo que podia, nos fins de semana, com os filhos. Em seu empreendimento casamento, Wyatt trabalha em seu sonho de se tornar um líder, equiparar-se ao pai, ganhar o respeito das suas irmãs e alcançar a segurança financeira. O empreendimento casamento também dá suporte ao sonho de Margaret: criar um lar estável e invejável, criar filhos bem-sucedidos e, mais tarde, ter uma parte da sua vida onde ela possa dar uma contribuição importante fora do seu papel familiar e conjugal. Ela trabalhava fora antes dos filhos nascerem e pensa em voltar para um emprego em tempo parcial ou iniciar um pequeno negócio próprio depois de eles crescerem.

Os Huang, amigos deles, montaram um empreendimento diferente. Ted e Elaine começaram juntos uma franquia de *fastfood*, com um empréstimo do pai dela. Mais tarde compraram um restaurante e um pequeno motel e, posteriormente, mais um motel. Elaine ainda administra os restaurantes; Ted é o presidente da empresa de motéis. Eles vão juntos para o trabalho todos os dias. Compraram o primeiro motel quando o mais novo dos seus dois filhos entrou na escola, e, desde então, têm uma governanta que dorme no emprego e cuida da casa, das crianças e cozinha para a família. Nem Ted nem Elaine tomariam uma decisão importante de negócios sem consultar o outro. Às vezes o trabalho mantém um ou ambos fora de casa à noite ou em fins de semana, mas eles adotaram uma regra de jantar em família pelo menos quatro noites por semana e passar juntos os sábados. Cada um está perseguindo um sonho que inclui sucesso nos negócios e também identidade familiar. Os negócios geraram muitos conflitos entre eles ao longo dos anos, mas também fizeram deles uma dupla altamente cooperativa.

Nestes dois exemplos muitas coisas parecem iguais. Eles se casaram no mesmo ano. Têm o mesmo número de filhos e os membros das duas famílias têm idades iguais. As empresas têm portes comparáveis. Ambos os casamentos são felizes. Mas os dois empreendimentos casamentos são muito diferentes. Em cada um deles os cônjuges esperam coisas diferentes de seus parceiros e do fato de serem casados. É provável que eles nunca tenham articulado um ao outro essas expectativas, mas cada um deles sente muito bem quais são. E também é provável que nenhum deles gostaria de uma troca de casais.

O tipo de empreendimento casamento formado pelo casal no estágio da Jovem Família Empresária tem implicações não apenas para o relacionamento mútuo, mas também para o ambiente familiar e seus reflexos na empresa. Por exemplo, o casal irá gradualmente desenvolver um estilo de interação sobre o contínuo que os teóricos chamam de emaranhamento-desembaraço.[13] Nas famílias emaranhadas, os assuntos de qualquer um são de todos; existe um alto nível de intimidade e interdependência e pouca privacidade. Nas famílias desembaraçadas, autonomia, autoconfiança e individualidade são altamente valorizadas. Os extremos em qualquer direção podem ser deficientes. Em sua maioria, as famílias fortes e sadias demonstram aspectos de ambos os estilos.

As famílias que possuem empresas tendem a ser um pouco emaranhadas. A identificação familiar, os relacionamentos íntimos, a ênfase na confiança e o conforto com tarefas em grupo nas famílias emaranhadas levam a muitas das vantagens das empresas familiares. Porém, seja qual for o estilo adotado em casa pela família, ele tem implicações importantes para a estrutura da empresa. Se uma família tem um estilo muito emaranhado, seus membros podem buscar oportunidades de escapar da intensa "intimidade" e criar ilhas de independência. A empresa é uma oportunidade atraente para esse refúgio. Em conseqüência disso, alguns membros dessas famílias tornam-se determinados a forçar limites rígidos para proteger seus espaços na empresa.

Levada ao extremo, essa necessidade de autonomia pode prejudicar a boa comunicação e a integração de operações. Por outro lado, alguns membros de famílias fortemente desembaraçadas podem ver a empresa como uma oportunidade de criar um vínculo familiar. A empresa pode ser a principal força integradora de uma família desembaraçada. Encontramos, ao longo dos anos, muitas famílias, em particular famílias desembaraçadas de segunda e terceira gerações, em empresas que foram fundadas por empreendedores dinâmicos e distantes; seus membros diziam claramente que, se não fosse pela empresa, suas famílias teriam se separado havia muito. Entretanto, também nessa direção o caso extremo pode às vezes resultar no excesso de confiança em modelos de gerenciamento baseados em consenso e em políticas restritivas quanto à venda de ações.

Outro aspecto do casamento empreendimento no estágio da Jovem Família Empresária, particularmente importante nas empresas familiares, é a distribuição de poder. Todas as famílias adotam uma forma de hierarquia como parte da criação do seu empreendimento casamento.[14] O padrão tradicional de autoridade nas famílias que possuem empresas tem sido descrito como autoritário: o marido/pai no controle, a esposa/mãe como parceira de apoio (que pode ter autoridade em certas áreas restritas do lar) e os filhos como aprendizes. Embora haja famílias que demonstrem claramente esse estilo em seu sentido mais pleno — e as famílias que possuem empresas são, em média, mais tradicionais que as demais — esse estilo não é tão comum quanto acredita a cultura popular. Constatamos que, entre elas, autoridade compartilhada, colaboração dos cônjuges, parcerias entre irmãos, filhos dominantes e matriarcados são muito mais comuns do que se pensava. Pode ser que essas formas mais igualitárias estejam se tornando mais comuns porque também são mais bem-sucedidas. Os sistemas familiares nos quais a autoridade é dividida de forma mais ampla podem se encaixar melhor com as variadas e mutáveis demandas da direção de uma empresa.[15] Além disso, o crescente predomínio de segundos casamentos pode estar encorajando padrões mais igualitários, especialmente entre adultos mais velhos. Em geral, os segundos casamentos têm autoridade mais equilibrada que os primeiros, com diferenciação menos rígida dos papéis dos sexos.[16]

Alguns casais constroem de fato a empresa em conjunto, e há milhares de empresas familiares que foram fundadas por casais.[17] Em alguns desses casos, os cônjuges trabalham como sócios-gerentes em pé de igualdade.[18] A verdadeira parceria equaliza a autoridade formal e facilita a comunicação. Entretanto, a co-gerência também pode maximizar conflitos e tornar mais óbvios os desequilíbrios de poder inconscientes ou ocultos. Mais comumente, um cônjuge é mais idoso que o outro. Quando um casal trabalha em conjunto, seu relacionamento de poder faz parte de todos os aspectos das vidas de ambos — não é possível escapar dele indo trabalhar ou para casa.[19] Isto amplia as satisfações de um arranjo de que ambos gostam, mas também o conflito e o ressentimento em um relacionamento não confortável para um ou ambos. Uma constatação encorajadora é que, a despeito das intensas demandas tanto no trabalho como em casa, a maioria dos casais sente que o desenvolvimento conjunto da empresa fortaleceu o casamento.[20]

Tomar as decisões iniciais a respeito do relacionamento entre trabalho e família. Com ambos os cônjuges trabalhando ou não na empresa, é um desafio difícil para a Jovem Família Empresária cuidar ao mesmo tempo dos domínios do trabalho e da família. Tempo, energia, atenção e dinheiro costumam ser escassos em qualquer casamento neste estágio. Porém, nas famílias que possuem empresas, há pressões especiais. Em primeiro lugar, há as demandas da empresa em si, dentre as quais, trabalhar até tarde, semanas de sete dias de trabalho e o domínio dos eventos sociais da família por discussões de negócios. Pode haver obrigações sociais com clientes e fornecedores. A empresa pode consumir todas as reservas financeiras da família e até mesmo exigir endividamento com garantias pessoais. Às vezes, para o sócio que não está na empresa, é difícil compreender o nível de envolvimento e de identificação experimentado pelo cônjuge com ela. Por exemplo, as pressões do tempo constituem a característica dominante da família Rockman neste estágio. Wyatt pode ser propenso a trabalhar duro, mas sua situação exagera esta tendência. Ele está sucedendo um pai com personalidade forte e lidando, ao mesmo tempo, com todas as demandas pós-transição da família, da empresa e da propriedade. Margaret procura apoiá-lo, mas a natureza do empreendimento casamento deles não requer muitas trocas de informações; assim, ela não pode ter muita simpatia com a situação dele.

Em segundo lugar, se a Jovem Família Empresária faz parte de uma empresa familiar maior, então as dinâmicas com a família ampliada podem, com freqüência, intrometer-se nos esforços do casal para formar seu próprio empreendimento casamento. Relacionamentos intensos e mutáveis com irmãos, batalhas por territórios, e a competição por um desempenho visivelmente bom aos olhos dos pais podem acrescentar pressões enormes ao jovem casamento, fazendo com que o casal se sinta fora do controle dessa parte das suas vidas. Finalmente, quando nascem os filhos, a família tem que enfrentar um novo conjunto de conflitos: dilemas de trabalhar *versus* ser pai e expectativas dos membros da família ampliada, que são, ao mesmo tempo, sócios-colegas de trabalho e avós, tios, tias, agregados. Para evitar conflito e confusão neste estágio, o casal precisa ter, em separado, um forte senso de identidade própria como jovem família e focalizar seu próprio conceito de empreendimento casamento e, neste, o papel do trabalho.

Desenvolver relacionamento com a *família ampliada*. Um terceiro desafio-chave da Jovem Família Empresária é encontrar um lugar para si mesma nas famílias ampliadas de ambos os cônjuges. Manter o equilíbrio entre os lados da família ampliada sempre é um desafio para um jovem casal. As coisas podem ser ainda mais difíceis se a família de um dos cônjuges estiver envolvida na empresa (da qual o casal pode ser financeiramente dependente) e a do outro, não. Então, os parentes que estão na empresa estão ligados em todos os três círculos – família, empresa e propriedade –, ao passo que aqueles do outro lado têm somente a ligação familiar. A família ampliada que possui a empresa pode tentar absorver o novo casamento como se nada tivesse mudado. Mas isto pode criar tensão a respeito do tempo gasto com reuniões quase de negócios da família de origem, tais como churrascos dominicais, encontros vespertinos, férias familiares ou viagens de negócios. O jovem casal precisa fazer um esforço consciente para não gastar todo o seu tempo com o lado da família ampliada que possui a empresa.

Um problema oposto surge quando a família que possui a empresa não aprova o casamento ou não gosta do novo cônjuge, ou simplesmente é cautelosa com todos os agregados. Este pode ser um problema especial se o estilo da nova família é muito emaranhado. Por exemplo, na família Smith, os pais-fundadores da empresa gráfica da família sempre expressaram este valor em relação aos homens com os quais suas quatro filhas se casassem: seriam considerados membros plenos da família, exatamente como filhos. Quando a filha mais velha casou, foi oferecido ao seu marido um emprego e um bloco de ações da empresa. Dois anos mais tarde, o casamento acabou em divórcio, o genro foi trabalhar para um concorrente e a família entrou em uma prolongada batalha para recuperar as ações dadas a ele. Àquela altura, o Sr. Smith abordou sua terceira filha, que estava planejando casar-se com um dos contadores da empresa, e disse que não só não daria ação nenhuma ao novo marido, como também queria que o casal assinasse um acordo pré-nupcial pelo qual as ações dela não fariam parte dos bens comuns do casal, e que preferia que o novo genro deixasse seu emprego. Isto causou um grande conflito na família, o cancelamento de um casamento formal em família e sentimentos profundamente feridos. O Sr. Smith estava alimentando entre as duas irmãs uma rivalidade por toda a vida. A filha mais nova estava se orgulhando porque seu marido e seu casamento iriam ter sucesso em aspectos nos quais o da irmã mais velha havia fracassado e porque ela se mostraria mais competente, leal e amorosa. Para ela, o ato do pai foi um castigo antecipado; ela havia perdido algo devido ao comportamento da irmã. Seu pai, muito ferido pela experiência com a filha mais velha, não podia entender como a filha mais nova não via a sabedoria da sua nova política.

Educar os filhos. Finalmente, as Jovens Famílias Empresárias enfrentam o formidável desafio de decidir ter ou não filhos, quando tê-los, quantos e como criá-los. Em sua maioria, os casais que decidem ter filhos concordam que estes mudam tudo, especialmente o empreendimento conjugal. A adição de filhos ao casamento muda a visão do futuro. Muda prioridades, ou pelo menos traz prioridades que existiam somente em teoria no domínio da realidade aqui-e-agora. E, talvez mais importante, os filhos acrescentam um novo e enorme conjunto de tarefas ao casamento.[21]

No estágio da Jovem Família Empresária, o impacto da paternidade sobre a empresa irá depender, em grande parte, das decisões a respeito do trabalho no empreendimento casamento. Se o marido trabalha na empresa da família e a mulher é dona-de-casa, como no caso dos Rockman, o contrato conjugal pode não precisar de renegociações fundamentais quando nascem os filhos. Estes podem adicionar novas responsabilidades à esposa e novas pressões pelo sucesso financeiro ao marido, mas a diferenciação de papéis pode continuar quase a mesma.

Se, por outro lado, os dois cônjuges trabalham na empresa, como no caso da família Huang, os filhos acarretam conseqüências importantes tanto para o casamento como para a operação da empresa. Os pais dispõem de opções limitadas para cobrir as responsabilidades da criação de filhos. Se ambos querem manter seus cargos na empresa, então podem recrutar um membro da família ou uma empregada para cuidar dos filhos enquanto pequenos, suplementada por uma creche, maternal e colégio, à medida que crescem. Os pais podem limitar as horas passadas na empresa e fazer horários alternados (uma solução que costuma parecer melhor no papel que na prática). Entretanto, a solução mais comum é que um dos cônjuges, tradicionalmente o marido, seja um proprietário-gerente quase que em período integral (talvez ajudando em casa tanto quanto possível), enquanto o outro, tradicionalmente a mulher, reduz seu tempo na empresa e cobre a maior parte da responsabilidade pelos filhos. (Isto pode conduzir à situação da "mulher invisível" na empresa familiar.[22]) Qualquer que seja a solução escolhida, o segredo está na renegociação explícita do empreendimento casamento, plenamente debatida até que cada um possa apoiar o novo arranjo.

Com o nascimento dos filhos, os pais na Jovem Família Empresária passam a ser a geração intermediária no sistema da empresa familiar. Com freqüência, é o nascimento de filhos que leva o fundador (ou casal de fundadores) a considerar, pela primeira vez, que a sua empresa poderá tornar-se uma empresa familiar. Para a maioria das pessoas, ter filhos afasta instantaneamente o horizonte do futuro. Seu cronograma de planos e sonhos estende-se para além do próximo ano ou marco para incluir os filhos crescendo, tornando-se adultos e continuando a família em futuras gerações. Para a família que possui uma empresa, este é um veículo conveniente para todas essas fantasias. Ela pode servir como contexto para os sonhos normais de pais: prover todas as necessidades dos filhos, ensiná-los e orientá-los enquanto eles desenvolvem habilidades, trabalhar em conjunto em projetos cada vez mais mútuos, e até mesmo vê-los levar a identidade e o legado da família ao futuro distante, geração após geração.

Em muitas famílias, a transmissão do legado psicológico da empresa é, desde o início, uma parte importante da educação dos filhos. Embora no estágio da Jovem Família o mundo das carreiras pareça distante para as crianças, este é um período crítico para a formação das suas impressões a respeito da empresa da família. As crianças irão internalizar as atitudes e valores dos pais sobre a empresa, o senso da qualidade de vida que ela provê e as impressões do seu impacto sobre o casamento dos pais e os relacionamentos familiares. As lições aprendidas neste estágio, intencionalmente ou não, não serão mudadas com facilidade pelas preleções feitas pelos pais no futuro e irão determinar, em grande parte, o potencial para a continuidade da empresa.

A CEO de segunda geração de uma empresa importadora e fabricante de artigos de tricô expressou seu espanto pelo fato de nenhum dos seus quatro filhos querer juntar-se a ela na sua lucrativa empresa, que crescia rapidamente. "Trata-se de uma oportunidade econômica muito melhor que qualquer outra para eles, mas parece que, quando eu estiver pronta para me aposentar, terei que vendê-la." Entrevistas com os filhos deixaram claro que suas decisões tinham sido, de fato, determinadas muitos anos antes, no estágio da Jovem Família Empresária. As lembranças deles eram as mesmas. "Todas as noites ela chegava em casa e ficava falando como aquilo era difícil, como seus colegas e clientes haviam sido miseráveis naquele dia, como era difícil trabalhar com o irmão dela. Agora, de repente ela quer que vejamos o quanto ela se divertia e como a empresa a deixou satisfeita todos esses anos. É tarde demais; tenho uma idéia a respeito de como é uma empresa familiar e isto não é para mim."

A ENTRADA NA EMPRESA FAMILIAR

Características

No estágio da Entrada na Empresa, o proprietário-gerente e seu (sua) cônjuge estão tipicamente entre 35 e 55 anos, na meia-idade ou entrando nela, e ajustando à empresa sua estratégia de negócios e seu estilo de vida pessoal. A maior parte da nova geração é composta de adolescentes e jovens adultos que mal começaram a trabalhar e estão tomando suas decisões iniciais a respeito de entrar na empresa. Eles precisam de esclarecimentos sobre as oportunidades oferecidas pela empresa da família – como futuros proprietários e também como líderes em potencial. Se a família for pequena ou o trabalho na empresa for pesado, a geração mais velha poderá enfrentar uma tarefa de recrutamento para manter a administração familiar no futuro. Se a família for grande e os papéis executivos na empresa, atraentes, então a tarefa poderá ser de seleção. Em qualquer dos casos, a chegada da nova geração à maioridade força a empresa a redefinir-se. Por que somos uma família empresária, quem cuidará de manter nossa identidade no futuro? Qual é, para nós, a definição de "família"? Quais filhos, ramos ou outros parentes terão acesso a empregos e benefícios financeiros desta empresa?

O ESTÁGIO DE ENTRADA NA EMPRESA DO DESENVOLVIMENTO DA FAMÍLIA

Características

- Geração mais velha entre 35 e 55 anos.
- Geração mais jovem entre a adolescência e os 30 anos.

Desafios-chave

- Administrar a transição da meia-idade.
- Separar e individualizar a geração mais nova.
- Facilitar um bom processo para as decisões no início sobre carreiras.

Embora muitas questões familiares sejam importantes neste estágio, três são mais críticas. A primeira é a transição da meia-idade que a geração mais velha deve atravessar durante este período. A segunda é o processo de separação e individualização que leva os novos adultos para fora da casa dos pais. A terceira é o processo pelo qual a geração mais nova decide entrar ou não para a empresa.

Rockman Equipment Company: parte 2

Em 1984, os dois filhos mais velhos dos Rockman, Joe (25 anos) e Marcy (22), haviam terminado a faculdade e estavam iniciando suas carreiras. Dave, o mais jovem (19 anos), havia terminado o segundo grau e também estava testando suas habilidades no mundo do trabalho.

Três anos antes, dois dias antes da formatura, Joe havia começado a trabalhar em tempo integral. Ele nunca havia trabalhado fora da Rockman Equipment, a não ser em um emprego de verão na construtora do pai de um colega de escola. Ele teria abandonado a faculdade várias vezes não fosse a forte pressão da mãe, que estava determinada a vê-lo formado.

Na verdade, Joe conseguira aplicar parte do que aprendera na escola e em seu emprego de verão ao seu trabalho na Rockman. Em seu primeiro cargo numa filial, ele tinha sugerido ao gerente de vendas reuniões semanais da equipe para que todos fossem informados a respeito de novos fatos com os clientes. Joe sabia que, se não fosse filho do dono suas idéias teriam sido ignoradas, mas pouco se importava com as razões pelas quais era ouvido desde que obtivesse os resultados que desejava. Então, alguns meses depois, Wyatt lhe sugeriu voltar à matriz. Joe concordou e, desde então, voltou a morar com os pais. Ele não se importava com seu trabalho, mas se sentia como se preparando para trabalhar de verdade.

Marcy tinha se formado na Universidade do Colorado. Ao contrário de Joe, ela gostara muito da sua escola. Além de esquiar, ela gostava de economia, psicologia, literatura, história da arte e, acima de tudo, de matemática. Depois de formada, seu primeiro plano era passar um ano na Europa com sua melhor amiga. Como essa idéia não deu certo, ela voltou a Knowland para passar o verão e, naturalmente, começou a ajudar na empresa. Dentro de pouco tempo, estava indo ao escritório todos os dias, ainda na base do "vamos ver o que acontece", ajudando no departamento de finanças.

Dave havia se formado no Colégio de Knowland um semestre mais cedo e começou imediatamente uma aventura de seis meses velejando pelo Pacífico, com a tripulação de um barco de pesquisa oceanográfica. Quando terminou o projeto, decidiu ficar na Califórnia com um dos membros da tripulação. Wyatt. conseguiu-lhe emprego com um dos seus fornecedores naquele estado. Dave não vibrou com a idéia de ficar na Califórnia trabalhando numa fábrica, mas estava claro que a aprovação dos pais para sua permanência – e o suporte financeiro deles – dependia daquele arranjo. As coisas deram certo. As horas de trabalho eram muitas, mas Dave tinha que admitir que estava gostando.

Margaret havia reagido à partida do filho caçula com alguma tristeza e muito alívio. Depois de 25 anos cuidando dos filhos, agora ela e Wyatt estavam sozinhos. Ela estava pensando em tornar-se uma espécie de consultora de decoração de interiores, mas relutava em discutir a idéia com o marido; os negócios iam mal e Wyatt estava preocupado com o trabalho. Ela também estava um pouco preocupada com as brigas constantes entre Joe e Marcy. Margaret sempre havia achado que, se os dois passassem passar algum tempo juntos, poderiam superar suas rivalidades de infância e aprender a ser bons amigos como adultos.

Wyatt (51 anos) percebia que sua ansiedade não se devia apenas à queda dos negócios. Ele sentia uma insatisfação interior, estava insatisfeito com suas realizações e ansioso por tentar algo novo. Seu consolo era a família. Seu casamento ia muito bem e ele também estava muito grato pelo fato de os filhos não terem se envolvido com problemas sérios como ocorria com os filhos jovens de muitas das pessoas que conhecia. Mas ele se sentia muito inseguro a respeito do futuro. Wyatt achava que estava correndo o mais rápido que podia na empresa, mas mal conseguia ficar à frente dos lobos. Poderia ele continuar investindo para que seus filhos tivessem uma empresa vibrante e sadia para assumir? E para quem ele estava construindo a empresa? Joe tinha o que era preciso? Marcy seria uma possibilidade realista, mesmo nesta nova era? Dave poderia viver como homem de negócios em Knowland?

Desafios-chave

Administrar a transição da meia-idade. No início do estágio de Entrada na Empresa, é muito provável que os pais estejam passando pela transição da meia-idade. Este termo, uma das contribuições mais importantes da obra de Levinson sobre o desenvolvimento de adultos, é uma elaboração mais complexa da "crise da meia-idade" que se tornou parte da nossa cultura popular. Ele se refere a um período de vários anos, normalmente logo depois dos 40, quando é comum os adultos passarem por um período de auto-avaliação. Wyatt Rockman está refletindo sobre a clássica transição da meia-idade, pensando em suas realizações e perguntando-se se ainda dispõe de tempo suficiente para chegar mais perto da realização dos seus sonhos mais importantes.

A transição da meia-idade é, muitas vezes, uma experiência poderosa, porque cai entre duas seções importantes da vida: o início da fase adulta, entre os 20 e 40 anos, que é a era exploratória, focalizada em realizações e em assumir compromissos; e a fase adulta intermediária, entre os 40 e 60 anos, que são de máxima autoridade, status e controle. É pouco depois dos 40 que a maioria das pessoas pára e questiona, para si mesmo, se o caminho seguido no início da vida adulta deve continuar na fase intermediária, isto é, suas escolhas iniciais ainda são suficientemente satisfatórias para configurar o trabalho da sua vida? Todos os aspectos da estrutura de vida são postos em revisão: carreira, casamento ou romance, paternidade, relacionamentos com a família ampliada, religião e espiritualidade, papel social, atividade física e sexual, recreação e qualquer outra coisa que ocupe um lugar importante na vida. Esta época é sentida como um "meio-tempo". Como já demonstrado em muitos níveis de análise, o ponto de indicação da metade do caminho é estímulo natural para uma avaliação do que foi realizado, com um novo senso de que o tempo restante é limitado.[23] Ainda há tempo para mudanças drásticas, tomar um caminho diferente e fazer melhor – mas nem sempre será assim.

Tantas coisas acontecem na vida durante esses anos que é difícil separar os processos internos de desenvolvimento das respostas dos eventos da vida. Os filhos mais velhos estão deixando o lar paterno e os outros estão, provavelmente, em vários pontos da adolescência. Isto, numa família que possui uma empresa, pode provocar uma ansiedade inconsciente a respeito do potencial para a continuidade, mesmo que o momento de transição seja apenas vagamente imaginado no futuro distante. Os pais podem ficar perturbados com o desejo, normal, de separação dos seus filhos adolescentes, preocupando-se com a idéia de que uma vez que deixem sua casa ou seus cargos na empresa, jamais voltarão.

Ao mesmo tempo, os pais de adultos na meia-idade estão envelhecendo de forma mais dramática e alguns, morrendo. Nas famílias com empresas, isto marca o término do ciclo de controle da geração anterior. Agora o manto e o ônus da liderança pertencem totalmente à geração que está na meia-idade, sem a intromissão ou a segurança da orientação paterna. Com os pais e os filhos partindo, as pessoas de meia-idade podem, muito rapidamente, sentir que deixam de pertencer a uma família ativa e que estão sós. Para algumas, isto leva a um sentimento positivo de liberdade. O peso da intensa responsabilidade familiar é finalmente reduzido, elas estão liberadas do olho "avaliativo" paterno e livres para explorar lados anteriormente ocultos de suas personalidades. Para outras, esta liberdade é acompanhada de uma sensação de isolamento, abandono e de oportunidades perdidas com pais e filhos.[24]

Existem outros tipos de reação que dão à transição da meia-idade significado especial para as famílias, neste estágio de Entrada na Empresa. As decisões iniciais de carreira da geração mais nova também estimulam o autoquestionamento na geração dos pais. Os pais, enquanto conversam com seus filhos adolescentes ou jovens adultos sobre entrar ou não para a empresa da família, recordam suas próprias decisões: "Como foi que me tornei um empresário? Eu sentia que tinha escolha? Meu trabalho nesta empresa foi compensador como eu esperava?" Mais importante: "Se tivesse que passar por tudo novamente, será que eu tomaria as mesmas decisões?" Duas gerações, fazendo-se as mesmas perguntas, são o que coloca em movimento o estágio de Entrada na Empresa.[25]

Separar e individualizar a geração mais nova. A transição da meia-idade dos pais coincide com o segundo desafio-chave deste estágio: a partida dos filhos do lar paterno. Esta separação vai muito além da mudança de endereço para cada filho. A estrutura familiar está mudando. O casamento está mudando. O mesmo se dá com o papel paterno, inclusive na questão sobre o que uma geração necessita, espera e tem que tentar aceitar da outra.[26]

Muitos modelos do ciclo de vida da família identificam este estágio com o conceito de "lançamento". A idéia é que a geração mais jovem é ejetada da família mais ou menos na época em que ela conclui o segundo grau. Se os pais fizeram bem seu trabalho, a preparação foi adequada, e os filhos estão prontos para ir à faculdade, às forças armadas, a um emprego ou para o casamento, o trabalho do núcleo familiar está quase terminado. Agora, a responsabilidade de negociar o mundo da vida adulta está com os filhos.

É claro que mesmo nas famílias que não têm empresas as coisas raramente funcionam assim. Hoje muitos jovens adultos continuam vivendo na casa dos pais depois dos 20 anos.[27] Outros saem e voltam, ou por causa do fim do casamento ou apenas para economizar dinheiro. Mesmo para aqueles que saem, a transição de adolescente para adulto é, na maioria das famílias, um processo mais gradual, abrangendo vários anos. Além disso, famílias diferentes têm visões muito diversas do nível ótimo de independência entre gerações.

Em muitos bairros, o percurso da "cápsula lançada" raramente ultrapassa alguns quarteirões.[28] Também, grupos étnicos diferem em seus modelos no que se refere a relacionamentos entre as gerações.[29] Contudo, existe uma norma poderosa na cultura americana, pela qual tornar-se adulto significa deixar o mundo dos pais e assumir uma vida independente, quer isso implique mudar para o outro lado do país ou apenas de rua.

Para muitas famílias, a transição entre gerações, uma etapa inerente ao estágio de Entrada na Empresa, é muito difícil. Em consequência disso, em alguns casos a família concentra-se demais em querer saber se os filhos irão ou não entrar para a empresa. Na verdade, as famílias que melhor negociam este estágio assumem uma visão mais ampla, reconhecendo que ambas as gerações têm transições importantes a realizar. A mais velha precisa começar a aprender um novo papel como pais de adultos. E os mais jovens precisam cuidar de todos os componentes da passagem para a vida adulta: carreira, autoconfiança, responsabilidade financeira, parceiros íntimos e rede social.

As dinâmicas entre irmãos também são críticas para a compreensão dos sistemas das empresas familiares no estágio de Entrada na Empresa. Os relacionamentos entre irmãos são os mais longos da vida. Para a maioria das pessoas, ninguém compartilha tanto como um irmão, em termos genéticos, ambientais e históricos.[30] Neste estágio, entre os irmãos, os relacionamentos de infância, em grande parte moldados pelos pais, evoluem gradualmente para relacionamentos adultos, moldados e sustentados por eles mesmos pelo resto das suas vidas. É nesta época que irmãos e irmãs tomam decisões importantes a respeito de quanto suas vidas adultas continuarão entrelaçadas. Optar por uma carreira na empresa significa normalmente comprometer-se a permanecer íntimo dos irmãos pelo resto da vida – interdependente não apenas em assuntos familiares, mas também quanto à carreira e à questão financeira. Neste estágio, os jovens adultos precisam decidir se este nível de proximidade lhes parece viável.

Em algumas famílias, a empresa sempre está no centro dos relacionamentos entre irmãos porque ela domina todos os aspectos da vida familiar. Em casos assim, a maneira mais segura para um filho obter atenção e recompensas dos pais, mesmo quando jovem, é através da empresa. Um, vários ou todos os irmãos podem decidir aprender a respeito dela, passar seu tempo livre no escritório ou na fábrica, trabalhar em tarefas específicas aos sábados ou nas férias de verão. Quando chega o estágio de Entrada na Empresa, esses filhos absorveram as prioridades da família e entendem suas opções. Permanecer na empresa significa manter posição de primeira classe na família; optar por outro caminho significa ficar à margem da interação familiar. Quanto mais sucesso se tem na empresa, maior o valor aos olhos dos pais.

Outras famílias criam ambientes diferentes entre os irmãos. Os pais reservam uma parte do tempo fora da empresa para passar com os filhos, individualmente e em conjunto. Em conseqüência disso, os elos entre irmãos se desenvolvem separadamente do trabalho. Isto pode ser reforçado por férias familiares não ligadas a viagens de negócios; jantares conjuntos onde o assunto seja o dia dos filhos na escola e não o dia dos pais no escritório; e por meio de incentivos para que os filhos adolescentes consigam empregos de tempo parcial em outros lugares. Quando desde a infância o padrão é este, então é mais provável que os irmãos vejam o trabalho na empresa como opção de carreira e não como condição para fazer parte da família. Além disso, como cada filho tem acesso aos pais na área pessoal, a competição pelo acesso a estes via empresa fica reduzida.

Entre os muitos aspectos dos relacionamentos entre irmãos, três são de especial importância: a ordem de nascimento, a dinâmica de diferenciação e a de identificação. A ordem de nascimento é particularmente importante nas famílias com empresas em razão das tradições de primogenitura (preferência na herança pelos primogênitos homens.[31]) Historicamente, fortes tradições têm apoiado a primogenitura entre as famílias que têm empresas. Em primeiro lugar, a inclinação pelos homens como líderes empresariais significa que muitas famílias olham tradicionalmente para seus filhos homens como candidatos a sucessores. Além disso, em vista da hierarquia natural da idade e da dianteira dos irmãos mais velhos na educação e na experiência, a preferência vai com freqüência para eles. Finalmente, para algumas famílias a primogenitura é menos uma opção que um meio para evitar fazê-la. Em sua maioria, as famílias sentem-se pouco à vontade com avaliações competitivas explícitas entre irmãos e buscam outras regras de decisão que protegem os pais das recriminações e da culpa associadas ao favoritismo. Na escolha do líder da próxima geração, a primogenitura é a hipótese automática mais comum – e continuará sendo, a menos que outra solução venha a substituí-la.

A suposição, implícita ou explícita, de que o filho mais velho é o herdeiro mais provável tem um forte efeito sobre as dinâmicas familiares no estágio de Entrada na Empresa. Dependendo do estilo do negócio e da família, os outros irmãos poderão reagir com inveja ou alívio. A posição de "herdeiro designado" normalmente traz consigo maior acesso aos pais e uma maravilhosa sensação de ser especial. Mas ela também pode trazer maiores exigências de desempenho. O filho escolhido pode ter poucas opções ou, como Joe Rockman, sentir-se assim. Para esse filho, o compromisso com a empresa pode restringir as opções a respeito de escola, atividades extracurriculares, fins de semana, férias e amigos. Os pais podem sentir que estão se beneficiando da primogenitura como regra de decisão, porque a incerteza é reduzida e a continuidade acentuada. Mas a primogenitura é uma regra arbitrária, baseada em valores familiares a respeito de idade e sexo. Aplicá-la à empresa pode deixar os irmãos com ressentimentos capazes de influenciar seus relacionamentos pelo resto das suas vidas.

A primogenitura é apenas um exemplo da maneira pela qual irmãos e irmãs dividem o espaço psicológico da família para obter reconhecimento como indivíduos únicos.[32] Os primogênitos têm a vantagem na seleção de um papel especial porque entram em um campo aberto, mas mesmo nas famílias que ignoram a primogenitura esta liberdade é restrita pelos desejos conscientes e inconscientes dos pais. O primogênito pode estar altamente motivado para tentar se tornar a pessoa que os pais esperam. Ou pode sentir-se coagido a satisfazer os sonhos dos pais e ressentir-se com a liberdade dos irmãos para escolher outros caminhos. Os filhos mais novos estão numa situação diferente: podem competir com as mesmas habilidades ou buscar papéis nitidamente diferentes. Os pais podem encorajar (intencionalmente ou não) a competição com uma atitude de comparação, como "Espero que você seja tão/quanto sua irmã" ou, mais negativamente, "Por que você não pode ser como seu irmão?". Em algumas famílias, esta dinâmica pode ser complicada e tensa. Derrotar ou superar um irmão pode ser uma vitória "pírrica". O fracasso público de um irmão pode ser embaraçoso para toda a família. E a competição exagerada no estágio de Entrada na Empresa também pode dificultar a formação de uma Sociedade entre Irmãos em estágios posteriores, quando os pais não estão mais por perto para atuar como árbitros.

A diferenciação é a força centrífuga dos grupos de irmãos agindo para separá-los. Também existe uma força oposta, centrípeta, que os mantém unidos: a identificação entre irmãos. A intimidade com os irmãos tem suas recompensas, em especial no trato com os pais. Quando estes estão preocupados com as demandas incessantes da empresa, a identificação e a interdependência dos irmãos podem se acentuar – muitas vezes evoluindo, durante o estágio de Entrada na Empresa, para uma poderosa aliança. A força dessa aliança pode ser um excelente indicador das chances de sucesso de uma Sociedade entre Irmãos no futuro.

Todos os grupos de irmãos demonstram algum equilíbrio entre o desejo de estarem juntos e o desejo de serem independentes. A pressão diferenciada leva irmãos a quererem trabalhar em partes diferentes da empresa, ou leva um deles a fazer mestrado enquanto o outro considera o ensino de administração irrelevante, ou pode fazer, ainda, com que um goste de ser identificado com a empresa da família e outro fique aparentemente embaraçado com isso. Ao mesmo tempo, a pressão pela identificação leva-os a se visitarem uns aos outros inesperadamente, a se apoiarem quando um está ameaçado ou com problemas, a se defenderem uns aos outros contra críticas ou ataques dos pais, e, em alguns casos, a concordarem com a co-gerência da empresa, mesmo que um deles tenha um controle inquestionável. Ambas as influências devem ser levadas em conta ao se avaliar o verdadeiro potencial de colaboração do grupo de irmãos no estágio da Entrada na Empresa.

Facilitar um bom processo para as decisões no início das carreiras. É um excesso de simplificação retratar esta questão na forma como usualmente o faz a literatura sobre sucessões: Os pais tentam obrigar os filhos a entrar para a empresa, ou estes podem optar com real liberdade? Constatamos que o processo leva alguns anos e inclui muitas perguntas inter-relacionadas, para as quais têm de haver respostas. Por exemplo:

- A empresa irá continuar por mais uma geração?
- Os pais querem que os filhos considerem carreiras na administração da empresa, ou que participem somente como proprietários?
- Vários membros da próxima geração irão dirigir conjuntamente a empresa, ou somente um deles será convidado a nela entrar?
- Os pais querem estruturar oportunidade e experiência para controlar quem entra, ou querem que os filhos escolham por si mesmos?
- Os filhos que quiserem estar na empresa começarão a trabalhar nela imediatamente após os estudos, ou só deverão tomar tal decisão posteriormente?

Para achar respostas para estas perguntas, a geração mais velha precisa chegar a um acordo com seu próprio sonho para o futuro. Lansberg explorou, em outro livro, o intrincado poder do sonho da continuidade.[33] É neste estágio que os pais são confrontados com suas próprias aspirações para os filhos. Não há dúvida de que muitos fatores contribuem para a forma dessas aspirações: suas próprias histórias como filhos de gerações anteriores; o prazer ou a luta que experimentaram na empresa, sua avaliação do potencial econômico da empresa; seu senso do talento e do potencial de cada filho. Todos os pais enfrentam o desafio de preparar seus filhos para as melhores oportunidades de sucesso quando adultos. O que é diferente nas empresas familiares é que, em meio a todas as alternativas que os jovens adultos têm diante de si, existe uma oportunidade específica que precisa ser aceita ou rejeitada: a empresa familiar.

É claro que a tomada da decisão pelos pais é somente um lado da questão da separação entre gerações. Talvez os processos familiares mais importantes no estágio de Entrada na Empresa sejam aqueles que ocorrem entre os filhos. Alguns membros da geração mais jovem estiveram psicologicamente na empresa desde que eram bebês. Eles fizeram planos para trabalhar nela, tiveram empregos depois da escola e nas férias, moldaram sua educação em torno das demandas dos papéis de gestão em sua indústria e consideram suas carreiras inevitáveis. Outros nunca pensaram nisso. Mesmo quando trabalhavam aos sábados ou nas férias, nunca lhes havia ocorrido que sua ligação com a empresa iria se estender para além da sua emancipação ao final do segundo grau. Contudo, para a maioria dos filhos, a pergunta existe e precisa ser enfrentada: "Quero investir minha vida profissional na empresa da família?" Particularmente no estágio de Entrada na Empresa, é vital responder ao dilema subjacente de desenvolvimento: Será que posso me tornar um adulto independente, com vida própria, e ainda permanecer na empresa (e, por conseguinte, no mundo) dos meus pais? As respostas da geração mais jovem a estas perguntas, enquanto atravessa este estágio, determinam em grande parte o futuro da empresa familiar.

A FAMÍLIA QUE TRABALHA EM CONJUNTO

Características

Durante este estágio, duas ou mais gerações estão plenamente envolvidas ao mesmo tempo na empresa da família. A geração mais antiga, tipicamente entre 50-65 anos, está no auge da sua autoridade no círculo da empresa. Se esta é lucrativa, os proprietários-gerentes podem usar a renda para expansões e novos empreendimentos, além de financiar o estilo de vida confortável que muitos adultos desejam nesta idade – casa, viagens, vida social, recreação e um lugar na comunidade.

Os membros da geração mais jovem estão entre 20-45 anos. Eles tomaram a decisão, pelo menos inicialmente, a respeito de ficar ou não na empresa. Os que resolveram ficar estão preocupados com a abertura de espaço para si mesmos, como adultos independentes e competentes no estabelecimento dos pais. Como é possível ser leal, mas também distinto; mostrar forte potencial de liderança, sem ser arrogante ou condescendente; ser autêntico e genuíno, mas não agir como o filho do dono; mostrar seu valor comparativo em relação aos irmãos, sem competir abertamente com eles?

O ESTÁGIO DE TRABALHO CONJUNTO DE DESENVOLVIMENTO DA FAMÍLIA

Características
- Geração mais antiga entre 50-65 anos.
- Geração mais jovem entre 20-45 anos.

Desafios-chave
- Promover cooperação e comunicação entre gerações.
- Encorajar a administração positiva de conflitos.
- Administrar as três gerações da Família que Trabalha em Conjunto.

Para a geração mais antiga, esta é a época do ninho vazio, quando os filhos mais novos deixam a casa e os mais velhos seguem em suas vidas e em suas novas famílias. Na verdade, um dos marcos deste estágio de desenvolvimento é que a família tornou-se uma rede de famílias, à medida que a geração mais jovem foi se casando e tendo seus filhos. O empreendimento casamento dos pais, formado no estágio da Jovem Família Empresária, e muitas vezes testado no estágio de Entrada na Empresa, na meia-idade, enfrenta agora o desafio do compromisso pós-cumprimento da tarefa principal da família – a criação dos filhos. Como colocou Duvall em seu estudo dos ciclos de vida das famílias, "a tarefa mais importante da meia-idade é de ambos se acharem novamente como marido e mulher".[34]

Três das questões familiares mais críticas neste estágio são: promover a boa cooperação entre gerações, administrar de forma produtiva a comunicação e os conflitos familiares, e transformar a família numa rede familiar ampliada.

Rockman Equipment Company: parte 3

Em 1982, Dave Rockman saiu da Califórnia para estudar na Universidade do Texas. Quando formou-se em 1986, começou a trabalhar na Rockman Equipment como vendedor. Durante dois anos, entre 1986-1988, os três filhos de Wyatt e Margaret estavam trabalhando na empresa. Joe era então gerente geral da divisão de equipamentos. Marcy havia passado para a divisão de ajuste rápido, onde dirigia o departamento de contabilidade. Dave assumiu a região de vendas do Meio-Oeste. Em 1990, quando Marcy retornou de uma ausência de dois anos para fazer o MBA, Wyatt começou a pensar no planejamento do seu futuro. Ele havia entrado para um fórum de empresas familiares patrocinado por uma escola de administração local, no qual um dos palestrantes sobre planejamento de sucessões deixara clara a necessidade de se dar aos sucessores cargos reais com responsabilidade. Depois disso, Wyatt decidiu identificar Joe, então com 32 anos, como o próximo presidente da Rockman Equipment. No primeiro momento, ele nomeou Joe vice-presidente de operações, embora tivesse dificuldades para especificar exatamente as operações sobre as quais Joe teria responsabilidade.

Um resultado dessa decisão, não esperado por Wyatt, foi que Dave e Marcy reconsideraram suas próprias carreiras. Os dois sabiam que, a longo prazo, teriam muita dificuldade no trabalho com o irmão mais velho. Três meses depois, Marcy mudou-se de novo para Denver para iniciar uma empresa de software com um amigo da escola de administração. Um mês depois, Dave conheceu uma jovem advogada, Maria Schiavone, com quem, em pouco tempo, estava casado. O pai de Maria ofereceu a Dave um cargo em sua empresa em Chicago. Dave gostava de trabalhar com seu pai, mas Wyatt havia feito sua escolha a respeito de Joe. Como era preciso pensar no seu futuro e no de Maria, Dave aceitou a oferta.

Em 1991, Joe também se casou. A expectativa de Wyatt e Margaret era de que, com o casamento, Joe melhorasse o seu humor e suavizasse sua forma de lidar com as pessoas. Na empresa, a passagem de Joe de gerente de nível médio para alto executivo teve seus percalços. Wyatt havia tentado passar responsabilidades importantes para Joe e dar-lhe espaço para cometer seus próprios erros. E nisto Joe mostrou ser bom. Quando conversava com "estranhos", Wyatt tinha milhões de boas razões para cada um dos problemas e erros cometidos por Joe. Intimamente, porém, estava muito preocupado.

Joe começou fazendo algumas mudanças em posições importantes do seu departamento. Mas a maioria delas não deu certo e Wyatt sentiu-se obrigado a intervir e corrigir as situações. Então Joe iniciou uma reformulação completa do departamento de marketing — por achar que este vinha fazendo pouco mais que propaganda rotineira; ele queria implantar uma abordagem abrangente do mercado, aprendida na escola. Joe gastou uma grande quantia em um pacote de mala-direta e contratou um consultor especializado em segmentação e pesquisa de mercado. Wyatt inicialmente ficou intrigado, mas em pouco tempo alarmou-se com os custos do plano proposto por Joe e com a sua falta de praticidade. A idéia morreu depois de uma breve e acalorada discussão. Alguém deixara com Wyatt uma cópia da proposta de Joe, que até então não lhe tido sido comunicada. Chamando Joe à sua sala, repreendeu-o pelo "sigilo", lembrando-o de que ainda era o responsável final por tudo o que acontecesse na empresa. Joe ficou muito desanimado. Ele achava que aquela análise era o melhor trabalho que já fizera e aguardava o momento para mostrá-la ao pai. Como de costume, não deu certo.

As tensões entre Wyatt e Joe eram muito evidentes para todos os gerentes da Rockman. Em conversas privadas, eles concordavam que, embora algumas das novas idéias de Joe fossem terríveis, a empresa precisava testar algumas abordagens diferentes. Um vice-presidente disse a outro: "Wyatt está aberto a novas idéias. Apenas creio que ele não goste de ouvi-las de Joe."

Este achava mais fácil conversar com a mãe que com o pai a respeito da sua insatisfação no trabalho. Ele se queixava que Wyatt não lhe dava as informações de que necessitava para fazer seu trabalho e que "acabava" com ele num dia e o elogiava para todos no dia seguinte. Wyatt, por seu lado, estava preocupado com as fracas "habilidades pessoais" de Joe. Desde que o filho voltara da faculdade, Wyatt vinha recebendo reclamações sobre seus modos arrogantes. Mesmo quando as idéias de Joe eram boas, Wyatt sentia que seu temperamento intempestivo prejudicava seus melhores esforços. Contudo, ele sabia que precisava fazer algo para ajudar Joe a sentir-se mais preparado para assumir a empresa. Finalmente, Wyatt decidiu criar para Joe a posição de presidente e mudar seu próprio título para presidente do conselho e CEO da empresa. Joe perguntava-se o que faz um presidente quando outra pessoa ainda é CEO, mas aquele não era o tipo de pergunta que poderia fazer ao pai.

Desafios-chave

Promover a cooperação e a comunicação entre as gerações. A maneira mais comum pela qual os membros da família avaliam a qualidade da vida familiar é conversando a respeito de comunicação. Isto vale para todo o ciclo de vida da família, mas nunca tanto quanto no estágio de Trabalho Conjunto. Os filhos estão se casando, tendo filhos, estabelecendo lares e redes sociais, e tornando-se cada vez mais distantes – mesmo quando partilham responsabilidades de gerenciamento e de propriedade da empresa. O principal desafio deste estágio, no contexto do desenvolvimento da família, é criar os mecanismos de ligação que permitem ao sistema familiar continuar operando de forma integrada diante da drástica descentralização e diversificação. A comunicação é o mais importante desses mecanismos.

As famílias diferem amplamente no tom emocional das suas interações típicas: cordial ou frio, íntimo ou distante, hostil ou amistoso, e assim por diante. Porém, nas empresas familiares também é importante examinar a qualidade da comunicação como uma atividade significativa, como um processo essencial à execução do trabalho na empresa. A comunicação da família que trabalha em conjunto precisa demonstrar certas características:

1. **Honestidade**. Honestidade significa simplesmente o grau com que os membros da família contam e esperam a verdade. Nas famílias que dão valor à comunicação honesta, quando um pai-executivo pede uma opinião ou *feedback,* o filho ou sobrinho em um cargo subalterno espera poder responder-lhe com a verdade, sem conseqüências negativas.
2. **Abertura**. Todas as famílias têm tabus contra alguns assuntos como sexo, dinheiro, romances de adolescentes, problemas no trabalho ou morte. Naquelas que dão valor à abertura, essas restrições são manti-

das em nível mínimo. Nas empresas familiares em geral, as reclamações mais comuns sobre a comunicação na família referem-se a frustrações com os limites à abertura. Por exemplo, se falar a respeito de decisões estratégicas recentes é considerado um desafio à estrutura de autoridade, ou se proteger território individual significa que ninguém pode fazer perguntas sobre a divisão de outra pessoa, a abertura da comunicação é restringida.

3. **Consistência**. Em algumas famílias, pode-se presumir que a opinião de uma pessoa hoje será a mesma amanhã, e que palavras e atos comunicam a mesma coisa (por exemplo, que uma declaração de afeto é acompanhada por uma expressão facial e uma postura corporal que também comunicam afeto). Em outras, não é assim. Por exemplo, uma jovem gerente tem, num dia, acesso fácil ao pai em seu gabinete de presidente, onde ele a chama de "querida" e lhe pede que participe da reunião com sua equipe de dirigentes "só para ver como é". No dia seguinte, quando ela entra na sala dele para entregar uma análise de mercado, ele lhe informa friamente que ela está tomando liberdades pelo fato de ser da família e que sempre deveria passar pelos canais competentes. Uma consistência perfeita não é desejável, nem possível. Porém, nas famílias em que a comunicação inconsistente é a norma, a confiança dos membros e seu senso de segurança podem ser baixos e os relacionamentos familiares no trabalho podem ser obscurecidos por uma atmosfera de perpétua ansiedade.

Em conjunto, essas três características podem dar um quadro preciso da qualidade de comunicação numa empresa familiar. Os membros de uma família podem diferir entre si quanto ao estilo de comunicação. Um dos pais pode ser muito aberto e o outro, muito fechado, ou uma irmã pode ser sempre uma defensora da verdade, ao passo que a outra tende a alguns exageros. Em termos globais, uma Família que Trabalha em Conjunto com altos níveis de honestidade, abertura e consistência em sua comunicação estará mais apta para administrar os conflitos de forma produtiva que uma outra fraca em várias ou em todas as dimensões.

Existem algumas lacunas comuns de comunicação na Família que Trabalha em Conjunto. Os pais podem ter muitas dificuldades para dar um *feedback* honesto aos filhos, de qualquer idade. Isto pode interferir no bom desenvolvimento da capacidade empresarial da geração mais jovem, caso o pai (ou a mãe) seja o único supervisor ou mentor. Wyatt Rockman preocupava-se por estar criticando Joe constantemente e, aos poucos, passou a relutar em prover qualquer *feedback*. Ele não compreendia que Joe estava ansioso por obter bons dados a respeito do seu desempenho, e que grande parte dessa ansiedade se devia ao fato de precisar conhecer a mente do pai e sentir suas reações a partir de pequenos gestos e comentários casuais. Na verdade, o nível relativamente baixo de honestidade e abertura nesse relacionamento tornava tensa a relação no trabalho.

Os pais também acham difícil acrescentar aqueles assuntos proibidos aos filhos quando crianças à lista de "permitidos" aos filhos adultos: Por exemplo, alguns pais no estágio de Trabalho Conjunto têm dificuldade para, de um momento para outro, começar a discutir questões financeiras na empresa e também com a família, em especial em épocas ruins. Esta relutância não é um problema só dos pais; os filhos também podem ser ambivalentes a respeito de "intrometerem-se na privacidade dos pais", mesmo que as informações sejam necessárias para que cumpram seus papéis de adultos na família e suas responsabilidades no gerenciamento da empresa. Essas questões de honestidade e abertura precisam ser resolvidas na Família que Trabalha em Conjunto.

Se o sistema familiar atingiu um alto grau de complexidade, em especial em um Consórcio de Primos, a comunicação entre os ramos pode ser particularmente complicada. Histórias diferentes podem gerar interpretações também diferentes sobre um mesmo assunto e variadas suposições a respeito de regras de comunicação. Pedir uma opinião em certo ramo da família pode ser a solicitação de uma avaliação honesta; em outro, de apoio e encorajamento. A família segue estritamente o organograma ou a sua rede de relacionamentos, ou uma combinação de ambos, na partilha de informações? Uma pessoa deve assumir que passar uma informação a irmão seu também significa passá-la à mulher dele? Os irmãos funcionários possuem uma compreensão comum a respeito de quais informações não devem ser passadas aos parentes acionistas que não trabalham na empresa?

Os agregados podem servir de pára-raios para conflitos familiares não expressos e de repositórios para antigas mágoas que a família não consegue resolver diretamente. Por exemplo, dois irmãos trabalham juntos como gerentes na sede da empresa. Ao final de um dia difícil, o irmão mais velho entra em sua casa e se queixa com a mulher: "Meu irmão mais novo é um chato. Ele questiona tudo o que eu digo só para me aborrecer. Hoje ele apareceu com uma idéia que eu vi de cara que era um desperdício de dinheiro, mas ele espera que eu leve ao Conselho tudo o que sugere. Sua presença está acabando com todo o meu prazer de trabalhar na empresa." Sua mulher simpatiza com ele e irrita-se com o cunhado por tornar difícil a vida do seu marido e por estragar a noite deles e o tempo do pai com os filhos.

Ao mesmo tempo, no outro lado da cidade, o irmão também está irritado. "Aquele meu irmão mais velho é um "fdp" arrogante. Ele me trata como criança, como fazia quando éramos jovens. Tentei mostrar-lhe hoje o projeto em que venho trabalhando há um mês e ele o jogou fora sem sequer olhá-lo. Estou tentando apoiá-lo e ele vê tudo como questionamento. Trabalhar para ele está acabando com todo o meu prazer de estar na empresa." Também aqui, a mulher simpatiza com o marido e recorda todas as outras ocasiões em que sentiu que o cunhado o estava menosprezando.

No dia seguinte, os irmãos se encontram no saguão e trocam cumprimentos cordiais. "Sinto muito a respeito de ontem", diz o mais velho. "Eu estava frustrado a respeito da conta Z e descontei em você. Sei que você dedicou muito tempo àquele projeto e quero que o analisemos juntos." O irmão responde: "Hei, a culpa foi minha. Eu vi que você estava ocupado, mas forcei a barra e de repente simplesmente explodi. Quando estiver pronto para conversar, é só me avisar." No domingo seguinte, na casa da geração mais velha, os irmãos estão rindo na frente da churrasqueira e suas mulheres estão, em lados opostos do jardim, se encarando. A certa altura da tarde, o irmão mais velho diz ao mais novo: "É realmente uma pena que nossas mulheres não se dêem bem. Eu acho que elas seriam ótimas amigas."

Os agregados são muito propensos a ser atraídos para as dinâmicas emocionais da família, sem o benefício da informação ou do acesso mútuo gozado por aqueles que trabalham na empresa. Como o processo é invisível para os membros da família envolvidos, os conflitos com os agregados podem ser mal diagnosticados. As famílias precisam examinar com atenção o fluxo de comunicação entre todos os seus membros adultos e tomar as providências necessárias para reduzir suposições e aumentar a honestidade, a abertura e a consistência de comunicação no sistema como um todo.

Encorajar a administração positiva de conflitos. Quando duas gerações trabalham juntas, questões complexas de autoridade e colaboração quase inevitavelmente causam conflitos. A aplicação do modelo dos três círculos torna evidente que os conflitos estão embutidos na estrutura do sistema da empresa familiar. Pessoas que atuam com a melhor das intenções têm objetivos e perspectivas diferentes em relação aos eventos, por causa dos seus papéis diferentes. Filhos ou filhas, ao procurar estabelecer competência, podem ressentir-se da autoridade dos pais; os pais podem sentir-se feridos ou irritados pelo desrespeito que sentem nos questionamentos dos filhos. Os filhos que não trabalham na empresa podem sentir, em comparação àqueles que trabalham, que não estão recebendo benefícios adequados da empresa ou a mesma atenção dos pais. Podem ocorrer difíceis mudanças de papéis na família, especialmente se os pais tiverem problemas de saúde ou outras complicações que comecem a inverter aquele relacionamento de "pai cuidando do filho" que caracterizou a família nos estágios iniciais do seu ciclo de vida.

É provável que esse conflito aumente à medida que a família passa pelo estágio de Trabalho Conjunto e comece a enfrentar o processo da sucessão. A ascensão de Joe Rockman a sucessor designado fez com que Marcy e Dave reavaliassem seus futuros. No final, não foi a falta de apelo da empresa em si que os levou a procurar outras carreiras, mas a falta de confiança no futuro da sua Sociedade entre Irmãos. Eles tiveram a sorte de reconhecer seus sentimentos e dispor de outras opções; teria sido pior se tivessem permanecido na situação que os irritava.

Mesmo quando existe consenso e aceitação do plano de sucessão, podem ocorrer conflitos. Por exemplo, a família Ackerman, que possui uma pequena gráfica, sempre foi conhecida pela atmosfera harmoniosa na empresa e em casa. Entretanto, quando os pais chegaram perto dos 60 anos e começaram a pensar na aposentadoria, o nível de raiva pareceu crescer. Ninguém sabia explicar o que estava causando os novos atritos entre os três filhos e entre cada um deles e os pais. O filho mais velho e sua família decidiram subitamente não se reunir com os demais membros na casa do lago em julho, rompendo uma tradição de vinte anos. A filha mais nova tornou-se mais franca e irônica a respeito do segundo marido da irmã mais velha, sugerindo em voz alta que ele queria somente um lugar na empresa. Os funcionários não-pertencentes à família também foram atraídos para os conflitos, uma vez que as reuniões da gerência tornaram-se tão hostis que decisões importantes não podiam ser tomadas. Então, a família finalmente contratou um consultor, que iniciou uma série de reuniões com seus membros. Depois de apenas algumas semanas, ficou claro que a designação formal da filha mais velha como a próxima gerente geral (embora não fosse surpresa para ninguém) havia liberado fortes sentimentos competitivos nos outros membros da família. Irmãos e irmãs estavam reagindo à impressão (parte falsa, parte real) de que outros membros da família e gerentes-chave haviam começado a tratar a "escolhida" diferentemente deles. Apesar de os irmãos concordarem com a escolha, não conseguiam controlar seu ressentimento e o medo inconsciente de serem tratados, na família, como membros de segunda classe.

É mais produtivo tratar os conflitos como algo que não pode nem deve ser evitado na vida da família (e de qualquer outro grupo). Na verdade, os conflitos podem ser valiosos; eles podem esclarecer situações, permitir que as pessoas estreitem um relacionamento no qual sentem-se temporariamente subjugadas, ou ajudar um grupo da família a tomar uma decisão difícil. A tarefa do Trabalho Conjunto – de fazer a transição de uma família unitária, com uma hierarquia de gerações, para uma rede de famílias, em torno de um núcleo – exige que se tolere algum nível de conflito. É a maneira pela qual a família e a empresa podem crescer e incorporar novas normas e novos valores. Isto é da maior importância quando a família abre espaço para novos membros (cônjuges e netos). Também é crítico para os estágios iniciais da transferência de liderança da geração mais velha para a mais nova. Poucas famílias fazem as mudanças necessárias nos estágios de Trabalho Conjunto e Passagem do Bastão sem passar por nenhum conflito.[35]

Contudo, é essencial administrar os conflitos familiares para que eles sejam produtivos e não destrutivos, e não repercutam, descontrolados, nas dimensões da empresa e da propriedade.[36] Os custos de conflitos não administrados no estágio de Trabalho Conjunto são mais altos que nos estágios anteriores, porque ambas as gerações anteriores investiram muito nesta mais nova. Como evitar conflitos através da separação é mais difícil, a família precisa procurar diagnosticar as fontes de conflitos e mudar o processo da sua solução e não apenas lutar até que haja um vencedor. As pessoas culpam-se umas às outras ou assumem a responsabilidade pelas conseqüências do seu comportamento? O conflito está concentrado entre dois membros da família, que lutam em nome de todos os outros? As pessoas desabafam suas frustrações reclamando sem parar umas das outras? As discussões tornam-se abusivas?

Costumam ser necessários dois atos recíprocos: a geração mais velha deve reconhecer que a geração dos filhos é composta por adultos cujos pontos de vista exigem respeito; e a geração mais nova, aceitar as realidades fundamentais da hierarquia de autoridade no estágio de Trabalho Conjunto. Muitas vezes um Conselho de Família, como descrito no Capítulo 8, pode ser muito útil na provisão de uma jurisdição para a resolução de conflitos fora da estrutura da empresa.

Administrar as três gerações da família que trabalha em conjunto. Devido ao aumento da expectativa média de vida, as famílias em geral estão, hoje, mais diversificadas verticalmente. Com o crescimento da família, pode-se chegar a um ponto em que há, ao mesmo tempo, três gerações ativas na empresa. Já é difícil, para a Família que Trabalha em Conjunto, administrar as dinâmicas intergeracionais entre pais e filhos. A adição de uma terceira geração traz consigo todo um novo conjunto de desafios. A geração mais velha pode deter o papel do CEO, ou estar envolvida principalmente através da participação acionária e do Conselho de Administração. No primeiro caso, ela tem responsabilidade final pelo desempenho da empresa. No segundo, está preocupada com a manutenção de um nível adequado de contribuição e autoridade dentro dos limites deste novo papel. A geração intermediária provavelmente é dominante na maior parte das posições-chave de gerência da família. A responsabilidade pela direção das operações da empresa ficará sobre seus ombros. Neste estágio, é provável que a geração mais jovem seja nova na empresa, ainda procurando um ponto de apoio. Seus membros podem ser recém-casados, com filhos pequenos, e possivelmente se perguntando, olhando "ladeira acima", se conseguirão encontrar na empresa uma carreira satisfatória e financeiramente compensadora.

Na melhor das situações, esta mistura de três gerações pode criar elos positivos que aumentam a vitalidade da família ampliada muito além da norma na cultura americana contemporânea.[37] O contato freqüente entre gerações e a verdadeira interdependência podem enriquecer as vidas das crianças, com uma ampla gama de modelos observáveis, significativos e variados. Isto ocorrerá especialmente se a geração mais velha for sensível à necessidade legítima dos seus filhos de serem donos de seus próprios lares e pais indisputáveis.

Entretanto, neste estágio, uma conseqüência comum deste "sanduíche" de gerações é que a clareza da autoridade da geração intermediária fica comprometida. Esses gerentes de meia-idade podem se sentir subordinados e economicamente dependentes dos seus pais muito depois de os seus pares estarem, em termos financeiros, no controle de suas vidas. Isto tem um impacto também sobre a terceira geração, que pode ver os avós como as figuras realmente poderosas da família. Quando a geração mais velha não se conscientiza desta dinâmica, a situação pode conduzir a ressentimentos na geração intermediária. A interferência da geração mais velha, seja ela intencional ou não, pode tornar mais sério o impacto negativo sobre a autoconfiança e o senso de controle da geração intermediária. Mesmo que o relacionamento no trabalho entre as gerações seja muito bom neste estágio e que os negócios estejam prosperando, alguns gerentes da geração intermediária deixam a empresa. Esta pode ser uma grande perda e tornar pouco provável o controle continuado da empresa pela família. Este é um excelente exemplo de como uma dinâmica não resolvida numa dimensão pode ter efeitos drásticos em outra.

Uma das áreas sobre a qual a geração mais velha precisa cuidar para desempenhar um papel apropriado é a que se refere à questão da escolha de carreira dos netos. Essa geração está agora à testa de uma Família que Trabalha em Conjunto, mas a geração intermediária pode estar indo para o estágio de Entrada na Empresa. Isto significa que a geração mais jovem está lutando, com perguntas a respeito de entrar ou não para a empresa. Às vezes, os avós, em especial se ainda forem ativos na empresa, podem estar mais inclinados a tentar influenciar essas decisões do que os próprios pais dos jovens. Líderes fortes de dinastias podem ver o recrutamento da geração dos netos como o verdadeiro teste do poder permanente do seu legado. Por outro lado, se o velho líder estiver arrependido ou amargurado com os desapontamentos da sua carreira na empresa, poderá exercer influência no outro sentido, depreciando quaisquer declarações de interesse dos netos. De qualquer modo, como a geração mais velha está liberada do pleno papel paterno, ela pode ter menos inibições na expressão dos seus desejos para os netos. É necessária uma resposta incisiva da geração intermediária para prevenir problemas nessas situações.

A FAMÍLIA DA PASSAGEM DO BASTÃO

Características

Ironicamente, este é o estágio mais bem pesquisado na vida da empresa e da propriedade, mas o menos compreendido no desenvolvimento da família. Ele se inicia quando a geração mais velha chega aos 60 anos e dura até sua morte. Nas famílias com empresas, muitas das questões mais importantes estão agora diretamente relacionadas à mudança do controle acionário e da gestão. Mas é um erro deixar que o drama das transições na empresa obscureça os eventos igualmente poderosos que estão ocorrendo no eixo da família. O casamento iniciado muitas décadas atrás evoluiu ao longo do seu caminho único até um complexo clã de descendentes. Na maior parte das famílias, neste estágio há pelo menos duas gerações de descendentes; em algumas poucas pode haver até quatro. Agora é a segunda geração que atravessa a meia-idade ou acabou de atravessá-la. Em quase todos os casos há uma mistura de famílias intactas, famílias de um único genitor, novos casamentos e famílias mistas – alguns relacionamentos íntimos e duradouros e alguns afastamentos.

O ESTÁGIO DA PASSAGEM DO BASTÃO DO DESENVOLVIMENTO DA FAMÍLIA

Característica
- Geração mais velha com 60 ou mais anos.

Desafios-chave
- Afastamento da geração mais velha da empresa.
- Transferência da liderança da família de uma geração para outra.

À medida que a população americana envelhece, os cientistas sociais passam a se interessar mais pela vida tardia. Trabalhos excelentes sobre gerontologia têm sido realizados nos últimos anos, embora focalizem principalmente o envelhecimento fisiológico e a experiência individual dos idosos. Estudos sociológicos e demográficos têm explorado a aposentadoria, os padrões residenciais e o comportamento de auxílio entre gerações. Contudo, é abordado apenas superficialmente aquilo que precisamos conhecer a respeito das dinâmicas familiares no estágio da Passagem do Bastão das famílias.

Os principais aspectos deste estágio são o desligamento da geração mais velha da empresa, a mudança de liderança de uma geração para outra e a confrontação associada com os mortos. O processo de sucessão será visto em profundidade no Capítulo 7. Aqui nos concentramos nas dinâmicas familiares características deste estágio no decorrer da vida da família.

Rockman Equipment Company: parte 4

Em 1996, a Rockman Equipment havia passado por uma reestruturação completa. Tinha sido formada uma holding, a Rockman Industries, com Wyatt como presidente do Conselho, do qual participavam outros membros da família. Havia então seis empresas em operação. Então, como acontece tantas vezes, os eventos familiares mais importantes vieram sem planejamento nem aviso. Em meados de janeiro de 1996, Wyatt sofreu um sério ataque cardíaco. Em suas primeiras horas no hospital, antes da comunicação à família, não se sabia se ele iria sobreviver. Margaret esperou diante da sala de emergência até ele ser transferido para o tratamento intensivo e então contatou o restante da família.

Os dois anos de Joe como presidente da Rockman Equipment tinham continuado difíceis. A empresa havia sido lenta na reação à recessão e às mudanças nas oportunidades de mercado. Joe parecia não conseguir superar alguns dos problemas iniciais havidos no novo cargo. Ele e Carol estavam casados havia cinco anos e tinham dois filhos. Ao receber a notícia do ataque cardíaco do pai, tudo o que ele conseguia pensar era: "O que faço agora? O que faço agora?"

Em contraste, a vida de Dave, nos mesmos dois anos, parecera mover-se de um sucesso para outro. Seu histórico de trabalho em Chicago tinha sido excelente. Ele estava então com 35 anos, casado, e ansioso por um novo desafio, mas em termos gerais feliz. Ele e Maria haviam chegado à decisão de que as coisas estavam finalmente assentadas para começar uma família. Mas Dave sentia-se responsável pelo ataque cardíaco do pai, devido à sua decisão de deixar a Rockman. Perguntava-se se havia crescido e se afastado de sua família, ou se a havia abandonado.

Com três pontes de safena, cirurgia que foi um sucesso, Wyatt tinha um excelente prognóstico de recuperação. O ataque cardíaco, por mais aterrorizador que tivesse sido, também lhe dera um novo senso de liberdade e determinação. Nos meses subseqüentes à cirurgia, Wyatt preocupava-se com planos para retomar as rédeas da empresa. Joe fizera o melhor que podia, pensou ele, mas os tempos difíceis exigiam um líder mais experimentado. Dia após dia, Wyatt pensara a respeito de marketing, novas minilojas, uma estrutura reorganizada e gerentes-chave que deveriam ser substituídos.

Um velho amigo ajudou Wyatt a pensar de forma mais clara, focalizando: quem era ele e o que havia realizado, seu senso de orgulho e compromisso com sua família. Ele também falou sobre como Wyatt e Margaret haviam se tornado mais próximos do que nunca em anos. Gradualmente, Wyatt foi compreendendo que tinham estado, por muitos anos, protegendo Joe, na esperança de sua transformação no líder de que a empresa e a família necessitavam. Sua saúde o arrancara da posição de "cabeça enterrada na areia" assumida por anos. Conversando com Margaret, ele chegou à conclusão de que o futuro da Rockman Equipment e o seu próprio estavam divergindo.

Seis meses depois, Wyatt estava preparado para levar a empresa a um novo estágio. Margaret tinha sido mais do que nunca sua parceira nessas decisões e eles ainda estavam um pouco incertos quanto a esse novo relacionamento. Mas a satisfação proveniente de conversar com ela a respeito de tudo era uma das coisas mais importantes e surpreendentes que ele aprendera naquele ano.

O clímax de todo o planejamento aconteceu em janeiro de 1997, quase um ano depois do ataque cardíaco de Wyatt, na primeira reunião do Conselho da Família Rockman. Wyatt contou a todos que, num prazo de seis meses, entregaria o cargo de CEO da Rockman Equipment mas que permaneceria como presidente do Conselho da Rockman Industries. Ele e Margaret tinham decidido passar cerca de seis meses por ano na Costa Rica. Wyatt agradeceu a Joe pelo seu esforço como presidente, mas disse-lhe ter concluído que Joe não poderia ser feliz ou bem-sucedido dirigindo a empresa no futuro. Marcy, recém-casada e trabalhando muito, estava feliz em sua empresa, que crescia rapidamente no Colorado. Wyatt tinha decidido oferecer o cargo de CEO a Dave, estabelecendo um ano de transição para que Dave e Maria estudassem se queriam voltar de Chicago. Ele esperava que Joe permanecesse na empresa em algum cargo.

Desafios-chave

A sucessão ainda é o assunto mais discutido na literatura sobre empresas familiares. Dedicamos todo um capítulo (ver Capítulo 7) à nossa visão deste complexo processo. A esta altura queremos somente destacar as tarefas mais importantes da família neste estágio de desenvolvimento. A história mais comum a respeito de sucessões é o choque de duas forças opostas: a dificuldade da geração mais velha para sair e a dificuldade da geração mais nova para esperar. Se houvesse uma fórmula para determinar precisamente o momento ótimo, o melhor ponto de encontro do preparo das duas gerações, poderia estar resolvida uma alta porcentagem de dilemas das empresas familiares.

Afastamento da geração mais velha da empresa. Na verdade, o processo é muito mais complicado que a simples determinação do momento. Ele está refletido em duas palavras utilizadas com freqüência como sinônimas: sucessão e continuidade. Mas estes dois conceitos abrangem dois processos diferentes, apesar de complementares, e é a dialética entre eles que torna o processo tão complicado e dinâmico. Sucessão reflete o aspecto seqüencial da transição, quando uma coisa precisa terminar e ser "sucedida" por outra nova. Continuidade refere-se à parte do mundo presente que precisa ser preservada na nova era. Ambas, com o equilíbrio adequado, são necessárias para minimizar as conseqüências perturbadoras da transição de gerações.

A transição da liderança gerencial é uma tarefa do círculo da empresa. A tarefa da família é considerar sua própria transição e, ao fazê-lo, tornar possíveis as mudanças necessárias na empresa. Em certo sentido, a tarefa-chave do estágio da Passagem do Bastão é o reconhecimento de que o estágio foi de fato atingido. A resistência familiar a este passo é formidável e generalizada.[38] Para a geração mais velha, a liderança proporcionou status, significado, poder e outras recompensas. Na opinião de Jeffrey Sonnenfeld, o pesquisador de estilos de aposentadoria patriarcal em empresas familiares, o maior impedimento às transições pacíficas é o temor do líder mais velho de perder a estatura heróica e a missão heróica.[39] Estatura heróica é a posição de poder e status que separa os altos líderes do restante das pessoas. Missão heróica é o senso de "ser especial" que acompanha a convicção do líder de que sua causa é nobre e importante e de que ele (ou ela) é singularmente qualificado para realizá-la. A necessidade de agarrar-se a essas duas recompensas de afirmação da vida conduz a uma variedade de estilos. Alguns deles facilitam a transição, outros, a prejudicam.

Com freqüência, o restante da família conspira nesta resistência para reconhecer que chegou o momento da transição. Há casos em que a geração sucessora está impaciente e não pode esperar que os pais deixem a empresa. Entretanto, constatamos que isto é menos freqüente que a situação na qual a geração mais jovem está lutando com a ambivalência, e que, como resultado, também evita o assunto. Lansberg, em sua análise da "conspiração da sucessão" que retarda a atenção para a transição inevitável, identifica quatro contribuições clássicas da família: (1) o medo de diferenciação entre os irmãos; (2) o medo dos filhos de serem considerados gananciosos; (3) o medo dos cônjuges de perder a identidade e as atividades; e (4) o medo, da família, da morte do líder.[40] Estes fatores levam todos os outros membros da família a serem coniventes com a negação, pela geração mais velha, do imperativo da preparação para a "partida". Uma das nossas lições mais interessantes foi observar a freqüência com que essa resistência geral da família é mais forte que a impaciência da geração mais jovem para "assumir".

Outra fonte de resistência ao confronto com a transferência de gerações é a pobreza da nossa compreensão comum da aposentadoria.[41] A bibliografia sobre o assunto é quase que exclusivamente baseada em pesquisas com trabalhadores assalariados; as atitudes em relação à aposentadoria entre proprietários de empresas baseiam-se em mitos, quase todos negativos. Muitos membros mais velhos temem a aposentadoria como um precursor seguro de problemas de saúde e uma queda rápida em direção à morte. Outros estão preocupados com "tornar-se menos relevante, ou mesmo ser esquecido por aqueles que se seguem".[42] Os amigos que podem estar apreciando sua aposentadoria mudaram-se ou não seguem mais a mesma rotina social; assim, é difícil aprender com o exemplo deles. Como resultado, essa transição assemelha-se à entrada na vida adulta descrita no estágio da Entrada na Empresa: um salto de fé em águas não-mapeadas, onde as decisões precisam ser tomadas com base em dados insuficientes.

Por todas essas razões, ambas as gerações podem ter dificuldade para pensar e falar a respeito do afastamento da geração mais velha da empresa. Mesmo que todos os ingredientes estejam presentes, com freqüência é preciso um evento externo para catalisar o processo. Wyatt Rockman foi posto em ação por seu ataque cardíaco. Uma crise física grave é, provavelmente, o estímulo mais comum. Outro é a aposentadoria de um associado ou amigo. Outro estímulo muito importante é um marco da empresa, na forma de seu aniversário de fundação ou da conclusão de um projeto organizacional de longo prazo. Colocar sobre a mesa a questão da retirada dos mais idosos da gestão ativa, com algum consenso quanto ao momento apropriado e uma visão emergente dos novos papéis que se seguirão à mudança é a primeira tarefa deste estágio.

Transferência da liderança da família de uma geração para outra. O segundo marco do estágio da Passagem do Bastão é a passagem, da geração mais velha para a seguinte na linha, da responsabilidade e do controle dos negócios da família. Ela pode acontecer de forma gradual ou súbita, mas, assim como a aposentadoria, muitas vezes é precipitada por um evento imprevisto. Há muitas dessas portas de "mão única" pelas quais a família pode passar. A mais definitiva é a morte de um ou ambos os pais. Mas há outros eventos que podem precipitar mudanças significativas nos papéis de liderança familiar. Os pais, ou o cônjuge sobrevivente, podem decidir vender a casa da família e mudar para um pequeno condomínio. Eles podem ir mais longe, para um clima mais ameno, ou voltando à comunidade em que nasceram ou cresceram. Como no caso da família Rockman, há muitos eventos físicos possíveis de acontecer sem aviso prévio, como um ataque cardíaco, um derrame ou um acidente. Também existem outros, que ocorrem ao longo do tempo, como uma doença debilitante, demência, o mal de Alzheimer ou a recuperação lenta de um ferimento. Todas as famílias passam por esses eventos, mas nenhuma está realmente preparada para eles. A conseqüência é a diminuição da capacidade da geração mais velha de exercer controle executivo da família. A liderança passa, por omissão ou por desígnio, às gerações mais jovens.

Quando a empresa familiar atinge o estágio da Passagem do Bastão, as complexas questões emocionais associadas à transferência de poder e liderança da geração mais velha para a mais jovem (na verdade, a intermediária) começam a ficar sérias. Para os mais velhos, os sinais de declínio físico e mental estão, a essa altura, tornando-se inevitáveis. De acordo com Erik Erikson, o conhecido psicanalista e teórico sobre comportamento humano, essa época encontra os mais velhos com uma luta interior entre o senso de integridade e o senso de desespero.[43] O desespero pode provir de profundos desapontamentos pelas perdas e fracassos em suas vidas. Os mesmos sonhos ambiciosos que levaram essas pessoas a iniciar, décadas atrás, suas carreiras empresariais podem torná-los particularmente vulneráveis à medição das suas realizações em relação a metas e sucessos inatingíveis. De fato, como salienta Sonnenfeld, a busca inflexível de uma missão empresarial heróica é, muitas vezes, a origem da incapacidade dos proprietários de empresas (em particular os fundadores) de planejar efetivamente a sucessão nas mesmas.

Por outro lado, o senso de integridade de Erikson emerge de uma apreciação profunda do curso de vida único seguido pelo líder, que envelhece e dá o seu lugar na ligação geracional infinita entre aqueles que vieram antes e aqueles que se seguirão. Os líderes mais velhos que conseguem compreender suas contribuições como organizadores da empresa familiar estão mais aptos para reunir a coragem necessária para participar, de forma construtiva, da transição para uma nova geração de liderança. Sua capacidade para apreciar suas próprias realizações libera-os para incentivar e comemorar a passagem dos seus herdeiros para posições de autoridade na empresa e de proeminência na família. As possibilidades de colaboração são ampliadas, e os mais velhos podem servir como mentores para várias gerações ao mesmo tempo.

Para as famílias que estão no estágio da Passagem do Bastão, as conseqüências do fato de a geração mais velha se voltar para o desespero em vez de para a integridade podem ser significativas. Os mais velhos podem se agarrar ao poder estratégico na empresa, em busca de um final indefinível, uma grande realização que, em sua opinião, permitirá que se retirem em triunfo. Eles podem justificar este comportamento denegrindo continuamente as qualificações ou o preparo da geração seguinte. Isto pode não só ser desmoralizante para os seus sucessores, mas também solapar a confiança e o empenho de pessoas não-pertencentes à família, como gerentes, clientes, fornecedores e banqueiros, ameaçando assim todo o sistema. Com efeitos igualmente danosos, eles podem também se aposentar mas continuar, de formas sutis, a sabotar os esforços dos sucessores. Este comportamento é causado pela necessidade de provarem, para si mesmos e para o mundo, que eles eram mais valiosos e mais insubstituíveis do que se imaginava. Essas motivações podem ser completamente inconscientes, mas isto não as torna menos destrutivas.

É na família que reside a melhor oportunidade para ajudar os membros da geração mais velha a enfrentar o conflito entre integridade e desespero e a resolvê-lo. Os conceitos de Sonnenfeld, de missão e estatura heróicas, são muito aplicáveis à tarefa da família neste estágio. Em muitas famílias, o melhor indicador do nível de facilidade e prazer experimentados no estágio da Passagem do Bastão é o ponto até o qual a família se estendeu para encontrar formas de proteger a estatura heróica da geração mais velha, mesmo depois das funções de gerenciamento terem sido passadas aos herdeiros. Isto exige que a família encontre maneiras para ajudar os mais velhos a abrirem mão do poder de controle dos eventos na empresa e na família, reforçando, ao mesmo tempo, sua autoridade como valioso decano em cada sistema. Isto pode acontecer em eventos simbólicos importantes, tais como a disposição da família para realizar comemorações no território dos pais, mesmo que estes não mais executem o trabalho da sua organização.

É claro que existem pessoas e casais da geração mais velha que têm prazer em passar o manto da liderança familiar. Eles aguardam com entusiasmo a liberdade de expectativas e responsabilidades. Sua saída da empresa é seguida de perto por um novo e independente estilo de vida de viagens, investimentos, passatempos, uma rede de amigos idosos e visitas à família. Encontramos algumas famílias assim no estágio da Passagem do Bastão, mas não muitas. O estilo familiar ligeiramente emaranhado, que foi tão útil nos estágios anteriores, não desaparece prontamente quando as gerações mais velhas passam dos 60 anos. Uma conseqüência dos três subsistemas entrosados – família, empresa e propriedade – é que os papéis em uma área tendem a ser copiados nas outras. Portanto, como normalmente a geração mais velha detém a presidência do Conselho ou uma ativa posição de liderança neste, e pode, muitas vezes, manter um elo com a empresa como conselheiro ou contato com clientes críticos, é difícil que ela abra mão da função de liderança no círculo da família. Ironicamente, a Passagem do Bastão no círculo da família pode ser mais difícil naquelas que possuem empresas do que nas famílias em geral. Trata-se de um estágio que requer a colaboração de ambas as gerações.

RENOVANDO O CICLO

À medida que a geração mais velha atravessa os estágios de Trabalho Conjunto e da Passagem do Bastão, os membros da geração mais jovem iniciam seus próprios ciclos de Jovens Famílias e Entrada na Empresa. Como resultado, depois da primeira geração, a maioria dos sistemas de empresas familiares possui subgrupos em mais de um ponto neste eixo. Muitas questões diferentes, de vários estágios, na família ampliada, podem estar em evidência ao mesmo tempo.

Isto faz parte da riqueza daquilo que Brown-Herz chama de "a tapeçaria familiar".[44] Não há como reduzir a complexidade desses empreendimentos de múltiplas famílias sem sacrifício da sua autenticidade. As famílias são contínuas; os estágios de qualquer modelo são arbitrários.[45] Não obstante, nosso modelo de desenvolvimento pode ser usado para focalizar uma estrutura familiar por vez, e para determinar a que ponto do eixo pertence essa parte da família. Quando esta descrição é combinada com os eixos de propriedade e da empresa, o sistema inteiro pode ser colocado em foco, e as lições que aprendemos com as famílias em posições semelhantes podem ser aplicadas.

Notas

1. Levinson, 1978, 1996.
2. No início dos anos 30, surgiu o interesse por perspectivas longitudinais e pelas "tarefas desenvolvimentistas" da família ao longo do tempo (Havighurst, 1966). Sorokin apresentou em 1931 um dos primeiros modelos de estágios da família (Sorokin, Zimmerman e Galpin, 1931). Duvall e seus colegas, em particular Reuben Hill, desenvolveram um modelo de oito estágios nos anos 40 e 50, o qual teve, desde então, ampla influência sobre psicólogos de famílias e sociólogos (Duvall & Hill, 1948; Duvall, 1957, 1977). Mais recentemente, os modelos têm-se tornado cada vez mais complexos, levando em conta fatores étnicos e históricos (Elder 1987; Carter & McGoldrick, 1988). Mattessich e Hill (1987) resumiram uma dúzia de modelos que surgiram no primeiro meio século de trabalho nesta área.
3. Aldous, 1990.
4. O excelente trabalho de demógrafos e sociólogos, como Paul Glick (Glick 1947, 1977), demonstrou a notável consistência de padrões etários para experiências familiares importantes, até mesmo internacionalmente. Além disso, trabalhos mais recentes refinaram significativamente a análise de dados demográficos (Spanier & Glick, 1980).
5. Furstenberg, 1979; Combrinck-Graham 1985; Kaye 1985. Aldous também escreveu de forma eloquente a respeito das conseqüências funcionais da natureza inerentemente desenvolvimentista das famílias:

   O núcleo familiar talvez esteja mais sujeito à instabilidade organizacional que outras organizações, devido à sua composição etária e aos seus padrões de pluralidade, que mudam rapidamente. Seus lideres são dois amadores, relativamente inexperientes, nos papéis de cônjuge e genitor. Eles precisam trabalhar com uma sucessão de seguidores, que dispõem de poucas qualificações e carecem de julgamento, sob condições que parecem nunca ser suficientemente estáveis e prolongadas para permitir uma organização. Mal a família estabeleceu um conjunto de relações, baseadas em expectativas e acordos mútuos e normativos, um filho começa a exigir uma reinterpretação dos direitos e deveres embutidos em seus papéis. Contudo, apesar desses fatores disruptivos que fazem parte dos seus procedimentos operacionais padrão, na maioria dos casos a família consegue, de alguma forma, manter os padrões estruturados de interação que lhe possibilitam continuar como uma entidade (1978, 36).
6. As famílias que possuem empresas têm necessidade especial de um senso comum entre aqueles que fazem parte delas, devido aos significativos bens em comum. A clareza a respeito dos limites da família é útil para decidir quem tem responsabilidades pela empresa e quem merece beneficiar-se com ela. As irmãs e os irmãos têm direito a empregos? E os primos em pri-

meiro grau? E os agregados? E os sobrinhos e parentes mais distantes? O senso dos limites da família é útil para pequenas questões – tais como preços ou serviços especiais à disposição dos seus membros –, e para grandes questões – tais como quem pode possuir ações da empresa e até que ponto pode-se esperar que um membro ascenda na gerência da mesma.

7. Hoje, nos Estados Unidos, 64% da população adulta vivem com um cônjuge e outros 20% vivem em algum outro tipo de domicílio familiar. Embora a porcentagem de domicílios não-familiares tenha dobrado nos últimos trinta anos, somente cerca de 18% dos adultos americanos vivem separados de qualquer parente pelo sangue ou pelo casamento (Saluter, 1994).

8. Hofferth, 1985.

9. Walsh, 1994, p.176.

10. Aldous, 1978; Matthews, Delaney & Adamek, 1989; Connidis & Campbell, 1995.

11. Spanier & Glick, 1980. Entre os mais jovens, o índice de casamentos tem declinado recentemente, à medida que mais casais optam por viver juntos sem se casar (Saluter, 1994). É claro que, entre aqueles que se casam, muitos ligam muito para a experiência. Em 1870, o índice de divórcios nos Estados Unidos era de cerca de 3%; hoje ele está entre 35 e 50%, embora a maioria daqueles cujo primeiro casamento fracassa tentem novamente ao menos uma vez.

12. Levinson, 1978, 1996.

13. Minuchin et al., 1967; Minuchin, 1974.

14. A obra contemporânea de maior influência sobre este assunto é de Blood e Wolfe (1960), a qual foi refinada e ampliada por Heer (1963); Centers, Raven e Rodrigues (1971); Nock (1988); e outros.

15. Quanto mais equivalente a estrutura de controle do par, mais flexíveis são seus padrões transacionais, mais freqüentes as discussões a respeito de quem faz o quê e quando, maior o potencial de conflito das conversações, mas é maior o entendimento nas negociações conjugais. Em contraste, quanto mais um cônjuge é claramente mais dominante que o outro, mais rígidas são suas estruturações transacionais, menos freqüentes as discussões a respeito de quem faz o quê e quando, mais aparente a "harmonia" em suas conversas, mas é maior o potencial de "rebelião" das negociações conjugais e menor o entendimento experimentado pelos parceiros. Além disso, a crescente predominância de segundos casamentos pode estar encorajando padrões mais igualitários, especialmente entre os adultos mais velhos. Em geral, os segundos casamentos demonstram autoridade mais equilibrada que os primeiros, com a diferenciação menos rígida entre os sexos (Millar e Rogers 1988, p.93-94).

16. Centers, Raven e Rodrigues 1971; Furstenberg & Spanier 1984.

17. Nelton, 1986; Barnett & Barnett, 1988; Marshack, 1993.

18. Ponthieu & Caudill, 1993.

19. Kadis & McClendon, 1991.

20. Wicker & Burley, 1991.

21. LeMasters, em seu estudo clássico, constatou que 83% dos casais reportavam uma crise extensa ou severa por volta do nascimento do seu primeiro filho (1957).

22. Gillis-Donovan & Moynihan-Bradt, 1990.

23. Levinson, 1978; Gersick, 1991.

24. Apesar da sua assustadora reputação, para a maior parte das pessoas a transição da meia-idade é uma época de sensibilidade aumentada e talvez de ansiedade, mas não realmente uma crise. Em sua maioria, as pessoas, com alguns tropeços e alguma ambivalência, conseguem lidar com essas intensas demandas, efetuam algumas mudanças e entram nas águas calmas dos 50 anos. Trata-se, na verdade, de uma oportunidade única para efetuar as correções de curso que podem enriquecer em muito a vida adulta nos anos seguintes. Para outras pessoas, porém, a estrutura de vida na faixa dos 30 anos mostra-se seriamente inadequada para o futuro e

são tentadas mudanças mais revolucionárias. O casamento pode ser reavaliado, em alguns casos dolorosamente. As decisões de negócios podem tornar-se mais impulsivas e planejadas com menos cuidado, no esforço para reforçar uma imagem de ousadia jovem. Os pais que experimentam uma transição difícil na meia-idade podem resistir à entrada da geração mais jovem, recusando-se a reconhecer seu preparo e insistindo que são demasiado jovens ou imaturos para responsabilidades – sérias.

25. Osherson (1980) explora uma perspectiva de desenvolvimento adulto sobre este dilema.

26. Thornton, Orbush e Axinn, 1995.

27. Thornton, Young-De Marco e Goldsheider, 1993; Mitchell, 1994.

28. Adams, 1968; Rosenberg & Anspach, 1973.

29. Hines et al., 1992.

30. A literatura sobre relacionamentos entre irmãos adultos, depois de muitas décadas de crescimento lento, tem muitas correntes contemporâneas, novas e estimulantes (Bank & Kahan, 1982; Cicirelli, 1985; Bedford, 1989). Existem também muitas contribuições clássicas em Lamb e Sutton-Smith (1982). Carroll (1988) e Friedman (1991) oferecem excelentes explorações de relacionamentos entre irmãos, em famílias que possuem empresas.

31. A primogenitura tem sido menos formalizada nos Estados Unidos que em culturas européias e asiáticas. Classes sociais mais flexíveis, terra abundante, reconhecimento relativamente antigo dos direitos de propriedade para mulheres, e uma economia comercial aberta têm proporcionado amplas oportunidades para os filhos nascidos mais tarde na América desde os tempos coloniais (ver Auwers, 1978), e, neste século, para as filhas.

32. Bossard e Boll (1960) apresentam uma excelente exposição da diferenciação dos papéis de irmãos. Schachter e seus colegas (1982) desenvolveram mais o conceito, até a "desidentificação" de irmãos. Ver também Bowen, 1972; Kepner, 1983; Dunn & Plomin, 1990; e Hetherington, Reiss e Plomin, 1994.

33. Lansberg, a ser publicado.

34. Duvall, 1957, p.420. O desenvolvimento da família nestes estágios posteriores foi profundamente afetado por mudanças demográficas ao longo do século XIX. Até o final do século XIX, a perspectiva de vida familiar depois da partida dos filhos não era uma preocupação comum. Um século atrás, a maioria das mulheres que sobreviviam ao nascimento dos filhos enviuvava antes que os mais novos chegassem à vida adulta. Hoje, ambos os membros de um casal médio sobrevivem mais de quinze anos depois da partida do mais jovem do lar paterno.

35. Harvey & Evans, 1994.

36. Jaffe, 1990; Kaye, 1991.

37. Na verdade, pesquisas intrigantes de Simonton (1983) sobre monarquias hereditárias sugerem que a liderança é modelada mais fortemente no avô que no pai.

38. Lansberg, 1988. Ver também Handler & Kram, 1988.

39. Sonnelfeld, 1988; Sonnenfeld & Spence, 1989.

40. Lansberg, 1988.

41. Kasl, 1980; Beehr, 1986.

42. Levinson, em Lansberg,1991, p.60.

43. Erikson,1963.

44. Brown, 1991.

45. Hareven, 1978.

CAPÍTULO 3

A Dimensão de Desenvolvimento da Empresa

TODAS AS EMPRESAS familiares podem ter muito em comum, mas também está claro que a loja da esquina e a corporação multinacional diferem de formas importantes. Ao longo das dimensões de desenvolvimento da propriedade e da família, é preciso levar em conta porte, idade, estrutura e desempenho financeiro da empresa em si para que se compreenda como o sistema está funcionando atualmente e como necessita se desenvolver. Empresas jovens, pequenas e simples demandam muito dos grupos familiares e de acionistas. Estes estão preocupados com a sobrevivência, e quase sempre vêem a família como uma fonte de mão-de-obra barata e dedicada. Empresas maduras, grandes e complexas enfrentam um conjunto muito diferente de desafios, tais como a coordenação das unidades de negócios e o planejamento estratégico. A família ainda desempenha um papel crítico na participação acionária e, com freqüência, no gerenciamento, mas a presença de profissionais não-pertencentes a ela é provavelmente muito maior e os inter-relacionamentos dos três círculos são muito diferentes. A terceira dimensão do nosso modelo descreve esses diferentes estágios de desenvolvimento da empresa.

PENSANDO NA EMPRESA EM TERMOS DE DESENVOLVIMENTO

O desenvolvimento em empresas familiares é um caso especial do tópico geral de mudança organizacional, e sobre ele existe uma rica literatura de teoria e pesquisa. Nosso modelo leva em conta as duas principais perspectivas sobre por que e como as organizações mudam com o tempo. A primeira perspectiva focaliza o efeito das forças externas, sociais e econômicas sobre as organizações. Esses modelos, inclusive as teorias institucionais, a dependência de recursos e a ecologia sugerem que examinemos o mundo em que a empresa está tentando sobreviver – mercados, custos de fornecedores, preferências de clientes, ciclos de negócios, características da indústria – para ver de onde estão vindo as pressões por mudanças.[1] Alguns desses modelos sugerem que as organizações são relativamente limitadas em sua capacidade para mudar. Existe um processo de seleção natural; assim, o campo global das organizações muda porque as empresas individualmente prosperam, ou morrem, em conseqüência de fatores ambientais. Outros modelos propõem que as organizações podem adaptar-se ao ambiente desde que se lhe dediquem muita atenção o tempo todo e tenham uma liderança excepcional. Com este foco em forças externas, é possível descrever o processo através do qual uma organização reage ao seu ambiente e a ele se ajusta, mas é muito difícil prever quais mudanças acontecerão ou quando ocorrerão. O papel da liderança é principalmente reativo. A trilha do desenvolvimento interno de cada empresa parece idiossincrática, sem uma seqüência ou um período generalizável, ou eventos e tarefas comuns ao longo do caminho.

A segunda perspectiva, por outro lado, vê as organizações mudando em uma seqüência previsível de estágios, motivados em parte por condições no ambiente externo, mas principalmente por complexos fatores maturativos internos à organização. Esses modelos focalizam os ciclos de vida organizacional. Eles falam sobre as organizações como se estas fossem organismos biológicos: elas nascem, crescem e mudam e, finalmente, precisam lidar efetivamente com a maturidade, ou irão declinar e desaparecer.[2] Segundo esta visão, as empresas, como todos os organismos, passam por uma série relativamente previsível de estágios ao longo de suas vidas, com cada um destes levando consigo um conjunto previsível de desafios.

Em sua maioria, os modelos de desenvolvimento movido internamente concordam que existem questões características – estratégicas, estruturais e de gerenciamento – em cada fase. Entretanto, não existe consenso entre os estudiosos quanto à quantidade de fases existentes nem quanto à forma como deveriam ser chamadas; diferentes esforços de pesquisa têm proposto de três a dez estágios distintos de desenvolvimento. Alguns focalizam uma série de problemas funcionais enfrentados pela organização: por exemplo, capitalização adequada, diversificação funcional, desenvolvimento de novos produtos ou marketing.[3] Outros pesquisadores criaram estruturas baseadas no porte e na complexidade organizacionais, na estrutura de gerenciamento ou mesmo na psicologia dos membros.[4] Existem muitas outras qualificações e detalhes de modelos específicos: o processo de passar de um estágio para outro, a universalidade de estágios através de muitos tipos de organizações, e se uma organização pode ou não se mover para cima ou para baixo ou pular estágios.[5]

Na criação do eixo de desenvolvimento da empresa para este modelo, nós nos concentramos nos elementos comuns da pesquisa e da teoria mais relevantes para a empresa familiar. De todos os indicadores em potencial de desenvolvimento organizacional, dois emergem como os mais abrangentes e mais aplicáveis às empresas familiares. O primeiro é o crescimento. Um indicador relativamente fácil de quantificar e que tem apelo intuitivo. Existem muitas maneiras de se medir o crescimento: volume de vendas, número de funcionários, valor do patrimônio, participação de mercado, linhas de produtos. Em conjunto, esses dados formam um indicador básico do estágio de desenvolvimento da empresa. O crescimento é a medida pela qual os proprietários-gerentes avaliam o progresso da empresa no passado e planejam seu futuro de curto e de longo prazos. Embora haja grande variação em padrões de crescimento, a importância do nível de crescimento para a natureza da empresa – e, em particular, para os relacionamentos entre a empresa, a família e o grupo de proprietários – é clara.

A outra medida do desenvolvimento da empresa, a complexidade, pode estar altamente correlacionada com o crescimento, mas capta um aspecto diferente de mudança. Numa teoria de estágios, trata-se de uma medida particularmente útil do desenvolvimento da empresa, porque as distinções entre uma estrutura organizacional e outra são evidentes. Com freqüência, as empresas nos estágios iniciais adotam estruturas simples, com controle e sistemas de comunicação unitários e um gerenciamento próximo e individual pelo líder. Quase todas as empresas familiares de um só dono – restaurantes, lojas de varejo, agências de serviços únicos – têm este tipo de estrutura, pelo menos quando começam. Se a empresa sobrevive a esses primeiros anos, normalmente começa a diferenciar sua estrutura com unidades funcionais ou linhas de produtos distintas, uma camada crescente de gerências intermediárias, mais sistemas de controle formal e de recursos humanos e processos organizacionais mais descentralizados, embora ainda rigidamente coordenados. Com maior probabilidade de terem caminhado neste sentido, estão as empresas familiares de fabricação ou serviços, em especial com locais múltiplos, clientes bem dispersos e mais de cem funcionários. As empresas que continuam a crescer e a se diversificar desenvolvem estruturas ainda mais complexas, com mais divisões ou empresas operacionais independentes, múltiplos centros de custos e lucros, com separação das funções de liderança estratégica e operacional, com políticas elaboradas para gerenciamento de recursos humanos, marketing e vendas, pesquisa e desenvolvimento, e assim por diante. Estas são as empresas familiares mais complexas.

Os Estágios de Desenvolvimento da Empresa

Cada uma dessas medidas de desenvolvimento — crescimento e complexidade — contribui para a compreensão das mudanças nas empresas familiares. Portanto, os três estágios de desenvolvimento para esta dimensão — Início, Expansão/Formalização e Maturidade (Figura 3-1) — utilizam critérios tirados de ambos os indicadores. Cada estágio possui características de porte e de estrutura.

FIGURA 3-1
A Dimensão de Desenvolvimento da Empresa

O primeiro estágio, de Início, cobre o começo da vida da empresa e inclui duas etapas: formação e sobrevivência.[6] Ele abrange o período em que a empresa é apenas uma idéia a ser realizada, bem como o período no qual o empreendedor e (com freqüência) membros da sua família estão vivendo a nova empresa vinte e quatro horas por dia. O segundo estágio, Expansão/Formalização, pode ser um período breve e explosivo à medida que a empresa conduz uma grande idéia ou produto como um foguete, ou uma prolongada fase de evolução gradual. Mais uma vez, embora outros modelos mais detalhados subdividam este estágio em períodos inicial e posterior, para nosso modelo tridimensional é suficiente focalizar as características gerais das empresas familiares que estão crescendo e desenvolvendo estruturas mais complexas.[7] O estágio final, a Maturidade, é atingido quando a estrutura organizacional e os principais produtos passaram a ter uma evolução mais lenta. É no estágio de Maturidade que as empresas enfrentam um dilema inevitável: renovação ou dissolução. Mantendo uma verdadeira perspectiva de ciclo de vida, nosso modelo assume que as organizações morrerão se tentarem continuar indefinidamente no estágio de Maturidade, sem um importante esforço de renovação.

A mudança de um estágio para outro pode ser gradual ou drástica. Nossa observação de empresas familiares diz que essa mudança com freqüência ocorre de forma súbita e, muitas vezes, em resposta a eventos provocadores. Uma ampla variedade de eventos na área de negócios – por exemplo, a súbita abertura de um novo mercado, ou a conquista de um novo e importante cliente – pode lançar a empresa na trilha do desenvolvimento. Além disso, mudanças em participações acionárias e relacionamentos familiares também podem provocar (ou retardar) o crescimento organizacional. Os exemplos incluem um influxo repentino, ou uma retirada negociada ou não planejada, de uma parcela significativa do capital de investimento da família. De forma mais gradual, o processo sucessório – em alguns casos, uma simples conversa explícita a respeito de sucessão – pode fazer com que a empresa se desloque para o estágio seguinte. A passagem do controle acionário e de gerenciamento a membros da geração mais jovem da família pode levar uma empresa rapidamente a uma fase de crescimento.

Como as outras duas, a dimensão de desenvolvimento da empresa precisa ser aplicada de forma apropriada às empresas familiares. Embora possam ser definidas fases distintas de desenvolvimento, em sua maioria as empresas do mundo real são mais complicadas que os modelos que usamos para descrevê-las. A palavra desenvolvimento pode significar que há uma direção e um destino inevitáveis para uma nova empresa. Em nossa experiência, não há nada de inevitável a respeito do curso de vida de uma empresa. Empresas podem saltar estágios, ir para trás, estacionar em um ponto ou estar em vários estágios ao mesmo tempo. Na verdade, quando as empresas se deslocam através de gerações posteriores e dos estágios de Sociedade entre Irmãos e Consórcio de Primos, é quase inevitável que elas estejam em mais de um (e muitas vezes nos três) estágios de desenvolvimento ao mesmo tempo. Algumas das suas partes podem estar em expansão ou maduras, enquanto, em outras, novos empreendimentos recriam dinâmicas do estágio Início. O importante não é determinar um estágio para a empresa como um todo. Esta dimensão é mais útil como guia geral para a seqüência comum de estágios de desenvolvimento nas empresas familiares. Como a dimensão da família, que também descreve uma seqüência típica de estágios dentro daquilo que pode ser uma complexa rede de famílias em evolução, os estágios no desenvolvimento da empresa têm dois usos principais. Primeiro, o modelo pode ser aplicado a uma subunidade identificada do empreendimento familiar, a qual está em determinado estágio de desenvolvimento. A separação da empresa em suas partes componentes e o exame dos diferentes estágios pelos quais cada uma está passando atualmente pode ajudar a separar as perspectivas conflitantes dos membros da família identificados com cada parte – por exemplo, um sobrinho responsável por um novo escritório no exterior (Início) *versus* uma filha em ascensão nas fileiras da sede central de uma empresa-mãe madura. Além disso, a empresa como um todo pode estar principalmente em um dos três estágios, dominada pelas questões características do mesmo. Assim, uma empresa Consórcio de Primos grande e complexa pode estar, por exemplo, presa a uma cultura de Início ou de Expansão/Formalização, mesmo que haja muitas partes suas que deveriam estar cuidando de outras questões de desenvolvimento.

Nossa experiência mostra que os proprietários e gerentes das empresas familiares de maior sucesso usam conceitos de desenvolvimento empresarial à medida que adaptam seu comportamento ao estágio corrente em que elas estão. Eles estão cientes das questões típicas associadas a cada fase de crescimento; compreendem como o desenvolvimento da empresa interage com o da família e da propriedade; e analisam periodicamente o desenvolvimento da sua própria empresa para determinar o que precisam mudar para superar os desafios específicos que acompanham cada fase. Ironicamente, isto significa que os gerentes, para satisfazer melhor as necessidades das suas empresas, precisam estar preparados para mudar estruturas, políticas e práticas que funcionaram bem no passado e ainda podem ser adequadas no presente. "Se as organizações mudarem ao longo de progressões de desenvolvimento amplamente previsíveis na medida do seu envelhecimento, então seus gerentes poderão prever essas mudanças e estar preparados para elas.

A EMPRESA NO INÍCIO

Características

As empresas começam como idéias. Em seu estágio Inicial, uma empresa raramente é mais que um sonho ou um projeto que seu criador está testando para ver se ele poderá ter vida. A variação nos detalhes desses empreendimentos individuais é quase ilimitada. Não obstante, qualquer que seja a indústria, a localização ou o mercado, as empresas novas geralmente possuem duas características comuns. A primeira é que seus proprietários-gerentes estão no centro de tudo, investindo uma grande parcela do seu tempo, sua energia e, freqüentemente, a maior parte dos seus recursos. As estruturas organizacionais são mínimas e informais; os procedimentos são normalmente definidos quando necessários e são modificados muitas vezes. A maior parte da comunicação vai para o proprietário ou é feita por meio dele. A segunda é que, na maior parte dos casos, a empresa está focalizada em um produto ou serviço. Ela está esperando encontrar um nicho ao qual possa se agarrar o suficiente para se estabelecer no longo prazo.

O ESTÁGIO INICIAL DE DESENVOLVIMENTO DA EMPRESA

Características

- Estrutura organizacional informal, com o proprietário-gerente no centro.
- Um produto.

Desafios-chave

- Sobrevivência (entrada no mercado, planejamento de negócios, financiamento).
- Análise racional *versus* o sonho.

West Indies Shrimp Company (WISCO)

Possuir sua própria empresa era o sonho de Deke e Matilde Boncoeur desde o tempo em que estudavam na faculdade nos Estados Unidos, antes de se casarem. Um ano depois de Matilde se formar em administração, eles retornaram às Índias Ocidentais com seus dois filhos. Deke, formado em biologia marinha, estivera trabalhando em qualidade da água com um grupo ambientalista. Mas ele queria voltar à ilha na qual havia crescido. Sua mãe ainda estava lá, dirigindo seu famoso hotel. Ele sentia o impulso de estar com ela e também via a chance da sua vida para fazer aquilo que sempre desejara – dirigir uma fazenda de reprodução de camarões.

Deke e Matilde encontraram um local perfeito na ilha: uma lagoa de água doce perto do mar, o que permitia o influxo correto de água salgada para os tanques de camarões, os quais continham quase somente água doce. Com o auxílio de trabalhadores locais, cavaram-se tanques e construiu-se uma estrutura de concreto para a incubadora/laboratório. Durante os mesmos primeiros nove meses desse trabalho, pesquisaram os restaurantes e hotéis da ilha, seu principal mercado potencial. Eles comprariam camarões produzidos localmente se estes estivessem disponíveis, e quanto pagariam por eles? Os resultados foram irresistíveis: quase todos disseram que incluiriam camarões em pelo menos três pratos do cardápio no almoço e/ou jantar. Com uma análise de demanda e uma cifra de ponto de equilíbrio, Deke e Matilde tinham o começo de um plano de negócios.

Tendo já tomado dinheiro emprestado de parentes para investigar a viabilidade do negócio, Deke e Matilde foram em busca de capital de investimento. Os investidores institucionais ficaram assustados com os riscos associados a uma empresa de aquacultura. Mas finalmente um pequeno empréstimo foi obtido junto à U.S. AID do Caribe. Isto permitiu a compra de vários pequenos estoques de camarões e a realização de experiências com a salinidade nos tanques e com técnicas de colheita, buscando condições de criação no laboratório.

Quase dois anos depois do seu retorno à ilha natal e um ano depois da obtenção do empréstimo, um furacão derrubou as dunas que separavam o mar dos tanques de água doce. Quase todos os camarões foram perdidos. Os Boncoeur tinham que escolher: reconstruir e realimentar os tanques, ou desistir. Eles decidiram persistir – afinal, furacões não faziam parte do plano de negócios. Contudo, não sabiam como levantar o capital para a reconstrução. Embora já tivessem começado a vender camarão aos estabelecimentos locais, o histórico da WISCO era limitado demais para atrair fundos para sua reconstrução. Deke e Matilde tomaram emprestados outros US$ 50 mil de suas famílias. Deke efetuou mudanças necessárias no projeto dos tanques, um processo que retardou por um ano o reinício da produção. Nesse meio tempo, eles descobriram que poderiam importar camarões dos Estados Unidos para satisfazer a demanda recém-criada dos seus clientes por camarões frescos. Entretanto, com os custos da dívida e da reconstrução, eles ainda estavam no buraco e não podiam investir muito tempo nem capital naquele negócio associado.

O golpe final para a fazenda de camarões veio com o segundo furacão, quase dois anos depois do primeiro. Essa tempestade inundou novamente os tanques de camarões com água salgada, e também derrubou o laboratório. Sem disposição para pedir mais dinheiro à família de Deke, procuraram um comprador e venderam o equipamento. Manobrando com seus cartões de crédito, eles então se concentraram na importação de camarões, o que acabou dando um lucro modesto por vários anos. Contudo, o crescimento daquele negócio era seriamente restringido pelo número estabilizado de hotéis e restaurantes na área próxima. Depois da morte da mãe de Deke, ele e Matilde venderam a importadora e voltaram para os Estados Unidos.

Desafios-chave

A WISCO foi uma empresa que nunca passou do estágio do Início. Embora tivesse existido no papel por quase sete anos, o empreendimento nunca passou muito de um sonho, de um projeto que poderia ter evoluído até uma empresa, mas que nunca se mostrou completamente viável. Como a WISCO viveu relativamente muito tempo naquele estágio, a experiência dos Boncoeur pode nos dar lições importantes sobre as características e os desafios gerais desta fase do ciclo de vida organizacional.

No estágio Início, o proprietário-gerente é central muitas vezes, não há outros funcionários. Normalmente não existe estrutura organizacional; o proprietário-gerente pode contratar um supervisor, mas todos os outros funcionários podem ser diaristas. E quase todas as empresas neste estágio têm somente um produto. Toda a sua energia e todos os seus recursos estão concentrados na tentativa de vender um produto com lucro. Se este produto não der lucro suficientemente rápido, a empresa poderá não durar o suficiente para testar idéias alternativas.

Sobrevivência. A pergunta central da sobrevivência é: O produto poderá encontrar um mercado de sucesso a um custo competitivo? Deke e Matilde se esforçaram para estabelecer as chances de sucesso da WISCO em várias áreas:

- **Entrada no mercado**. Eles descobriram que havia um mercado inicial ansioso pelo produto deles e nenhuma concorrência.
- **Planejamento de negócios**. Eles descobriram que, em condições ideais, poderiam produzir e precificar seu produto em níveis que lhes dariam lucro. Também conheciam a tecnologia: os sistemas de produção necessários para gerar níveis adequados de produção com qualidade.
- **Financiamento**. Eles conseguiram reunir patrimônio pessoal e um empréstimo para formar o capital inicial e abrir as portas.

Foi o sucesso no desenvolvimento de um plano de negócios razoável e na entrada no mercado que sustentou inicialmente a WISCO. Infelizmente, o que Deke e Matilde não incluíram em sua análise foi o risco – inerente a todos os empreendimentos de aquacultura e àquele em particular. A fazenda de camarões parecia boa no papel, mas sua capacidade de produção dependia demais de condições fora do controle. Se não fossem os furacões, as colheitas poderiam ter sido prejudicadas por doenças ou predadores. Em qualquer cenário, o nível de risco é superior à capacidade de sobrevivência da maioria das empresas no estágio Início, qualquer que seja seu esquema de financiamento.

O sucesso neste tipo de empreendimento baseia-se em "bolsos cheios" (que os Boncoeur não tinham) e/ou sorte (que eles também, infelizmente, não tinham). Muitos fundadores assumem que financiamento adequado significa dispor de capital suficiente para montar uma operação básica, comprar matérias-primas, fazer um produto e colocá-lo no mercado. Na realidade, na WISCO, como na maioria dos novos empreendimentos, o capital adequado para colocar o produto inicial no mercado teria gerado recursos suficientes para suportar reveses que não fossem especificamente previsíveis. Mesmo na importadora o financiamento também teria feito a diferença; eles não dispunham de capital para expandir a empresa até o ponto de gerar lucros substanciais.

Análise racional **versus** *o sonho.* Como mostra este exemplo, as questões psicológicas estão intrinsecamente ligadas às questões de negócios. Os fundadores precisam caminhar sobre uma fina linha emocional entre permanecer neutros quanto ao seu projeto e manter sua capacidade para analisar de forma objetiva, mas, ao mesmo tempo, alimentar sua paixão por ele. É claro que quase todas as idéias de negócios são inviáveis e seriam rejeitadas em um processo de avaliação perfeitamente racional. Mas alguns donos de empresas pulam muito depressa para uma idéia porque sentem-se entusiasmados, não porque analisaram todas as dimensões da situação.

Quando a nova iniciativa é familiar, quer se trate de uma nova empresa independente ou de um desdobramento, as idéias podem estar mais ligadas a sonhos pessoais, familiares ou de estilo de vida que a projeções objetivas de negócios. Deke e Matilde tinham certeza de que desejavam operar uma fazenda de camarões. Eles haviam falado naquilo durante anos. Pode ser que a especificidade dessa visão pessoal lhes tenha impedido considerarem outros empreendimentos associados com melhores condições de sucesso (como a importação de camarões). Em muitos lugares deste livro comentamos a importância de se ter um sonho e de se estar ciente dele. Contudo, isto não quer dizer que todos os sonhos são realistas. Na verdade, o excesso de compromisso com um sonho pessoal ou familiar, sem a devida consideração das restrições da realidade, pode facilmente levar ao compromisso prematuro com uma idéia insustentável.

Outras metas não examinadas podem ser problemáticas. Por exemplo, será que a fazenda de camarões não era uma desculpa para Deke e Matilde retomarem às ilhas? Ela estaria ligada ao papel de ser um "fornecedor essencial" para o negócio da mãe de Deke – próximo e de alto valor? Se eles tivessem começado com a idéia da fazenda e efetuado a análise e a avaliação de riscos, poderiam ter optado por uma localização geográfica diferente. Mas neste caso, o local foi fruto de uma decisão pessoal e não de uma análise que mostrasse que o local era ótimo. Outros projetos são desenvolvidos porque um casal quer trabalhar em conjunto, ou porque o proprietário-gerente deseja mudar de carreira. É claro que todos esses projetos podem transformar-se em empresas viáveis. O desafio está em impedir que esperanças pessoais e objetivos familiares obscureçam o julgamento da viabilidade do negócio em si.

No outro extremo da escala pode haver pressões familiares contrárias aos sonhos empresariais. Alguns proprietários-gerentes, sentindo o peso das necessidades financeiras de suas famílias, relutam em desviar tempo e energia das suas atividades normais para investi-los na análise de novas idéias de negócios. Seus projetos, ao contrário da WISCO, provavelmente ficarão para sempre na prancheta. Há também um dilema clássico para os líderes de segunda geração continuarem com sucesso seus empreendimentos familiares. Eles cresceram observando a empresa absorver todo o investimento da geração anterior em seu estágio Início. É provável que ao menos parte da estatura heróica dos seus pais deva-se ao seu triunfo empresarial.[8] Mas a segunda geração tem um compromisso. Seu histórico, sua inclinação e seu desejo de impressionar ou superar os pais levam-na a partir para um novo empreendimento próprio em um momento em que a empresa necessita da liderança do sucessor.

Um aspecto final da interação das dinâmicas familiares com o estágio do Início está ligado aos filhos. Mesmo antes de ir para a escola, os filhos de Deke e Matilde estavam cientes de que seus pais estavam ocupados com a empresa. Ambos dedicavam algum tempo aos filhos, mas o tempo de Deke em particular era pouco. Nessa família, os filhos eram jovens demais para se envolver com a empresa — os pais não queriam que brincassem em torno dos tanques ou no laboratório. Nas famílias que têm empresas, mesmo depois que os filhos podem entender a ausência física e a agitação psicológica dos pais, há a possibilidade de estes sentirem-se privados de atenção e afeição.

Em qualquer idade, eles podem concluir que a nova empresa é, na realidade, o filho mais amado. Os ciúmes da empresa podem persistir por décadas e causar dificuldades no processo de sucessão. Deke e Matilde preocupavam-se muitas vezes com a idéia de que seu intenso envolvimento com a empresa era injusto para as crianças. Pode ser que o fato de os filhos estarem atingindo a idade escolar tenha influenciado, tanto quanto as restrições de capital, na decisão de Deke e Matilde de desistir da WISCO e voltar para os Estados Unidos.

O estágio Início é um jogo; é preciso saber quando apostar e quando desistir. É claro que algumas pessoas se importam menos com vencer que se esforçar para realizar o sonho. Neste nível, Deke e Matilde podem considerar a WISCO um grande sucesso.

A EMPRESA EM EXPANSÃO/FORMALIZAÇÃO

Características

Depois de sobreviver aos anos incertos do período inicial, a empresa pode progredir até um segundo estágio, caracterizado pela expansão em várias áreas (como vendas, produtos e número de funcionários) e por estruturas e processos organizacionais mais formalizados (adição de políticas de recursos humanos, diferenciação entre marketing e vendas, controles locais de produção).[9] Neste estágio, as questões daquele anterior podem não estar completamente resolvidas; o proprietário-gerente ainda pode estar tentando levantar capital para manter a empresa operando em um nível sustentável e para levar seu nome até os clientes em perspectiva. A transição do Início para a Expansão/Formalização pode nem ser perceptível, ou pode ser marcada abruptamente pela abertura de novas instalações, pela contratação de gerentes profissionais ou pelo lançamento de um novo produto. Normalmente, somente quando os proprietários-gerentes reconhecem ter criado uma empresa viável e que estão agora enfrentando novos desafios é que acreditam que o estágio Inicial ficou para trás.

No estágio de Expansão/Formalização, torna-se clara a importância do crescimento e da complexidade como medidas de desenvolvimento. Algumas empresas podem crescer muito mas mudar pouco suas estruturas, enquanto outras podem ficar do mesmo tamanho, ou crescer lentamente, mas passar por reestruturações importantes para o longo prazo. Aquelas buscam expandir continuamente os mercados; estas procuram consolidar seus nichos de mercado e tornar rotineiras suas operações. O caso da ProMusic é de uma empresa do segundo tipo.

O ESTÁGIO DE EXPANSÃO/FORMALIZAÇÃO
DO DESENVOLVIMENTO DA EMPRESA

Características
- Estrutura cada vez mais funcional.
- Vários produtos ou linhas de negócios.

Desafios-chave
- Evolução do papel do proprietário-gerente e profissionalização da empresa.
- Planejamento estratégico.
- Sistemas e políticas organizacionais.
- Administração do caixa.

ProMusic Inc

Sarah Greenberg havia sido apaixonada por música toda a sua vida. Era uma estranha escolha para a filha de um contador e uma corretora de imóveis sem ouvido nenhum, mas ela nunca vacilou –lições de piano quando criança, um diploma em Oberlin, vários empregos em lojas de discos, seu próprio programa de rádio, uma posição como crítica musical em um jornal da cidade e, mais tarde, um mestrado em teoria e composição musicais em Columbia. Estimulada por perspectivas mais acadêmicas em seu programa de mestrado, Sarah decidiu combinar seu interesse pela música com sua antiga inclinação empreendedora para iniciar uma empresa. A ProMusic seria um recurso para compositores, professores e músicos, com várias linhas de negócios: fornecimento de gravações raras por marketing direto, oferta de pesquisas on-line sobre compositores e composições, criação e distribuição de software para permitir, aos compositores, instrumentalizar e orquestrar suas obras via computador e (o verdadeiro sonho dela) operação de um pequeno estúdio de gravação.

Sarah pesquisou o negócio e não encontrou qualquer concorrente em seu nicho, com exceção de lojas e bibliotecas de música, as quais não atendiam às necessidades dos clientes quanto a velocidade e conhecimentos especializados. Ela elaborou um plano e conversou com parentes e amigos, levantando algum capital inicial para criar a primeira linha de negócios: um catálogo de mala-direta para gravações raras. Sarah, seu marido Aaron e um artista gráfico trabalharam vários meses na criação de um veículo que informasse ao mercado-alvo os serviços da ProMusic (ainda não existentes na época) de atendimento a encomendas de gravações especializadas, cada uma das quais comentada, no catálogo, de forma resumida, por um especialista. Àquela altura, eles também não tinham estoques. O plano de Sarah era atender os pedidos via um arranjo especial de urgência com distribuidores que ela havia localizado. Estes estavam dispostos a prover aquele serviço com um desconto, para a ProMusic, em troca daquilo que eles viam como marketing gratuito e do maior volume de vendas em potencial para seus produtos.

Sarah gastou a maior parte dos seus US$ 50 mil para iniciar o negócio com o catálogo, depois fez figa e esperou. Os pedidos começaram a chegar; e, ao longo de dois anos, a empresa teve um pequeno lucro sobre as vendas de cerca de US$ 250 mil. Abriu-se um escritório, desenvolveu-se um sistema de informação e iniciou-se a montagem de estoque. Durante o estágio Inicial, Sarah sentia-se ocupada o tempo todo com a empresa. Aaron cuidava dos dois filhos do casal e ela esperava que as coisas se acalmassem. Mas ela não tinha a menor idéia de que o estresse iria piorar, e não atenuar, com o crescimento da empresa.

Quando ficou claro que a ProMusic estava dando certo, Sarah tratou de fazê-la crescer. A família mudou-se de volta para o subúrbio de New Jersey onde Sarah havia crescido. Ela abriu uma loja de varejo, criou um serviço de consultoria e informações via ligações on-line com editores e distribuidores de serviços especializados e comprou um pequeno estúdio de gravação. Cada uma dessas novas divisões tinha seu próprio gerente, mas nenhum deles tomava decisões importantes sem antes consultar Sarah. Sua idéia era ter reuniões semanais com sua equipe executiva, mas as demandas de viagens e do trabalho tornavam isso muito difícil. Ela contratou pessoal para escritório, pesquisa, varejo, desenvolvimento de software e produção em estúdio. A empresa estava crescendo, mas os custos também cresciam, e como ela ainda não estava ganhando muito dinheiro o balanço da empresa estava em declínio. A cada dois anos, Sarah preparava outro plano de negócios que mostrava a necessidade de investimentos de vários milhões de dólares. Então, ela contatava um editor ou capitalista de risco com muitos recursos, mas todas as vezes saía do acordo com US$200 ou 300 mil, em vez dos vários milhões de dólares de que necessitava.

O que Sarah havia descoberto era que os investidores em potencial queriam ter um controle do qual ela ainda não estava disposta a abrir mão. Ela também descobriu que os projetos de que gostava – a loja de varejo e o estúdio de gravação – não entusiasmavam esses investidores, em razão das suas baixas margens. Assim, ela continuou recorrendo à sua família e à de Aaron para empréstimos operacionais de curto prazo, e a empresa ia aos trancos por causa da insuficiência de capital.

Dez anos após a fundação da empresa, Sarah foi ficando desanimada e esgotada, e decidiu, então, fechar o negócio de consultoria, que não havia encontrado seu mercado e só não dera prejuízo nos melhores anos. A loja de discos seria o próximo negócio a se encerrar, mas seu gerente convenceu Sarah a mudar para um local menor, com um estoque muito mais especializado em jazz e foco no apoio ao catálogo de mala-direta. Então a ProMusic teve um súbito e inesperado avanço. Os projetistas de software desenvolveram um produto que representava um grande aperfeiçoamento em relação aos programas então em uso. Antes que chegasse a se preocupar com a produção, ela recebeu a oferta de uma grande empresa para comprar aquela divisão a um preço muito generoso. Sarah usou o produto da venda para comprar três estúdios de gravação na área metropolitana de Nova York. Em menos de seis meses o fluxo de caixa da ProMusic dobrou, Sarah conseguiu retirar a maior parte daquilo que devia a não-membros da família, e as perspectivas para o futuro pareciam muito melhores. Ela começou imediatamente a pensar em novos empreendimentos, como produzir CDs de talentos locais nos estúdios ou patrocinar grandes eventos musicais.

A ProMusic ainda está em atividade, mas de forma muito diferente daquela dos seus primeiros anos. A maior parte da empresa foi passada a gerentes profissionais. A loja de discos e o serviço de pedidos pelo correio foram combinados em uma subsidiária separada com seu próprio presidente. Sarah é presidente do Conselho e continua dirigindo o estúdio de gravação original. Esta decisão refletiu uma mudança fundamental na abordagem dela à empresa. Inicialmente, ela tomou a decisão de fazer aquilo que queria, em vez de agradar os investidores, e estava satisfeita por trabalhar duro em troca de retornos relativamente baixos. Afinal, ela havia iniciado a empresa para ficar rica e a família estava tendo um estilo de vida confortável em um lugar de que gostava. Porém, depois de vários anos ela estava esgotada. Cada uma das cinco linhas de produtos da empresa exigia grande volume de esforço e tempo para se desenvolver. Sarah precisava de tempo para ver sua família e ter vida própria. Com a venda da divisão de software, ela ficou tentada a, mais uma vez, dirigir ela mesma as três divisões de uma vez. Mas com a ajuda de Aaron, ela reconheceu que nem a empresa nem ela poderiam sobreviver se não se formalizasse a estrutura, se não se contratassem gerentes de alto nível e se ela não começasse a agir mais como proprietária de uma empresa complexa e menos como empreendedora que põe a mão na massa. Hoje, ela é mais realista quanto ao próprio papel e mais otimista quanto às perspectivas para a empresa. A ProMusic achou um nicho surpreendentemente sólido em seus atuais negócios e tem a oportunidade de alavancar um crescimento modesto e continuado nos próximos anos.

Em especial nos seus primeiros anos, a ProMusic não se parecia com um exemplo típico do estágio de Expansão/Formalização. O que dizer daquelas empresas de alta tecnologia que dobram as vendas a cada ano? Algumas empresas crescem assim depressa, mas a maioria das familiares não tem este ritmo. A diferença está no financiamento e no controle acionário. As novas empresas que querem crescer depressa costumam abrir seu capital para conseguir fundos; depois da oferta inicial, os fundadores podem manter uma participação acionária significativa, mas as ações da empresa são negociadas publicamente. Como vimos no Capítulo 1, todas as empresas familiares precisam confiar nos investimentos de parentes ou ter acesso a fontes externas de capital. Isto coloca muitas delas na posição da ProMusic — pronta para crescer, mas restringida pela ausência de investidores dispostos a assumir uma posição minoritária. Assim, o crescimento é muito mais lento e é movido tanto pelo reinvestimento dos recursos gerados pela empresa como por capitais externos.

A ProMusic passou rapidamente pelo estágio Inicial e então permaneceu por quase dez anos no estágio de Expansão/Formalização. Esta empresa levanta a interessante pergunta que muitos proprietários-gerentes precisam responder: O que constitui o sucesso? É suficiente que a empresa apenas sustente a família? É suficiente que ela satisfaça a auto-imagem profissional do proprietário? Ou é necessário que a empresa traga importantes mudanças positivas para a situação econômica da família? Sarah certamente esperava por isto quando começou mas, com a experiência, está feliz por ter satisfeito o primeiro e o segundo critérios.

Desafios-chave

Evolução do papel do proprietário-gerente e profissionalização da empresa. No estágio de Expansão/Formalização, normalmente as empresas evoluem de uma estrutura centralizada no fundador para uma hierarquia mais formal, com funções diferenciadas. Em algum ponto desta fase, aumenta a pressão pela contratação de profissionais para preencher papéis vitais — de gerenciamento e técnicos — e para o proprietário-gerente começar a delegar autoridade significativa a pessoas não-pertencentes à família.[10] Em geral isto não é fácil para ele, especialmente na sua geração. Na ProMusic, Sarah contratou profissionais em cada linha de negócios — marketing direto (um artista gráfico), consultoria, varejo e desenvolvimento de software. As realidades da diversificação davam-lhe pouca escolha, embora ela estivesse pouco à vontade com a maneira pela qual a descentralização reduzia seu controle direto. Seu desafio era conquistar uma vantagem estratégica no ramo de serviços especiais de música, para estabelecer uma base forte nesse mercado, por ela prover muitos produtos e serviços de uma só vez.

O estágio de Expansão/Formalização coloca o proprietário-gerente em uma situação difícil. Este pode contratar profissionais para a empresa, mas normalmente permanece diretamente envolvido com as operações do dia-a-dia. A ambivalência a respeito da delegação de autoridade o conduz, muitas vezes, a um certo grau de confusão e conflito. Assim, o processo de profissionalização ocorre dentro de um padrão de "começa-pára": até o proprietário-gerente se acostumar com o novo papel, contrata novos profissionais, reassume o controle, delega novamente e assim por diante. Além disso, a empresa precisa desenvolver qualidade e disponibilidade de produtos suficientes para atender às necessidades dos clientes e satisfazer sua base em crescimento.

Os relacionamentos com fornecedores e clientes estão sob tensão, porque as necessidades de caixa se multiplicaram e os produtos ou serviços nem sempre podem ser entregues ou prestados quando prometido. Os sistemas contábil, de informação e de comunicação podem não ser suficientemente sofisticados ou rápidos para acompanhar a crescente complexidade da empresa. Neste caso, a ProMusic tinha todos os custos e necessidades operacionais de uma empresa de varejo, de uma firma de pesquisa e desenvolvimento de software, de um estúdio de produção e de um negócio de marketing direto.

Muitas vezes, como neste caso, todo esse desenvolvimento precisa ser feito com fundos insuficientes. O proprietário-gerente, que está vendo os fundos saindo da conta todos os meses, também está gastando muito tempo e energia revisando o plano de negócios, localizando investidores em potencial e tentando garantir os recursos que irão permitir um crescimento mais fácil. Portanto, seu tempo e sua atenção constituem um dos principais gargalos do estágio de Expansão/Formalização.

Planejamento estratégico. A ProMusic existe porque a primeira linha de negócios dos Greenberg, o catálogo, foi um sucesso moderado nos primeiros sete anos. Isto significa que Sarah conseguiu identificar um mercado e um serviço que este compraria. Ela também teve boas idéias sobre outras linhas complementares de negócios, contudo sua estratégia consistia principalmente em desenvolver uma presença em todas as áreas em que produtos e serviços para profissionais da música se cruzavam. Ela não levava em conta as vantagens competitivas da ProMusic no ambiente estratégico de cada linha de negócios em separado, nem os benefícios de um plano de entrada por etapas, nem o impacto sobre a empresa ao tentar desenvolver simultaneamente todas aquelas linhas de negócios. Duas das cinco linhas mostraram-se insustentáveis no longo prazo, mas por motivos muito diferentes: a loja de varejo, devido às margens muito baixas, e o negócio de consultoria, pela impossibilidade de desenvolver um plano de marketing viável para visar uma base específica de clientes. É discutível a suposição de que algum desses negócios poderia ter tido sucesso se Sarah tivesse conseguido focalizar seu tempo e capital exclusivamente neles.

Existem muitas oportunidades para a formação de estratégia no estágio de Expansão/Formalização. Desde os anos 60, um importante tema da ciência organizacional vem explorando o complexo relacionamento entre estratégia e estrutura durante o crescimento e envelhecimento da empresa.[11] Aqui a questão-chave não é a estratégia escolhida (alto volume, mercado de especialidades, foco no custo ou na qualidade) ou o tipo de expansão predominante (funcional, multidivisional, descentralizada), mas estes são desafios que devem ser enfrentados muito mais plenamente que no estágio do Início. Os proprietários-gerentes que restringem a coleta e análise de informações e resistem à reflexão crítica sobre a visão pessoal que os sustentou no estágio anterior irão trabalhar com uma gama truncada de opções. Isto poderá levar a um desequilíbrio entre o investimento de recursos e as oportunidades estratégicas ou, mais provavelmente, à incapacidade de ver as novas oportunidades disponíveis no estágio Expansão/Formalização.

Sistemas e políticas organizacionais. Fiel ao modelo, a própria Sarah fazia tudo nos primeiros dias. Entretanto, ela passou rapidamente a contratar técnicos externos para os "toques" especializados e elementos adicionais de valor que fizeram o catálogo dar certo – o projeto gráfico, os comentários curtos no texto e consultores para problemas específicos. Os Greenberg também montaram um sistema computadorizado para contabilidade e controle de estoque logo no início da vida da ProMusic. Assim, Sarah começou a se afastar mais cedo que a maioria dos fundadores do modelo de gerenciamento com as mãos na massa. Contudo, ela levou quase uma década para entrar plenamente numa estrutura organizacional funcional e criar sistemas e políticas interativos. Sua centralização em operações permaneceu, a despeito do fato de ela ter contratado outros profissionais, porque as diversas unidades de negócios permaneceram muito tempo no mesmo local. Como única responsável pela alocação de recursos entre os cinco negócios, Sarah não podia deixar o centro até que houvesse recursos suficientes para permitir uma delegação plena. Infelizmente, as fontes de receitas internas e externas não eram suficientes para que todos os negócios crescessem de forma confortável até que a empresa de software foi vendida. O dinheiro da venda permitiu um grande salto em desenvolvimento de sistemas empresariais e a organização finalmente acompanhou as necessidades das suas diversas operações.

Administração do caixa. A ProMusic adquiriu fundos suficientes para funcionar na fase inicial. Sarah investiu com sensatez seu capital original e o primeiro negócio proporcionou dinheiro suficiente para levar a empresa à expansão em poucos anos. Contudo, nos primeiros dez anos, Sarah ainda precisou gastar meses do seu –tempo tentando "vender" a empresa a investidores externos. Se estivesse disposta a tornar a empresa comercialmente mais atraente pelos padrões tradicionais de negócios, o sucesso poderia ter vindo mais cedo e em maior escala. Entretanto, ela insistia em manter o controle e estava empenhada em uma estratégia de crescimento com diversificação. Como resultado, a ProMusic teve de enfrentar crises contínuas de fluxo de caixa. Ela nunca podia investir o suficiente em pessoas ou sistemas e tinha sempre que sacrificar as necessidades financeiras da sua família, por causa da constante necessidade de reinvestimento na empresa. No final, Sarah pôde concluir que foi sua fé na gama de serviços que levou ao sucesso do software e ao drástico crescimento financeiro da empresa. Mas ela é uma mulher de negócios suficientemente experimentada para compreender que essa não é a solução definitiva. A ProMusic somente subiu na linha de desenvolvimento empresarial e ainda enfrenta opções críticas de estratégia e administração financeira neste ponto do estágio de Expansão/Formalização.

Neste estágio, o desenvolvimento da empresa afeta a família de várias maneiras. Durante a primeira parte dele, Sarah continuou a viver como empreendedora, embora não aceitasse esse papel e tivesse um quadro de gerentes significativamente expandido. Ela trabalhava muitas horas, ficava pouco com a família, preocupava-se com a empresa o tempo todo, passava por períodos de insônia e, o mais doloroso, não tinha tempo para outras coisas de que gostava – fazer canoagem, acampar e passar longos períodos na floresta. A ProMusic cobrou-lhe um alto preço.

As demandas da empresa também consumiram Aaron. Hoje ele participa ativamente da empresa – não é um sócio passivo, uma vez que é membro do Conselho – mas trabalha somente parte do tempo. E ele faz isto, pode-se sentir, tanto para permanecer em contato com Sarah quanto para satisfazer suas próprias necessidades e interesses. É claro que no início ele trabalhava de graça; hoje é remunerado. Um observador poderia especular que a empresa invadiu o casamento; eles estão ligados por meio dela, especialmente agora que os filhos estão perto de ir para a faculdade. Os membros da família de Aaron ainda são investidores importantes; assim, a segurança financeira dele e dos filhos está intrinsecamente amarrada à empresa. É tentador perguntar que espécie de empresa Aaron escolheria se o casal tivesse seguido o seu sonho e não o de Sarah. Assim, o desafio, para este casal, é como manter o empreendimento casamento que eles escolheram em face da paixão de Sarah pela empresa e pela esmagadora necessidade desta por dinheiro e atenção.

Sarah e Aaron estão prestes a enfrentar outra questão familiar que surge às vezes quando uma empresa está crescendo – a possível entrada, nela, dos filhos. Até agora, nenhum deles manifestou interesse em juntar-se a Sarah e ela não pensou muito em passar adiante a empresa. Afinal, trata-se do sonho dela, o qual ainda não foi plenamente realizado. Contudo, os filhos estarão na universidade em menos de dois anos e ela sabe que todos precisarão conversar a respeito de haver ou não espaço para eles na empresa. Além disso, a perspectiva de ter os filhos no curso superior também provocou uma onda de ansiedade no que se refere às anuidades escolares. Embora eles provavelmente entrem em escolas estaduais, Sarah reconhece que sua família enfrenta grandes necessidades financeiras e, ao mesmo tempo, que o novo crescimento acelerado da empresa requer uma injeção de dinheiro. Sarah sabe que precisa tomar com Aaron decisões importantes sobre planejamento patrimonial – assunto que ela evitou até agora – para garantir à família segurança financeira no caso de ela morrer prematuramente. Sarah está mais pragmática que há dez anos, e ampliou a gama de cenários considerados: expansão rápida e continuada, acomodação em um nicho mais restrito e levar a empresa à maturidade, ou mesmo, pela primeira vez, colocá-la à venda.

A EMPRESA MADURA

De forma súbita ou gradual, uma empresa acaba entrando em outro estágio, algumas vezes final. A maturidade em relação ao mercado torna-se evidente quando as margens, antes saudáveis, começam a definhar, os concorrentes se multiplicam, o principal produto não é mais distingüível de outros no mercado ou quando as vendas se estabilizam ou declinam. Até mesmo uma empresa com um produto ou serviço bem-sucedido enfrenta dificuldades cada vez maiores para manter seu desempenho. Isto pode acontecer depois de dez ou quinze anos, ou depois de cinqüenta. As empresas de sucesso reconhecem quando o período de Expansão/Formalização está chegando ao fim. Algumas delas conseguem proteger uma participação de mercado suficientemente adequada para permanecer por muito tempo no estágio de Maturidade. Entretanto, na maioria dos casos, a organização precisa ajustar-se e renovar-se, ou enfrentar o declínio.

O ESTÁGIO DA MATURIDADE DO DESENVOLVIMENTO DA EMPRESA

Características
- Estrutura organizacional favorece a estabilidade.
- Base de clientes estável (ou em declínio), com crescimento modesto.
- Estrutura divisional dirigida pela equipe da alta gerência.
- Rotinas organizacionais bem-estabelecidas.

Desafios-chave
- Novo foco estratégico.
- Comprometimento de gerentes e acionistas.
- Reinvestimento.

Características

Existem empresas maduras que mantêm linhas de produtos muito limitadas. Elas ainda detêm, em seus mercados, posições que lhes permitem perpetuar muitas das suas tradicionais maneiras de operar. Entretanto, muitas empresas atravessaram uma seqüência de crescente complexidade organizacional. Algumas experimentam uma diferenciação funcional tradicional, com departamentos como vendas, marketing, finanças e contabilidade, recursos humanos e fabricação. Outras tratam cada fábrica, linha de produtos ou marca como uma unidade de negócios, com ou sem subunidades funcionais. Outras, ainda, experimentam diferentes modelos, como organizações planas, triângulos invertidos, agrupamentos e assim por diante. Independente da forma organizacional, os marcos característicos do estágio de Maturidade são que o seu objetivo é a estabilidade; as expectativas de crescimento são modestas; e, especificamente nas empresas familiares, um grupo de gerentes detém autoridade e responsabilidade para muitas funções executivas sem interferência direta dos proprietários.

A empresa familiar madura oferece recompensas inigualáveis à família do proprietário-gerente. Ela sobreviveu, cresceu, achou um lugar em sua indústria e sua comunidade. Se a empresa lida diretamente com o público, em particular se leva o nome da família, esta pode ser reconhecida como bem-sucedida e influente. Muitas famílias adotam um papel de alta visibilidade na comunidade, patrocinando atividades com a dupla finalidade de fazer filantropia cívica e boas relações publicas.

Os gerentes membros da família provavelmente comparecem a dezenas de conferências e a encontros da associação industrial ou comercial, assumindo um papel de liderança ou orientação em relação aos donos mais jovens de empresas que estão no estágio Inicial. Os membros mais velhos da família podem fazer parte de Conselhos de Administração de outras empresas, bem como de organizações públicas e culturais. Estas são as recompensas da Maturidade, antes apenas vagas imagens para os proprietários no Início: estabilidade, reconhecimento e identidade com uma história e tradições únicas

Mas a Maturidade também é um estágio, não um destino final. Em teoria, uma empresa puramente madura é um dinossauro à espera da extinção. Em sua maioria, os peritos em organizações afirmam que novos empreendimentos e desdobramentos, antecipando novas direções no mercado, são essenciais para evitar a obsolescência e o declínio em empresas maduras. Constatamos que isto é verdade em muitos casos, mas não em todos. Algumas famílias seguem rigidamente suas tradições organizacionais. Elas podem se modernizar, mas não buscam novas oportunidades. Contudo, é relativamente raro uma empresa familiar ficar completamente no estágio de Maturidade por muito tempo. Em geral uma parte dela começa a reciclar-se lançando um novo empreendimento, adquirindo uma subsidiária em estágio anterior ou estabelecendo, em outros locais, filiais que exibem algumas das características dos estágios anteriores.

FP Construction Company

Frank Pineo e George Tecce estão pensando em se aposentar. Os cunhados dirigem juntos as empresas da família —ligadas à construção civil — há trinta anos. Francesco Pineo, pai de Frank, chegou a Nova York no início do século XX e trabalhou com parentes na indústria da construção como operário. Logo tornou-se encarregado e, com o tempo, acumulou dinheiro suficiente para assumir obras próprias. Ele alugava dos primos o equipamento necessário, até poder comprá-lo. A FP Construction Company (FPC), uma firma de construção geral, nasceu em 1928 no sul de Connecticut.

Tendo sobrevivido à depressão, Francesco decidiu concentrar-se em uma nova especialidade — a construção de rodovias. Entrando de forma oportunista em cada novo mercado, ele transformou a FPC numa construtora diversificada, apta para realizar obras de qualquer dimensão, de pontes complexas a simples pátios de estacionamento. Também adquiriu propriedades de todos os tipos: terras vazias, terrenos baldios, edifícios de escritórios. Frank e George — este, casado com a irmã mais velha do primeiro — seguiram a tradição de Francesco: levaram a construtora a um faturamento de US$100 milhões, dirigindo um negócio enxuto e honesto. Sua filosofia é nunca orçar baixo uma obra: eles preferem perdê-la a não ter sua margem. A empresa possui hoje uma frota considerável de equipamento pesado especializado e uma grande oficina de reparos, dirigida pelo filho de Frank como uma empresa à parte. Os imóveis estão em duas corporações diferentes, e os irmãos também possuem interesse majoritário em uma empresa imobiliária.

A FPC saiu-se muito bem durante a grande expansão de construção de rodovias dos anos 60. Entretanto, ela enfrentou dificuldades durante a recessão dos anos 80 e a dos anos 90. Cortes de verbas federais para rodovias representaram grandes obstáculos para a indústria da construção, e a queda nos mercados imobiliários ameaçaram algumas das suas maiores propriedades. Em meados dos anos 80, eles contrataram um especialista em licitações, em parte como preparação para a aposentadoria de George. A escolha recaiu sobre Bill O'Day, um licitante por intuição, e bom também para supervisionar obras. Impressionados com a capacidade de Bill para encontrar as obras, cada vez mais escassas, e de concluí-las dentro dos custos previstos, os cunhados logo o promoveram a presidente. Frank passou a ser o presidente do Conselho e George o *CEO*.

Frank e George também encorajaram seus filhos a entrarem para a empresa. Dois dos filhos de Frank tentaram, mas somente Frank Jr. permaneceu. James, filho de George, já trabalhava na empresa desde a adolescência. Ambos os jovens haviam mostrado sua competência em funções de operários e de supervisão quando Bill O'Day entrou na empresa. Para surpresa de todos, Bill interessou-se pelo desenvolvimento deles, considerando seu treinamento como parte da sua descrição de cargo. Frank Jr., que como seu pai gostava de pôr as mãos na massa, tornou-se responsável pela garagem; James, um orçamentista e supervisor competente, foi para o escritório. Seu trabalho era desvendar os sistemas administrativos que Bernie, o antigo diretor financeiro, havia deixado depois que um ataque cardíaco forçara sua aposentadoria prematura.

Frank e George, depois de participarem de um seminário sobre continuidade, contrataram um consultor de empresas familiares para avaliar seus progressos no sentido da sucessão. Confiantes de que estavam no caminho certo, seguiram o Conselho do consultor e formaram um Conselho Consultivo que incluía pessoas de fora da empresa. No primeiro ano, este Conselho analisou cuidadosamente as imobiliárias e recomendou a contratação de um especialista em imóveis para solucionar os problemas. Em menos de dois anos, as propriedades em crise estavam reformuladas ou vendidas, mas a carteira não estava gerando muito dinheiro. Isso era motivo de preocupação, porque Frank e George pretendiam deixar as administradoras de imóveis aos seus outros cinco filhos (supondo que Frank Jr. e James ficassem com as empresas de construção). A preocupação aumentou quando o gerente de imóveis demitiu-se de repente, aparentemente aborrecido porque seria contratada para o seu lugar a filha de George, Linda, que acabara de concluir seu MBA. Por orientação do Conselho, eles deram o cargo a Linda, que imediatamente esboçou uma estratégia para a carteira de propriedades e formou um grupo consultivo de irmãos e primos para os imóveis.

Enquanto isso, Bill O'Day continua a se preocupar porque eles não mais podem manter a filosofia de nunca orçar uma obra abaixo do preço justo. A indústria mudou, e empresas enormes, com custos indiretos menores, estão tomando grande parte das obras. Quanto menos obras eles pegam, mais os equipamentos ficam sem uso. Frank Jr. quer lançar um esforço ampliado de marketing para a operação de reparo de equipamentos e entrar no ramo de arrendamento de máquinas. E James o está encorajando a formar algum tipo de empreendimento conjunto com uma firma da Nova Inglaterra, que lhes permitiria conseguir obras numa área geográfica maior. Bill precisa optar entre a perspectiva da segunda geração, que dirigiu a empresa na tradição do fundador, e aquela da terceira, que tem em mente novas direções.

Desafios-chave

As decisões enfrentadas por Frank e George são típicas para uma empresa madura. As margens emagreceram, a concorrência é mais feroz e as antigas fórmulas para o sucesso transformaram-se em ameaças à inovação. Para a geração mais jovem de gerentes, membros da família ou não, o problema é como manter a tradição e, ao mesmo tempo, ir além dela. Em parte, eles precisam respeitar a tradição porque devem satisfazer os proprietários da geração mais velha; entretanto, eles também precisam entender em termos analíticos quais foram as forças competitivas da empresa, para construir uma base sólida sobre a qual ir em frente.

No estágio de Maturidade, a empresa transformou-se em um complexo empreendimento. Mesmo na estrutura relativamente pequena da FPC, existem empresas diferentes e diversificadas funções de planejamento orçamentário, administrativas e de construção. A empresa depende de profissionais não-membros (Bernie, Bill), tanto quanto de membros-chave da família, e a estratégia operacional é definida por uma alta equipe de gerência. Embora Frank e George sejam indubitavelmente "mais antigos" que os outros, eles também ficam felizes pelo fato de os seus gerentes profissionais tomarem as decisões em suas áreas. Quando existe algum desacordo importante com Bernie ou Bill, Frank e George normalmente levam a questão ao Conselho.

Neste estágio da vida, até mesmo empresas menores costumam ter estrutura de empresa múltipla como a da FPC. Uma das duas empresas de administração de imóveis é de propriedade de Frank e George, e a outra, de todos os filhos deles, exceto Frank Jr. e James. Neste caso, o Conselho foi providencial ao fazer com que os dois primeiros tratassem suas propriedades imóveis como um negócio de verdade. Mas eles possuem investimentos importantes na empresa, e seus problemas com imóveis estão colocando em risco o negócio de construção. Como outras empresas neste estágio, a FPC precisa buscar novas linhas de negócios e novas maneiras para gerar margem em suas atuais operações. Seu sucesso depende de três variáveis-chave.

Novo foco estratégico. A criação de um Conselho Consultivo foi o priméiro dos vários passos dados por Frank e George que *poderiam* levar a um novo foco estratégico para a empresa. O planejamento da passagem da empresa aos filhos também é um passo importante. Entretanto, ainda há pelo menos dois passos a serem estudados na FPC. Primeiro, a alta gerência e o Conselho de Administração não efetuaram qualquer análise sistemática para gerar opções para novos negócios. Frank Jr. acredita que a garagem pode tornar-se uma divisão geradora de receitas e quer tentar o arrendamento de equipamentos subutilizados. Contudo, o grupo não discutiu seriamente esta proposta, nem considerou o investimento de recursos da empresa no projeto. Segundo, Frank e George não deram ainda sua aprovação ao esforço de achar novas linhas de negócios. Embora estejam abertos a novas idéias, eles continuam a concentrar suas energias no aperfeiçoamento das operações no ramo de construção. Eles precisam sinalizar, aos seus filhos e aos outros gerentes, que a busca de novas fontes de receitas é uma prioridade importante e que eles aprovam este novo foco como parte do processo de sucessão.

As empresas familiares às vezes são lentas em reconhecer a complexidade do processo de estratégia quando atingem o estágio de Maturidade. Ward constatou que a estratégia e a estrutura organizacional dessas empresas são influenciadas por uma ampla mistura de forças.[12] Algumas dessas forças são as mesmas experimentadas por todas as empresas (como análise da missão organizacional, da indústria e da empresa). Além disso, as empresas familiares precisam levar em conta a influência do legado dos fundadores, os valores e metas da família e a história da empresa. Até mesmo a liderança familiar mais esclarecida necessita do apoio de um Conselho forte para administrar este complicado processo de estratégia nas empresas maduras.[13]

O novo foco estratégico também opera por um cronograma diferente daquele de uma geração atrás. Em meados deste século, a expectativa de vida de uma importante inovação ou tecnologia era de cerca de 25 anos — quase idêntica à extensão típica de controle de uma geração numa empresa familiar.[14] Novas idéias e sistemas entravam com os novos líderes. Hoje, o ciclo de vida típico de um produto encolheu para quatro ou cinco anos (e, em algumas indústrias, para alguns meses). Nenhuma liderança de geração pode locomover-se sem esforço, por muito tempo, baseada nos melhoramentos realizados quando da sua entrada. Em sua maioria, os líderes precisam guiar suas empresas, várias vezes durante seus mandatos, através do ciclo dos negócios, do estágio Inicial, através da Expansão/Formalização até a Maturidade. Esta dissociação entre o ciclo sucessório da família e o desenvolvimento da empresa é um exemplo de por que é tão importante considerar os estágios de desenvolvimento separadamente para cada um dos três eixos.

Comprometimento de gerentes e acionistas. Como os patrimônios pessoais de Frank e George estão investidos na FPC, eles estão fazendo uma forte declaração de confiança ao passar a empresa aos filhos, que no fmal dividirão a empresa meio a meio. Analogamente, Frank Jr. e James estão sinalizando, com sua decisão de aceitar o comando da FPC, que sua geração está empenhada em manter a empresa na família. Contudo, esta família ainda não renovou abertamente seu compromisso com a empresa. Para Frank e George, isto pode parecer desnecessário, já que nunca consideraram, para si mesmos, qualquer outra alternativa a não ser dirigir a empresa de Francesco. Porém, para seus filhos esta pode ser uma conversa importante. Em particular, os filhos não-funcionários precisam entender e aceitar a destinação continuada de ativos importantes da família à empresa.

Uma vantagem da empresa madura é que ela oferece uma variedade de diferentes oportunidades de avanço na carreira para os gerentes, membros ou não da família. Os gerentes não-membros da família tornam-se cada vez mais importantes para todas as empresas familiares, à medida que passam pelos estágios de desenvolvimento das mesmas. Os líderes não-pertencentes à família são, algumas vezes, uma questão esquecida na análise das empresas familiares. A partir do estágio de Expansão/Formalização, poucas famílias podem ocupar, elas mesmas, todas as posições de gerência. Os gerentes não-membros provêem recursos essenciais, particularmente para especialidades e experiências não incluídas na família. Eles podem ser uma defesa contra a influência indevida da família no gerenciamento. Podem ser um incentivo para os gerentes subalternos não-pertencentes à família, porque simbolizam a oportunidade à disposição de funcionários de sucesso. Finalmente, eles podem desempenhar um papel essencial na supervisão e monitoramento da geração seguinte de gerentes da família.

Contudo, não se pode dar como certa a contribuição dos gerentes não-membros da família. Uma estratégia abrangente de desenvolvimento para a liderança da empresa deve incluir táticas de incentivo e recrutamento, que irão localizar e reter, para a gerência, os melhores elementos disponíveis não-pertencentes à família. Muitos proprietários de empresas se preocupam, em especial nos estágios iniciais de desenvolvimento da empresa familiar, com a dificuldade de atrair e manter gerentes ambiciosos não-membros, devido ao controle da família. Em conseqüência disso, eles evitam esclarecer as oportunidades e restrições de carreiras aos jovens gerentes não-membros. Para que os proprietários-gerentes tenham sucesso no trato desta questão é preciso tomar antes algumas decisões importantes: Existem posições reservadas para membros da família? Por quê? Existem questões e informações sobre políticas que devem ser decididas somente por membros da família? Por quê? Funcionários não-membros da família serão deslocados de suas posições para dar, a gerentes membros da família em desenvolvimento, oportunidades para a obtenção de experiência essencial? Os proprietários estão preparados para oferecer remuneração competitiva a gerentes não-membros, mesmo que elementos da família estejam dispostos a trabalhar por salários menores? Uma vez que a liderança esteja à vontade com suas políticas sobre essas questões, em geral a melhor estratégia é discuti-las abertamente com os principais gerentes não-membros da família. Seus temores podem ser maiores que a realidade das suas oportunidades. Em qualquer caso, entender as regras e saber o que esperar uns dos outros é melhor do que surpresas.

Reinvestimento. A FPC está enfrentando um momento crítico no processo sucessório e parte do sucesso da transição irá depender de como a liderança (mais velha e mais jovem) pretende equilibrar as necessidades financeiras da família com as necessidades de reinvestimento da empresa. Normalmente, um novo foco estratégico requer investimentos em novos produtos, novo pessoal e em novos equipamentos. Porém, quando uma empresa está madura, os proprietários, muitas vezes, passam pela tentação de tratá-la como uma fonte estática e automática de rendas. O reinvestimento contínuo de capital não gera o mesmo entusiasmo ou sentimento de criatividade do investimento em novos empreendimentos. Algumas empresas cujos produtos são potencialmente viáveis a longo prazo cometem o erro de adiar continuamente melhoramentos necessários. Isto pode levar equipamentos, estratégias de marketing, instalações e linhas de produtos para além da sua vida ótima. Então, se tudo desmorona de uma vez, enormes investimentos são necessários em meio a uma crise e, em muitos casos, a reconstrução pode não ser mais viável. Se uma empresa espera manter, total ou parcialmente, suas operações no estágio de Maturidade por algum tempo, ela precisa aceitar um compromisso psicológico com a alimentação da vaca, assim como com sua ordenha.

O desafio do reinvestimento poderá tornar-se complicado se o estágio de Maturidade na dimensão da empresa coincidir com a Passagem do Bastão na dimensão da família. Psicologicamente, pode ser mais difícil para a geração mais velha, durante seus últimos anos de envolvimento ativo com a direção, aceitar uma política de forte reinvestimento, em especial se ela significar um aumento significativo do endividamento. Eles podem ter passado anos melhorando os índices de endividamento *versus* patrimônio e livrando-se de obrigações de longo prazo. Começar de novo é uma opção difícil.

Nessa ocasião também pode haver considerações sobre dinheiro. Um dos desafios financeiros do estágio de Passagem do Bastão é o financiamento da aposentadoria dos membros mais velhos da família. Às vezes simplesmente não há excesso de caixa ou rendimentos retidos em quantidade suficiente para a compra das ações da geração que está se aposentando e, ao mesmo tempo, para uma grande reformulação.[15] O problema é aumentado quando também há pressões para a compra das ações de irmãos ou primos não-funcionários da geração mais jovem. O resultado dessas forças é que muitos proprietários-gerentes da geração mais velha fazem suas empresas permanecerem no estágio de Maturidade num tempo um pouco mais extenso do que seria financeiramente prudente, pois estão convencidos de que grandes mudanças (e, portanto, a responsabilidade) são prerrogativas da próxima geração. Em alguns casos, os novos líderes possuem qualificações, critério, autoridade e recursos para iniciar os reinvestimentos estratégicos tão logo assumem a liderança. Em outros, não.

PASSANDO PELOS ESTÁGIOS DA DIMENSÃO DA EMPRESA

Além das características dos estágios, também é importante considerar os fatores que aceleram ou retardam o ciclo de vida da empresa, ou levam-na a saltar para diante ou para trás. Embora cada empresa tenha seu próprio ritmo, fatores gerais irão influenciar o cronograma de desenvolvimento de qualquer uma. Em primeiro lugar, os de ordem externa, como condições da indústria e o ciclo econômico geral, podem ter um impacto determinante sobre o desenvolvimento da empresa. As indústrias variam amplamente em termos de ciclos de vida de produtos, dependência de novas tecnologias e natureza do ambiente competitivo. Por exemplo, em ambientes nos quais os ciclos de vida de novos produtos são curtos, com freqüência as empresas não podem se dar ao luxo de entrar na fase de Maturidade. Se elas não tiverem constantemente novos produtos em desenvolvimento, serão deixadas para trás. Em indústrias nas quais novas tecnologias são críticas, as exigências de investimento contínuo no desenvolvimento de novos produtos ou novas gerações de equipamentos podem restringir o crescimento pelo fato de engolirem todo o excesso de capital. Finalmente, a política do governo ou uma recessão geral pode elevar o custo do capital ou forçar atrasos prolongados nos planos de expansão. Curtos períodos de crescimento econômico geral podem levar as empresas a um crescimento rápido; paralisações em épocas de recessão podem retardar o desenvolvimento da empresa. O ciclo de vida de uma empresa familiar é muitas vezes determinado pela sorte em relação à evolução do ciclo geral de negócios.

Um segundo fator é a interação com os estágios de desenvolvimento nas dimensões da família e da propriedade, que pode controlar o desenvolvimento da empresa. Nos casos da WISCO e da ProMusic, a estrutura de propriedade (Proprietários Controladores) limitava o acesso ao capital. Os Bancoeur não conseguiram achar investidores externos suficientes com interesse nem mesmo numa participação minoritária na empresa, e usaram recursos próprios e das suas famílias. Sarah Greenberg achou investidores externos dispostos a assumir participação majoritária, mas não estava disposta a alterar a estrutura de propriedade da empresa que havia construído. Numa dimensão diferente, discutimos que às vezes as famílias que Trabalham em Conjunto aceleram a formalização e a diferenciação estruturais em suas empresas para dar, aos gerentes da família que estão subindo, unidades ou funções organizacionais para dirigir. Por outro lado, uma família no estágio de Passagem do Bastão, com uma empresa anteriormente em expansão, poderá deixar de fazer novos empreendimentos e deslizar para a Maturidade se a geração mais velha estiver relutante para iniciar algo que não será capaz de terminar, ou para atar as mãos dos seus sucessores com dívidas.

A dimensão do desenvolvimento da empresa completa o modelo tridimensional. Cada uma das dimensões possui uma qualidade ligeiramente diferente; o ritmo e o padrão de desenvolvimento ao longo do tempo são diferentes para acionistas, famílias e empresas. Mas o conhecimento do estágio vigente de cada urna contribui para a compreensão do caráter único da empresa familiar. Na parte seguinte deste livro, combinamos estágios através de todas as três dimensões, para gerar retratos dos tipos mais comuns de empresas familiares – na verdade, para colocar o modelo em funcionamento.

Notas

1. DiMaggio e Powell (1983) e Scott (1992) afirmam que as organizações mudam em conseqüência da sua participação numa indústria ou em outro grande grupo de agentes organizacionais (chamado de "campo") que se move na mesma arena econômica. Como as forças econômicas, de mercado e reguladoras atuam sobre essa indústria ou grupo, as organizações mudam para continuar competitivas, mas também para poder transacionar com facilidade entre si. Por exemplo, se uma instituição poderosa, como uma agência reguladora governamental, exigir de uma organização uma nova espécie de informação, então todas as organizações afetadas irão ajustar seus sistemas de informação e de gerenciamento, normalmente de maneiras

semelhantes, para prover os dados exigidos, no formato solicitado. Outra escola, chamada de "ecologia da população", usa o modelo biológico da seleção natural para afirmar que, individualmente, as organizações não podem mudar suficientemente rápido, mas que o ambiente irá escolher quais irão sobreviver (Hannan & Freman, 1977). Aquelas que melhor se adequarem ao seu nicho ambiental irão sobreviver. Por esta perspectiva, as forças externas (mercados, fornecedores, custos, preferências dos consumidores e assim por diante) são, mais uma vez, os principais moldadores do mix de empresas bem-sucedidas. Assim, a combinação de organizações em uma arena, em qualquer ponto do tempo, é o produto de forças quase-biológicas que ceifam os participantes mais fracos. Um resultado dos modelos de ecologia pura são as teorias de dependência de recursos, as quais reconhecem a maior capacidade da gerência para ler o ambiente e adaptar-se a ele (Pfeffer & Salancik, 1978; Van de Ven & Walker, 1984; Sharfman, Gray & Yan, 1991). É claro que nem todos os ajustes proativos ao mercado fazem a diferença entre a vida e a morte da empresa. Por exemplo, empresas que previram a reação positiva dos consumidores a embalagens sensíveis às questões ambientais (frascos de detergentes "recompletáveis", por exemplo) ganharam uma vantagem; entretanto, de forma alguma elas tiraram suas concorrentes dos negócios.

2. Por esta perspectiva, o desenvolvimento organizacional é um processo paralelo ao desenvolvimento individual (Piaget, 1963; Levinson, 1978; Erikson, 1980) e grupal (Bennis & Shepard, 1956; Gersick, 1988; McCollom, 1995). Um dos mais interessantes enigmas conceituais é a questão do ponto final de um ciclo de vida organizacional. O conceito de vida sem fim é, de certa maneira, uma contradição. Portanto, as capacidades imortais e regenerativas das organizações iluminam os limites da aplicação da metáfora biológica aos ciclos de vida organizacionais.

3. Greiner, 1972; Flamholtz, 1986; Dodge & Robbins, 1992.

4. Christensen & Scott, 1964; Steinmetz,1969; Torbert, 1974; Katz & Kahn, 1978.

5. Também há variações na "forma" prevista do curso de vida organizacional. Alguns modelos conceituam o desenvolvimento como essencialmente crescimento contínuo; o gráfico que descreve o caminho da empresa através do tempo é uma reta ascendente (Greiner, 1972; Barnes & Hershon, 1976; Churchill & Lewis, 1983). Outros descrevem o ciclo de vida como uma curva ascendente e descendente, perdendo a força até o declínio no fim da vida da organização (Adizes, 1979; Miller & Friesen, 1984; Poza, 1989). Alguns pesquisadores também concluem que as organizações precisam enfrentar e resolver as questões de cada estágio antes de poder passar ao seguinte (Lippitt & Schmidt, 1967; Greiner, 1972). Outros descrevem mais saltos. Este é um ponto forte da obra de Churchill e Lewis (1983), que fornece um quadro realista da possibilidade de achatamento, retorno ou fracasso em cada estágio. Finalmente, grande parte das pesquisas sobre crescimento e mudanças organizacionais trata de todos os tipos de organizações, incluindo agências governamentais. Ao escolher nossos estágios, demos o máximo de atenção aos autores que focalizaram especificamente empresas de capital fechado (por exemplo, Churchill & Lewis, 1983; Flamholtz, 1986; Olson, 1987; Scott & Bruce, 1987). Infelizmente, os pesquisadores que escreveram especificamente sobre empresas familiares são poucos (Barnes & Hershon, 1976; McGivern, 1989; Poza, 1989). Nós nos baseamos mais na obra destes últimos.

6. Alguns modelos possuem estágios separados para as fases "anterior" e "posterior" do Início. Churchill e Lewis (1983) fazem esta distinção (suas fases são existência, sobrevivência, sucesso, decolagem e maturidade de recursos), assim como Scott e Bruce (1987), cujo modelo inclui concepção, sobrevivência, crescimento, expansão e maturidade.

7. Barnes e Hershon (1976) e Poza (1989) têm modelos particularmente bons, que subdividem este estágio em partes seqüenciais.

8. Sonnenfeld, 1988.

9. Berenbeim, 1984.
10. Dyer, 1989.
11. Chandler, 1962; Bolman & Deal, 1984.
12. Ward, 1987; Harris, Martinez e Ward, 1994.
13. Ward, 1991.
14. Barnes & Hershon, 1976; Ward, 1987.
15. S. Cohn, 1990.

PARTE II

Quatro Tipos Clássicos de Empresa Familiar

Esta seção analisa as empresas familiares em quatro das mais típicas e interessantes combinações dos estágios de desenvolvimento de propriedade, de família e de empresa: a empresa de primeira geração, dirigida pelo fundador, de propriedade de um indivíduo empreendedor; a empresa estabelecida de propriedade de uma Sociedade entre Irmãos e passando por crescimento e mudanças rápidos; o complexo e maduro Consórcio de Primos; e a empresa à beira da transição, controlada por uma família no estágio da Passagem do Bastão. Cada um dos quatro capítulos a seguir foi concebido para mostrar como as dimensões interagem na formação do caráter das empresas familiares. Esses capítulos também apresentam quatro dos temas mais importantes da empresa familiar: espírito empreendedor, mudança organizacional, redes e sucessão.

CAPÍTULO 4

Os Fundadores e a Experiência Empreendedora

A EMPRESA DO PROPRIETÁRIO controlador de primeira geração é um dos tipos mais estimulantes de empresa familiar. Novos empreendimentos não só são fundamentais para as economias capitalistas, mas também possuem uma importante identidade simbólica como degrau de oportunidade da sociedade para indivíduos e famílias. O empreendedor é uma figura complexa em nossa mitologia cultural: parte aventureiro e parte desajustado, parte benfeitor e parte explorador, parte gênio e parte louco. Os fundadores de empresas familiares também podem ter profunda influência sobre as culturas organizacionais das suas criações. Suas crenças, sua sagacidade para negócios, suas regras práticas para tomada de decisões e seus valores fazem parte da estrutura básica da empresa, e são perpetuadas através dos ciclos de desenvolvimento das três dimensões. Dessa forma, os fundadores podem permanecer presentes por gerações além do seu próprio tempo de vida.

Este capítulo revê as questões enfrentadas por uma empresa familiar típica recém-fundada: ela se encontra no estágio Inicial com um Proprietário Controlador e um fundador no estágio de Jovem Família Empresária. Uma empresa familiar pode retornar muitas vezes ao estágio do Proprietário Controlador e ao de Jovem Família Empresária em sua longa história, e haverá muitas questões em comum em todos esses períodos. Mas a experiência do fundador (primeira geração) é única e todos os estágios subseqüentes são afetados por aquilo que acontece durante os primeiros anos de vida da empresa.

É razoável perguntar se os empreendimentos no estágio Inicial são realmente empresas familiares. Nos estágios iniciais, a maioria dos fundadores não envolve muito os membros das suas famílias como funcionários ou acionistas (é claro que as empresas que começam como Sociedades entre Irmãos ou Consórcios de Primos são diferentes). Algumas novas empresas permanecem como domínio individual de um só fundador, nunca empregando parentes nem os tendo como acionistas, e são vendidas ou liquidadas sem que se pense na continuidade da família. Entretanto, o fato de muitas novas empresas nunca se tornarem familiares não diminui a importância crítica deste estágio naquelas que o fazem.

FATORES QUE CONDUZEM À FUNDAÇÃO DE UMA EMPRESA

Existe uma vasta literatura a respeito das motivações e dos estilos de personalidade associados com a fundação de uma empresa[1]. Uma longa lista de variáveis foi investigada em conjunto com a atividade empreendedora: posição interna de controle, incapacidade para adaptar-se a papéis em sistemas, experiências anteriores na família, falta de oportunidades econômicas tradicionais, e muitas outras. Esses fatores são, muitas vezes, agrupados em forças que "empurram" (disposições psicológicas e eventos da vida que levam o empreendedor à necessidade de iniciar uma empresa ou a estar pronto para isso) e forças que "puxam" (condições econômicas e ambientais que tornam atraentes os novos empreendimentos).[2] Também existe maior interesse em redes de empreendimentos e sistemas de suporte, em oposição ao foco tradicional sobre empreendedores independentes, que tem importância especial para a fundação de uma empresa familiar.[3]

Duas motivações de ordem geral dos fundadores têm um impacto particularmente duradouro sobre as empresas que estes iniciam. A primeira é o desejo de ser proprietário-gerente em vez de empregado. A motivação para a independência pessoal, para ser seu próprio patrão e ter controle sobre a própria vida tem sido amplamente ligada ao desejo de iniciar uma empresa. Em sua maioria, os fundadores de empresas deixam outros empregos para iniciar seus próprios negócios, às vezes mudando de um emprego para outro antes de decidir criá-los. Frustração com chefes, falta de progresso na carreira e desejo de maior poder para tomada de decisões foram observados como incentivos a carreiras de empreendedores.[4] Esta característica dos fundadores pode vir a se institucionalizar em aspectos da cultura da organização: tolerância com individualistas, resistências a rígidas hierarquias de autoridade e relutância em formalizar a estrutura organizacional. Pode ser, por isso, que as empresas familiares tendem a ter descrições de cargos definidas de forma menos rígida e hierarquias informais mais fortes que as outras empresas.

A segunda motivação-chave é o desejo de encontrar uma oportunidade e explorá-la. Assim como os fundadores são afastados dos seus antigos empregos pela frustração, eles são igualmente atraídos para o desafio e o estímulo do seu novo empreendimento. Os empreendedores são freqüentemente inspirados pelas realizações de outros fundadores de empresas.[5] Uma alta porcentagem das histórias que ouvimos ao longo dos anos, a respeito de como uma empresa foi iniciada, começa com: "Alguém me deu uma chance para..., e eu não podia perdê-la." Esta é a versão do empreendedor para o ditado: "Se a vida lhe dá limões, faça uma limonada." Neste caso: "Se você tem uma oportunidade para comprar limões barato, venda limonada." Esta característica dos fundadores reflete-se no oportunismo das suas empresas. Muitas vezes elas crescem tirando proveito de uma série de "bons acordos", quer ou não as oportunidades sejam guiadas por um plano estratégico global.

Estas duas características dos fundadores requerem um catalisador para que resultem no início de uma empresa: a disponibilidade de recursos financeiros no momento oportuno. Vimos no Capítulo 1 os problemas de capital inicial inadequado e de avaliações de mercado e previsões de fluxo de caixa excessivamente otimistas. Em geral, os recursos pessoais do empreendedor constituem a principal fonte de financiamento, e fundos de instituições de empréstimos provêem capital adicional.[6] Uma pesquisa da Coopers & Lybrand, em 1994, revela que, de longe, as maiores fontes de capital inicial eram poupanças pessoais e de outros membros da família (73%), aumentados por outros investidores e empréstimos bancários (27%).[7] A disponibilidade de capital da família (inclusive mão-de-obra gratuita ou barata) e a disposição da família para se sacrificar financeiramente enquanto a empresa está sendo estabelecida são dois dos mais importantes recursos financeiros à disposição da maioria dos fundadores.

A TRANSFORMAÇÃO DO NOVO
EMPREENDIMENTO EM EMPRESA FAMILIAR

Qualquer que seja a motivação do empreendedor para iniciar a empresa, as probabilidades estão contra seu sucesso. Nos Estados Unidos, 40% das empresas fracassam no primeiro ano, 60% em menos de dois anos e 90% até o final do décimo ano.[8] A competência do fundador em várias áreas críticas – em especial qualidades de liderança, de gerenciamento, de marketing, finanças e técnicas – irão influenciar para o sucesso ou não da empresa.

De certa forma, o papel de empreendedor parece incompatível com o papel de líder de uma empresa familiar. A visão clássica dos empreendedores enfatiza seu individualismo, determinação, gosto por mudanças rápidas e imersão obsessiva na empresa. Em contraste, supõe-se que o cabeça de uma empresa familiar seja focalizado no grupo, cooperativo, comprometido com a continuidade a longo prazo, e imerso igualmente na empresa e na família. É verdade que alguns fundadores de sucesso estão mal-equipados para gerenciar suas empresas depois do estágio Inicial. Em outros casos, porém, aquilo que parece uma contradição é um aspecto do estágio de desenvolvimento do sistema. O fundador pode começar como empreendedor, apresentando todo o primeiro conjunto de qualidades. A certa altura, ocorre uma transição em seus valores, em sua visão, identidade e comportamento, e nasce a empresa familiar.

A transição de um novo empreendimento de Proprietário Controlador para uma empresa familiar requer, ao mesmo tempo, ações concretas e um passo psicológico. Incluem-se nessas uma ou mais destas ações concretas: contratar membros da família, prepará-los para posições de gerenciamento, distribuir participação acionária aos herdeiros da família e, tipicamente, antecipar uma transição de controle gerencial dentro da família. O passo psicológico é a concepção da empresa pelo Proprietário Controlador, que deixa de vê-la como uma atividade pessoal para considerá-la um patrimônio familiar com uma existência e uma expectativa de vida separadas do curso de vida individual do fundador. A redefinição psicológica pode vir primeiro, e as ações concretas, depois. Em outros casos, estranhamente, o fundador executa as ações muito antes de pensar na empresa como sendo familiar. Ele pode não reconhecer conscientemente que a empresa está-se tornando familiar e pode até negá-lo se lhe perguntarem.

Por outro lado, algumas vezes a visão do envolvimento da família e da continuidade faz parte do sonho do fundador desde o início — ou mesmo antes de a empresa ser fundada. Isto parece ocorrer em especial quando existe uma tradição de empresas familiares na família, comunidade ou sociedade do fundador, a qual encoraja-o a pensar na empresa como sendo familiar.[9] Nesses casos, a escolha da oportunidade empreendedora correta pode depender mais da sua viabilidade no longo prazo ou da sua adequação aos recursos familiares que da preferência pessoal do fundador. Os fundadores que sonham desde o início com dinastias provavelmente contam com a participação de muitos membros da família, o que pode aumentar a ampla identificação da mesma com a empresa. Contudo, a menos que os filhos do fundador já sejam adultos e tenham participado explicitamente da formação do sonho, ele pode preparar-se para desapontamentos, caso outros membros da família não tenham o mesmo entusiasmo pela empresa ou pela idéia de uma empresa familiar.

O desejo de que a empresa seja familiar também pode crescer à medida da ampliação da família. Quando os filhos são jovens, os fundadores podem não ter interesse em inseri-los na empresa ou torná-los sócios desta; mas quando eles ficam mais velhos, várias dinâmicas podem aumentar o interesse dos fundadores em torná-la uma empresa familiar. E este interesse pode crescer acima das suas expectativas. O fundador pode reconhecer uma adequação surpreendente entre as necessidades da empresa e os interesses e qualificações dos filhos. À medida que o fundador amadurece, pode desenvolver o desejo de ter um legado que sobreviva a ele. Finalmente, os próprios membros da família podem exercer pressão pela oportunidade de carreiras na empresa. De forma súbita ou gradual, a nova empresa torna-se, assim, uma empresa familiar.

PROPRIETÁRIO CONTROLADOR – JOVEM FAMÍLIA EMPRESÁRIA – EMPRESA NOVA

Características

Embora seja mais simples conceber um novo empreendimento como surgindo das idéias e da energia de um único empreendedor, esta não é a história típica. Quase todas as empresas são iniciadas como parte de um processo que inclui muitos esforços menores, alguns sucessos e fracassos, a partir dos quais o fundador aprende aquilo que precisa saber. Outras pessoas contribuem com idéias, capital ou incentivo. A história de George Pilgrim e da sua Agricultural Publishers, Inc. capta esta idéia de "aprendizado acumulado" da fundação de uma empresa familiar.

Agricultural Publishers, Inc.

George Pilgrim nasceu em 1917 e cresceu com sua irmã mais nova em pequenas cidades de Indiana e Illinois. Seu pai era um projetista industrial e engenheiro mecânico de sucesso (bem como cartunista político para o jornal local), cujas invenções incluíam, entre outras coisas, a colocação de lâmpadas dentro de geladeiras. George encontrou em seu pai um modelo de independência, de espírito empreendedor de sucesso e grande envolvimento com a família. Ele admirava muito o pai e eles alcançaram um espírito de coleguismo, muito importante para o sucesso de George em vários pontos-chave de sua carreira.

Quando criança, George desenvolveu um interesse pela criação de aves. Seu pai reconheceu logo que o filho não havia herdado sua aptidão nem seu interesse pela mecânica. Ninguém conseguia entender a fascinação de George pela agricultura. Ele criava pombos, a coisa mais próxima de galinhas que podia encontrar numa cidade. "Chamei minha criação de Fazenda do Pombo Saudável, e cada pombo tinha o nome de um personagem famoso de histórias em quadrinhos. Obviamente a minha visão sobre a vida não era muito sofisticada naquele tempo, porque Moon Mullins e Dick Tracy eram minhas duas melhores poedeiras." George era um estudante razoavelmente bom e um excelente atleta – neste campo, fortemente incentivado pelo pai, também atleta. Ele era competitivo e quando iniciava alguma coisa, "não via razão para chegar em segundo". Tinha bom senso de humor e era conhecido por suas brincadeiras, as quais, em geral, quase lhe causavam problemas.

George cursou a Universidade de Wisconsin. Começou estudando criação de aves, mas depois mudou para agronomia. O milho híbrido estava começando a aparecer e George viu que as oportunidades maiores estavam em linhagens melhoradas e novas sementes, não na criação de aves. Aos poucos, ele modificou a sua visão da infância, de criar uma operação de ovos em larga escala, para um interesse mais geral pela agricultura. Seu pai, ansioso por mudar seu estúdio de projetos para fora da cidade e interessado em apoiar o entusiasmo do filho pela agricultura como empreendimento comercial, comprou uma fazenda no norte de Illinois e contratou um gerente para operá-la. Mas quando o pai confessou-lhe não ver atração na agricultura em relação à engenharia mecânica ("Toda esta operação faria muito mais sentido se você pudesse fazê-la em local fechado", disse ele a George), o filho decidiu que devia deixar a faculdade depois do primeiro ano para assumir a gerência da fazenda.

A fazenda era diversificada, dando a George experiência com a criação de galinhas, cultivo de cereais, gado leiteiro e até carneiros. George queria tornar a fazenda um sucesso financeiro o mais rápido possível, para poder se casar com Dorothy, sua namorada da faculdade. "Ela era uma garota da cidade, e assim, sempre que eu lhe telefonava na escola e descrevia a fazenda, enfatizava as longas tardes de cavalgadas. Eu não falava tanto das vacas leiteiras." Dorothy e George casaram-se em junho de 1940. Desde o início, eles eram um "casal rural". Havia somente um empregado. Dorothy fazia a contabilidade, dirigia caminhões e fazia tudo o mais que fosse necessário. George tosquiou os duzentos carneiros e enviou a lã para Orno para ser transformada em cobertores de lã virgem; Dorothy vendeu-os em feiras rurais e mostras de artesanato.

Os talentos de George e Dorothy mais a economia favorável no início da Segunda Guerra Mundial levaram a um crescimento firme. O financiamento anual vinha da Associação de Crédito ao Produtor, uma agência de financiamento agrícola com uma rede nacional de escritórios. No começo, George não conseguiu vender muitas sementes a dinheiro; assim, ele trocou-as por outros cereais, peças de máquinas e suprimentos agrícolas. Gradualmente, à medida que o mercado se desenvolvia para diversificadas variedades de grãos, George contratava outros fazendeiros para a produção de grãos, que ele vendia em um mercado geográfico continuamente crescente. Em seu pico, a fazenda de George, de 180 hectares, foi aumentada para mais de 4 mil por meio de contratos, e ele estava vendendo grãos em todos os Estados Unidos, principalmente no Leste. Eles também operavam um silo, para o qual Dorothy fazia a contabilidade, até o nascimento dos filhos – em 1942, David, e em 1944, Jon.

O próximo salto empresarial foi um contrato para plantar sementes certificadas de uma nova variedade de cevada, em desenvolvimento pela Escola de Agricultura da Universidade de Illinois. Essas sementes eram racionadas de acordo com o número de hectares de sementes certificadas produzidas pelos plantadores nos dois últimos anos. George conseguiu sementes da fundação para plantar cerca de dez hectares – na época a maior parcela do país, mas apenas marginalmente lucrativa. Em vez de esperar pela primavera para plantar sua parte, George arrendou terras no Imperial Valley da Califórnia e arriscou plantar em outubro, esperando por uma colheita muito maior de sementes para plantar, na primavera seguinte, no Meio-Oeste. Tudo saiu errado. A água de irrigação continha sementes de aveia brava, exigindo remoção manual depois de brotar. No período de crescimento do inverno, muito mais longo, antes que as sementes amadurecessem, a cevada cresceu mais de dois metros, em vez de pouco mais de um. As máquinas não estavam equipadas para colher plantas tão altas. Uma vez colhidas as sementes, não havia tempo para o período convencional de dormência no inverno. George precisava confiar na teoria, comercialmente não-testada, de que a viagem em caminhões refrigerados – até o Meio-Oeste – seria suficiente. Cada problema era resolvido quando surgia. A alocação original de 1.270 litros de sementes foi multiplicada para mil hectares de plantação na primavera. A sua confiança era tão forte que ele não só contratara previamente os mil hectares antes de fazer a experiência de plantar na Califórnia, como também vendera toda a colheita do ano seguinte à Cargill. Depois de um segundo ano de sucesso com uma nova variedade de aveia, os outros plantadores de sementes certificadas gritaram "basta" e pressionaram a Universidade de Illinois a retirar de George a permissão que lhe fora dada para usar daquela maneira, por mais um ano, sementes da fundação. George saiu em busca de outra oportunidade.

Ele usou os lucros das sementes para comprar uma processadora de cereais em Racine, Wisconsin, e começou a fabricar e comercializar aveia no varejo com a marca Pilgrim Oats. Mas se o negócio das sementes havia sido um sucesso, este esforço foi um fracasso. George compreendeu que tinha sido incrivelmente ingênuo ao tentar competir com um gigante como a Quaker, que controlava o espaço nas prateleiras dos mercados de varejo. Ele havia contado com exportações, mas os regulamentos internacionais, as tarifas e as taxas cambiais comeram seus lucros. Sua única experiência compensadora com o negócio de aveia partiu de uma idéia de Dorothy sobre o que fazer com um vagão de trem cheio de latas vazias de aveia, pintadas de cores vivas, destinadas à exportação. Eles inventaram um jogo, que batizaram de "Holi Boli", usando dez latas presas numa caixa triangular, e uma carga de bolas de pingue-pongue vermelhas e brancas que George comprara de outro empreendedor falido. George levou uma amostra do produto à sede central de uma cadeia de lojas de departamentos e convenceu os gerentes a comprarem todos — vários milhões de jogos. "Aquilo nos ajudou a sair do buraco e salvar alguma coisa", diz ele. "Mas estou certo de que causou confusão em alguma parte do Meio-Oeste quando, no dia seguinte ao Natal daquele ano, um garoto abriu acidentalmente a caixa triangular e viu-se rodeado de latas com um chapéu de Peregrino (Pilgrim) pintado nelas e instruções para o preparo de aveia em oito idiomas."

David e Jon, então cursando o primeiro grau, tiveram seus primeiros empregos na empresa da família naquele estágio. Eles eram responsáveis pela colocação das latas nas caixas de "Holi Boli" e, além disso, também tiveram que abrir milhares de caixas de aveia não vendidas e colocar seu conteúdo de volta em sacos de cinqüenta quilos para venda no exterior. "Eles deviam seguir seus próprios caminhos. Suas obrigações eram levar a escola a sério, fazer esportes e descobrir o que queriam fazer. Lembro-me de David dizendo a Jon depois de um dia esvaziando caixas: 'Alguma coisa deve ter saído muito errada por aqui.' Pensei, na ocasião, que ele tinha uma boa cabeça para negócios."

"É difícil pensar em alguma maneira de dar um bom fim à experiência com a aveia", lembra George. Ele transformara uma instalação então inoperante em um silo comercial, que Dorothy passara a gerenciar até a contratação de um gerente; este, por sua vez, acabou comprando o negócio. Enquanto isso, George perseguia uma nova idéia. Sua experiência com a Associação de Crédito ao Produtor (que respondia por mais de 30% do crédito de curto e médio prazos à agricultura) o convencera de que havia uma necessidade e um mercado para uma revista de boa qualidade cobrindo as preocupações dos fazendeiros com negócios. "A agricultura estava se tornando intensiva em capital. Os agricultores precisavam saber mais sobre usar um lápis do que sobre operar um trator. Na época, as únicas publicações eram muito genéricas. Um plantador de melões da Carolina do Sul podia ler sobre ranchos de carneiros em Wyoming, mas quase nada quanto a tocar o seu negócio sob o aspecto financeiro." George saiu a campo para convencer os escritórios da Associação a assinar uma nova revista que ele pretendia publicar. Na ocasião, ele conheceu dois editores experientes, prontos para deixar as empresas para as quais trabalhavam — que publicavam revistas conhecidas sobre a vida no campo — e juntar-se a ele em um novo empreendimento. George juntou o que tinha salvo do negócio de aveia e eles formaram uma sociedade. Os dois sócios editores concentraram-se em publicações rurais patrocinadas por clientes como a Ford Motor Company e a Massey-Ferguson. George continuou viajando, tentando vender o conceito da revista aos escritórios da Associação.

"Fiz minha primeira visita de vendas a um escritório da Associação em abril de 1957. Lançamos nossa primeira edição naquele outono, com a participação de 23 escritórios e uma circulação de 35 mil exemplares." A nova idéia de George era ter uma estrutura de notícias nacionais de negócios, cujo núcleo seria aquele escritório em particular que geraria ainda notícias e anúncios locais. De fato, George visitou todos os escritórios da associação nos Estados Unidos. Apesar de a idéia ter sido aceita imediatamente e de novos escritórios aderirem a cada dia, os dois sócios de George achavam que ela era complicada demais para continuar. As gráficas não gostavam de ter que produzir tantas versões diferentes da mesma revista; o conceito de edições regionais, para não falar das versões locais, ainda não era aceito. Eles elaboraram, então, uma separação amigável, com George pretendendo desenvolver os noticiários e anúncios locais como um boletim informativo, e os outros dois ficando com a parte da revista genérica.

Em menos de três meses, o boletim alcançara a fenomenal circulação de trezentos mil exemplares. Quando os ex-sócios propuseram a George comprar de volta a revista rural original, este sabia que precisaria fazê-lo para que eles não se tornassem seus concorrentes, apesar de o preço ser exorbitante. Para levantar o capital, ele fez um acordo com uma empresa agrícola de Iowa para formar uma nova empresa, a Farm Credit Services, Inc., metade dela e metade de George. Este teria controle completo, e os outros seriam sócios capitalistas. Na retomada da revista, seu crescimento explodiu. Em menos de um ano, as vendas anuais chegaram a US$3 milhões. Em apenas alguns anos, circularam seiscentos mil exemplares, representando 94% de todos os escritórios da Associação de Crédito em todo o país. Através de várias aquisições e reestruturações ocorridas desde então, a editora agrícola tem sido o centro do trabalho de George há quase quarenta anos.

Questões de Participação Acionária

O controle acionário de uma empresa de Proprietário Controlador de primeira geração está nas mãos do fundador (em alguns casos, dividido com o cônjuge ou um sócio minoritário). O controle acionário do fundador permite a este controlar as decisões estratégicas e operacionais e, com freqüência, também as decisões da família. George Pilgrim teve experiência com várias combinações de participação acionária. Inicialmente ele desenvolveu uma fazenda que era, na verdade, do seu pai. Isto é muito comum em fazendas familiares, onde a propriedade em geral não muda de mãos até a morte da geração mais velha, mas o controle operacional pode ser passado à geração seguinte muito antes. Nos negócios de sementes e de aveia, George foi o Proprietário Controlador. Sua experiência com sócios estranhos à família na Agricultural Publishers durou somente cinco anos. Embora no final tivesse construído um negócio que exigia mais capital do que podia gerar, ele conseguiu estruturar, com um novo sócio não-pertencente à família, um acordo que lhe deu o capital necessário, deixando-o ao mesmo tempo com o controle operacional completo.

Como apresentado na introdução do Capítulo 2, no conceito do "empreendimento casamento", o papel do cônjuge no estágio do Início pode ser de um sócio passivo e cooperativo, ou de co-empreendedor. O trabalho conjunto na empresa não torna a empresa necessariamente uma sociedade. Somente se ambos os cônjuges tiverem autoridade de gerenciamento significativa, e se sentirem com poderes para tomar decisões, é que a empresa será realmente um co-empreendimento. Essas sociedades iguais estão se tornando mais comuns nas empresas familiares, mas ainda constituem exceções. Em geral, o cônjuge é sócio apenas nominalmente, em especial se parte do capital inicial veio de seus fundos pessoais ou da sua família. Nesses casos, é muito importante haver um acordo explícito sobre o seu papel apropriado. Ocasionalmente, o cônjuge pode servir como conselheiro do fundador e até mesmo comentar questões operacionais, mas a divisão de responsabilidades do casal deixa claro que a empresa é domínio do fundador. A família Pilgrim tinha um arranjo deste tipo. Dorothy era tão influente quanto o marido na família e também era sua conselheira, além de ser, ocasionalmente, uma gerente-chave, mas ele era o líder da empresa. O empreendimento casamento envolvia a ambos na empresa e na família, e eles formavam uma boa dupla.

Em outros casos, a compreensão pode não ser tão clara. Alguns cônjuges podem confundir sua participação acionária com autoridade de gerência na empresa e tentar tomar decisões ou dirigir os funcionários. Esta confusão entre responsabilidade ou autoridade de gerenciamento e participação acionária pode levar a atritos no casamento e na empresa.

No estágio da Jovem Família Empresária, os filhos normalmente são jovens demais para serem envolvidos na participação acionária. As únicas razões para que o Proprietário Controlador coloque ações em nome deles seriam simbólicas ou fiscais. Participações minoritárias de filhos do fundador provavelmente não têm muito efeito até a aproximação do final do estágio da Jovem Família. Neste ponto, porém, a passagem de uma participação aos filhos, ainda que simbólica, pode significar sua maioridade e um voto de confiança dos pais. Então, se os filhos adolescentes forem conscientizados dessa participação, poderão aumentar seu interesse pela empresa e desenvolver um maior senso de responsabilidade.

Finalmente, o impacto de acionistas estranhos à família nessas empresas centradas no fundador varia significativamente. Nesta variante do estágio clássico de Proprietário Controlador, sempre existe campo potencial para conflitos se os acionistas minoritários tentarem exercer demasiada (em alguns casos, qualquer) influência sobre o desenvolvimento inicial da empresa. Existem empreendedores com estilo cooperativo, que recebem bem contribuições e dividem o controle, mas são minoria. Em sua maioria, os fundadores querem ver os acionistas minoritários como investidores leais – e passivos. Eles sentem gratidão pelo apoio fInanceiro e pela confiança e otimismo que isto representa, mas esperam que os investidores se mantenham afastados e os deixem criar uma empresa que irá beneficiar a todos. Quando os investidores não podem mais concordar com a visão clara do fundador, como no caso da Agricultural Publishers, é hora de desfazer o acordo.

Questões Familiares

Muitas das questões da maior importância nas empresas no estágio Inicial, de Proprietário Controlador, foram discutidas no Capítulo 2. A natureza do empreendimento casamento, o estilo distante ou emaranhado da família, a distribuição de autoridade entre os cônjuges e os relacionamentos com as famílias ampliadas são variáveis que dão forma a este tipo de empresa familiar. O local de trabalho é particularmente importante nas vidas dos fundadores. Em geral, neste estágio o proprietário-gerente é um pai ausente. Este papel pode fazer com que os filhos se ressintam em relação à empresa, como se esta fosse uma poderosa irmã que concorre com eles. Na verdade, estes sentimentos de rivalidade podem desencorajar os filhos a terem qualquer relação com a empresa no futuro.

Além disso, as tensões do estágio Inicial podem facilmente alterar os humores e o nível de ansiedade dos pais na empresa. Se o estilo do fundador for de levar para casa as frustrações e problemas da empresa, então as primeiras impressões dos filhos em relação a ela poderão ser negativas. Se o fundador decidir não falar de trabalho com a família, os filhos e o cônjuge poderão sentir-se excluídos da parte mais absorvente da vida do pai. Embora este tenha sido um período muito trabalhoso e estressante na carreira de George Pilgrim, seus filhos lembram-se dele como animado e confiante. George e Dorothy eram abertos com os filhos a respeito dos problemas que a empresa estava tendo, mas também confiantes na sua superação.

Por outro lado, alguns fundadores experimentam um grau tão alto de satisfação e realização com o papel de Proprietário Controlador que este revigora seu papel na família. Nestes casos, a família pode ser convidada a participar do drama da empresa no estágio Inicial. Os aspectos pioneiros ou de aventura do papel do fundador podem levar os filhos pequenos a criar uma imagem mítica do pai, que é parte cowboy, parte pirata e parte rei (ou rainha). Se for permitido às crianças irem ao local de trabalho e tornarem-se familiarizadas com ele, elas poderão vê-lo como uma extensão natural do lar. Isto poderá aumentar a chance de a geração mais jovem vir a considerar seriamente carreiras na empresa quando esta entrar no estágio seguinte, de Entrada na Empresa.

George Pilgrim tinha uma rara habilidade de equilibrar as intensas demandas dos seus vários empreendimentos com uma paternidade de alto envolvimento. Durante os dias da fazenda e das sementes, ele tinha o benefício de trabalhar e morar no mesmo lugar. O trabalho em fazendas é um dos poucos empreendimentos familiares que mantêm algo do estilo de vida das famílias anteriores à industrialização, nas quais os filhos são observadores de todos os aspectos do trabalho dos pais. Quando George iniciou a editora, tudo isso mudou subitamente. Ele viajava por todo o país para vender seu novo produto. Ele afirma que, por mais que viajasse, sempre insistia em estar em casa na sexta-feira à noite e não saía até a segunda-feira. David e Jon também recordam do pai dirigindo uma noite inteira para estar em casa por ocasião de um evento especial. Mesmo assim, as demandas da empresa provocaram alguma tensão no sistema familiar; eles estavam acostumados a tê-lo por perto o tempo todo.

Questões da Empresa

Neste estágio Inicial da empresa, o proprietário-gerente precisa trabalhar para estabelecer com os clientes que sua empresa tem algo de valor a vender. Algumas vezes isto é relativamente fácil, mas raramente vemos um fenômeno de "ratoeira melhor", onde o produto é tão claramente desejável que os clientes abrem uma estrada até a porta da nova empresa. Enquanto o proprietário-gerente eleva, com poucas receitas seguras, a capacidade de produção ou prestação de serviços, o gerenciamento do fluxo de caixa é crítico. Como no caso da WISCO (Capítulo 1), mesmo que haja capital suficiente para se começar a produzir e comercializar o produto, a sobrevivência da empresa é muito duvidosa até haver um fluxo estável de receitas que superem os custos operacionais. A energia exigida para este esforço inicial de desenvolvimento da empresa é, em geral, assombrosa. Por vários anos, a maior parte das horas do proprietário-gerente é passada administrando a empresa, até o ponto em que haja um excedente confiável de caixa ao final de cada período de pagamento.

No estágio Inicial, o proprietário controlador precisa se esforçar muito para estabelecer lealdade entre clientes, funcionários e outros participantes vitais, como a família, o banco e os fornecedores. Um cortejo leal típico é formado pela criação de uma visão que permita a esses públicos críticos – em especial, os funcionários – acreditarem que a empresa tem chance de sobreviver e prosperar, e que, portanto, valem os seus esforços. O fundador pode ter que fazer acordos especiais com os principais participantes para garantir o empenho destes. As instituições financeiras podem exigir garantias extraordinárias para seus empréstimos. Os candidatos a posições de gerentes-chave, não-pertencentes à família, podem negociar benefícios ou incentivos especiais para deixar empregos seguros e se arriscar com o novo empreendimento. Grandes clientes em potencial podem exigir descontos no preço; compradores desonestos podem pedir comissões. Pode-se oferecer, aos membros da família e a outras pessoas, influência em troca dos seus investimentos. Estes acordos são quase sempre secretos e podem variar muito. Embora sejam convenientes a curto prazo, eles também se tornam parte do legado do fundador e podem complicar a introdução de sistemas de gerenciamento na empresa à medida da sua progressão para os estágios seguintes.

Em nossa experiência, os fundadores controladores não costumam escolher uma estrutura organizacional que encoraje o trabalho em equipe entre os principais participantes da empresa, preferindo promover relacionamentos íntimos, em termos individuais, com os altos dirigentes. Eles sentem-se mais à vontade com uma estrutura de "cubo e raios", na qual o proprietário-gerente, no centro da roda, é necessário para todas as decisões importantes e atua como intermediário em toda a comunicação. A estrutura de cubo e raios – com informações entrando e decisões saindo – pode gerar uma cultura altamente inovadora e sensível aos clientes. Ela pode ter sucesso enquanto a organização não for grande demais e o proprietário-gerente se mantiver física e mentalmente alerta, em contato com o mercado e plenamente conhecedor da tecnologia da empresa. Caso estas condições não sejam satisfeitas, a estrutura de cubo e raios pode inibir o crescimento e a lucratividade da empresa. Devido à natureza fluida e centralizada dessa estrutura organizacional, todos os olhos convergem para o proprietário-gerente em busca de direção. Sua visão gera prioridades e atividades, e seu comportamento determina as decisões e os valores da empresa.[10]

Nenhum dos negócios de George Pilgrim, com exceção da revista, cresceu muito ou teve muitos funcionários em período integral. Contudo, ele se envolvia decisivamente com cada aspecto deles, até o último detalhe. George era o principal vendedor, projetista de produtos, gerente de produção, perito em marketing e financista. Dorothy cuidava da contabilidade sempre que possível. Ele sempre acreditava que ia dar certo, mesmo que fosse uma venda difícil para outros. Quando as gráficas se opuseram à idéia de colocar diferentes seções de propaganda em cada uma das quatro edições para cada um dos quatrocentos distritos da associação de crédito, George partiu à procura – e encontrou – de uma gráfica que fizesse exatamente o que ele queria. "Eu não conhecia a tecnologia de impressão, nem me importava com ela. Eu sabia do que o mercado precisava e estava certo."

Na empresa que está no estágio Inicial do Proprietário Controlador, os dois requisitos mais importantes para a sobrevivência são que ela reaja de forma flexível às necessidades dos clientes e permaneça muito eficiente em relação aos custos. O proprietário-gerente deve selecionar funcionários adequadamente qualificados, que possam receber orientação, achar financiamento para o capital de investimento e operacional, administrar com atenção o fluxo de caixa e preparar orçamentos para vários projetos da empresa. Neste período inicial da vida da empresa, esta deve ser capaz de ajustar-se rapidamente às oportunidades de crescimento e aos retrocessos. As oscilações podem ser drásticas e imprevisíveis para as empresas menores e estas precisam aprender a atender os pedidos – em expansão ou em declínio – para aquilo que vendem.

O estilo pessoalmente envolvido da maioria dos fundadores pode funcionar bem na criação de uma base inicial de clientes. George Pilgrim queria conhecer todos os gerentes de escritórios da Associação de Crédito ao Produtor e esforçou-se para criar um relacionamento pessoal com cada um deles. Ele viajava para vender a idéia, para poder falar face a face com os dirigentes da associação. No carro, depois de cada reunião, ele fazia anotações para um arquivo de fichas, para poder fazer as perguntas certas e renovar a conversação ao voltar à mesma região seis meses depois. Ele sabia que sua maior arma de vendas era ele mesmo um fazendeiro experiente e bem informado, não um publicitário ou editor da cidade. A lealdade dos clientes é, muitas vezes, o aspecto que provê os recursos iniciais para o novo empreendimento. Também é verdade que essas conexões individuais com o fundador precisam ser flexíveis e mesmo transferíveis para a empresa em si para que esta possa fazer a transição para o estágio seguinte, de Expansão/ Formalização.

Normalmente, políticas e procedimentos na organização do Proprietário Controlador não são formalizados. Esta falta de rotina e controles pode ajudar na flexibilidade, caso os funcionários sejam de bom nível e disponham de poderes para atuar de forma independente dentro das limitações das metas e valores globais da empresa, e se a comunicação for suficientemente boa para que a empresa aprenda depressa e se ajuste continuamente. Contudo, muitas vezes a falta de clareza quanto a autoridade, políticas e até mesmo à direção da empresa pode, implicitamente, tornar os funcionários ainda mais dependentes do proprietário-gerente, mantendo-o no centro da empresa. A falta de sistemas operacionais também pode indicar deficiências desta pessoa quanto à capacidade de gerenciar. Essas empresas demonstram delegação limitada, um grupo de outros gerentes mal qualificados e decisões autoritárias de seus proprietários-gerentes.

Em resumo, o estágio Inicial é uma fase em que são lançadas as bases para três aspectos centrais da empresa familiar: cultura, estratégia e valores de gerenciamento do patrimônio. A cultura de uma empresa (como aquela de qualquer grupo social) é constituída por seus valores e suposições a respeito do comportamento correto em várias áreas: autoridade adequada para a tomada de decisões (hierárquica, paralela ou individual), o papel da gerência, estilo ideal de liderança (autocrática, consultiva, participativa), normas de abertura *versus* sigilo, pessoas *versus* orientação para tarefas, lealdade ao líder *versus* lealdade à organização, respeito pela hierarquia e estrutura de gerências, o papel da família na empresa e a orientação temporal da empresa (focalizada mais no passado, no presente ou no futuro). Esses valores e suposições são identificados por meio de "artefatos" culturais visíveis, inclusive mitos e histórias a respeito do fundador, códigos sobre vestimentas e características físicas da empresa, a filosofia escrita da organização e tradições na empresa e na família. O fundador também simboliza ou articula diretamente, mediante palavras e atos, esses valores e crenças básicas subjacentes. Eles tornam-se entranhados na empresa, porque faz parte da mitologia do fundador que o sucesso inicial da organização dependeu deles.[11] As culturas de empresas podem se estender por muito tempo sem muitas mudanças quando existem métodos confiáveis para a transmissão fiel da sua essência. Este é certamente o caso nas empresas familiares; a família talvez seja a mais confiável de todas as estruturas sociais para a transmissão de valores e práticas culturais através de gerações.

Dyer observou quatro espécies de culturas em empresas familiares. A forma mais comum, a paternalista, é caracterizada por relacionamentos hierárquicos e autoridade centralizada. Os líderes, normalmente membros da família, tomam todas as decisões importantes e supervisionam de perto os funcionários. O segundo padrão, o *laissez-faire*, é semelhante à cultura paternalista, mas os funcionários são considerados merecedores de confiança e podem tomar algumas decisões. A família ainda determina o que precisa ser feito, mas os funcionários decidem como fazer. A cultura participativa, uma forma rara em empresas familiares, é radicalmente diferente. Ela é orientada para grupos, estruturada para envolver os outros, não enfatiza o poder da família e encoraja o crescimento e o desenvolvimento dos funcionários. Dyer chama o último padrão cultural de profissional, uma forma usualmente encontrada nas empresas dirigidas por gerentes profissionais não-pertencentes à família. Ele se caracteriza por individualismo, competição e relações impessoais com os funcionários.[12]

O fundador também tem forte influência sobre a duração da estratégia da empresa.[13] É freqüente existir, em empresas familiares, uma forte – e às vezes irracional – lealdade ao negócio ou aos negócios originais iniciados pelo fundador. Este pode convencer sua família e seus gerentes da idéia de que o sucesso depende de se estar em determinada linha de negócios ou de se dirigir a empresa de certa maneira. Quando, em gerações posteriores, o valor do negócio original é questionado, ou há uma iniciativa para a sua venda ou redução, alguns membros da família podem ver isto como uma afronta ao fundador e lutar para manter as operações originais. Crenças a respeito de crescimento, diversificação, endividamento, controle acionário, posicionamento competitivo (em termos de qualidade, preço, atendimento e assim por diante) podem ser fortemente influenciadas pelos princípios originais do fundador quanto a boas práticas de negócios. O fundador também pode ter forte lealdade com a comunidade na qual se criou a empresa e com os clientes ou mercados originais atendidos pela empresa. Finalmente, o fundador tem, em geral, uma filosofia a respeito do limite da extensão com que a empresa deve servir as necessidades da família. Todas essas filosofias originais podem ter influências importantes sobre a estratégia corrente de uma empresa familiar, podendo ser funcionais ou não no ambiente contínuo da empresa.

Em terceiro lugar, os fundadores podem afetar por gerações os valores de gerenciamento de patrimônio dos acionistas da família e as práticas a eles associadas. A orientação de uma família em relação à preservação *versus* consumo do capital da empresa e riqueza da família geralmente é iniciada pelo fundador na primeira geração da empresa. A lealdade dos acionistas a empresas estabelecidas; o interesse no espírito empreendedor e novos empreendimentos; a entrega do controle acionário aos dirigentes, da família ou não; a separação do papel de acionista daquele de gerente; a responsabilidade da empresa para com as necessidades dos acionistas e o gerenciamento das informações aos mesmos e do seu envolvimento são também iniciados pelos atos e atitudes do fundador. Por sua vez, todas essas práticas influenciam a forma como os acionistas são tratados e como estes tratam a empresa e seu capital e, ainda, a harmonia final da família na empresa.

Notas

1. Algumas das melhores obras recentes na extensa literatura sobre espírito empreendedor incluem Brockhaus e HorWitz (1986), Bird (1989), Timmons (1989, 1994) e Birley e Mac-Millan (1995). Nossas abordagens ao espírito empreendedor são particularmente influenciadas por Dyer (1992), Kets de Vries (1985) e Stevenson (Stevenson & Sahlman, 1987; Stevenson, Roberts e Grousbeck, 1994). Além disso, as questões especiais de mulheres e minorias étnicas empreendedoras se refletem numa literatura crescente (ver Shapero & Sokol, 1982; Bowen & Hisrich, 1986; L. Stevenson, 1986; Aldrich & Waldinger, 1990; Brodsky 1993; Loscocco & Leicht, 1993).
2. Muitos fatores ambientais também foram identificados como influenciando e encorajando a fundação de uma empresa. Fatores macroeconômicos, como os níveis de gastos dos consumidores e a renda disponível e taxas de inflação e de desemprego podem criar oportunidades ou limitações para a fundação de uma empresa. A ampla disponibilidade de empregos em empresas e indústrias estabelecidas reduz a atividade empreendedora. Certas indústrias apresentam melhores oportunidades para pequenas empresas, muitas vezes em nichos relativamente protegidos dos grandes concorrentes (Covin & Slevin, 1990). A infra-estrutura econômica do país também pode facilitar a criação e funcionamento de novas empresas. A disponibilidade de capital de risco, uma força de trabalho tecnicamente qualificada, o acesso a fornecedores e clientes, políticas governamentais favoráveis, a disponibilidade de terra ou instalações, o acesso a transportes e a facilidade de serviços de suporte encorajam a fundação de empresas (Bruno & Tyebjee, 1982). Esses fatores se aplicam igualmente a todos os tipos de empresas, familiares ou não.
3. Reich, 1987; Cramton, 1993; Copland, 1995.

4. Os estágios de vida e de carreira das pessoas também influenciam a fundação de uma empresa. Muitos fundadores não criam empresas até a proximidade dos seus 40 anos, quando estabelecem, a seu respeito, um senso de interesses, de estilo e de competência. Não por acaso, esta também é a fase da vida em que as pessoas passam a gostar menos de receber ordens de outras e estão altamente motivadas para se tornarem "seus próprios patrões" (Levinson, 1978; 1996).

5. A obra de Dyer sugere cinco fatores que motivam uma carreira de empreendedor: experiências de infância, necessidade de controle, frustração com as carreiras tradicionais, desejo por desafios e estímulos e modelos. De acordo com Dyer, o comportamento empreendedor pode ser reconhecido muito cedo na vida de uma pessoa. Em sua pesquisa, muitos empreendedores disseram ter criado novas empresas quando jovens. Pode ser que experiências bem-sucedidas na juventude encorajem empreendimentos mais substanciais na vida adulta (1992).

6. Dyer, 1992.

7. Mangelsdorf, 1994. Ver também Harvey e Evans, 1995.

8. Timmons, 1994.

9. A cultura pode incluir uma norma familiar de desconfiança em relação a estranhos, levando o fundador a preferir tratar de assuntos comerciais com parentes. Às vezes a família ou a sociedade dá ao fundador um status social especial pelo fato de ele possuir e gerenciar uma empresa. A cultura também pode incluir normas sobre direitos de propriedade em famílias, que juntam seus recursos e os mantêm em comum, inclusive as empresas. Nos Estados Unidos, a progressão típica é pessoas iniciarem empresas gerenciadas por elas mesmas, e passar a contar, depois, com acionistas da família. Em outras partes do mundo, como a Ásia, a tendência maior é envolver os filhos no início da empresa e com estes dividir a participação acionária e o controle. Isto leva a mais Sociedades entre Irmãos no estágio Inicial e até mesmo a Consórcios de Primos. Algumas excelentes explorações de empresas familiares asiáticas incluem Panglaykim e Palmer, 1970; Wong, 1985; Cushman, 1986, 1991; Chau,1991.

10. Zaleznik e Kets de Vries (1975) exploraram motivos para a criação de uma empresa do ponto de vista psicanalítico. Eles concluem que os empreendedores têm um desejo de recriar uma imagem paterna ou protetora, e de se ligar a uma versão mais idealizada da sua família de origem. Nesta família reconstruída, o fundador pode estar no centro do sistema social e receber a atenção e a adoração de que tanto necessita. Ao encorajar outros a depender dele e a lhe serem leais, ele alcança um controle substancial sobre sua estrutura social preferida. É óbvio que se este desejo de ser, ao mesmo tempo, provedor e controlador for muito forte, o desenvolvimento da empresa será restrito.

11. Schein,1983.

12. Dyer, 1986.

13. Ward e Aronoff, 1994.

CAPÍTULO 5

A Empresa Familiar:
Crescendo e Evoluindo

NESTE CAPÍTULO, examinamos mais de perto os desafios e oportunidades enfrentados por empresas familiares que foram além do estágio empreendedor mostrado no Capítulo 4. Em outras palavras, a empresa passou do estágio Inicial para o de Expansão/Formalização, o controle acionário passou de um Proprietário Controlador para uma forma de Sociedade entre Irmãos, e a família está no estágio de Entrada na Empresa; os filhos estão entre os 15 e 25 anos de idade e os pais estão na meia-idade ou acabaram de passar por ela.

As empresas e famílias que atingiram este estágio, por diferentes que sejam, têm uma série de desafios comuns: terminar a consolidação do controle acionário na geração dos filhos, desenvolver um processo de entrada para a próxima geração e reestruturar a empresa e seus sistemas para iniciar e sustentar o crescimento.

A maioria das empresas de capital fechado nos Estados Unidos é do tipo descrito no Capítulo 4: proprietários-gerentes de primeira geração dirigindo pequenos empreendimentos, algumas vezes lutando pela sobrevivência. Como já vimos, por várias razões, muitas dessas empresas nunca fazem a transição para a segunda geração. Alguns fundadores nunca pretenderam passá-las como empresas familiares. Mas mesmo quando eles gostariam que elas continuassem a existir, em sua maioria as empresas no estágio Inicial fracassam por motivos de negócios muito antes da sucessão vir à tona. Outros não conseguem achar uma forma de concluir a transição do controle acionário dentro da família e vendem suas empresas.

Portanto, o tipo de empresa familiar cujo perfil é mostrado neste capítulo – uma Sociedade entre Irmãos de segunda ou terceira geração, no estágio de Expansão/Formalização, com a terceira geração pronta para a Entrada na Empresa – não é, em termos estatísticos, a empresa familiar "típica". Contudo, este é um estágio crítico entre as empresas que sobrevivem e prosperam. Dentro da família, o aumento em escala do negócio provavelmente significa que mais membros estão ligados à empresa, seja como acionistas ou funcionários. A empresa está se tornando um componente central da identidade familiar.

Essas empresas enfrentam importantes desafios organizacionais, estratégicos e psicológicos. Pode ser que empresas familiares nesse estágio sejam as mais vulneráveis, à medida que tentam efetuar a difícil transição de uma empresa controlada por uma pessoa para uma organização mais complicada, gerenciada por muitas.

O tema para este estágio de desenvolvimento é a colaboração. Uma empresa que podia ser o *one person show* em um estágio anterior, menos complexo, agora precisa ser uma parceria, tanto no sentido psicológico como no literal. Os irmãos proprietários-gerentes precisam achar maneiras para dirigir a empresa em conjunto e desenvolver relacionamentos construtivos de trabalho com seus jovens filhos adultos. Os membros da família, de ambas as gerações, devem formar relacionamentos cooperativos e de confiança com funcionários-chave não-pertencentes à família. Neste estágio, mais que nos anteriores, a empresa familiar é um esforço de equipe. Os solistas podem ter sucesso no curto prazo, mas normalmente enfrentam dificuldades quando a geração seguinte começa a entrar na empresa.

Esta transição psicológica – da busca individualista do proprietário único para o esforço de equipe da Sociedade entre Irmãos – é um tema que ecoa através de todas as três dimensões da empresa familiar. Neste estágio, coordenação, comunicação e planejamento são qualificações cruciais para os gerentes e os membros da família.

Às vezes, a maior complexidade da empresa requer a formalização de muitas diretrizes e políticas que antes podiam permanecer informais; mudanças do mesmo tipo podem ser úteis na família, para possibilitar um tratamento justo para todos, a administração dos inevitáveis conflitos e o esclarecimento das expectativas quanto ao envolvimento da terceira geração na empresa. O caso da Novelty Imports ilustra bem os desafios e as dinâmicas deste estágio. Trata-se de uma empresa dirigida por uma Sociedade entre Irmãos, mas da qual dependem três gerações. É uma ilustração particularmente boa de como as dinâmicas das três dimensões – propriedade, família e empresa – interagem para criar desafios.

NOVELTY IMPORTS, INC.

A Novelty Imports é dirigida por Bernie e Mitch Kopek, que receberam, recentemente, parcelas iguais de 50% da empresa da sua mãe, Miriam. Aos 75 anos e viúva, Miriam ainda é ativa na empresa e tem planos para se aposentar. Bernie (50 anos) e Mitch (47) têm tido um relacionamento de trabalho litigioso há vinte e cinco anos. Bernie cuida de finanças e da administração do escritório; Mitch cuida de operações, compras e vendas, viajando mais a cada ano à medida que sua mãe reduz suas atividades de comprar e gerenciar clientes. Bernie é divorciado e mora sozinho. Ele tem um filho, Benjy (17 anos), que cursa o segundo grau e vê o pai nos fins de semana. O mais velho da terceira geração é Mark, filho de Mitch, com 25 anos, que estudou administração e acabou agora o curso de direito. Ele tem uma irmã mais nova, Abby (20 anos), que está na faculdade. Betty, mulher de Mitch, trabalha como supervisora de operadoras na companhia telefônica local.

A Novelty saiu-se bem em seus quarenta anos de existência. Miriam começou a empresa em casa quando seu marido ficou incapacitado por uma doença crônica. No início, ela vendia enfeites natalinos que seu primo encontrava na Polônia. Depois da morte do marido, ela viajou à Europa Oriental para achar mais fornecedores de uma gama mais ampla de produtos, os quais ela vendeu para várias grandes lojas de departamentos nos Estados Unidos. No final dos anos 60, quando Mitch e Bernie entraram para a empresa, a Novelty estava estabilizada em confortáveis US\$5 milhões em vendas. E durante os anos 80, em grande parte devido aos agressivos esforços de vendas de Mitch e aos extensos contatos da sua mãe na indústria do varejo, a empresa conquistou mais duas grandes cadeias de lojas como clientes. As vendas dobraram em dois anos, fazendo com que os três dirigentes se apressassem para encontrar fornecedores. No final dos anos 80, houve a abertura do mercado de fornecedores da Europa Oriental, e, mais uma vez, as vendas deram um salto. Em 1994, elas chegaram a US\$45 milhões e a empresa tinha sessenta funcionários, 15 nos escritórios do financeiro e administrativo, sob a responsabilidade de Bernie, e 45 nas funções de vendas, distribuição e compras, de Mitch e sua mãe.

QUESTÕES DE PARTICIPAÇÃO ACIONÁRIA

As estruturas de propriedade neste estágio de desenvolvimento da família e da empresa podem ser simples ou extremamente complexas. Identificamos, no Capítulo 1, a característica que define o estágio de Sociedade entre Irmãos: dois ou mais principais proprietários da mesma geração. As questões que uma empresa familiar tem diante de si neste estágio serão influenciadas pela variedade específica de Sociedade entre Irmãos que surgiu. Quantas pessoas possuem direitos de propriedade? Qual é a proporção entre ações com e sem direito a voto? Qual é a norma relativa às distribuições de dividendos? Qual é a autonomia de cada irmão para tomar decisões a respeito de como lidar com sua parcela acionária?

Neste plano, as questões de participação acionária caem sob dois temas. O primeiro provém da interação do estágio de desenvolvimento da empresa – Expansão/Formalização – com o estágio de propriedade – Sociedade entre Irmãos. Esta questão está relacionada à maneira pela qual os interesses dos acionistas e as necessidades da empresa estão sendo integrados para possibilitar o crescimento e encorajar a profissionalização do sistema de gestão. O segundo tema provém da interação da Sociedade entre Irmãos com o estágio de desenvolvimento da família: Entrada na Empresa. Este tema se relaciona com o planejamento para a distribuição das ações entre a geração mais jovem, que está agora tomando decisões relativas a carreiras. Como as necessidades da família – atuais e futuras – são ponderadas em relação às necessidades da empresa? Que estrutura de participação acionária é preferida pelos atuais dirigentes, e como irão eles realizar este objetivo?

Questões de Sociedade entre Irmãos na Empresa em Expansão/Formalização

É fácil ver que uma empresa em crescimento necessita de dinheiro. Do ponto de vista dela, o reinvestimento dos lucros parece uma decisão automática. Entretanto, como já dissemos, neste estágio as famílias enfrentam um aperto extremamente difícil, uma vez que também têm necessidades prementes e futuras, de capital. Consideremos as várias demandas legítimas por dinheiro enfrentadas por essas famílias, no a curto prazo:

1. Reinvestir na empresa.
2. Preparar os filhos (educação, ajudar a comprar uma casa).
3. Outras despesas ligadas ao estilo de vida (hipotecas, necessidades de saúde, viagens).

Além disso, há a questão da diversificação do patrimônio. As famílias neste estágio precisam considerar a sensatez de terem todos os seus ativos amarrados a um investimento, a empresa.

Os requisitos financeiros do estágio de Expansão/Formalização irão exigir, quase certamente, uma combinação de reinvestimento e novas fontes de capital. Uma vantagem do estágio de Sociedade entre Irmãos é que, se a empresa conseguiu fazer bem sua transição do estágio do Proprietário Controlador, deve haver relacionamentos profissionais sólidos com instituições de empréstimos, os quais podem ser usados para gerar um endividamento apropriado. Com os credores institucionais olhando por sobre os ombros da família, aumenta a pressão para colocar os lucros de volta na empresa, para a expansão de capacidade, aquisições, novas linhas de produtos ou marketing. Os sócios que dirigem a empresa se vêem, muitas vezes, tentando "vender" políticas conservadoras de dividendos e reinvestimento dentro do grupo de acionistas.

No estágio de Entrada na Empresa, dois dos principais usos concorrentes para os ganhos são as despesas em que a geração paterna incorre para ajudar seus filhos a se estabelecerem e para sustentar um estilo de vida cada vez mais luxuoso. Se a empresa é bem-sucedida, existe a inclinação natural dos seus proprietários para experimentar alguns dos benefícios desse sucesso. Com freqüência isto se manifesta no desejo de dar uma ajuda à geração mais jovem. As dinâmicas da família podem trabalhar em favor de dinheiro como recompensa para os filhos que decidem entrar para a empresa, na forma de ajuda para a sua educação, para a compra de uma casa, para recreação e viagens, e muitos outros fins. Por outro lado, os pais podem sentir-se inclinados a também compensar os filhos que optam por não trabalhar na empresa (*ou*, mais ainda, aqueles não convidados para entrar). Isto pode tomar a forma de outros tipos de ajuda: para a educação, para o financiamento de outro empreendimento, ou mesmo um presente em dinheiro.

Ao mesmo tempo, a geração paterna, para acompanhar sua posição na empresa, pode achar tolice esperar mais para melhorar seu próprio estilo de vida. Nesta ocasião, ela pode querer mudar-se para uma casa mais luxuosa ou para um bairro melhor, viajar ou assumir um papel filantrópico mais visível na comunidade. Agora que os filhos se foram, o cônjuge que não trabalha na empresa pode querer investir em sua própria educação ou em um novo empreendimento. Todos esses investimentos e gastos requerem dinheiro. Cada proprietário estará em uma situação diferente, dependendo dos desejos do cônjuge, do número e das idades dos filhos dentro e fora da empresa e dos seus valores quanto a estilo de vida. Os debates entre os acionistas a respeito da política de dividendos e da imagem pública podem tornar-se muito acalorados neste estágio, mesmo que tenha havido consenso e harmonia no passado.

Em muitas empresas, uma das conseqüências da transição para o estágio de Expansão/Formalização é que "parcerias" informais são substituídas por hierarquias ou divisões mais formais. Muitas vezes isto significa que a distribuição de poder, autoridade e autonomia na estrutura organizacional é diferente da distribuição da participação acionária na Sociedade entre Irmãos. Esta pode ser uma fonte de tensões e um teste real da capacidade da empresa para avaliar as necessidades de cada uma das três dimensões em separado. Por exemplo, nos grupos de irmãos com divisões iguais das ações, é obviamente do interesse da empresa atribuir papéis de gerenciamento de acordo com a capacidade de cada um, e não como um reflexo da distribuição acionária, mantendo igualdade no poder de gerência e no tamanho da divisão administrada por cada irmão. Nas Sociedades entre Irmãos em que um ou dois destes detenham blocos maiores de ações, também é do interesse da empresa que os outros irmãos em cargos de gerência possam crescer e subir na hierarquia de acordo com seu desempenho e não com sua participação acionária. Infelizmente, muitas Sociedades entre Irmãos no estágio de Expansão/Formalização não conseguem administrar essas tensões, e alguns irmãos sentem-se subvalorizados e prejudicados. Se muitos deles se sentirem tratados de forma injusta, poderão querer deixar a empresa ou resgatar suas ações, em alguns casos forçando uma venda. Se a empresa sobreviver à perda de capital, ela poderá reverter para o estágio de Proprietário Controlador.

Finalmente, uma tensão adicional sobre as reservas de capital pode provir das necessidades de aposentadoria da geração precedente à da Sociedade entre Irmãos. Na família Kopek, Bernie e Mitch estão cientes de que a empresa irá pagar generosamente o sustento de Miriam enquanto ela viver. Este será um dinheiro à parte daquele disponível para reinvestir na empresa e sustentar seu crescimento. A diversificação de patrimônio pode não parecer uma opção real para a geração do fundador, mas o é claramente para os seus filhos. É necessário um cuidadoso planejamento para minimizar o impacto sobre as operações quando for desviado dinheiro para retiradas e financiar aposentadorias previstas.

As necessidades dos filhos não-funcionários também precisam ser consideradas no planejamento de investimentos e do patrimônio. Os pais têm várias opções: dividir suas ações entre os filhos ou acumular outros ativos, os quais iriam para os não-funcionários. No caso da família Kopek, a divisão das ações de Mitch entre Mark e Abby deixaria Mark sem controle votante e poderia prejudicar o ramo de Mitch (supondo que Benjy ficasse com os 50% de Bernie). Além disso, Mark teria que pensar em Abby, que não está envolvida com a empresa, mas tem uma participação significativa. Numa segunda opção, Mark receberia as ações da empresa e Abby, talvez, uma pequena participação, mas também algo mais. Contudo, o "algo mais" é ilusório. Mitch e Bernie possuem pequenas contas de poupança e uma casa pesadamente hipotecada e necessitando de reformas. Toda a sua renda extra foi para pagar as contas com universidades. Além disso, eles estão com quase 50 anos e não dispõem de muito tempo para fazer um pé-de-meia para Abby e, simultaneamente, financiar suas próprias aposentadorias.

Questões da Sociedade entre Irmãos na Família Entrando na Empresa

O segundo desafio que surge neste estágio é planejar a futura estrutura de participação acionária à luz da transição da geração mais jovem para a vida adulta. A participação irá se tornar mais ou menos concentrada? Como e quando as ações serão transferidas aos novos proprietários? Em geral, apesar dos avisos de alguns consultores de empresas familiares, a posse de ações tende a ficar mais dispersa a cada transferência entre gerações. Isto acontece em parte porque as famílias freqüentemente interpretam tratar os filhos "com justiça" como tratá-los "de forma idêntica". Foi assim que Miriam viu a situação. Ela poderia ter reconhecido a maior responsabilidade de liderança de Mitch e seu maior compromisso com a empresa, mas seu valor materno de não diferenciar entre os filhos a impediu. Em conseqüência disso, ela não deixou nenhum deles no controle. Agora os irmãos precisam tomar suas próprias decisões a respeito da participação acionária e elas são complicadas. A coordenação entre os irmãos sócios normalmente é prejudicada por uma série de novos fatores quando a família passa para o estágio de Entrada na Empresa.

Em primeiro lugar, quase todos os irmãos sócios estão ansiosos para que, no futuro, seu ramo permita deter, no mínimo, o mesmo controle da empresa mantido na sua geração. É improvável que eles coloquem seus filhos em desvantagem, mesmo com todos os sócios concordando que a consolidação das ações seria desejável. Por exemplo, mesmo que Mitch tivesse capital para comprar a parte de Bernie (e ele não tem), ele sabe que Bernie nunca venderia. Apesar da sua própria insatisfação, Bernie quer que seu filho tenha todas as vantagens possíveis na empresa. Sem regras explícitas nos critérios para entrada e carreira — ou mesmo explicitadas, mas sem a confiança de que serão cumpridas com justiça —, agarrar-se às suas ações é a melhor proteção dos interesses dos filhos.

Segundo, muitas vezes os irmãos sócios têm necessidades diferentes de planejamento financeiro, e isso afeta a maneira como eles tratam suas próprios ações. Neste caso, Mitch precisa pensar nas futuras necessidades de Betty e Abby; as ações precisam ser consideradas como um ativo para o sustento futuro delas. Bernie, porém, com menos obrigações familiares, não pensa da mesma forma sobre sua parte.

Em terceiro lugar, normalmente cada irmão tem uma abordagem própria no planejamento de patrimônio. Por exemplo, se eles têm valores diferentes, isto pode influenciar suas visões sobre a questão de dar suas ações ou fazer com que a próxima geração as compre. Também, como no caso da família Kopek, a situação financeira de cada irmão pode ser muito diferente e assim exigir estratégias diferentes de planejamento do patrimônio.

Finalmente, muitos irmãos sócios, mesmo que se entendendo melhor que Bernie e Mitch, não pensam em discutir entre si seus planos patrimoniais. Afinal, as ações são de cada um. É necessária uma perspectiva ampla sobre participação acionária e um relacionamento cooperativo entre os irmãos para se desenvolver uma visão comum a respeito das futuras estruturas acionárias da empresa.

QUESTÕES FAMILIARES

Os desafios ligados ao desenvolvimento da família no estágio de Entrada na Empresa originam-se dos vários graus de interdependência emocional, financeira e profissional entre as três gerações. Os desafios enfrentados pela geração que está entrando (mais jovem), pela que está na meia-idade (intermediária) e por aquela que está se aposentando (mais velha) influenciam a sua reação – individual e coletivamente – às decisões sobre as formas como a geração mais jovem irá entrar na empresa. As necessidades das três gerações podem ser diferentes e os relacionamentos familiares podem sofrer sob a tensão.

Transições do Ciclo de Vida Individual

O estágio de Entrada na Empresa apanha as três gerações da família em importantes pontos de transição. Mitch, Betty e Bernie passaram recentemente pela meia-idade – entre 38 e 45 anos. Como vimos no Capítulo 2, nesta idade a tarefa de desenvolvimento individual é reavaliar os arranjos e estruturas da vida, para preparar-se para a jornada até a maturidade. A tensão sobre o sistema da empresa familiar pode ser significativa, quando os líderes cujos filhos estão pensando em entrar para a empresa questionam suas mais fundamentais estruturas de vida. Alguns se divorciam, dividindo a unidade familiar na qual seus filhos cresceram. Alguns deixam de trabalhar; outros começam a fazê-lo. Eles sentem que o tempo é limitado para a realização dos seus sonhos e experimentam um senso de urgência.

O casamento de Mitch sobreviveu à transição da meia-idade, mas o de Bernie não. Sua mulher divorciou-se dele de forma litigiosa, depois que ele começou um caso com uma vizinha mais jovem. Bernie ainda está se recuperando do divórcio e da perda do filho. Portanto, deseja muito cultivar o interesse de Benjy pela empresa. Bernie deixa claras suas intenções: recuperar o filho por meio da empresa. Mitch compreende isso.

Betty também passou por algumas mudanças. Depois do choque inicial de ver Abby, sua filha, ir para a universidade, ela ficou surpresa com sua felicidade pela nova independência. Ela sabe que Mitch está contando com o retorno de Mark após o curso de direito; assim, sente-se pouco à vontade para lhe dizer que, na verdade, não quer Mark vivendo em sua casa.

Mark, sua irmã e seu primo estão acabando de passar da adolescência para a vida adulta. Nessa fase, a tarefa é separar-se da família dos pais e estabelecer uma identidade individual, tanto na área pessoal como na profissional. Para testar esta sensação emergente de individualidade, os jovens adultos normalmente assumem compromissos temporários. Algumas vezes tentam empregos diferentes ou mudam para novos locais. Apaixonam-se e tentam um relacionamento romântico sério. Os jovens adultos também articulam uma visão preliminar para suas vidas no futuro, a qual abrange as dimensões de trabalho e de família. Este sonho (usando o termo de Levinson) torna-se o marco de referência para a avaliação (e reavaliação) posterior do seu sucesso e o impulso para crescer e mudar.[1]

Os sentimentos de ambivalência de Mark são quase esmagadores. Seu pai, ao mesmo tempo que fala constantemente sobre como está sobrecarregado e necessita de auxílio, queixa-se sem parar de Bernie, seu irmão mais velho. Mitch lhe diz com freqüência: "Você seria louco se viesse para esta empresa", mas Mark sabe que ele não quer dizer isso. Não obstante, em certos dias, Mark sente que seria louco em fazê-lo. A prática da advocacia lhe daria a renda segura e a identidade profissional que ele deseja. Em outros dias, Mark tem idéias que sabe que iriam melhorar a empresa. Ele sente que seria miopia abandonar as oportunidades que a empresa lhe oferece.

A adolescência foi para ele um tempo de rebeldia. Ele brigava com o pai o tempo todo. Isto faz com que ele se pergunte se eles poderiam realmente trabalhar juntos. O relacionamento entre eles pareceu melhorar muito durante o ano em que ele deixou a faculdade para trabalhar no Canadá. Por mais próximo que seja da sua família, Mark também sente que seus cursos ofereceram novas e interessantes perspectivas sobre quem ele é e o que poderia fazer na vida. Ele sente uma forte necessidade de moldar seu senso de identidade. Poderia ele fazer isso se voltasse para casa e fosse trabalhar na empresa da família? Seu atual relacionamento com o pai e com os outros membros da família está como seria para sempre?

O trabalho pioneiro de Davis nesta área é o melhor exemplo possível da aplicação de conceitos de desenvolvimento adulto a relacionamentos de trabalho na empresa familiar. Ele usou os estágios de vida de Levinson para prever períodos, nas vidas de pais e filhos, nos quais é provável desenvolverem relacionamentos de trabalho bons e cooperativos, e períodos em que é provável serem, estes relacionamentos, cheios de conflitos e objetivos incompatíveis. Suas previsões, baseadas em estágios de desenvolvimento adulto, são altamente correlacionadas a depoimentos de pessoas sobre períodos tranqüilos e tumultuados.[2]

Os membros de famílias nos estágios de Entrada na Empresa e Trabalho Conjunto ficam, muitas vezes, aliviados ao saber que a pesquisa sugere que parte dos conflitos que eles estão experimentando não é crônica e nem devida a diferenças irreconciliáveis de personalidade, mas sim ao estágio de desenvolvimento pelo qual um ou ambos estão passando – e que pode melhorar com o tempo.[3]

Miriam, a única sobrevivente da geração fundadora, enfrenta suas próprias questões quanto à aposentadoria: um declínio em saúde e vitalidade, um futuro incerto, a necessidade de encontrar alguma atividade para ocupar sua imaginação e seu empenho como a empresa exigia, e o desafio de enfrentar, potencialmente, a dependência financeira e emocional em relação a filhos e netos. Miriam sabia que seus filhos eram velhos demais para que ela pudesse manter indefinidamente o controle acionário, e assim fez arranjos para seu bem-estar pessoal e passou as ações para eles. Agora ela está lutando contra a formação de um novo papel. Ela teme que, como o rei Lear, sem o poder do controle ela não tenha influência alguma ou, pior ainda, torne-se invisível. Como outras pessoas da sua idade, ela enfrenta o desafio de achar objetivo e estatura no círculo familiar, sem a base de autoridade, nos círculos da empresa e de propriedade, que constituíam o núcleo da sua identidade.

Portanto, como indivíduos, os membros da família Kopek estão experimentando uma complexa gama de impulsos emocionais contraditórios. A empresa pode tornar-se o meio para levá-los ao próximo estágio de desenvolvimento, quando os pais ajudam os filhos a estabelecer sua independência e competência por meio do trabalho na empresa. Entretanto, a empresa também pode ser o caminho para a família se atolar, como Mitch e Bernie poderiam caracterizar sua experiência. Eles não saíram de casa, permanecendo sob o forte controle da mãe a maior parte da sua vida adulta. Embora tenham desenvolvido áreas de responsabilidade claramente diferentes, eles ainda estão presos a um arranjo de participação de 50% para cada um, o que nenhum deles deseja. E também não diriam que a Novelty Imports representa seus sonhos.

Esta família é íntima e provém de uma tradição da Europa Oriental de coesão familiar, com inclinação ao emaranhamento. Outras famílias, com antecedentes culturais diversos, tomariam decisões diferentes a respeito de como lidar com as complexas forças deste estágio. Alguns pais de fato empurram os filhos para fora, temendo o excesso de envolvimento. Outro fator que complica a situação é a diferença de valores entre as gerações. As normas familiares, por mais fortes que possam ser, podem mudar quando os filhos são expostos a uma variedade de classes sociais e etnias na universidade, no trabalho ou em outros cenários sociais.

Opção Ocupacional na Empresa Familiar

Como o herdeiro típico toma a decisão de entrar para a empresa da família? A visão contemporânea de carreiras retrata a opção ocupacional como uma busca pela melhor adequação entre a personalidade da pessoa e o cargo.[4] Alguns acreditam que certos tipos de personalidade são mais felizes em determinadas ocupações (por exemplo, tipos artísticos em publicidade, ou tipos empreendedores nos negócios). Contudo, esta explicação assume que os jovens adultos de famílias que possuem empresas têm uma compreensão precisa de quem são e o que querem. Um dos desafios do estágio de Entrada na Empresa, para pais e filhos, é esclarecer se a empresa é ou não aquilo que a geração mais jovem deseja.

Sexo, classe social e antecedentes da família exercem uma forte influência sobre as crenças das pessoas quanto a saber quem são e, portanto, quanto ao que podem vir a ser. Mark, por exemplo, pode seguir o caminho da empresa porque aprendeu a ver-se como parte dela, não porque ela se encaixe em sua personalidade realista e analítica. Infelizmente, muitos adultos jovens não optam realmente pela empresa; ao contrário, eles sentem não ter outra escolha. A ausência de opção no estágio de Entrada na Empresa pode causar desapontamento e, mais tarde, senso de resignação ao invés de satisfação.

A situação de Mark ilustra bem as forças que ameaçam roubar a opção dos adultos jovens cujas famílias possuem empresas. Em primeiro lugar, os papéis e as expectativas familiares exercem uma influência crucial no autoconceito de uma pessoa nesta fase. Mark é o mais velho da sua geração e assim é visto como o líder desse grupo. Segundo, ele é homem. Apesar de a sua avó ter iniciado a empresa e ainda estar na ativa, a família assume que somente homens se interessam por negócios. Assim, Abby, a irmã mais nova de Mark, não sofreu pressão alguma para entrar na empresa; na verdade, ela sente-se deixada de fora, porque ninguém parece se importar com o fato de ela trabalhar ou não para a empresa. Terceiro, o ramo de Mark na família, através do seu pai, é visto como sendo o ramo "competente". Mitch era o burro de carga da empresa e o braço direito da mãe. Assim, supõe-se automaticamente que Mark seja mais capaz que seu primo. Finalmente, como neto mais velho, Mark é o favorito de Miriam. Desde que ele era criança ela se entusiasmava com a idéia de sua entrada na empresa. Essas características da estrutura familiar (ordem de nascimento) e as dinâmicas (filiações e papéis) criam poderosas forças que empurram Mark, quase sem pensar, para a empresa. Nenhuma delas tem alguma relação com a adequação entre as qualificações exigidas para dirigir a empresa e a personalidade e os talentos de Mark.

As famílias no estágio de Entrada na Empresa também carregam fortes suposições sobre o seu relacionamento com o negócio – suposições estas que, às vezes, levam os adultos jovens a entrar na empresa apesar da ausência de uma real adequação entre eles e a situação. Uma suposição é que, para ser um membro real da família, é preciso também ser membro da empresa. Existe a preocupação de que aqueles que ficam fora da empresa irão ter menos atenção, status e identidade familiar que aqueles que entram. Uma segunda suposição é que entrar para a empresa da família é uma obrigação. Muitos jovens sentem uma mensagem, não falada, de que "devem isso" aos seus pais. Faltar com esta responsabilidade seria uma deslealdade.

Em alguns casos, existe uma terceira suposição: se a geração mais jovem não entrar, a empresa irá fracassar. Paradoxalmente, esta idéia indutora de culpa se baseia na percepção familiar, às vezes fantasiosa, da competência de um filho. Em especial nas famílias emaranhadas, nas quais os limites entre os membros da família e todos os outros são muito claros, pode haver o princípio segundo o qual "mais ninguém poderá fazê-lo tão bem". Portanto, a decisão de um filho de fazer outra coisa é vista como uma decisão de deixar a empresa morrer. Esta pressão é intensificada pelas necessidades da empresa na fase de crescimento, quando os irmãos sócios podem recorrer aos seus filhos despreparados como uma alternativa à contratação de profissionais estranhos à família.

Relacionamentos entre Irmãos

No estágio de Entrada na Empresa, os irmãos sócios necessitam de um relacionamento capaz de resistir ao estresse, um relacionamento que permita aos sócios se comunicarem abertamente, resolverem conflitos e apoiarem as decisões uns dos outros. Por exemplo, neste estágio os irmãos quase sempre precisam lidar com a eqüidade de uma nova forma. Quando um Proprietário Controlador e seu cônjuge se esforçam para criar condições justas para todos os seus filhos, eles presumivelmente têm controle sobre suas posses e podem tomar decisões que levam em conta os interesses de todo um núcleo familiar. Quando a empresa é uma Sociedade entre Irmãos, chegar à eqüidade é mais complicado.

A competição entre irmãos surge inevitavelmente com relação às oportunidades disponíveis para seus próprios filhos. Diferenças identificadas de estilo de vida entre os núcleos alimentam a preocupação de que um dos ramos da família fundadora irá sofrer. Se for bem-administrada, esta preocupação poderá motivar as famílias a criarem políticas e diretrizes explícitas para as condições sob as quais a terceira geração irá entrar na empresa. Caso não seja administrada, poderão levar a comparações e disputas infindáveis.

Bernie e Mitch estão longe de serem capazes de administrar seus conflitos e de criar políticas para assegurar um tratamento imparcial. A estrutura e a dinâmica da família predeterminou, em grande parte, sua incapacidade de criar um relacionamento de trabalho construtivo. Bernie, como irmão mais velho, era próximo ao pai, Jacob, e assumiu as responsabilidades do primogênito. Mitch, o favorito de Miriam, era sempre dinâmico e extrovertido. Quando a doença do pai tornou-se evidente e Miriam encarregou-se da família, Mitch tornou-se o líder implícito dos dois irmãos. Depois da morte de Jacob, Miriam sentiu-se presa: ela não podia desalojar Bernie, o escolhido do marido, mas também não podia desamparar Mitch. Assim, os irmãos herdaram um relacionamento conflituoso.

O outro relacionamento-chave, nas famílias que estão neste estágio, é entre os irmãos envolvidos na empresa e os não-envolvidos. Na família Kopek, como Bernie e Mitch não têm outros irmãos, este dilema localizou-se na terceira geração, entre Mark e Abby. Os pais cujos filhos estão no estágio de Entrada na Empresa precisam observar como podem sentir-se a respeito do envolvimento dos outros irmãos os filhos não-interessados na empresa, ou não convidados a nela entrar. Esses sentimentos podem ter fortes impactos sobre a empresa familiar por muitos anos. Por exemplo, se Abby sentir que foi tratada de forma injusta – se não foi encorajada, pelo pai ou pelo tio, a entrar para a empresa – irá expressar esse ressentimento para Mark? Se ela herdar ações, irá apoiar as decisões de Mark? Irá pressioná-lo a pagar altos dividendos? E, mais tarde, será que ela irá querer para seus filhos a oportunidade de entrar na empresa? Mesmo que Abby permaneça afastada da empresa, sobre esta haverá uma influência desse seu relacionamento com Mark.

Outros Relacionamentos Familiares

Todos os relacionamentos da família ampliada que vimos no Capítulo 2 estão em evidência no caso Kopek. Em primeiro lugar, as relações avô-neto podem moldar as expectativas da família sobre quais membros da terceira geração deverão entrar para a empresa. Miriam sempre assumira que Mark iria querer dirigir sua empresa. O medo de desapontá-la contribuía significativamente para a ambivalência dele. Segundo, os primos da geração seguinte, que cresceram psicologicamente mais afastados entre si que Bernie e Mitch, já estão criando impacto sobre seus pais. O quanto Mark e Benjy se conhecem? Eles poderão confiar um no outro e respeitar-se mutuamente se algum dia forem sócios? Às vezes estes relacionamentos são mais fáceis que aqueles entre irmãos, porque são menos intensos. Entretanto, Mark e Benjy ouviram, durante as suas vidas, seus pais reclamando um do outro; eles poderão levar este conflito para seu próprio relacionamento. Isto será especialmente provável se Mitch e Bernie vierem a "nomeá-los" para preencher seus papéis, em vez de ambos darem boas-vindas e apoio aos dois primos.

As relações entre os agregados e os membros da família também constituem desafios para as famílias neste estágio. Como vimos no Capítulo 2, os cônjuges de irmãos sócios tornam-se, muitas vezes, a mais alta voz do conflito entre estes. Os cônjuges também podem se ressentir mutuamente pelo temor de que seus filhos possam ser prejudicados, profissional ou financeiramente, em comparação aos seus primos, quando chegar a geração deles. Os cunhados também podem provocar conflitos entre os irmãos e seus pais aposentados a respeito de assuntos financeiros, além de outros.

Devido à complexidade emocional dos relacionamentos familiares neste estágio do desenvolvimento da família, e também à natureza crítica das decisões que precisam ser tomadas, as famílias que estão no estágio de Entrada na Empresa às vezes buscam ajuda. Os consultores freqüentemente recomendam a criação de um Conselho de Família, um grupo representativo de membros que se reúnem regularmente para discutir assuntos criados pelo envolvimento da família na empresa e desenvolver diretrizes para a tomada de decisões. Essa estrutura (discutida com mais detalhes no Capítulo 8), ao prover um foro para os membros da família expressarem seus pontos de vista e elaborarem políticas consideradas justas, ajuda a evitar que conflitos familiares repercutam na empresa.

Os Kopek provavelmente não poderão formar um Conselho de Família sem a assistência de um facilitador, que poderá identificar áreas-chave de conflito e estabelecer regras básicas para a solução deste conflito. A dinâmica da relação conflituosa de Bernie e Mitch e a polarização dos ramos da família dificultarão este esforço. Contudo, a insatisfação de ambos com a atual situação, seu senso de urgência a respeito de crescimento e o desejo comum de um tratamento justo para os filhos poderão motivá-las a fazer funcionar o Conselho de Família.

QUESTÕES DA EMPRESA

A época em que ocorre a transição do estágio Inicial para o de Expansão/Formalização na dimensão de desenvolvimento da empresa varia. Algumas empresas atingem o segundo estágio alguns anos depois da sua fundação. Isto requer do proprietário-gerente rapidez na solução dos desafios organizacionais e estratégicos apresentados pelo crescimento e pela complexidade. Outras empresas, como a Novelty, crescem mais tarde, quando uma combinação de condições internas e externas altera seu mercado, seu produto ou seus custos. Nesses casos, a expansão e a reestruturação podem coincidir com a entrada da segunda geração.

Independentemente de quando a empresa atinge sua fase de crescimento, os proprietários-gerentes irão enfrentar os mesmos desafios gerais. No lado organizacional, a profissionalização é o lema. Normalmente os gerentes necessitam de conhecimentos e qualificações profissionais; as estruturas e processos organizacionais precisam se aproximar das normas da indústria; e os sistemas, em especial os de informação, tornam-se importantes para melhorar a coordenação. Em termos estratégicos, as empresas em crescimento podem enfrentar problemas difíceis, de longo e curto prazos: capitalização, administração financeira, desenvolvimento de novos produtos, concorrência e diversificação. Como vimos no Capítulo 3, esta pode ser a primeira vez, no seu ciclo de vida, que uma empresa precisa cuidar seriamente do planejamento estratégico.

Na empresa que está no estágio de Sociedade entre Irmãos, a formalização significa tipicamente que a gerência deve passar por mudanças significativas. O proprietário-gerente estava acostumado, no estágio Inicial, a um estilo de gerenciamento de "pôr as mãos na massa"; agora ele se sente mais pressionado a delegar. Ele simplesmente não pode mais gerenciar todas as partes da organização. As estruturas organizacionais também evoluem, criando diferenciações hierárquicas e funcionais mais formais. Finalmente, a organização descobre a necessidade de novos sistemas formais de todos os tipos, em particular para o gerenciamento de informações e dos recursos humanos, para permitir que os gerentes analisem o desempenho da empresa e coordenem o trabalho nas diferentes funções.

Mudanças no Gerenciamento da Empresa, nos Estágios de Sociedade entre Irmãos e de Expansão/Formalização

A Novelty está apenas iniciando a passagem para o gerenciamento profissional, exigida para as empresas crescerem com sucesso. Bernie e Mitch não são bons em delegação; eles preferem gerenciar cada detalhe da empresa por si mesmos. Bernie, cujo estilo de trabalho é mais solto que o de Mitch, começou a confiar uma parte do trabalho a dois dos seus subordinados-chave, o controller da empresa e o gerente do escritório. Mitch, o mais enérgico dos dois, está sobrecarregado. Ele sempre concordou com a crença da mãe, de que um membro da família deve fazer as compras; porém, com o aumento do número de fornecedores e linhas de produtos, sua programação de viagens tornou-se impossível. Ele esperava que Mark entrasse na empresa e o aliviasse de parte dos encargos. Mark, que não está pronto para se comprometer com a empresa, acha que eles deveriam contratar um comprador profissional para o período de transição, durante o qual ele precisaria aprender a função de comprador. Contudo, seu pai e seu tio estão céticos quanto à entrega de uma função tão crucial a um estranho.

Um observador diria que os Kopek precisam seguir depressa pelo caminho da profissionalização, no qual entraram vacilantes. As demandas do estágio de Expansão/Formalização estão pressionando as tradições da sua Sociedade entre Irmãos. Os irmãos não dispõem de recursos para dirigir a empresa sozinhos; eles precisam de uma equipe. Entretanto, como em muitas empresas na mesma situação, existe alguma ambigüidade a respeito de quanta interdependência e colaboração estão envolvidas nesta operacionalização da palavra sociedade. Em essência, eles dividiram entre si as tarefas que a mãe costumava executar. Com o crescimento da empresa, a metade de Mitch cresceu mais depressa que a de Bernie. Assim, ele se tornou o líder da empresa, mas nem Miriam nem os próprios irmãos podem reconhecer esta realidade, nem suas conseqüências no longo prazo para a natureza da sociedade.

Assim, um obstáculo à criação de uma equipe de gerência é que as famílias podem relutar em permitir a entrada de profissionais estranhos, às vezes para evitar que seus relacionamentos familiares conflituosos ou suas qualidades de gerenciamento sejam ridicularizados por um estranho. O apoio mais forte à entrada de profissionais não-pertencentes à família pode vir da geração que está entrando. Eles podem ter aprendido o valor da profissionalização na universidade; são menos defensivos às dinâmicas familiares porque acham que os problemas existem, em grande parte, na geração mais velha; e podem achar que o pára-choque dos gerentes não-membros da família irá protegê-los das expectativas dos pais, dando-lhes também o tempo necessário para conhecer a empresa.

Assim, o principal problema enfrentado pela gerência é a formação do *mix* de qualificações necessárias à continuidade da liderança. Em algumas Sociedades entre Irmãos, qualquer um deles poderia dirigir a empresa sozinho caso o outro estivesse incapacitado. No caso dos Kopek, nenhum possui o controle dos votos. E embora Mitch possa dirigir a empresa, Bernie não pode e Mark é jovem demais. Portanto, sem profissionais de fora em papéis-chave, a empresa está vulnerável.

Mudanças Estruturais e em Sistemas

Também a estrutura da Novelty necessita muito de uma reformulação. Com a gerência profissional vêm papéis diferenciados, e a estrutura formal da empresa deverá reforçá-los. Antes do esforço de crescimento do final dos anos 80, as áreas de responsabilidade de Mitch e Bernie estavam mais equilibradas. Contudo, com a abertura de um pequeno escritório e um depósito na Europa e o aumento de representantes nos Estados Unidos, a equipe de operações cresceu significativamente. O menor envolvimento de Miriam também deixou mais trabalho para Mitch. Enquanto ela costumava observar de perto todos os representantes e compradores, Mitch nem conhece os nomes de todos os funcionários do depósito.

Muitas vezes, as empresas neste estágio iniciam o processo de formalização com ampliações na gerência intermediária – por exemplo, um chefe de distribuição e um supervisor dos representantes. A certa altura, o antigo organograma já absorveu todo o crescimento e todas as novas posições que podia. Isto pode provocar uma reorganização mais abrangente, por exemplo por unidade de negócios, tipo de produto ou localização geográfica. Este é um ponto do desenvolvimento da empresa em que um consultor externo pode ser muito eficaz, ajudando a definir descrições formais de cargos, a elaborar um organograma (ou, em alguns casos, a criar um pela primeira vez), e a acrescentar linhas "transfuncionais" de comunicação e responsabilidade.

Como outras empresas neste estágio, a Novelty também necessita de uma série de novos sistemas de gerenciamento: um sistema de informação maior e mais rápido, com capacidade para localizar produtos com maior precisão; um sistema mais sofisticado de contabilidade de custos (para avaliar a lucratividade de cada produto); e, mais importante, um outro, com capacidade para conectar seu sistema financeiro ao sistema de operações. Mark defendeu essas mudanças, mas seu pai e seu tio não viram os benefícios de um sistema tão "extravagante" e disseram que seria caro demais. Mark sente que não levam seus conhecimentos a sério e está frustrado por eles não compreenderem o quanto um bom sistema de informação iria melhorar a satisfação dos clientes. Ele suspeita que, embora dinheiro e ceticismo façam parte da história, na verdade eles se opõem ao sistema porque não querem coordenar suas áreas muito de perto.

Além de sistemas de informação, as empresas, neste estágio, também necessitam de políticas profissionais de recursos humanos. Como muitos outros empreendedores, Miriam havia relutado em pagar os salários esperados por trabalhadores bem-qualificados. Na Novelty, como em outras empresas que estão saindo do estágio Início, os salários dos funcionários foram determinados tanto pelo histórico e, por descuido, como por mérito. Outra tarefa importante do estágio de Expansão/Formalização para empresas do porte da Novelty é a criação de políticas formais de compensação, promoção e admissão, bem como de um processo formal de avaliação. Essas políticas são cruciais para o recrutamento e manutenção de gerentes talentosos. Além do seu valor real como recursos humanos, eles sinalizam o compromisso, por parte da família, de dirigir a empresa profissionalmente e criar oportunidades justas de carreira para talentos estranhos a ela.

Mitch e Bernie também estão enfrentando uma crucial questão de recursos humanos: se seus filhos irão entrar para a empresa e como. A maioria das famílias começa a discutir opções caso por caso, à medida que os filhos chegam ao curso superior. Contudo, o que é preciso é um acordo sobre uma gama de perguntas, inclusive qualificações, compensação, avaliação e treinamento. Por exemplo: os filhos terão que demonstrar qualificação para poder entrar? O que significa "estar qualificado"? Que escolaridade e quanta experiência profissional são exigidas? Eles deverão trabalhar fora antes de voltar à empresa? A maioria dos observadores concorda que a experiência externa beneficia a empresa e dá à geração mais jovem um senso de que ela tem opções fora da empresa da família. Todos os filhos terão a mesma oportunidade de dirigir a empresa?

Se o filho entrar, como irá encontrar, na empresa, um papel que se adapte às suas qualificações? Como será avaliado seu desempenho? Empresas como a Novelty muitas vezes declaram que apóiam um tratamento aberto e imparcial para todos os membros da próxima geração, mas políticas familiares podem prejudicar a criação dos procedimentos formais de recursos humanos necessários. A geração mais jovem irá avaliar cuidadosamente se os relacionamentos de poder na geração mais velha irão determinar as oportunidades, ou se os filhos de todos os ramos terão oportunidades iguais para provar seu valor. No caso dos Kopek, o fato de Mark ser filho de Mitch e o primo mais velho poderá efetivamente fechar a porta para Abby e Benjy, caso não existam políticas para dar, a todos os primos, uma chance de mostrar seus talentos e interesses na empresa. No Capítulo 8, apresentamos algumas das técnicas que podem ser usadas por empresas familiares para supervisionar o desenvolvimento na carreira dos membros da geração mais jovem e também dos gerentes não-pertencentes à família.

Desafios Estratégicos

Em sua maioria, os proprietários de empresas esperam pelo momento do início do seu crescimento, achando que então elas não mais serão um problema. Contudo, ironicamente, as condições dos negócios podem ser extremamente difíceis para uma Sociedade entre Irmãos nesta fase. Essas empresas em Expansão/Formalização enfrentam novos e sérios desafios porque seu sucesso e seu crescimento colocaram-nas diante de diferentes concorrentes, normalmente mais fortes. O melhor deles já estará há algum tempo subindo na curva de crescimento. Em geral, eles dispõem de dinheiro para reinvestir, asseguraram uma participação de mercado, desenvolveram um foco estratégico e, se são bem-gerenciados, estão ativamente envolvidos no desenvolvimento de novos produtos para compensar seus produtos maduros. Empresas como a Novelty precisam aprender depressa a jogar com os "garotos grandes" e também a ter uma clara compreensão de como podem competir contra essa nova e mais forte oposição.

Os desafios estratégicos das empresas familiares nesta situação podem ser divididos em três áreas principais: opções de capital/financiamento; questões de mercado e produto; e planejamento, particularmente estratégico. Nas Sociedades entre Irmãos que estão neste estágio, a tomada de decisões é uma capacidade critica. As equipes eficazes de irmãos normalmente seguem um de três modelos. Os irmãos podem tomar em conjunto todas as decisões importantes de negócios; eles podem dividir a empresa em áreas de responsabilidade claramente demarcadas e cada um cobrir sua área; ou podem formar um grupo de altos gerentes para decidir com estes assuntos importantes. Qualquer que seja o processo seguido, a coordenação é crucial.

A coordenação com os membros da geração mais jovem que estão pensando em entrar na empresa também é importante. Os irmãos que trabalham bem em conjunto, em especial no segundo ou terceiro estilo anteriormente descritos, muitas vezes discutem com seus filhos as decisões estratégicas importantes que irão moldar o futuro da empresa. Este gesto indica a compreensão de que a empresa será, no futuro, um esforço cooperativo, e que a geração mais velha respeita as opiniões da mais jovem. Contudo, neste estágio os pais também podem cometer o erro de pressionar os filhos a entrarem imediatamente na empresa, porque estão ansiosos quanto às decisões estratégicas que enfrentam.

Um ponto em que o desenvolvimento da empresa e o de propriedade interagem neste estágio diz respeito ao financiamento. Como muitos empreendedores, Miriam detestava dívidas. Porém, quase todas as Sociedades entre Irmãos no estágio de crescimento precisam muito de capital para financiá-Io. Quando Miriam dirigia a Novelty, ela se recusava a negociar com bancos. Bernie precisou forçá-Ia a estabelecer uma linha de crédito durante a primeira fase de crescimento nos anos 80. Várias vezes, naquela época, quando eles ficavam sem caixa, ela esticava os pagamentos a fornecedores e adiava os dos salários da família para atender à folha de pagamento. Gradualmente Bernie estabilizou o fluxo de caixa, mas as características sazonais da empresa forçam seus talentos. Diante de maior crescimento, ele preocupa-se com a possibilidade de perderem novamente o controle.

Além disso, Mitch vem pressionando Bernie sobre a necessidade de expansão da operação européia. Ele quer adquirir um depósito e uma pequena frota de caminhões, para protegê-los contra os caprichos das empresas de entregas da Europa Oriental que eles vêm usando. Bernie diz que a idéia iria custar milhões, que eles não têm, e lhes exigiria recorrer aos bancos para um grande empréstimo. Bernie sabe que a empresa poderia suportar a carga dessa dívida, mas preocupa-se com o impacto da instabilidade do fluxo de caixa sobre o crédito.

Os Kopek enfrentam o desafio de igualar a estratégia escolhida com a capacidade de geração de capital da família, seja minimizando as retiradas de lucros retidos ou aceitando um nível de endividamento mais elevado. A menos que a empresa tenha posição dominante em um nicho muito bem-protegido, o estágio de Expansão/Formalização e as demandas da concorrência quase sempre exigem uma abordagem mais agressiva ao investimento. Contudo, esta é uma época em que as necessidades financeiras da família são altas: os filhos estão na universidade e os pais aposentados, como Miriam, podem ainda receber dividendos mais um salário generoso. As restrições às opções também podem depender das normas estabelecidas pelo fundador. Miriam sempre deixou claro que, depois de satisfeitas as necessidades básicas da empresa, todo o dinheiro extra deveria ir para a família. Como a empresa sempre operou assim, será preciso um bom processo de colaboração para que Bernie e Mitch avaliem se essas normas ainda servem aos melhores interesses da empresa neste estágio.

Muitas vezes o estágio de crescimento é provocado pela entrada da empresa em um novo mercado ou pelo lançamento de um novo produto. A entrada em um novo mercado pressiona as operações e o fluxo de caixa. Por exemplo, a Novelty compra habitualmente de artesãos em pequenas cidades, principalmente da Polônia, mas, recentemente, também na República Checa e na Eslováquia. Dado o recente aumento de interesse dos consumidores americanos pela Europa Oriental, as grandes lojas de departamentos têm feito pedidos maiores e mais freqüentes. Entretanto, Mitch e sua mãe sabem que eles poderão, dentro de pouco tempo, se tornar vítimas do seu próprio sucesso. Importadoras maiores e diversificadas já começaram a abordar alguns dos fornecedores da Novelty. Enquanto trabalham para manter a lealdade dos seus fornecedores, Mitch e Miriam também estão considerando a ampliação do alcance até outros países ex-comunistas, como Bulgária e Romênia.

De certa forma, todas essas decisões operacionais e de investimento originam-se de uma opção estratégica central que a família precisa fazer: reinvestir em um esforço para sustentar o processo de Expansão/Formalização no futuro, ou retroceder, deixando que a empresa passe ao estágio de Maturidade e redistribuindo o capital da família e os talentos da geração mais jovem em outros empreendimentos. Proprietários como Mitch e Bernie podem reconhecer, de repente, a necessidade de planejamento estratégico neste estágio de desenvolvimento da família e da empresa. Embora as operações da empresa possam ter parecido relativamente simples no passado, as mudanças aqui descritas podem tornar a mesma operação muito mais complexa. Subitamente, uma decisão imprudente pode ter conseqüências catastróficas. O processo estratégico requer o desenvolvimento de uma série de cenários futuros para a empresa e a análise dos riscos e recompensas em potencial dos diversos caminhos para o crescimento.

No caso da Novelty, a empresa está sendo cada vez mais espremida entre os importadores de arte popular e os fornecedores de novidades diversificadas. Para competir com sucesso com os grandes importadores, eles precisam esclarecer o foco da empresa, analisar suas forças e fraquezas diante dos concorrentes e então decidir como competir. Talvez a mudança isolada mais importante que eles estão considerando seja a criação de um Conselho de Administração para ajudá-los a avançar através de um processo de planejamento estratégico por etapas. Isso poderá aumentar significativamente suas chances de negociar com sucesso o estágio de Expansão/Formalização e emergir em um novo nível de operações.

Notas

1. Levinson, 1978.
2. Davis & Tagiuri, 1989.
3. Ver também Levi, Stierlin e Savard, 1972; Dumas, 1989.
4. Holland, 1973; Kotter, Faux e McArthur, 1978; Greenhaus, 1987.

CAPÍTULO 6

A Empresa Familiar Complexa

O TIPO DE EMPRESA FAMILIAR complexa descrita neste capítulo — com várias gerações e de propriedade de primos, que atingiu um estágio maduro de desenvolvimento — é uma raridade entre as empresas familiares. É provável que não mais que 5% de todas as empresas familiares nos Estados Unidos atinjam este estágio de desenvolvimento. Entretanto, empresas desta estatura têm importância única em nosso modelo. O próprio fato de elas terem atingido este estágio significa que reagiram com sucesso aos desafios que afugentam outras empresas familiares. Elas contribuem fortemente para o PNB, os empregos, as exportações e as inovações em todas as economias de mercado. O fato de elas serem mais comuns nas economias mais antigas da Europa e partes da Ásia sugere que podem ser o futuro de algumas das melhores empresas americanas pós-Segunda Guerra Mundial que estejam hoje fazendo a transição de Proprietário Controlador para Sociedade entre Irmãos. Elas também representam o sonho supremo (ou fantasia) de muitos fundadores, o qual dá forma às políticas familiares de muitas empresas em estágios anteriores de desenvolvimento.

Essas empresas estão entre os ícones do comércio americano. A Cargill, Inc., a maior organização de capital fechado dos Estados Unidos, é um exemplo de empresa familiar de quarta geração, no estágio de Consórcio de Primos. Sua linha de produtos, que responde por US$47 bilhões em receitas, consiste de comércio e transporte de *commodities,* processamento e produção de alimentos e produtos agrícolas. A empresa tem 63 mil funcionários trabalhando em 47 unidades de negócios, em 54 países. Incrivelmente, 87% das ações, e o controle completo dos votos, ainda estão nas mãos de três ramos da família, liderados por quatro primos descendentes do fundador da empresa, WW Cargill. O atual *CEO,* Whitney MacMillan; seu irmão, Cargill MacMillan, Jr.; e dois primos, James R. Cargill e W. Duncan MacMillan, dirigem a empresa há vinte anos.

A Campbell Soup Company, outro Consórcio de Primos, é uma empresa: de US$6 bilhões, que emprega 47 mil pessoas. Embora suas conhecidas sopas controlem 75% do mercado doméstico, seus outros produtos populares incluem os alimentos congelados Swanson, o suco de vegetais V8, o molho para massas Prego, os picles Vlasic e os produtos de panificação Pepperidge Farms. Quatro ramos da família Dorrance, incluindo nove primos e seus filhos, controlam a empresa por meio da sua participação acionária de 51%. O tão divulgado desentendimento na família Dorrance, quando um ramo tentou forçar a venda da empresa, ilustra um dos principais desafios de gerenciamento dessas complexas empresas familiares.

As empresas familiares que atingiram esse estágio precisam lutar com considerável complexidade em todas as três dimensões. O estágio de desenvolvimento de Consórcio de Primos não só sugere um maior número de membros da família acionistas como também inclui, muitas vezes, fundos de investimentos, empresas holding, planos de ações para funcionários, e até mesmo, em alguns casos, ações negociadas em bolsas. Embora algumas das unidades de negócios tenham atingido o estágio de Maturidade, outras linhas de produtos, divisões ou subsidiárias podem estar em outros pontos. Finalmente, na dimensão da família, a gama de idades em cada geração significa tipicamente que haverá diferentes núcleos familiares no interior do clã em cada um dos estágios de desenvolvimento da família, do de Jovem Família Empresária até o de Passagem do Bastão.

Esta maior complexidade pode ser difícil de gerenciar, mas também gera oportunidades para membros da família e acionistas, o que estimula os relacionamentos entre os membros dos três círculos. Como mostra a Figura 6-1, o relacionamento entre a família e a complexidade da empresa cria, para os membros daquela, um ambiente de oportunidades financeiras e de carreira. Em sistemas de empresas familiares nos quais a complexidade da empresa excede a da família, há um número maior de "oportunidades por membro" na empresa. Estas podem ser na forma de empregos, de dividendos, de posições executivas ou no Conselho, de remuneração e papéis de desenvolvimento gerencial. O maior número de oportunidades por membro ajuda a manter a paz na família e mantém seus membros interessados na empresa e leais a ela — lealdade esta que contribui para a empresa continuar crescendo. Por outro lado, quando a complexidade da família excede a da empresa, as oportunidades por membro são menores. Existe maior competição na família pelas oportunidades escassas e menos incentivo para que todos os seus membros sejam leais à empresa. As empresas familiares precisam aprender como avaliar com exatidão o grau de oportunidade aos membros da família nesses complexos sistemas de Consórcio de Primos e como administrar as conseqüências. Se a relação sugerir oportunidades seriamente restritas, a empresa pode ser revista para crescer e renovar o potencial, ou então pode-se estudar a redução da complexidade na dimensão de propriedade, podando-se a árvore de acionistas.

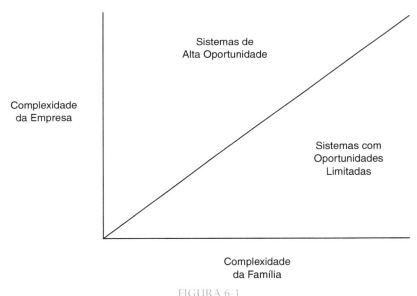

FIGURA 6-1
Nível de Oportunidades Individuais na Complexa Empresa Familiar

Este capítulo explora as questões típicas enfrentadas por grandes e complexas empresas familiares, focalizando-as no estágio de Consórcio de Primos, com o negócio central no estágio de Maturidade e as famílias dominantes, no estágio de Trabalho Conjunto de desenvolvimento familiar.

HARTWALL GROUP LTD.

A Hartwall Group Ltd., uma cervejaria e engarrafadora de quinta geração, com faturamento anual de US$ 400 milhões, localizada em Helsinki, Finlândia, é um exemplo encorajador de empresa familiar complexa e gerenciada profissionalmente. Ela foi fundada em 1836 por Victor Hartwall, tataravô de Erik Hartwall, o atual diretor-gerente. O Hartwall Group está estruturado como uma holding, e tem como proprietários 36 membros da família Hartwall. O grupo possui engarrafadoras e cervejarias na Finlândia e na Lituânia, bem como uma holding produtora de maquinaria para cervejarias na Holanda. Os principais produtos das subsidiárias operacionais são várias marcas de cerveja para os mercados doméstico e externo, Coca-Cola e Schweppes e uma variedade de refrigerantes e águas engarrafadas. Desde 1989 eles mantêm 67% do mercado de bebidas da Finlândia e empregam atualmente cerca de 2.500 pessoas.

O grupo iniciou com um acionista nas duas primeiras gerações, crescendo para três na terceira, quatro na quarta, nove na quinta, e hoje, na sexta geração, chegou a 24. Há três classes de ações: aquela sem direito a voto, a das "fortes", com direito a vinte votos por ação, e a das "regulares", com direito a um voto por ação. Cerca de 10% das ações da empresa estão em poder do público e não têm direito a voto; elas proporcionaram à empresa um importante capital para crescimento, mas não diluíram o controle acionário da família. Existem acordos de compra e venda entre os acionistas da família, os quais controlam a distribuição das ações fortes, com direito a voto. Os parentes estão livres para vender as ações regulares. No passado, as participações de alguns acionistas foram compradas para conter a expansão do grupo de proprietários, mas não há planos imediatos para "podar a árvore" ainda mais.

Durante as três primeiras gerações, a empresa era controlada somente por membros da família. O pai de Erik, líder da quarta geração, expandiu o Conselho para incluir diretores não-pertencentes à família. Hoje, o presidente do Conselho da holding não pertence à família; no passado, isto era exigido pelas leis finlandesas, mas atualmente é uma opção. Erik sente que a diferenciação entre os papéis de presidente do Conselho e de CEO fortaleceu o grupo da liderança e está ansioso por reconhecer a orientação que recebeu do presidente do Conselho. Muito ativo, reunindo-se seis vezes por ano, o Conselho tem não só o crédito para definir um curso sensato para a empresa, mas também para permitir que os acionistas não-funcionários sintam que os atos da empresa são racionais, não refletindo apenas os desejos da equipe de gerenciamento. Além disso, a participação acionária evoluiu de forma tal que nenhum ramo tem o controle da empresa. Três gerações de acionistas estão vivas e muito interessadas na Hartwall. Numa cultura que dá muito valor ao respeito à antigüidade no grupo familiar, este grupo de trabalho tem conseguido interagir de forma cooperativa e voltada para a solução de problemas; há pouca competição visível entre seus membros. Durante várias gerações a família tem seguido a norma segundo a qual o reinvestimento tem prioridade sobre os dividendos. Anos atrás, foi estabelecido um limite formal para os dividendos em relação aos lucros. Como os membros da geração mais jovem aprendem cedo a não esperar que a empresa seja o único sustento financeiro da família, eles buscam carreiras próprias, dentro ou fora da mesma.

Erik Hartwall lidera a principal empresa operacional como CEO. Seu ramo da família tem estado no controle gerencial há três gerações, mas os quatro ramos estão representados na direção da empresa. Três primos da quinta geração ocupam papéis de gerenciamento importantes e outros três, da sexta geração, entraram para a empresa e estão se esforçando para subir. Por iniciativa das duas gerações ativas na gerência, recentemente a família começou a reagir aos desafios do estágio de Trabalho Conjunto, esclarecendo as expectativas de emprego. Para se qualificar para um emprego, o membro da família precisa concluir o curso superior, demonstrar que tem habilidades e interesses que irão contribuir para o desempenho da empresa e expressar um compromisso, com esta, de longo prazo. Um psicólogo especializado independente dá Conselhos a todos os membros da sexta geração sobre suas carreiras e delibera com Erik e com o presidente do Conselho a respeito da adequação dos funcionários em potencial da família. Padrões de gerenciamento profissional com relação a todos os gerentes membros da família são rigorosamente seguidos.

Nos últimos cinco anos, quando a concorrência internacional cresceu nos países nórdicos, assim como em toda a Europa, a Hartwall intensificou drasticamente seu já respeitável programa de investimentos. Depois de adquirir cervejarias na Lituânia para aumentar sua capacidade, ela efetuou uma reengenharia completa em seu sistema de distribuição, construindo inclusive um depósito de última geração. Esse depósito processa várias vezes o volume de cerveja, água mineral e Coca-Cola no sistema tradicional de armazenagem, reduzindo os custos unitários e fornecendo informações mais rápidas sobre vendas. Esta inovação foi complementada por um novo sistema de informações de gerenciamento. A Hartwall não perdeu de vista aquilo que sabe fazer bem, nem como ganhar dinheiro. Ela combinou sua tradição de fortes relacionamentos com os clientes e sensibilidade ao mercado com uma abordagem cada vez mais analítica quanto à tomada de decisões. Desta maneira, a empresa tem conseguido evitar a rigidez e a burocracia e manter um espírito empreendedor e profissional.

Com todos os ramos da família representados na gerência, seus membros sentem-se razoavelmente bem informados a respeito do desempenho e das atividades da empresa. Antes disso, Erik havia compreendido, à medida que a família crescia, que seriam necessários mecanismos mais formais para mantê-la unida por trás da empresa. Em 1991, ele organizou uma reunião familiar para apresentar aos seus membros o tópico acadêmico da empresa familiar (eles estavam bem-familiarizados com a realidade). Nesse encontro, de dois dias, eles instituíram um Conselho representativo da família, que hoje se reúne trimestralmente para planejar reuniões da família, desenvolver políticas familiares com respeito à empresa e discutir questões correntes enfrentadas pela família e pela empresa. Esta abordagem progressista tem sido compensadora. A geração mais jovem em particular apreciou o fato de ser incluída em discussões sobre o negócio e de haver políticas escritas para emprego, promoções e oportunidades para capital de risco.

A longa história da família Hartwall deu oportunidade para que cada geração aprenda com os erros e sucessos dos seus predecessores. Em especial nas duas últimas gerações, a família tem sido capaz de manter uma atmosfera de apoio e respeito mútuo e articulou valores que enfatizam a diligência e a modéstia. A distribuição de oportunidades de emprego e poder acionário reforça um equilíbrio sadio entre os ramos da família. Como há poucos sentimentos de tratamento injusto no passado e pouca preocupação quanto à perda de status hoje, os membros da família expressam apoio aberto uns aos outros e não parecem excessivamente competitivos. Ao mesmo tempo, eles não escondem discordâncias sobre políticas ou planos. Os agregados não têm tido um efeito fragmentador sobre os Hartwall, em parte porque foram trazidos para as discussões familiares e são tratados como cidadãos de primeira classe pelo sistema. A família se esforça para permanecer ciente das suas políticas internas e manter sua identidade e sua estrutura de apoio. Isto foi facilitado pelo fato de ela estar quase toda sediada em Helsinki; os parentes se vêem freqüentemente, em vários cenários de negócios e sociais. Também não há dúvida de que a família se beneficia com a presença de líderes da quarta geração, que hoje, com mais de 90 anos, ainda comparecem às reuniões familiares para inspirar até mesmo os mais jovens do clã.

QUESTÕES DE PARTICIPAÇÃO ACIONÁRIA

A partir da terceira geração, a família pode ter-se tornado um tanto grande. Quinze a 25 netos na terceira geração não é um fato incomum; trabalhamos com várias famílias com mais de cinqüenta membros da terceira geração, inclusive netos e seus cônjuges. As gerações posteriores podem facilmente exceder cem parentes, incluindo os agregados. Todos eles podem ser acionistas.

Neste estágio, com a maioria dos acionistas não trabalhando na empresa, estes têm informações menos diretas a respeito dos seus assuntos. Um número menor de membros da família têm agora um pai, irmão, cônjuge ou filho para mantê-lo informado e proteger os interesses do seu ramo. Manter os acionistas informados é algo que requer um criterioso gerenciamento das informações – um requisito que, estranhamente, apanha desprevenida a maior parte das empresas familiares. Fazer com que informações suficientes, corretas, sejam comunicadas aos acionistas da família de forma oportuna não é tarefa fácil. Esta comunicação é dificultada por três fatores: dispersão geográfica da família (em alguns casos, por continentes); amplas diferenças entre os membros, em termos de qualificações, interesses, renda e outros fatores; e as atitudes dos diferentes ramos em relação à coalizão que dirige a empresa.

À medida que as famílias crescem e envelhecem, tornam-se mais diferenciadas. Seus membros e ramos diferem em suas rendas e necessidades de renda, em riqueza, posição social, filosofias e filiações políticas, níveis educacionais, carreiras, saúde física e mental e vários outros fatores. Mais importante, os ramos de uma família variam na intensidade de sua ligação com a empresa e dos seus sentimentos a respeito desta. Lá pela terceira geração, geralmente um ramo assumiu, na empresa, o controle dos negócios. Os outros ramos são mais ou menos aliados desse dirigente. Com freqüência, um outro ramo assume o papel de principal crítico daquele dirigente. Normalmente este papel de crítico surge devido a ressentimentos contra maus tratamentos no passado; o conflito entre irmãos de uma geração pode tornar-se um profundo antagonismo entre ramos e primos que podem nunca ter se encontrado. O ramo "crítico" em geral está, no máximo, apenas marginalmente envolvido na gerência da empresa. Ele questiona as políticas do ramo dirigente e procura obter o apoio de outros ramos. Esta politização do grupo proprietário é quase inevitável nos Consórcios de Primos.

Com ou sem um ramo crítico para galvanizar a oposição, os líderes de empresas familiares precisam reconhecer que os acionistas não-funcionários possuem um importante interesse proprietário e emocional na empresa. Eles devem ser informados de eventos importantes e têm o direito legítimo de opinar sobre sua direção e suas políticas. A resolução de diferenças – naturais e criadas – entre os acionistas funcionários e não-funcionários, entre os ramos dirigente e crítico, envolve em primeiro lugar o reconhecimento da legitimidade dos diferentes pontos de vista. Isto é difícil, em especial se a família tem atuado sob a crença de que somente aqueles ativos na empresa precisam saber das suas questões sensíveis. Em particular, se a família está organizada no estágio de Sociedade entre Irmãos em um sistema quase-paterno (como descrito no Capítulo 1), a transição para um Consórcio de Primos pode ser especialmente difícil.

A chave para o gerenciamento efetivo de questões ligadas aos acionistas é desenvolver um sistema de envolvimento e controle que informa e educa os membros da família (acionistas ou não) e dá a esta um papel real e voz ativa na empresa, protegendo-a ao mesmo tempo dos excessos de política familiar e mantendo sua integridade. Esta meta grandiosa é, na verdade, realizável através dos esforços de um Conselho de Família e um Conselho de Administração bem-concebidos. Neste estágio os Conselhos de Administração geralmente incluem estranhos, mas ainda podem ser dominados pelos membros da família. Este esquema pode funcionar bem ou pode confundir o Conselho se os membros da família agirem principalmente para proteger os interesses dos seus ramos em vez de buscar os interesses gerais de longo prazo da empresa. Uma estrutura de Conselho que escolhe seus membros somente como representantes de subgrupos familiares, sem levar em conta as contribuições em potencial para o trabalho que esse órgão deve cumprir, em geral atua contra a integridade da empresa e também, ironicamente, a harmonia familiar.

Além das questões de favoritismo e inclusão, freqüentemente presentes nesses grupos maduros de acionistas, todos eles também tendem a divergir em torno do equilíbrio entre pagamentos de dividendos à família *versus* necessidades de reinvestimento da empresa. Quando uma família cresce até este ponto, o número de acionistas em busca da renda dos dividendos normalmente também cresce. O axioma que pedimos que as famílias recordem é: "As famílias crescem mais depressa que as empresas" – quase sempre verdadeiro. As expectativas da família quanto a estilo de vida provavelmente também cresceram, alimentadas a cada geração que passa. O resultado pode ser um grupo de acionistas que pensa em primeiro lugar em suas necessidades financeiras pessoais e quase nada nas da empresa. Os Hartwall precisaram de gerações para lutar contra esta dinâmica e encontrar uma forma de administrá-la, mas ainda são necessários um esforço e uma reeducação contínuos das gerações mais jovens a respeito dos limites sobre a capacidade da empresa para sustentar financeiramente a família.

O equilíbrio das necessidades da empresa e da família neste estágio requer planejamento, preocupação com ambas as entidades, a visão de que as necessidades da empresa devem vir primeiro e um diálogo sadio entre os membros da família e da empresa. As políticas de dividendos devem ser estabelecidas de forma a permitir reinvestimentos saudáveis e dar, aos membros da família, uma renda previsível. Os dividendos podem ser tradicionalmente altos em algumas empresas afortunadas e, em muitas outras, apresentar períodos de alta, mas em geral elas não podem se dar ao luxo de sustentar altos dividendos com um grupo muito grande de acionistas. Um papel da liderança é manter realistas as expectativas de dividendos de uma família em expansão. As famílias precisam ensinar aos seus membros que a empresa provavelmente não poderá sustentá-los no estilo de vida que eles viram na geração menor dos pais. Como no caso da Hartwall, os membros precisam ser encorajados a ganhar o próprio sustento e considerar a renda dos dividendos como um extra.

Se as informações aos acionistas não forem bem-administradas, ou se estes sentirem que suas necessidades financeiras não estão sendo consideradas com justiça, normalmente crescerá seu desejo de vender suas ações. Mesmo quando informações adequadas e oportunas e dividendos razoáveis são dados aos acionistas, alguns destes podem não querer ou não poder manter todas as suas ações. Quando isto ocorre, o grupo de proprietários deve estar preparado para comprar essas ações. Uma empresa pode não ser capaz de atender, de forma oportuna, a todas as demandas de venda de acionistas. Pode ser preciso o arranjo de acordos de compra a longo prazo, para que os acionistas possam vender suas ações a preços justos e a empresa possa financiar esta atividade. É claro que isto exige a criação de um mercado interno justo (como vimos no Capítulo 3), no qual os preços das ações sejam acertados regularmente, em geral a cada ano.

Para o desenvolvimento de políticas que protejam os interesses da empresa, guardando-a dos excessos de politicagem familiar, e tratem a família com imparcialidade, nada melhor que um Conselho de Administração profissional. Este Conselho deve ter uma ampla representação de pessoas não-pertencentes à família e que não sejam executivos da empresa, e deve ainda, preferivelmente, ter essas pessoas na maioria da sua composição. Os representantes familiares no Conselho devem ser limitados ao presidente ou ao CEO, o sucessor designado ou os candidatos à sucessão e representantes do Conselho de Família. Essas estruturas e os relacionamentos entre elas serão vistos no Capítulo 8.

QUESTÕES FAMILIARES

Como qualquer boa peça de Shakespeare, o drama familiar neste estágio de desenvolvimento está ligado às suas lutas internas por reconhecimento, poder e dinheiro. Por definição, as famílias no estágio de Consórcio de Primos têm no mínimo dois ramos definidos, e na terceira geração podem ser muito grandes. Por exemplo, a maior família de quinta geração com que trabalhamos tem mais de 200 membros. Uma família tem história, experiências acumuladas, cada uma das quais é interpretada de várias maneiras. A interação dessa história com sua situação atual cria o contexto de vida familiar.

As famílias no estágio de Consórcio de Primos, na verdade mais clãs que famílias, são estruturas políticas.[1] Cada ramo e cada membro tem seus próprios objetivos. Esses objetivos às vezes se superpõem e se complementam entre si, e às vezes conflitam. Em cada geração, uma onda de agregados junta-se à família, acrescentando forças e fraquezas à base de qualificações, algumas vezes ajudando a solidificar a identidade do clã e, em outras, diluindo-a, mas certamente aumentando o número de objetivos que a família irá tentar satisfazer. Na extensão em que todos esses objetivos podem ser reconhecidos e satisfeitos, a família pode ficar satisfeita e em paz. Na extensão em que a empresa é vista como facilitadora da satisfação das necessidades da família, esta pode sentir-se leal e orgulhosa daquela.

Como já vimos, neste estágio normalmente um ramo da família assumiu o controle da gestão e pode até incluir todos os membros que ainda são funcionários da empresa. Em muitos casos a família fica tranqüilizada pelo fato de um ramo estar firme no controle e de o desempenho da empresa não ser prejudicado por conflitos gerados pela incerteza. Essa estrutura de controle pode ser bem recebida por parentes que ficam satisfeitos com o fato de alguns membros estarem mantendo intatos a riqueza e o nome comercial da família. Porém, a forma como o ramo dominante usa sua autoridade determina a reação do resto da família. Se os parentes acreditam que as escolhas de sucessores, gerentes e funcionários e a resultante distribuição de renda são injustamente favorecidas pelo ramo dominante em detrimento de outro, isto provavelmente fará surgir ressentimentos. Esta situação pode levar à emergência do ramo crítico anteriormente visto — acionistas não-funcionários que procuram reduzir o poder ou derrubar o ramo dominante. Analogamente, o ramo mais identificado com a alta gerência pode sentir-se mal julgado pelos outros ramos e ressentir-se da falta de apreciação recebida. Quando isto ocorre, as tensões familiares podem ser ampliadas e carregadas por anos.

O estado emocional geral das famílias no estágio de Consórcio de Primos varia amplamente. Em alguns casos, os membros guardam um laço sentimental com sua família de origem e, até certo ponto, têm relacionamentos de base emocional uns com os outros, mas aí o resíduo emocional das interações do passado (como entre irmãos) já morreu. Embora ainda sejam um fator importante nos relacionamentos familiares, nessas famílias as emoções são baseadas menos em fatores inconscientes, ligados a antigos relacionamentos, e mais na satisfação das atuais necessidades pessoais e de ramos. Esta bonança é, muitas vezes, o tom emocional dos Consórcios de Primos onde as regras para empregos, dividendos e outras políticas existem há muito tempo e a empresa continua financeiramente bem.

Porém, em outras famílias, não há sinais dessa amenidade na geração dos primos. Como é quase inevitável que os primos tenham contato diário menos intenso que aquele tido entre seus pais no passado, e portanto menos oportunidades de ter questões sobre as quais brigar, um eventual conflito emocional em alto nível neste estágio significa, normalmente, que antigos ferimentos ao orgulho de um ramo estão tendo um forte impacto sobre os relacionamentos atuais. Antigos ferimentos predispõem um ramo a ver a situação atual de forma suspeita e a esperar mau tratamento por outro ramo. Os indivíduos ou ramos que sentem ter sido injustamente diminuídos na ordem social podem guardar muito ressentimento. Este sentimento pode ser constante ou permanecer enterrado por várias gerações e emergir como um conflito oculto ou aberto. Alguns membros mais velhos se esforçam para perpetuar antigos rancores, através de caracterizações (com freqüência antiquadas) de outros ramos. A curta visão de certos membros da geração mais velha pode levá-los, como ativistas políticos, a forçar seus filhos a votar pelo seu partido. A geração mais jovem precisa ter muita firmeza para contestar as percepções dos mais velhos ou perdoar velhas mágoas e construir solidariedade na família. Isso é muito importante em cada geração, para que a família mantenha interesses financeiros comuns pela empresa depois que esta atingiu o estágio de Consórcio de Primos, para reafirmar a identidade e a participação da família ampliada fora da empresa, e para dar, às gerações mais jovens, a chance de colher seus próprios dados a respeito de parentes mais distantes.

Para uma família ter um senso de si mesma, lhe é necessária a liderança. Uma liderança que pode ser constituída pelos líderes da empresa quando a família é unida e sente-se tratada com justiça. Mas costuma ser útil, e às vezes necessário, encorajar lideranças separadas para essas duas entidades. A liderança da família (uma ou mais pessoas, nenhuma das quais deve vir da geração mais velha) pode ajudá-la a desenvolver uma missão que inclua a empresa, mas que vá além dela. Dada a sua diversidade, a família tem uma variedade de interesses que pode incluir comunidade, igreja, filantropia e outras atividades; a família pode ver valor em atuar coletivamente em qualquer dessas áreas. Mesmo depois de várias gerações, ela também pode compartilhar de certos valores básicos que ajudam a definir sua identidade, e a liderança familiar pode ajudá-la a articulá-los e construir uma estrutura social ao seu redor. No Capítulo 8 veremos os papéis dos Conselhos de Administração e de família no equilíbrio e na expressão das necessidades desses interessados críticos.

QUESTÕES DA EMPRESA

As empresas que atingiram o estágio de Maturidade no desenvolvimento estabeleceram suas reputações no mercado, cresceram além das crises de fluxo de caixa dos estágios iniciais até a estabilidade financeira, contrataram gerentes profissionais e desenvolveram sofisticados sistemas de gestão. Empresas maduras e bem-sucedidas costumam ser dominantes ou, no mínimo, muito competitivas em seus nichos de mercado, após encontradas maneiras de garantir a lealdade dos clientes por meio de vantagens em custos ou produtos. Este é o estágio ao qual aspiram quase todas as empresas familiares, e por bons motivos. Uma vez neste ponto, é mais fácil defender-se contra ataques dos concorrentes. Geralmente, a empresa madura tem mais força para lidar com fornecedores, clientes importantes, bancos e outros recursos. Quando a empresa é grande, ela pode conquistar a confiança de um mercado que poderá ajudá-la a manter o impulso e a crescer ainda mais.

Mas tamanho e maturidade, como todas as características organizacionais, também têm desvantagens potenciais. Essas empresas correm, muitas vezes, o risco de perder de vista dois itens básicos que elas provavelmente compreendiam bem em seus estágios anteriores: foco estratégico e inovação inteligente. As empresas maduras podem começar a ver seu sucesso como inevitável, e não como uma perspectiva frágil, e deixar de ouvir os clientes. Elas podem fechar os olhos a concorrentes, atuais e em potencial, e deixar de acompanhar a tecnologia. Esta volta para dentro em geral significa problemas, e às vezes é desastrosa. As empresas podem deixar de inovar de maneiras apreciadas pelo mercado e experimentar novos produtos e serviços distantes das suas competências básicas. Esta perda de foco no mercado e de inovação pode, muitas vezes, ser atribuída à arrogância dos líderes e à rigidez e falta de sensibilidade de uma organização maior. Manter a empresa sensível, criativa e disciplinada neste estágio é o nome do jogo. Neste aspecto, as empresas familiares não diferem das outras.

Quando as empresas atingem este porte, precisam cuidar para não se transformar em estruturas rígidas que desencorajam os contatos com o mercado e inibem a inovação interna. Manter a cultura da empresa aberta e inovadora é questionar constantemente em qualquer estágio, e em particular quando a empresa tem tido sucesso. Uma forte cultura, baseada em hipóteses comuns, desenvolve-se normalmente como resultado do sucesso continuado. Os membros da organização relutam em examinar ou alterar essas hipóteses, e, conseqüentemente, as mudanças no ambiente podem transformar as forças em fraquezas.[2]

Recursos da Liderança

Como os riscos de más decisões são substanciais, as empresas familiares maduras precisam insistir na competência do gerenciamento em toda a organização, inclusive no Conselho. Essa competência pode vir de dentro ou de fora da família, mas a empresa não tem outra opção a não ser colocar os melhores talentos possíveis nas posições de gerências-chave. A liderança de uma empresa familiar conseguirá a lealdade dos clientes, funcionários e acionistas se for competente. Uma liderança competente não-pertencente à família é preferível a uma liderança familiar incompetente, mas os líderes de fora da família podem ter dificuldade para manter a lealdade de todos os públicos.

Neste estágio, a família enfrenta uma decisão crítica: exercer sua liderança e controle no futuro por meio das ações que possui, através da gerência ou de ambas. Se ela optar por manter a empresa gerenciada pelos proprietários, então será preciso desenvolver liderança no Conselho de Administração, representando os interesses dos acionistas, e na alta gerência. Caso a família decida retirar-se da gerência, então as posições no Conselho passam a ser o veículo para seu controle, e a tarefa gerencial passa a ser recrutar e integrar excelentes gerentes de fora da família. Os membros da família não precisam ocupar as posições de CEO e também de presidente do Conselho. Ambas são muito importantes para uma empresa neste estágio e têm orientações e responsabilidades diferentes. Enquanto um membro da família puder ocupar uma dessas posições, provavelmente lhe parecerá estar mantendo sua liderança na empresa.

A manutenção da liderança requer a atração de membros competentes da família para a empresa e também seu desenvolvimento para posições de alta responsabilidade. No estágio de Trabalho Conjunto dos Consórcios de Primos, vários indivíduos de ambas as gerações virão, normalmente, do mesmo ramo ou de outros próximos da família. Os principais desafios neste estágio são desenvolver credibilidade e autoridade (pela geração mais jovem), preparar esta geração para a alta gerência e preparar a geração mais velha para passar o comando no futuro. Preparar a próxima geração para a alta gerência é, ao mesmo tempo, um desafio mais direto e muito provocante neste estágio. A natureza profissional da organização normalmente torna óbvio que padrões claros de competência gerencial serão aplicados, neste estágio, tanto aos membros da família como aos não-membros. A estabilidade da empresa madura também ajuda a definir planos de carreira que poderão levar o membro bem-sucedido da geração mais jovem aos níveis mais altos da empresa. Ao mesmo tempo, o nível de desempenho que a geração mais jovem precisa demonstrar é agora muito alto. Os interessados – a geração mais velha, acionistas não-funcionários e altos gerentes não-pertencentes à família – provavelmente apoiarão os gerentes da família que não sejam os melhores talentos que a empresa possa atrair para qualquer posição-chave. Em particular, os gerentes não-pertencentes à família podem sentir-se mais seguros quando a empresa opera cada vez mais como uma empresa de capital aberto e gerenciada por profissionais, e podem demonstrar um comportamento competitivo mais aberto em relação aos gerentes da família em ascensão. Neste ambiente, os sucessores da família que chegarem aos níveis executivos terão de fato merecido seus galões.

Quando uma família atingiu os estágios de Consórcio de Primos e de Maturidade, mesmo que um de seus membros ocupe o papel de CEO ela não está mais suprindo a maior parte dos talentos gerenciais para sua empresa e é pouco provável que muitos dos seus membros nela trabalhem. Em algum ponto da sua história, com freqüência na terceira geração, um líder empresarial da família "limpou a casa", removendo os gerentes membros da família que pouco contribuíam e trazendo pessoas de fora para preencher a maior parte das posições nos níveis de gerenciamento. Se as normas da família proibiram esses cortes, então é quase certo que a empresa tenha estacionado em um nível de desempenho abaixo do seu potencial. As empresas que chegam à Maturidade nesta condição (algumas vezes abandonando prematuramente as estratégias de Expansão/Formalização) irão gradualmente perder sua posição competitiva e serão candidatas ao fracasso ou a uma aquisição. Caso sobrevivam para serem passadas à próxima geração, a tarefa de melhorar a gerência será jogada sobre os sucessores – uma situação muito difícil.

Recursos de Capital

Além da necessidade de um alto nível de competência em seu gerenciamento, as empresas neste estágio exigem grandes volumes de capital de investimento para manter, para não dizer avançar, seus interesses. As exigências anuais de investimento para manutenção da fábrica e dos equipamentos em geral são consideráveis, mas podem parecer pequenas quando comparadas com os investimentos necessários para novas tecnologias, desenvolvimento de pessoal e programas de marketing. É difícil encontrar uma empresa dedicada a um desempenho forte que não tenha exigências de reinvestimento muito elevadas. Até mesmo as empresas do setor de serviços exigem investimentos consideráveis em treinamento e desenvolvimento, sistemas de gerenciamento e programas de marketing. Hoje, poucas empresas estão isentas dessas exigências de investimento. Em geral, as empresas maduras têm necessidades de reinvestimento ainda maiores que aquelas que estão lutando para chegar a este estágio.

A visão que a gerência tem das necessidades de investimento está em geral ligada à sua visão das necessidades do mercado e da vulnerabilidade da empresa, bem como às tradições desta com respeito à inovação. Se a gerência considera a empresa segura em sua posição competitiva, ou se ela não tem uma forte tradição de inovação, pouco capital poderá ser reservado para o futuro. A necessidade de renda da família também pode ter um impacto forte sobre o quanto será reinvestido.

Neste estágio a empresa provavelmente terá resolvido a questão da sua capacidade de levantar capital suficiente para crescer sem que a família perca seu controle acionário. Salientamos várias vezes que, nesse estágio de Maturidade, uma empresa pode ter a exigência de enorme capital. O endividamento, quando disponível, pode cobrir somente uma parte das suas necessidades de investimento. O resultado é que muitas empresas familiares maduras precisam decidir se querem limitar seu crescimento para aquilo que podem sustentar por meio de recursos gerados internamente e endividamento, ou buscar mais capital de participação fora da família. As duas principais opções para levantar capital de crescimento são sócios e a oferta pública de ações. Qualquer uma delas será avaliada em termos da probabilidade de poder levantar o dinheiro necessário e das conseqüências para o controle da família. Neste estágio, o controle da família não significa necessariamente possuir a maioria das ações, ou mesmo das ações com direito a voto. Esses complexos sistemas de participação acionária podem ser efetivamente controlados, em circunstâncias normais, com uma participação muito menor. Mas sempre existe o risco de circunstâncias anormais, quando é feito um esforço para se tirar o controle da família. Cada família deve avaliar como se sente com vários níveis de risco, ponderados em relação às necessidades de capital da empresa e à oportunidade para aumentos significativos no valor total do patrimônio dos acionistas.

Uma forma de manter o controle da família sobre toda a empresa, permitindo ao mesmo tempo investidores externos em algumas das suas áreas, é organizar a empresa como uma holding com subsidiárias operacionais. Em um dos esquemas, os membros da família são os únicos proprietários das ações da holding, distribuídas de acordo com as decisões da família a respeito de participação e planejamento de patrimônio. A holding, por sua vez, é a proprietária majoritária das ações de cada uma das empresas operacionais. Os investidores externos (umas poucas pessoas ou mais, através de uma oferta pública) também detêm ações das empresas operacionais. Em alguns casos, membros ou ramos da família também detêm ações adicionais das empresas nas quais têm posições executivas. Este equilíbrio permite que se espalhem os retornos de todo o empreendimento por toda a família, mas também premiando o desempenho superior dos seus executivos, empresa por empresa. Idealmente, cada empresa operacional possui seu próprio Conselho de Administração, incluindo, além de membros da família, pessoas de fora mais adequadas à empresa ou à indústria. Algumas holdings reservam uma parte dos ganhos como fundo para "novos empreendimentos". Isto permite que os empreendedores da família iniciem e façam crescer seus negócios sob o guarda-chuva da empresa familiar.

Uma das principais objeções a uma holding é que ela pode encorajar uma diversificação indisciplinada. A extensão da diversificação é uma importante questão freqüente neste estágio. Especialmente se a empresa teve sucesso, existe o desejo de testar os talentos em novas indústrias e áreas geográficas. Uma rede de muitas empresas operacionais diferentes pode prover muito mais oportunidades para que os primos demonstrem liderança, satisfaçam uma necessidade empreendedora sem deixar o negócio da família e tenham maior controle sobre seus territórios. Também pode ser um método para internacionalizar a empresa, o que pode ser essencial para aquelas sediadas em países com capitais de investimento e mercados domésticos limitados.[3] Contudo, existe um risco se este processo não for cuidadosamente avaliado e controlado. Como mostraram muitos estudos, uma diversificação ampla pode desviar a empresa de seus empreendimentos bem-sucedidos, diluindo investimentos necessários em áreas lucrativas.

Uma questão associada a isto, freqüente neste estágio, refere-se a como tratar o negócio original, aquele que lançou a empresa e ao qual a maioria da família está ligada. Muitas vezes esse negócio começou a perder lucratividade ou já está no vermelho. Mas como a família tem uma ligação sentimental com ele, pode haver grande resistência ao seu fechamento, sua venda ou mesmo a uma redução do seu porte. Pelo bem do empreendimento como um todo, os negócios com mau desempenho precisam muitas vezes ser "aposentados", um ato que às vezes envolve um confronto entre os acionistas da família. Mas seu fechamento ou venda costuma ser adiado para evitar conflitos, provocando, por muito tempo, um ônus para a empresa inteira.

Assim, para que uma empresa madura permaneça focada em suas competências básicas, sua liderança precisa formar uma visão obrigatória e trasmiti-la a uma ampla gama de públicos. Afinal, neste estágio a empresa tem muito mais interessados além dos membros da família. Pode haver milhares de funcionários, cujas famílias também dependem das decisões sensatas de líderes talentosos. Há clientes e fornecedores, que contam com seu relacionamento com a empresa. E há, provavelmente, toda uma rede de líderes comunitários, vizinhos, beneficiários de doações ou contribuições, para os quais a empresa faria falta. Mesmo que ainda esteja completamente nas mãos da família, o Consórcio de Primos maduro costuma ser, de muitas maneiras, um recurso público. Guiá-lo é uma tarefa que exige esforços combinados da alta gerência e dos Conselhos de Administração e de Família.

Em algum lugar na mente de muitos dos empreendedores discutidos no Capítulo 5, que acabaram de fundar suas empresas, está um sonho das empresas descritas neste capítulo. Esses sistemas complexos podem ser gigantescos, dominantes em suas indústrias e bem-conhecidos do público em geral. O controle familiar pode ser muito evidente no nome e na liderança da empresa, ou oculto e evidente apenas pela leitura do relatório anual. De certa forma, sua complexidade e seu porte tornam únicos os seus problemas. Por outro lado, porém, elas demonstram muitas dinâmicas familiares e preocupações de empresas em estágios menos avançados de desenvolvimento. Ainda existe a tensão entre o controle da família e a ampla participação acionária e na gerência, e há também os dilemas de continuidade e sucessão e os desafios de se preservar a base patrimonial e, ao mesmo tempo, beneficiar-se com ela. As empresas familiares que realizaram as tarefas de construir um negócio lucrativo e competitivo, mantendo, ao mesmo tempo, um conceito de família viável e convincente, têm motivos para se orgulhar.

Notas

1. Ouchi comenta a respeito de clãs de empresas familiares em Gersick, 1992.
2. Schein, 1992.
3. Gallo & Sveen, 1991.

CAPÍTULO 7

A Diversidade de Sucessões: Sonhos e Desafios Diferentes

A SUCESSÃO É O TESTE SUPREMO de uma empresa familiar. Depois que ela é transformada de empreendimento individual em familiar, sua continuidade torna-se uma preocupação única. Os ciclos de vida individuais e os das empresas inevitavelmente divergem. Passar a empresa, lucrativa e em boas condições, a uma nova geração de líderes é uma meta que motiva os membros dos três círculos. Este capítulo trata de um quarto tipo clássico de empresa familiar: aquela na qual o grupo de proprietários, a família e a empresa em si estão a poucos anos de mudar de líder.

A sucessão não é uma coisa, mas muitas. Não é um evento único que ocorre quando um velho líder se aposenta e passa a tocha a um novo líder, mas um processo movido por um "relógio" de desenvolvimento – começando muito cedo nas vidas de algumas famílias e continuando através do amadurecimento e envelhecimento natural das gerações. A sucessão sempre leva tempo. Mesmo nos casos em que uma doença súbita, ou um evento dramático, conduz a mudanças abruptas nos títulos ou papéis das pessoas, há um período de preparação e antecipação, a verdadeira "passagem das chaves", e o período de ajuste e adaptação.

Além disso, o processo nem sempre é racional e engenhoso como descreve a maior parte da literatura sobre empresas familiares. Algumas empresas se esforçam para ser proativas a respeito do planejamento da sucessão e antecipam as tarefas preparatórias que acompanham cada estágio de desenvolvimento da empresa e da família. Outras famílias simplesmente alcançam seu objetivo de qualquer maneira, sem muito planejamento consciente, até talvez o último minuto. Porém, quer seja planejada ou executada em resposta às necessidades, a sucessão é um processo complexo, representando uma formidável corrida de obstáculos para os membros dos três círculos. Os proprietários precisam formular a visão de uma futura estrutura de controle e decidir como dividir as ações em concordância com essa estrutura. Eles precisam desenvolver e treinar os sucessores em potencial para a gerência e montar um processo para a seleção dos líderes mais qualificados. Eles precisam superar qualquer resistência à entrega do poder que os mais velhos possam ter e ajudar a nova liderança a estabelecer sua autoridade com vários interessados. E depois de planejar, formular estratégias e negociar, eles precisam estar preparados para lidar com contingências inesperadas, que podem ameaçar esses planos em qualquer ponto do processo.

Apesar da grande variedade de estruturas adotadas pelas empresas familiares contemporâneas (propriedade coletiva, responsabilidades de gerenciamento divididas, sucessão multifamiliar), a literatura tem se inclinado a focalizar um único tipo de transição entre gerações, no qual um pai passa sua empresa a um filho. Este modelo, com origem na antiga tradição de primogenitura e com as vantagens práticas de clareza e previsibilidade, ainda é uma forma comum de sucessão. Não obstante, a atenção quase exclusiva que as obras clássicas na área dão a esse modelo tende a inibir a verdadeira compreensão do complexo universo das empresas familiares.[1]

Lansberg identificou dois conceitos básicos que expandem a visão tradicional do processo de sucessão.[2] O primeiro diz respeito à gama de opções pós-sucessão à disposição da família e aos processos – fundamentalmente diferentes – envolvidos nas transições para cada uma delas. Algumas transições de liderança envolvem somente uma troca de pessoas na direção da empresa, mas outras envolvem mudanças essenciais na sua estrutura e cultura. O processo de planejamento pode ser comparado a uma jornada moldada, em cada estágio, pelo destino que a família tem em mente. Neste caso, o destino é a estrutura de participação acionária e de controle que a família vislumbra para o futuro da empresa.

O segundo conceito é que a escolha de uma ou outra estrutura, a qualquer momento, é movida por um sonho comum, no qual as aspirações de cada membro da família são entrelaçadas numa visão coletiva do futuro de todos. Os membros da geração mais velha têm sonhos individuais para a empresa e para a família depois que se forem. Eles podem ver a empresa como um monumento às suas realizações, com novos líderes repetindo seus sucessos, em um *replay* do seu mandato, ou, numa visão muito diferente, corrigindo todos os erros que eles cometeram. Cada membro da geração mais jovem também tem uma visão, e até mesmo uma fantasia, a respeito do seu papel e da esperada rede de relacionamentos com todos os outros membros da geração que ascende. O processo ideal de planejamento sucessório é a revelação gradual desses sonhos pessoais e sua integração em uma meta e um curso de ação.

Nem sempre é fácil atingir esse ideal. Os sonhos individuais podem ser muito diferentes e até mesmo incompatíveis – como quando os líderes que estão saindo querem maximizar a continuidade e os aspirantes a líderes estão comprometidos com mudanças drásticas. Além disso, à medida que o sonho comum toma forma, este pode ou não ser realista quando comparado com a "matéria-prima" na família – isto é, a distribuição de qualificações e talentos na próxima geração. A implementação do sonho pode ser dificultada pela hierarquia de autoridade e influência da família, com as pessoas mais poderosas favorecendo uma solução diferente daquela da maioria. Finalmente, as famílias que vislumbram uma estrutura diferente daquela com a qual estão acostumadas com freqüência não levam em conta as implicações da mudança e a necessária e fundamental transformação da cultura empresarial. Contudo, todos os membros da família são movidos, até certo ponto, pelas metas comuns de sucesso, segurança financeira e realização para seus filhos. Quando essas forças positivas superam os impedimentos, o planejamento sucessório tem grande chance de sucesso.

Este capítulo ilustra o processo pelo qual uma visão comum do futuro da empresa emerge e guia a transição de uma geração para a seguinte. Embora a sucessão seja um processo nos três círculos, temos constatado que o mecanismo de transição nas empresas familiares tende a começar com opções a respeito da participação acionária. Em grandes empresas de capital aberto, nas quais o controle acionário não está nas mãos de uma família ou grupo, as ações estão tão fragmentadas que a alta gerência possui o controle de fato da sua direção.[3] Nessas empresas, a sucessão limita-se à troca do CEO, não envolvendo operações com ações em bolsas. Mas nas empresas familiares, mesmo que grande parte da gerência tenha passado para executivos profissionais, o controle da família determina o detentor do poder supremo no sistema.[4] É a freqüentemente invocada regra de ouro da empresa familiar: "Quem tem o ouro dirige." Em conseqüência disso, o processo sucessório se inicia com decisões quanto à forma de participação acionária da próxima geração – Proprietário Controlador, Sociedade entre Irmãos ou Consórcio de Primos –, e essas decisões servem de catalisadores para as outras transições nas lideranças de gerenciamento e familiar. Por esta razão, organizamos nossa apresentação do processo sucessório por meio da descrição da transição para cada um dos três estágios de propriedade.

O caso a seguir é uma excelente ilustração do processo sucessório, porque descreve duas transições separadas de liderança, uma concluída recentemente e a segunda, em andamento. A experiência dos Lombardi, uma família sofisticada e competitiva com uma empresa de sucesso, ilustra os desafios a serem superados à medida que a empresa passa de uma estrutura de controle e liderança para outra.

LOMBARDI ENTERPRISES

A Lombardi Enterprises começou como Lombardi Foods, uma pequena distribuidora de produtos alimentícios no Vale de Sonoma. Hoje ela opera uma cadeia de supermercados – de US$ 900 milhões – por toda a região oeste, especializando-se em itens para *gourmets,* bem como na gama usual de produtos de mercearia. O fundador, Paul Lombardi Sr., que chegou aos Estados Unidos vindo da região italiana da Toscana, começou a cultivar uns poucos hectares de hortas. Ele construiu a empresa e dirigiu-a como Proprietário Controlador por quase 25 anos; hoje, aos 82, ele está aposentado. Nos últimos vinte anos a empresa vem sendo dirigida por seus quatro filhos, e sua filha. O mais velho – Paul Jr., com 55 anos – preencheu o papel de "primeiro-entre-pares" na Sociedade entre Irmãos. Ao longo desses vinte anos, houve uma transformação no estilo de gerenciamento e na cultura da Lombardi Enterprises. Durante o longo mandato de Paul Sr., o poder e a autoridade irradiavam de uma única fonte. A tomada de decisões estava concentrada nas mãos de um líder, que também gozava a maior parte da glória pelo sucesso da empresa. Sob a Sociedade entre Irmãos, que emergiu depois da sua aposentadoria, as decisões importantes são tomadas por consenso. O papel de Paul Jr. é muito mais restrito que o do seu pai. Ao longo do tempo, ele e seus irmãos desenvolveram um sistema no qual todos concedem uns aos outros um certo grau de autonomia na direção das suas divisões, e nenhum deles centraliza as luzes da ribalta. Os gerentes não-pertencentes à família tiveram que se adaptar a um ambiente organizacional completamente novo, no qual a autoridade flui não de uma, mas de cinco fontes, e as decisões no topo costumam ser tomadas em grupo.

A primeira transição de liderança na Lombardi Enterprises demonstra como um evento quase trágico pode precipitar uma sucessão fortuita. Quando nadava numa praia da Califórnia, em 1977, o atlético fundador foi apanhado num redemoinho e quase se afogou. Paul Sr., então com 62 anos, passou quase seis meses recuperando-se em um hospital, e permaneceu deprimido por mais algum tempo. Enquanto isso, Paul Jr. e seus irmãos aproveitaram a brecha.

198 DE GERAÇÃO PARA GERAÇÃO

Comprovando o ditado que diz que o poder é conquistado e não dado, Paul Jr. não só preencheu o vácuo de liderança mas também, em pouco tempo, estava conduzindo a empresa para novos empreendimentos. Quando Paul Sr. voltou à empresa, estava claro que os membros da segunda geração estavam plenamente no comando e dirigindo a empresa tranqüilamente. O pai decidiu que era um bom momento para ceder o lugar e assumir um papel de conselheiro, como presidente do Conselho de Administração.

Entretanto, seria um erro pensar que esta primeira sucessão não tenha sido planejada, ou que tenha ocorrido instantaneamente. Desde o tempo em que os filhos eram pequenos, Paul Sr. e sua mulher, Anna, tinham vislumbrado um dia assumir a empresa e a dirigir em equipe. Naqueles primeiros anos, os pais tinham procurado atenuar a competitividade natural dos filhos e encorajá-los a cooperar, com a idéia de que o trabalho em equipe seria essencial para a futura sociedade. Quando as ações foram transferidas à segunda geração, cada filho recebeu uma parcela igual. Hoje os cinco controlam 55% e herdarão o restante após a morte dos pais.

Os cinco estavam bem preparados para liderar a empresa. Os quatro filhos foram enviados para escolas excelentes e se formaram nos melhores cursos técnicos e de administração. Como chefe da divisão de mercados da empresa, Paul Jr. demonstrou sua liderança expandindo a cadeia de doze lojas na Califórnia, em 1965, para 65 em todo o oeste e na costa do Pacífico, em 1990. A única irmã, Rita, também tem formação superior. Ela viajou muito e, por muitos anos, chefiou a divisão de importações da empresa. Cada um dos filhos já trabalhava na empresa havia vários anos quando ocorreu o acidente com o pai.

Contudo, foram precisos vários anos para que Paul Jr. consolidasse sua posição como líder do sistema de irmãos. Sua posição de primeiro-entre-pares era um compromisso que preservava algumas das aparências da forte liderança individual do pai e tornava o sistema participativo mais aceitável para os funcionários e o mundo exterior. Mas Paul Jr. precisou legitimar gradualmente sua liderança também com os irmãos, e o escopo da sua autoridade foi definido com o passar dos anos, por tentativas e erros. Quando Paul Jr. tomava uma decisão importante sem antes informar os irmãos, estes faziam com que ele soubesse — com muita clareza — que havia excedido sua autoridade e que eles, como sócios iguais, esperavam ser consultados. Depois de muitos anos de definição de limites em cada novo caso, os parceiros tentaram, recentemente, definir de forma explícita os limites da autoridade do irmão mais velho. Assim, por exemplo, eles concordaram em permitir que o CEO tome decisões sobre qualquer dispêndio de dinheiro abaixo de determinado valor e sobre empreendimentos cujo sustento não comprometa a empresa por mais de dois anos.

Os irmãos Lombardi dispuseram-se a conceder poderes limitados ao irmão mais velho porque este demonstrou sua capacidade para colocar dinheiro nos bolsos deles. Nos últimos anos, eles perceberam a necessidade de Paul Jr. receber mais reconhecimento pelas suas realizações na empresa e têm sido mais generosos com suas decisões em particular e com o seu crédito público. Não obstante, se Paul Jr. fica muito "mandão" ou tenta agir como o patriarca em qualquer decisão, eles são rápidos em lembrá-lo de seus poderes limitados.

Enquanto a Lombardi Enterprises conclui a primeira sucessão, de Paul Sr. para a Sociedade entre Irmãos, ela está a caminho de uma segunda, que será ainda mais complexa para administrar. Paul Jr. sofreu um leve ataque cardíaco e, aos 55 anos, está pensando em se aposentar logo. Os irmãos estão, assim, numa encruzilhada, e terão que decidir quando irá ocorrer a próxima transição e como será escolhido o novo líder (ou líderes). Eles poderiam ter optado por reciclar a atual estrutura, dando a cada irmão que assim o quisesse a oportunidade de servir como primeiro-entre-pares, mas rejeitaram esta opção. Talvez porque nenhum deles deseje assumir o cargo de CEO à sombra do bem-sucedido irmão mais velho, eles decidiram que a próxima mudança de liderança irá ocorrer quando os membros da terceira geração estiverem preparados para assumir a Lombardi Enterprises. Já há evidências de preocupação política entre os irmãos. Os outros preocupam-se porque Paul Jr. está manobrando para posicionar seu filho Jaime, o mais velho dos primos e o mais experiente na empresa, como uma escolha lógica para CEO.

Há 25 primos na terceira geração, muitos dos quais já expressaram seu compromisso com a tradição de profissionalismo da empresa. A dura realidade é que nem todos os que desejam nela fazer carreira e aspiram a posições no topo podem ser acomodados. Portanto, os mais velhos têm diante de si algumas decisões difíceis e inusitadas na família. Quais serão os requisitos para entrar na empresa? Como os primos variam muito mais em idade que os membros da segunda geração, como será feita uma escolha de líderes mediante o fato de alguns virem a ter idade para assumir antes que outros? Além disso, há mais primos em alguns ramos que em outros, o que levanta a questão sobre a forma de divisão das ações. Se cada irmão dividir sua parte entre seus filhos, alguns primos acabarão com muito mais ações que outros. Por outro lado, se as ações forem distribuídas igualmente entre os primos, independente dos seus ramos, será necessário um processo de venda. Se esta for a opção, alguns ramos controlariam mais ações do que outros – qual será o efeito sobre o equilíbrio de poder na próxima geração?

A lista de decisões que precisam ser tomadas é enorme. Se alguns primos que aspiram trabalhar na empresa não conseguirem, o que deverá fazer a família para sustentar as carreiras desses membros desapontados? Se muitos vierem a ser acionistas passivos, o que precisarão fazer os membros da família dirigentes da Lombardi Enterprises para garantir seu apoio e lealdade? O aumento numérico de acionistas na terceira geração também significará uma pressão financeira sobre a empresa para prover um fluxo estável de generosos dividendos aos primos que não trabalharem na empresa. Poderá a Lombardi Enterprises dar aos primos condições para manter os afluentes estilos de vida aos quais estão acostumados, sem privar a gerência do capital necessário para expandir a empresa?

O maior desafio nas transições para a terceira geração é o estabelecimento de estruturas para gerenciar toda essa complexidade. O maior risco é de os irmãos parceiros tentarem instalar uma estrutura muito semelhante à deles. Em outras palavras, eles podem buscar um grupo de primos que possam trabalhar em conjunto e continuar o mesmo padrão de decisões por consenso que eles conseguiram estabelecer, mas esta visão do futuro provavelmente não irá se encaixar nas condições mudadas na terceira geração. A espécie de entendimento mútuo e cooperação sinérgica que irmãos que cresceram sob o mesmo teto conseguem às vezes atingir é dificilmente reproduzida na terceira geração; os primos crescem em casas e famílias que podem diferir muito em valores e atitudes.

Contudo, os mais velhos têm outras opções. Se o gerenciamento da complexidade ficar demasiado difícil, eles podem acabar concordando em voltar a uma forma de Proprietário Controlador – sob a qual uma família provavelmente terá de obter uma participação acionária dominante através de um processo de compra. Esta alternativa será particularmente atraente se um dos primos emergir como líder notavelmente qualificado, muito acima dos seus contemporâneos. Ou os Lombardi poderão concluir que a escolha de somente alguns para liderar irá criar ressentimentos e dividir as cinco famílias. Para evitar isso, eles poderão decidir ir mais longe na profissionalização da empresa, contratando pessoas talentosas de fora da família para as mais altas posições executivas. Mais uma vez, não se pode chegar a essas escolhas por um processo de planejamento inteiramente racional. Elas podem resultar de negociações e compromissos sutis. Porém, quaisquer que sejam as estruturas de participação acionária e de controle, estruturas como o Conselho de Administração com representantes de fora e um Conselho de Família, no qual os membros não-funcionários possam discutir assuntos de negócios que os afetam, serão essenciais para garantir um bom gerenciamento profissional e a harmonia familiar.

COMO O SONHO COMUM É NEGOCIADO

No centro da noção de planejamento está a idéia de que a família pode criar um plano da empresa, o qual irá descrever sua futura direção estratégica, bem como as estruturas de participação acionária e de controle da organização. Porém, muito antes de poder preencher detalhes desse plano, os membros da família precisam formular um sonho comum – uma visão estimulante daquilo que a empresa irá se tornar, que capacite a família a compreender todos os seus valores e aspirações individuais.[5] Esse conceito é a adaptação, de Lansberg, do conceito do sonho introduzido na obra de Levinson sobre desenvolvimento adulto. Em sua pesquisa nos anos 70, Levinson descreveu o sonho nas vidas das pessoas que estudava como "uma visão, uma possibilidade imaginada que gera entusiasmo e vitalidade. Ele pode assumir uma forma dramática, como no mito do herói: o grande artista, magnata dos negócios, atleta ou superastro intelectual realizando feitos magníficos e recebendo honras especiais. Pode assumir formas triviais, que mesmo assim são inspiradoras e reconfortantes: um excelente artesão, o marido-pai de um certo tipo de família, o membro altamente respeitado da comunidade".[6]

Os empreendedores e seus cônjuges são tipicamente movidos por um sonho poderoso, que influencia a maneira pela qual criam seus filhos, bem como a forma como operam sua empresa. Normalmente, o sonho comum começa a tomar forma quando os filhos são pequenos. Os pais desenvolvem um vago desejo de assistir a sobrevivência e a continuidade, depois deles, de tudo aquilo que construíram, para prover sustento para suas famílias e seus valores fundamentais. Enquanto isso, os filhos estão crescendo à sombra da empresa da família, que, inevitavelmente, se torna uma força em suas vidas, dando forma às suas aspirações e escolhas de carreira. Os jovens podem rejeitar o sonho dos mais velhos e perseguir suas ambições fora da empresa – normalmente não sem grande conflito psicológico. Ou podem decidir que será possível realizar suas ambições e valores dentro da empresa da família. O processo de criar um sonho comum transforma-se numa negociação que começa nos primeiros diálogos entre pais e filhos e prossegue até a idade adulta, tornando-se mais urgente e explícito à medida da aproximação do momento de uma troca de liderança.

Para as famílias que conseguem criá-lo, o sonho comum é uma visão do futuro que todos os membros podem abraçar com entusiasmo, formando a base da sua futura colaboração e provendo a motivação e o entusiasmo necessários para levar a família através do duro trabalho de planejamento. Muitas vezes esse sonho tem inspiração religiosa ou enfatiza uma missão social, além dos lucros. Entretanto, nem todas as famílias têm uma idéia clara do que querem para o *futuro* de si mesmas e da empresa. Em algumas delas, os pais têm sonhos contraditórios, como, por exemplo, quando um favorece um sistema de sócios iguais e o outro quer dar a propriedade e o controle a um só filho. Quando esse sonho é claro e congruente, ele influencia a maneira como se criam os filhos e também como se treina a próxima geração para assumir a liderança. Porém, quando os pais têm sonhos contraditórios, eles podem evitar discussões abertas das suas diferenças e enviar sinais confusos aos filhos. Alguns casais discutem e reconciliam seus sonhos à medida que formam seu "empreendimento casamento" no estágio da Jovem Família Empresária, ou quando fazem sua revisão em estágios posteriores. Algumas famílias confrontam as inconsistências em seus sonhos quando lidam com o planejamento inicial de vida da geração mais jovem no estágio de Entrada na Empresa. Outras evitam rigorosamente o processo de negociação de um sonho comum com a geração mais jovem.

Quando os filhos se tornam adultos e esclarecem seus próprios sonhos, o sonho comum da família pode ter que ser revisto. Os mais velhos precisam esclarecer, para si mesmos, a estrutura que desejam para o futuro e reavaliar constantemente se os talentos, as qualificações e o compromisso dos mais novos são suficientemente fortes para fazer a estrutura funcionar. Analogamente, os interesses de carreira dos mais jovens evoluem à medida que estes amadurecem e experimentam o mundo e a empresa da família. Por exemplo, o sonho de uma estrutura de filhos, dirigida por sócios iguais, poderá ter que ser abandonado se apenas um deles estiver interessado em entrar para a empresa, ou se somente um está claramente qualificado para liderá-la. De fato, se nenhum dos membros da próxima geração aspirar a uma carreira na empresa, seus proprietários terão que decidir se será viável profissionalizar sua gerência ou vendê-la.

As famílias que desejam uma estrutura de controle diferente daquela que sempre conheceram enfrentam um salto cognitivo de fé. As três formas básicas de controle — Proprietário Controlador, Sociedade entre Irmãos e Consórcio de Primos — exigem estilos de liderança e estruturas muito diferentes. Com freqüência, os proprietários não conseguem entender as implicações da escolha que fizeram, porque são incapazes de avaliar as evidências do tipo de estrutura viável para sua família. Isto não constitui surpresa, pois o único indicador de que dispõem é sua própria experiência – o mapa que as guiou até o sucesso nos negócios –, e o terreno que ficou para trás pode ser muito diferente daquele que está à frente.

COMPREENDENDO A DIVERSIDADE DE SUCESSÕES

No Capítulo 1, ao descrever a dimensão de desenvolvimento da propriedade, apresentamos três categorias de propriedade da empresa familiar: Proprietário Controlador, Sociedade entre Irmãos e Consórcio de Primos. Normalmente, quando uma empresa está à beira de uma transição de liderança, a escolha de uma futura estrutura de controle envolve três opções básicas. A primeira é reciclar a estrutura que funcionou durante o mandato da liderança atual, como quando um fundador deixa a empresa para um filho (de Proprietário Controlador para Proprietário Controlador) ou quando um grupo de primos passa a propriedade aos seus filhos (de um Consórcio de Primos para outro). A segunda é passar para uma estrutura mais complexa, dividindo os direitos de propriedade e as responsabilidades de gerenciamento entre um grupo de irmãos da geração seguinte, como no caso da segunda geração na Lombardi Enterprises (de Proprietário Controlador para Sociedade entre Irmãos), ou quando os irmãos passam a propriedade a todos os seus filhos (de Sociedade entre Irmãos para Consórcio de Primos). A terceira opção é tornar mais simples a futura estrutura de propriedade e controle, como seria o caso se, por exemplo, os Lombardi retornassem a um único proprietário-gerente na terceira geração (de Sociedade entre Irmãos para Proprietário Controlador).

Muitos donos de empresas familiares prestes a se aposentar não levam plenamente em conta a gama de opções de que dispõem. Como vimos no Capítulo 1, as sucessões em empresas familiares não precisam seguir uma seqüência progressiva, do mais simples para o mais complexo. Muitas delas, por exemplo, são fundadas não por um único empreendedor, mas por uma equipe de irmãos. Na segunda geração, pode-se escolher a forma do Proprietário Controlador como a mais viável, com o sucessor e sua família comprando as partes dos outros sócios. Uma mudança comparável pode ocorrer em um Consórcio de Primos, quando estes decidem vender suas partes a um primo de um ramo, que então passa a ser o Proprietário Controlador. Pelo mesmo raciocínio, uma empresa de Proprietário Controlador pode pular o estágio de Sociedade entre Irmãos e passar diretamente para um Consórcio de Primos. Esse tipo raro de sucessão ocorre quando nenhum dos filhos do proprietário controlador está interessado ou apto para a liderança da empresa e o proprietário-gerente faz, então, planos para transferir a propriedade a seus netos, na esperança de que estes venham a ser capazes de assumi-la. (Nesses casos, normalmente o proprietário contrata profissionais não-pertencentes à família para dirigir a empresa durante a transição.)

A Figura 7-1 mostra um total de nove tipos possíveis de sucessão. Três são "reciclagens", envolvendo uma mudança na liderança mas mantendo a mesma forma de propriedade; três são sucessões "progressivas", envolvendo uma mudança na liderança e aumentando a complexidade da forma de propriedade; e as últimas três são sucessões "recursivas", que envolvem uma mudança na liderança e, ao mesmo tempo, simplificam a forma de propriedade. Essa tipologia demonstra a diversidade e a complexidade das transições de liderança.

Quando a sucessão envolve a substituição da liderança sem alterar a forma básica da empresa, grande parte daquilo que o proprietário aprendeu no passado é aplicável ao futuro. Contudo, quando a sucessão envolve não apenas uma mudança da guarda, mas também uma reestruturação da forma fundamental da empresa, a adaptação exigida do sistema é muito maior. Neste caso, pouco daquilo que funcionou no passado poderá funcionar bem no futuro.

Todas as sucessões em empresas familiares envolvem a passagem do bastão do líder, ou da equipe de líderes de uma geração, para o líder ou para a equipe da próxima. Porém, as tarefas que precisam ser realizadas antes de a geração mais velha partir e a geração mais jovem assumir variam de forma sig-

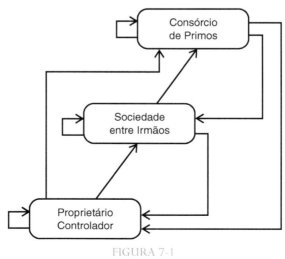

FIGURA 7-1
Nove Tipos de Sucessão

nificativa, dependendo do ponto onde a transição começa e onde está previsto para terminar — isto é, a estrutura de controle empregada pelos mais velhos e a estrutura vislumbrada para os mais jovens.

A Transição para uma Empresa de Proprietário Controlador

A idéia de que uma pessoa, somente uma, deve ser o líder é exagerada no rico imaginário do herói da cultura ocidental. (Dadas as distorções históricas dessa cultura, o herói mítico é tradicionalmente apresentado como homem. No mundo contemporâneo, ela se refere, obviamente, a ambos os sexos.) O rei passa a coroa para o príncipe. Analogamente, o lorde do solar, para evitar que suas terras sejam divididas em pequenas propriedades antieconômicas, passa-as todas para um herdeiro. A habilidade e a arte do mestre vivem, depois dele, no aprendiz a quem ele entregou seu conhecimento sagrado e seus segredos. Talvez seja natural para um empreendedor, que realizou o grande feito de iniciar um negócio de sucesso e personifica essa empresa na comunidade, querer ver seu nome e sua obra levados adiante por um filho favorecido que prometa tornar-se um herói, para a família, os funcionários e a comunidade, segundo a própria imagem do fundador. Pode haver uma intensa identificação entre o proprietário e o filho escolhido (ou, em alguns casos, o sobrinho ou o neto).[7] À medida que o mais velho sente não ter realizado o seu sonho, em toda a sua extensão, ele vê na figura do sucessor aquele que irá completar a santa busca. É a antiga fantasia da imortalidade: transferir, quase no fim da vida, a experiência e o eu do velho corpo para uma figura jovem e enérgica, que irá continuar sua obra.

O poder monocrático, de uma só pessoa, também tem profundas raízes nas tradições hierárquicas da igreja e do estado. Do ponto de vista da gerência, ele tem a vantagem de ser parcimoniosa. Permite ação decisiva, muitas vezes crítica, quando a empresa precisa mover-se rapidamente para conquistar mercados ou bater concorrentes. Em contraste, o poder por comitê costuma ser lento e incômodo. Os proprietários controladores tendem a crer que são suas idéias, sua disposição para assumir riscos e sua determinação que contam para o sucesso da empresa, e que os grupos não têm tais qualidades inerentes. Além disso, o mundo exterior, incluindo clientes, credores e organizações comunitárias, ainda prefere tratar com uma pessoa que com um grupo.

Paradoxalmente, quando o proprietário controlador possui com exclusividade o controle acionário e a gerência, as próprias vantagens desta forma de controle, a tomada monolítica de decisões, também são sua maior desvantagem. Com uma Sociedade entre Irmãos ou um Consórcio de Primos, as famílias dividem o risco colocando o controle acionário nas mãos de um grupo de filhos. As famílias que escolhem uma estrutura de Proprietário Controlador para a próxima geração estão apostando sua fortuna no talento de liderança, na agudeza para negócios e maturidade emocional de uma única pessoa – um risco que é multiplicado quando o Proprietário Controlador é também o CEO. Assim, uma escolha infeliz pode ter graves conseqüências para a empresa. Além disso, a decisão de se ter somente um líder aumenta o risco de se escolher um filho ou filha com base em favoritismo emocional em vez de na competência demonstrada.

Provavelmente, a situação mais comum que leva a uma sucessão de reciclagem para uma forma de Proprietário Controlador é quando há somente um filho, ou pelo menos somente um com algum interesse ou expectativa pela gerência ou propriedade da empresa. No caso do único herdeiro, ainda haverá os desafios comuns a qualquer transição entre gerações, mas a escolha do sucessor não será problema. Os casos mais complicados ocorrem quando mais de um membro da próxima geração tem interesse na empresa. Nessas situações, ao se decidirem por continuar com uma estrutura de Proprietário Controlador ou a ela voltar, as famílias precisam criar um mecanismo para concentrar as ações nas mãos do sucessor único. Para as famílias nas quais a empresa é o principal patrimônio, surgem questões fundamentais de eqüidade na distribuição dos bens familiares. Os pais que querem evitar demonstrar favoritismo entre seus filhos tendem fortemente a dividir as ações da empresa de forma mais ou menos igual entre os membros da próxima geração, formando uma Sociedade entre Irmãos.[8] A escolha de um modelo de Proprietário Controlador normalmente significa que essa divisão igualitária foi superada pelo princípio, enfatizado por Danco e outros consultores da área, segundo o qual o responsável pela liderança da empresa e pela produção de resultados deve ter o controle acionário,[9] caso contrário, as decisões do executivo principal poderiam ser constantemente solapadas por acionistas dissidentes.

Em alguns casos, os pais em uma geração de Proprietário Controlador procuram limitar essa questão entregando a gerência a um dos filhos, mas dividindo as ações entre todos, e instruindo-os (explicitamente ou, na maioria das vezes, por meios indiretos) para que apóiem o líder da empresa "como se" ele tivesse o controle acionário. Esta é, com freqüência, uma resolução insustentável. Isto foi demonstrado por um proprietário-gerente de segunda geração que havia trabalhado na empresa da família por vinte anos: quando seus pais morreram, deixaram as ações divididas igualmente entre ele e seus quatro irmãos, e esse fato deixou-o queixando-se amargamente da injustiça da decisão dos pais.

"Sempre entendi que seria eu quem assumiria o comando da empresa da família. Eu gostava muito de trabalhar com meus pais. Dediquei tempo e esforço e consegui o respeito de todos os funcionários. Meus pais sempre me levaram a crer que eu iria controlar a empresa. Contudo, pouco antes de eles morrerem, sentiram que dar a mim o controle majoritário seria injusto para meus irmãos. Sem me contar, eles mudaram seu testamento e nos deixaram partes iguais da empresa. Sinto-me agora como um boi puxando o resto da família. A ironia disso tudo é que eles acharam que assim iriam minimizar o conflito entre nós."

É bom que os membros da geração mais velha tenham claro para si mesmos se querem que todas ou quase todas as ações passem para um sucessor — situação que torna desnecessária a concordância e a participação dos acionistas minoritários (caso existam) —, ou se querem considerar alguma forma de Sociedade entre Irmãos — onde a colaboração é necessária. O dilema dos pais na escolha de um sucessor único é que, enquanto a negação do controle acionário para o líder da geração seguinte pode acabar prejudicando a empresa, a concentração das ações nas suas mãos pode dividir a família. Mesmo em famílias que entendem as distinções entre os círculos, uma posição de autoridade na empresa normalmente dá ao beneficiado também grande poder e prestígio na família. A elevação de um irmão ou irmã à posição de Proprietário Controlador, mesmo quando outros funcionários da família equalizam mais ou menos o plano patrimonial, pode exacerbar ciúmes e rivalidades que remontam à infância e também criar, de fato, uma situação quase-paterna (como vimos no Capítulo 1). Os irmãos mais velhos podem já ter vivenciado, nos primeiros anos da família, esse papel, mas este normalmente se enfraquece à medida que os irmãos mais jovens amadurecem. O irmão mais velho, caso receba o controle da empresa quando adulto, pode facilmente voltar ao papel de quase-pai. Isto pode provocar ressentimentos nos outros. Pensemos como pode se sentir um irmão ou irmã que, precisando de um empréstimo, em vez de pedi-lo ao pai, tem de fazê-lo junto ao irmão nomeado controlador da empresa.

Em determinadas culturas, nas quais a regra da primogenitura persiste com mais força, o filho mais velho ainda é aceito mais facilmente como único proprietário-gerente que um filho mais novo ou uma filha. Com mais filhas e filhos desejando papéis de liderança nas empresas familiares, a escolha de um sucessor único pode levar a se colidirem frontalmente as antigas idéias de "hierarquia" familiar e os novos padrões. Barnes, por exemplo, escreveu a respeito dos problemas criados por aquilo que chama de "hierarquias incongruentes" nas famílias modernas. Num caso em que as filhas e os filhos mais novos tendem a valer menos que os mais velhos na hierarquia familiar, mas um deles torna-se o CEO, "a incongruência é óbvia... (e) pode levar a tensões familiares, que ficam ainda mais dolorosas quando irmãos mais velhos estão ativamente envolvidos na empresa".[10]

Se a geração mais velha estiver firme em seu compromisso com uma sucessão de Proprietário Controlador, o sistema poderá aceitar essa decisão mais facilmente se forem explicadas aos outros membros da família, bem como a outros interessados na empresa, as razões para a escolha do sonho e o processo pelo qual o sucessor foi escolhido. Os líderes da família não precisam justificar suas decisões de forma defensiva; vale aqui a regra de ouro. Contudo, explicar a decisão descrevendo explicitamente os valores e prioridades a ela subjacentes pode ajudar a evitar que ela deixe a geração mais jovem dividida, de forma irreconciliável, no círculo da família. Por exemplo, se o atual Proprietário Controlador puder dizer: "Nossa melhor previsão aponta que a empresa irá enfrentar um período muito difícil, com reestruturações e cortes de pessoal, e acredito ser essencial que um proprietário tenha controle e responsabilidade irrestritos para sua liderança", ou "Prometi à minha filha, quando ela começou na empresa, que se ela se dedicasse à preparação para o papel, mais tarde eu lhe entregaria a empresa", poderá iniciar um diálogo que ajudará a família a aceitar o novo arranjo e preparar-se para ele.

O mesmo dilema, sobre até que ponto consolidar o controle acionário, deve ser enfrentado quando se decide entre excluir os membros da família das posições de gerência, escolher um único executivo da família ou investir numa equipe gerencial familiar com a participação de muitos membros da próxima geração. Materializar o sonho da propriedade, para a segunda geração e as subseqüentes, com base numa estrutura de Proprietário Controlador em vez de Sociedade entre Irmãos, normalmente implica uma decisão semelhante no que se refere ao gerenciamento da empresa, ou seja, a família já identificou ou deseja identificar um líder executivo para ela. Em algumas empresas familiares, a escolha é fácil. A S. C. Johnson & Son, fabricante das ceras Johnson e do inseticida Raid, tem tido um único membro da família no controle acionário há quatro sucessões. Samuel C. Johnson, o CEO da quarta geração, escreveu: "Nossa firma tem sido afortunada por ter havido um sucessor lógico em cada geração."[11] Mas nem sempre este é o caso. Se vários irmãos, igualmente talentosos, quiserem ser líderes, a escolha de uma estrutura de Proprietário Controlador provoca uma corrida do tipo "o vencedor leva tudo". Quanto mais restrito for o acesso a altas posições, quanto mais a escolha for adiada e quanto maior for a ambigüidade a respeito dos candidatos e suas posições relativas, mais feroz poderá ser a competição pela posição de proprietário-gerente.

Todos os membros da família sabem que seus futuros – individuais e coletivo – dependem de boas escolhas. Entretanto, cada geração e, até certo ponto, membros diferentes das gerações, podem ter pontos de vista diversificados sobre o melhor processo, guiados por seus objetivos também diferenciados. É provável que a liderança da geração mais velha queira adiar a escolha até um candidato emergir como claramente superior aos outros. Isto pode exigir tempo suficiente para que todos os candidatos sejam testados em várias posições. Contudo, o pai do candidato mais velho ou melhor, que possui a vantagem de experiência e tempo de casa, pode ser favorável a um cronograma mais rápido. Da mesma forma, os membros da geração mais jovem que se consideram na dianteira irão enfatizar o tempo de atuação na empresa e a experiência como critérios fundamentais e poderão lembrar os responsáveis pela decisão dos efeitos nocivos de uma competição prolongada. Os mais jovens poderão enfatizar o valor de um processo racional e objetivo, protegido das políticas familiares, e prolongado o suficiente para garantir que seja feita a escolha certa. Quaisquer que sejam o processo e o cronograma escolhidos, a "atmosfera de competição" pode ser nociva às operações da empresa e provocar pressões consideráveis sobre os atuais proprietários.[12]

Alguns pais, desejosos de colocar o futuro da empresa nas mãos de somente um líder, simplesmente adiam a decisão porque são incapazes de escolher um dos filhos. Este é um problema particular nas famílias emaranhadas, cujos membros têm relacionamentos tão íntimos e intensos que os pais temem que qualquer ato interpretado como de favoritismo abale a unidade familiar. Na verdade, pode haver uma variedade de razões pelas quais um pai não esteja disposto a efetuar testes reais das habilidades dos seus filhos. Uma delas pode ser a resistência do fundador ao processo sucessório em si, devido ao temor de entregar o controle da empresa e enfrentar sua própria mortalidade. Os empreendedores tendem a ser personalidades narcisistas, que não acham fácil dividir as luzes da ribalta com outra pessoa, mesmo sendo esta um filho ou uma filha. Este é o tema da clássica história bíblica do Rei Saul e seus esforços para destruir Davi, o jovem guerreiro que gozava de tanta popularidade na tribo que o rei temia que ele pudesse um dia usurpar seu trono. Por algumas dessas mesmas razões, um fundador pode evitar fazer a escolha do sucessor, esticando o período de ambigüidade e aquecendo a corrida entre os candidatos.

O processo de transição para uma estrutura de Proprietário Controlador não termina com a seleção do novo líder. Várias outras tarefas precisam ser iniciadas antes da transição – tarefas estas que continuam depois da posse do novo proprietário. Uma delas é colocar o sucessor rapidamente em papéis na empresa que exponham seus maiores talentos e proporcionem uma oportunidade para resultados rápidos – idealmente, com boas conseqüências financeiras para a empresa e para os acionistas minoritários. O ceticismo e a resistência começarão a ceder tão logo o novo Proprietário Controlador possa demonstrar que pode fazer a empresa crescer ou produzir belos dividendos no futuro. Também há outros desafios. Por exemplo, os talentos e o desempenho do sucessor único numa transição entre Proprietários Controladores serão inevitavelmente comparados com aqueles do seu antecessor. Portanto, os pais precisam prestar especial atenção nesse processo, para assegurar que o desenvolvimento da carreira do sucessor construa autoconfiança e dê evidências mensuráveis da sua capacidade de liderança. Isto nem sempre é fácil para o proprietário que está se aposentando, apanhado na situação de "Rei Saul", anteriormente descrita. É preciso alguma sensibilidade para que se honrem as necessidades da geração mais velha e se reconheçam sua contribuição e seu valor, ao mesmo tempo em que se abre espaço para o otimismo, uma vez que se espera que o novo proprietário traga novas forças e oportunidades.

Uma segunda tarefa é a avaliação das ferramentas, recursos e experiências necessários para o novo proprietário cumprir o papel de liderança e prover o seu desenvolvimento. Numa transição entre gerações de um Proprietário Controlador para outro, grande parte da orientação é necessariamente feita pelo atual líder. Portanto, o processo é intensamente pessoal e a qualidade do relacionamento entre pai e filho torna-se crítica durante a etapa de planejamento. Um estudo em profundidade de sucessões em vinte empresas familiares, em 1988, concluiu que as empresas nas quais o pai e o sucessor tinham alguma atividade conjunta fora da empresa eram as mais eficazes na execução da transferência de poder. Essa atividade comum, quer fosse jogar tênis, cozinhar ou criar pomares, servia para reduzir, entre pai e filho, as tensões que inevitavelmente crescem durante o processo de planejamento.[13]

A tarefa final é a resolução dos assuntos financeiros da família, alinhada com a opção de transferir o controle acionário da empresa para uma só pessoa. Para as empresas que estão se movendo no sentido de uma estrutura de Proprietário Controlador, um dos requisitos óbvios é o estabelecimento antecipado de provisões – e dinheiro – para comprar as parcelas de acionistas dissidentes no caso de surgir um conflito que ameace paralisar a empresa.

A Transição para uma Sociedade entre Irmãos

Os pais que aspiram a uma Sociedade entre Irmãos na próxima geração normalmente acreditam que a solidariedade familiar é tão importante quanto uma inequívoca autoridade de gerência. Esses donos de empresas possuem um forte conceito do que significa ser bons pais e também empresários de sucesso. Eles querem ver seus filhos trabalhando juntos em harmonia, um grupo de irmãos e irmãs preservando os valores familiares e levando a empresa a novas alturas. Às vezes, essa visão é baseada no otimismo quanto a maiores oportunidades futuras para a empresa e para a família. Outras vezes, ela reflete uma avaliação do mundo como um lugar ameaçador, no qual os membros da família precisam "colocar as carroças em círculo" e cuidar dos interesses, uns dos outros, no espírito de "um por todos, todos por um".

O sonho de uma Sociedade entre Irmãos, como o modelo do herói só subjacente ao sonho do Proprietário Controlador, tem um rico antecedente cultural, desde as antigas histórias de Moisés e Aarão, ou Damon e Pythias, até a Revolução Francesa, que glorificava a substituição da autoridade patriarcal pela liderança fraterna baseada na igualdade.[14] A meta de interdependência requer que os parceiros subordinem as necessidades dos seus egos e apreciem e celebrem verdadeiramente, uns dos outros, os triunfos. O espírito desta colaboração pode ser assim resumido: "Sua vitória é dele; a perda dele é sua."[15]

Do ponto de vista do gerenciamento, a liderança múltipla oferece oportunidades para sinergias a partir dos talentos e habilidades combinadas de uma equipe, juntamente com garantias de continuidade no caso de um dos parceiros morrer ou ficar incapacitado. Um estudo de CEOs corporativos, feito por Richard Vancil, mostra que muitas grandes empresas de capital aberto, como a General Motors, concentram hoje a responsabilidade de alta gerência no escritório do executivo principal, que consiste, na realidade, de vários executivos.[16] Numa era em que as corporações americanas descobriram o valor do trabalho em equipe em todos os níveis, e com tantas empresas familiares passando do controle da primeira geração para o da segunda, as Sociedades entre Irmãos têm-se tornado uma opção cada vez mais atraente.

Para os pais que vislumbram no futuro uma Sociedade entre Irmãos, a decisão mais difícil se refere a esta questão: "Nossos filhos são realmente capazes de colaborar?" Nos casos de maior sucesso, os pais avaliam de forma realista os relacionamentos entre os filhos e se determinada distribuição de qualificações e talentos no grupo lhes permitirá formar uma equipe eficaz. Os pais começam cedo a encorajar o tipo de partilha e colaboração necessário para a sobrevivência de um sistema de irmãos quando os filhos começarem a trabalhar em conjunto como adultos. Contudo, o sonho de uma interdependência harmoniosa de irmãos com talentos complementares tem um apelo irresistível para alguns pais, e esse sonho domina qualquer avaliação racional. Nesses casos, os pais desejam tanto a concretização dessa visão que ignoram as evidências de profundas rivalidades entre seus filhos. Ou, como vimos no Capítulo 1, eles podem tentar produzir uma Sociedade entre Irmãos exatamente para compensar o estilo desligado que evoluiu na família, desapontador para eles. A decisão de criar uma Sociedade entre Irmãos pode ser, de fato, uma escolha reativa, na qual os pais tornam os filhos sócios iguais precisamente para evitar a amargura possível de se manifestar se um deles receber mais poder que os outros.

Obviamente, a escolha de uma parceria poderá ser destrutiva para a empresa se ela juntar à força irmãos incompatíveis ou impedir que os mais capazes assumam a liderança e tenham uma voz decisiva nas operações da empresa. É difícil criar e manter em prática um sistema como da Sociedade entre Irmãos. Essas sociedades têm maior probabilidade de sucesso quando, como no caso da família Lombardi, todos os irmãos são capazes e bem-treinados, os talentos e qualificações especiais daqueles que trabalham na empresa são mais ou menos complementares e quando uma carreira na empresa é vista como opção para aqueles cujas qualificações e ambições se encaixam bem nas necessidades dela. E também quando, por outro lado, outros podem optar por não entrar na empresa sem perder status na família. Os sócios precisam não só estar dispostos a subordinar seus egos e dividir as luzes da ribalta como também ser extraordinariamente flexíveis e abertos a compromissos quando surgem becos sem saída a respeito de questões importantes. Finalmente, é claro, eles precisam ter um forte empenho em fazer funcionar um sistema baseado em consenso.

Quando esses requisitos são satisfeitos, o conhecimento mútuo das atitudes gerais e da filosofia de negócios de todos, que provêm de anos de convivência e trabalho no sistema familiar, pode liberar poderosas sinergias. Deutsch cita o exemplo de uma dupla de tênis bem-sucedida: os parceiros jogam em níveis comparáveis, mas cada um possui algumas habilidades – velocidade, um forte jogo de rede, um *backhand* notável – que elevam o nível de desempenho da dupla.[17]

Os estágios iniciais da transição para uma Sociedade entre Irmãos levantam, de forma muito intensificada, o dilema entre competição e colaboração, introduzido anteriormente na discussão sobre a seleção de um sucessor Proprietário Controlador. Algumas famílias, em um esforço para fortalecer os elos entre os parceiros em potencial, encorajam atividades nas quais os irmãos podem aprender juntos e têm tempo para trocar idéias, tal como a participação conjunta em um seminário executivo numa universidade. Os membros do grupo de irmãos na empresa podem ser designados para projetos especiais que testem e promovam sua capacidade de trabalho em equipe; por exemplo, o grupo pode ser solicitado coletivamente a recrutar e entrevistar candidatos ao Conselho de Administração e fazer recomendações sobre estes. Em todas essas atividades, os jovens são avaliados não só quanto a seu desempenho individual, mas também quanto à sua capacidade de trabalhar dentro do grupo e de contribuir para a obtenção de consenso.

Isto contrasta com as políticas de outras famílias, mais preocupadas com a criação de dados para a avaliação diferencial dos irmãos do que com a promoção de uma parceria de colaboração. Essas famílias criam, muitas vezes, condições competitivas especificamente concebidas para avaliar quais irmãos sobem ao topo e assumem o controle, como quase-pais ou "primeiros-entre-pares" sancionados pelos pais. Embora essa atmosfera de competição ajude, às vezes, a geração mais velha a avaliar os candidatos, seus custos são significativos. Quando os membros da geração mais jovem descobrem que os mais velhos querem que eles concorram entre si e que seus futuros estão em jogo, muitas vezes se vêem forçados a se proteger dos irmãos. Compromisso, colaboração e divisão de créditos são estratégias arriscadas e autodestrutivas, em detrimento da empresa e do progresso no desenvolvimento dos sucessores como um grupo. Além disso, a idéia de que essa atmosfera de "cão-come-cão" gera dados realmente objetivos é normalmente um mito; na realidade, as oportunidades para brilhar não são igualmente distribuídas. Finalmente, trabalho em equipe e colaboração podem ser qualidades críticas para o sucesso na Sociedade entre Irmãos da próxima geração, mas nesse ambiente elas não são recompensadas, porque dele pode resultar a identificação do irmão errado como o primeiro-entre-pares ou mesmo como o quase-pai. Isto, em geral, leva a um rompimento do sistema depois que os pais não estão mais por perto para forçar que ele seja seguido.

Existem maneiras pelas quais as Sociedades entre Irmãos podem se diferenciar sem chegar muito perto da competição destrutiva. Os sistemas de irmãos que consistem de sócios iguais, todos aptos e ambiciosos, faz, às vezes, concessões à necessidade de uma ação decisiva. Isto pode fazer com que um deles represente a empresa perante os associados, os banqueiros e a comunidade, enquanto outro, a voz da liderança dentro da empresa. Numa empresa multidivisional, cada sócio pode se encarregar de uma divisão ou centro de lucros específico. Numa organização funcional, os irmãos podem chefiar departamentos separados. Na preparação para a transição do sistema de Proprietário Controlador para o de Sociedade entre Irmãos, a geração mais velha precisa achar o meio-termo entre estabelecer limites claros, reconhecendo a autonomia de cada irmão em seu próprio domínio, e reduzir a competição entre divisões ou departamentos.

Mesmo quando não há rivalidades, os irmãos podem tornar-se míopes, focalizando apenas seus feudos e perdendo de vista os objetivos comuns. Algumas vezes o "respeito pelo território do outro irmão" pode tornar-se exagerado, criando procedimentos separatistas prejudiciais para a empresa como um todo. Embora uma divisão do trabalho baseada nas qualificações e interesses individuais dos sócios seja desejável, o grupo deve permanecer também focalizado nos objetivos comuns. Ele precisa coordenar seus esforços em determinadas funções-chave para a empresa toda, tais como estratégia, alocação de capital e planejamento fiscal. É preciso encontrar um equilíbrio praticável entre a expressão individual e os interesses coletivos da organização. Isto vale especialmente quando os irmãos parceiros começam a atingir os estágios de Trabalho Conjunto no desenvolvimento de suas famílias e a preparar a próxima geração para a liderança. Numa grande empresa de varejo no sul dos Estados Unidos, dirigida de forma lucrativa por dois irmãos durante vinte anos, nenhum dos filhos destes podia trabalhar nos setores dirigidos pelo tio. Isto fazia parte da política para proteger a liberdade de ação de cada irmão, e contra intrusões do outro. Quando os irmãos se aproximavam da aposentadoria, perceberam, tarde demais, que nenhum dos primos – sob outros aspectos, competentes – estava preparado para assumir como gerente-geral da empresa inteira.

Os sócios precisam fazer um pacto no sentido de permanecer juntos e resistir a quaisquer esforços, de funcionários ou terceiros, de colocar um irmão contra o outro e dividir o grupo; isto ocorre com freqüência em empresas dirigidas por irmãos. Igualmente importante é a sua necessidade de elaborar regras específicas para a resolução de discussões e para o rompimento de impasses sobre decisões importantes, inevitáveis em todas as empresas. Algumas das regras que temos visto atestam a flexibilidade e o engenho das famílias na busca de maneiras para evitar atritos entre pessoas que têm relacionamentos estreitos de trabalho. Por exemplo, um grupo de sócios no Texas desenvolveu uma espécie de loteria, na qual o ponto de vista de cada um prevalece por uma vez quando se chega a um impasse. Aquele que tem a sua vez de prevalecer o demonstra por meio de um amuleto usado em volta do pescoço nas reuniões e que funciona como "a Força" no filme "Guerra nas Estrelas". Todos o sabem. O irmão que está com o amuleto utiliza-o para fazer prevalecer seu ponto de vista numa decisão importante e passa-o ao irmão seguinte, que também poderá usá-lo apenas uma vez. Uma razão pela qual este ritual parece dar certo é que ele promove consenso. O irmão que está com o amuleto quer reservar "a Força" para uma decisão a cujo respeito tem opinião formada e assim está mais disposto a fazer concessões em questões de menor importância para ele. Pelo mesmo raciocínio, os outros irmãos sabem que, quando surgir um conflito, perderão para aquele que está com o amuleto – de quem podem discordar veementemente –, a menos que cheguem a um acordo.

Vimos, no caso da família Lombardi, que uma parceria com um primeiro-entre-pares pode funcionar muito bem. Embora a autoridade de Paul Jr. pareça, às vezes, repetir a do seu pai, seus irmãos lembram-no constantemente de que seus poderes são, na verdade, muito mais restritos. Ao mesmo tempo, a parceria dos Lombardi funciona efetivamente porque cada um dos irmãos não só reconhece as qualidades e contribuições dos outros como também confia que estes desempenhem seus papéis e cumpram suas responsabilidades com competência. Os Lombardi são, algumas vezes, altamente competitivos, mas entendem que suas rivalidades remontam à infância, e são capazes de rir e brincar a respeito delas. O humor é uma maneira pela qual irmãos e irmãs podem expressar o que pensam sem ser ameaçadores quando o comportamento de um deles provoca ou ofende. O senso de humor a respeito das suas rivalidades pode ser um dos sinais mais claros de que os irmãos serão capazes de administrar suas tensões numa sociedade. O desafio para ambas as gerações, em empresas semelhantes, é de avaliar corretamente, em primeiro lugar, se existe esse equilíbrio crítico e a apreciação mútua de talentos e, em segundo, se cada um dos parceiros conhece suas limitações. Mais uma vez, não é uma tarefa fácil.

A Transição para um Consórcio de Primos

À medida que as empresas aumentam de porte e as famílias proliferam em novas gerações, torna-se cada vez mais difícil preservar a influência familiar. O sonho de uma empresa Consórcio de Primos é a visão de uma rede ou clã de primos com linhagem comum e símbolos, histórias e tradições ancestrais. O sonho torna-se a força aglutinante para um grande grupo de famílias – como os Rockefeller, nos Estados Unidos; os Rothschild, na Europa; a família Mogi, da Kikkoman Company, no Japão – que seguem suas raízes até os fundadores da empresa e suas heróicas realizações. Os diferentes ramos familiares e os numerosos primos podem não ser tão íntimos quanto seus pais. Apenas poucos deles podem ser participantes ativos na empresa. Eles podem viver longe e se verem somente em encontros ocasionais do clã. Mas provêm uma vasta rede de apoio de parentesco, cujos membros podem pedir ajuda uns aos outros em tempos ruins e, em alguns casos, assistência financeira.

Os Consórcios de Primos tendem a estar associados com famílias que tiveram grande sucesso nos negócios e acumularam riqueza substancial. Em grande parte isto acontece porque, abaixo de um certo limiar de recursos, uma empresa não pode continuar a sustentar um número crescente de membros da família. O interesse no legado da empresa tende a desaparecer, uma vez que a maior parte dos primos precisa buscar carreiras e fontes de renda alternativas. Por outro lado, se vários ramos de uma família e muitos primos ainda se interessam pelo legado e querem manter alguma conexão com a empresa, os desafios para controlá-la na próxima geração tornam-se muito mais complexos para os envolvidos. Algumas empresas familiares na Europa e América Latina, existentes há três ou quatro gerações, podem incluir até duzentos primos com alguma participação na empresa. Além disso, muitos deles podem estar esperando fazer carreira na alta direção.

Nos Capítulos 1 e 6, discutimos os muitos dilemas inerentes à complexidade desses Consórcios de Primos. Dos muitos desafios com que se defrontam as Sociedades entre Irmãos, quando antecipam uma transição para Consórcios de Primos, a manutenção do equilíbrio de poder entre os vários ramos é, sem dúvida, o mais crítico. Um determinante importante da viabilidade ou não desse equilíbrio de poder é a simples distribuição numérica de primos entre os vários ramos. Nas famílias maiores, os ramos têm números desiguais de filhos e é aí que começa o problema.

Normalmente cada irmão sócio divide suas ações igualmente entre os filhos, porque foi assim que fez o fundador quando a empresa passou da estrutura de Proprietário Controlador para a de Sociedade entre Irmãos. Assim, a família escolhe uma estrutura de Consórcio de Primos por omissão, sem perceber todas as implicações da escolha. Por exemplo, uma bem-sucedida empresa de artigos de couro na Espanha pertence igualmente a quatro irmãos. Cada um deles planeja dividir sua parte também igualmente e estabelecer um Consórcio de Primos na próxima geração. Sua Sociedade entre Irmãos igualitária funciona bem. Durante trinta anos os irmãos se acostumaram a ter voz igual nas políticas e decisões da empresa. Contudo, ao considerar a estrutura de controle para a próxima geração, os irmãos precisam enfrentar uma realidade diferente. O mais velho tem cinco filhos; dois trabalham na empresa e três não. O segundo irmão tem apenas um filho, que dirige o departamento de marketing. O terceiro tem quatro filhos, dois na empresa e dois não. E o caçula tem cinco filhos, todos ainda na escola.

É fácil ver como essas diferenças na próxima geração devem ser levadas em conta antes de se iniciar a transição para um Consórcio de Primos. O filho do segundo irmão herdará um quarto das ações da empresa, enquanto seus primos irão receber somente uma fração dessa parcela. Isto naturalmente aumentou a influência do filho do segundo irmão, que já é o favorito para ser o próximo CEO. Felizmente, este "primeiro primo" é um gerente muito competente e conquistou credibilidade, tanto entre os gerentes da família como entre os de fora, quadruplicando as vendas durante seu mandato como gerente de marketing. Além disso, ele garantiu aos outros membros da família que não irá abusar da sua vantajosa posição acionária. Não obstante, seus primos, em particular, temem que ele possa fazê-lo.

O dilema fundamental, ao se conceber uma estrutura de controle para o Consórcio de Primos, é fazer ou não a distribuição das ações *per stirpes,* mantendo-se a qualidade da participação por ramo, ou realocar as ações de forma que cada primo controle um número igual de ações, mantendo-se a igualdade individual. Este é um exemplo perfeito de como o mundo muda entre os estágios de Sociedade entre Irmãos e de Consórcio de Primos. Para os irmãos, ramo e igualdade individual eram a mesma coisa; para os primos, a menos que cada irmão tenha o mesmo número de herdeiros, elas são mutuamente exclusivas. Cada opção representa desafios significativos. A resolução deste dilema é tão difícil que, na maioria dos casos, os irmãos escolhem a saída fácil: eles não o discutem. Como resultado, todos esperam que terá lugar uma distribuição *per stirpes*, e a política do processo sucessório ocorre com um olho no novo equilíbrio de poder acionário que irá resultar na geração dos primos.

Embora os irmãos costumem ser muito ativos na proteção dos interesses dos seus filhos (como vimos no Capítulo 6), ao mesmo tempo eles também fazem o possível para evitar discussões a respeito de qual dos filhos são mais merecedores e estão mais qualificados para posições de liderança na próxima geração. Avaliar os filhos uns dos outros é um dos mais sensíveis – e potencialmente mais explosivos – desafios para os irmãos sócios que planejam uma sucessão. O problema é aumentado quando muitos primos aptos estão competindo por poucas posições de gerência de cúpula e por posições de liderança no grupo de acionistas, em particular no Conselho de Administração. Os irmãos respondem, às vezes, com manobras estruturais, que reduzem a necessidade de se fazerem avaliações comparativas dos primos candidatos. Estes podem estar dispersos em funções muito diferentes, onde não interagem, e de forma que suas atuações não possam ser comparadas. Relatamos um caso em que cada filho somente podia trabalhar na divisão do seu pai; em contraste, algumas vezes os filhos podem trabalhar em qualquer parte, menos no domínio do pai. Cada vez mais famílias chegam a extremos para evitar aquilo que consideram o inevitável conflito destrutivo que se segue à competição, banindo de papéis de gerência toda a geração dos primos. Todas essas soluções podem satisfazer algumas necessidades familiares, mas, quase certamente, interferem no melhor curso de desenvolvimento gerencial para a geração dos primos.

Além disso, esta preparação não-coordenada ameaça a capacidade da empresa de continuar unida. Manter os primos separados não é a forma de construir uma base para um Consórcio de Primos forte e cooperativo. A solução não é evitar comparações a qualquer custo (que responde mais ao desconforto dos irmãos que ao dos primos), mas estruturar o processo de desenvolvimento gerencial de forma a permitir se descobrir racionalmente as melhores soluções para a empresa e a família. Isto requer que os mais velhos estabeleçam foros nos quais se confrontem questões de participação acionária e controle e se elaborem procedimentos para avaliar, selecionar e treinar sucessores com a maior imparcialidade possível. Para enfatizar a imparcialidade do processo de seleção, muitas empresas familiares formam comitês de avaliação, que incluem membros da família conhecidos por sua eqüidade ou que não tenham filhos envolvidos, diretores externos e altos gerentes de confiança (descritos com mais detalhes no Capítulo 8). Na verdade, algumas empresas, como uma grande Sociedade entre Irmãos no norte do México, entregam o processo a um comitê composto inteiramente de membros do Conselho não-pertencentes à família e assessorado pelo gerente de recursos humanos e pelos chefes, também não-pertencentes à família, das divisões operacionais. Na situação correta, onde o gerente não-pertencente à família tem considerável credibilidade e a família tem uma política de não-interferência, essa abordagem pode ser muito racional e bem-sucedida.

As opções abertas a esses comitês irão depender dos parâmetros determinados pela família (idealmente em um Conselho de Família, como também será visto no Capítulo 8) quanto ao relacionamento desejado entre a família e a empresa no Consórcio de Primos. Se a família decidiu que o papel protegido dos seus membros será somente em participação acionária (isto é, através do Conselho de Administração), então o comitê poderá ser instruído a avaliar os primos candidatos a posições de gerência em comparação aberta com os talentos de fora possíveis de contratação. Uma versão modificada reservaria a posição de CEO para um membro da família, mas sem considerações especiais para primos em outras posições de gerência. Por outro lado, a família pode querer encorajar uma participação de primos competentes em toda a alta gerência. Nesse caso, o comitê precisará ser orientado por essas metas familiares, mesmo havendo um custo para a avaliação objetiva da capacidade profissional dos primos participantes. Por exemplo, na Kikkoman Company japonesa, cada um dos oito ramos da família proprietária pode designar um, e somente um, membro da família em cada geração para participar da empresa (embora pai e filho, de gerações diferentes, possam trabalhar na empresa ao mesmo tempo).

Finalmente, talvez o maior desafio para os Consórcios de Primos seja manter vivo o sonho. A cada geração que se sucede, a influência da família tende a desaparecer e, a menos que a árvore de propriedade seja severamente podada, as ações irão se tornar cada vez mais fracionadas. Os primos que quiserem usar seus recursos para seguir outras carreiras e interesses poderão procurar vender suas ações, o que torna essencial algum tipo de processo de compra e de fundos neste estágio. Ao invés de muitos membros da família batendo na porta em busca de posições de gerência, poderá haver muito poucos — ou nenhum. A família poderá ser mantida unida por nada além do interesse financeiro comum, e se os retornos do investimento não forem melhores do que poderiam ser em outro lugar, alguns acionistas poderão procurar oportunidades para vender suas ações.

A profissionalização gradual da gerência pode contribuir para o enfraquecimento da identificação da família com a empresa. Os Dorrance, da Campbell Soup Company, são exemplos de membros da terceira geração que têm tido dificuldades para manter o legado da família na empresa. Embora ainda controlem a maioria das ações da Campbell, eles nunca participaram da sua gerência e poucos dos primos falaram a respeito de vender suas ações.[18] Em contraste, as tradições da família Ford permanecem fortes na Ford Motor Company, através de uns poucos herdeiros do fundador em cada geração que serviram em posições de gerência e no Conselho de Administração.

Se a família determinar que deseja manter vivo o sonho da empresa familiar, ela tem que renovar, em cada geração, seu compromisso de fazer o esforço necessário. Para muitas empresas no estágio de Consórcio de Primos, isto se reflete em reuniões periódicas do clã ou em retiros nos quais os mais velhos podem contar histórias que ilustram os valores e tradições familiares. Por exemplo, em uma empresa canadense que tem duzentos primos na quinta geração, os parentes mais velhos falam, nesses eventos, sobre os obstinados esforços da família em prol do sucesso, contidos em seu lema: "A persistência compensa." Os retiros apresentam narrações rituais de mitos básicos a respeito da família e da empresa: como os fundadores experimentaram muitas receitas de cerveja até acertar aquela que se tornou a mais vendida, e como a família decidiu enfrentar uma grande crise trabalhista quando outros fabricantes de cerveja optaram por vender suas instalações ou mudar-se por causa de ameaças de violência e sabotagem. Essas histórias heróicas inspiram os membros mais jovens da família a prosseguir com o legado.

A empresa também precisa desenvolver uma gama de oportunidades para contribuições dos membros jovens da família desinteressados em posições na alta gerência ou não convidados a ocupá-las. A participação no Conselho de Administração ou de Família, no Conselho da fundação da família dá aos jovens oportunidades de obterem experiência e de permanecerem ligados ao legado da família, mesmo quando não envolvidos na gerência.

O processo sucessório é o veículo que leva a família de um estágio para outro nas dimensões de propriedade e da família. Ele é parte voluntário e parte inevitável, parte planejado e parte desenvolvimentista. A perspectiva central do nosso modelo é de que a sucessão vai muito além de se "desligar" o líder que sai e "ligar" o novo líder. A sucessão é um processo de transição, ao longo das três dimensões. Um processo que envolve a revelação e o exame dos sonhos, de todos os participantes-chave, para o futuro, e a formação, a partir deles, de um sonho coerente para a empresa da família. Em seguida, ele envolve a compreensão dos requisitos do futuro escolhido e o trabalho necessário à preparação do sistema para o sucesso nesse futuro. O fascínio sobre o processo sucessório na empresa familiar é muito compreensível; ele é complexo e obrigatório. Para ajudá-lo a se desenvolver é preciso aplicar princípios de desenvolvimento da propriedade, da família e da empresa – um desafio formidável, mas com recompensas extraordinárias.

Notas

1. Levinson, 1971; Danco, 1975; Barnes & Hershon, 1976. Handler (1994) preparou um excelente resumo dessa literatura.
2. Lansberg, a ser publicado.
3. Os argumentos centrais na fascinante questão do poder acionário *versus* de gerência em corporações americanas estão delineados no clássico livro de Berle e Means (1932) e nos contra-argumentos que se seguiram (Lamer, 1966; Levine, 1972; Zeitlin, 1975; Francis, 1980).
4. Daily & Dollinger, 1992.
5. Lansberg, a ser publicado.
6. Levinson, 1978, p.91.
7. Dumas, 1990.

8. Menchik, 1980; Swartz, 1996.
9. Danco,1975.
10. Barnes, 1988, p.10.
11. Johnson, 1988, p.10.
12. À medida que prossegue a coleta de dados, em alguns casos a geração mais velha pode beneficiar-se com a reabertura da questão sobre a forma de Proprietário Controlador: se ela é realmente viável para a próxima geração. Os pais podem acreditar filosoficamente no controle por uma pessoa, mas pode não haver um filho que demonstre clara superioridade em relação aos outros no decorrer do processo de seleção. Os consultores de planejamento patrimonial podem deixar claro que, independente do cuidado com que as coisas forem estruturadas, haverá uma inaceitável divisão desigual de ativos se um herdeiro receber uma participação dominante na empresa. Ou então o grupo de irmãos ou primos pode comunicar que se sentiria mais à vontade em uma Sociedade entre Irmãos ou Consórcio de Primos, talvez com um "primeiro-entre-os-pares". Os pais fazem bem em permanecer abertos a modificações dos seus sonhos caso as circunstâncias o exijam – desde que a meta de colaboração não seja apenas um otimismo injustificado e os irmãos tenham demonstrado que podem se dar bem e trabalhar em conjunto.
13. Lansberg, 1985.
14. Hunt, 1992.
15. Para mais detalhes sobre esta idéia, ver a exposição de Deutsch (1977) sobre "interdependência promotiva" na resolução de conflitos.
16. Vancil,1987.
17. Deutsch. 1977, e comunicação pessoal.
18. Muson,1995.

PARTE III

Gerenciando o Desenvolvimento da Empresa Familiar

Esta seção focaliza as maneiras de guiar a empresa familiar enquanto ela se desloca ao longo das três dimensões de desenvolvimento. Nossas conclusões se baseiam nas "lições da experiência" que fomos juntando no trabalho com empresas e em pesquisas e escritos nossos e de colegas, a respeito de empresas familiares. O Capítulo 8 resume as estruturas organizacionais e os planos operacionais que consideramos mais úteis nas empresas que administram com sucesso suas dinâmicas de desenvolvimento. Ao descrever nossa visão da "melhor prática" em cada caso, fomos tão específicos quanto possível, para que os membros das empresas familiares possam discutir essas sugestões e, se assim o desejarem, experimentá-las sem qualquer consultoria externa. O Capítulo 9 trata especificamente de ocasiões em que a família e a empresa estão estudando a possibilidade de consultoria externa. Dirigimos o capítulo aos nossos colegas de profissão e também aos líderes de empresas familiares que fazem uso dos seus serviços. Ele apresenta nossas idéias a respeito de como adaptar práticas consultivas padrão, para que a colaboração entre consultores e empresas familiares seja a mais bem-sucedida possível. O Capítulo 9 também discute o que os membros da família devem esperar de um especialista em empresas familiares.

CAPÍTULO 8

Estruturas e Planos para Guiar o Desenvolvimento

NOS CAPÍTULOS ANTERIORES sugerimos várias estruturas e planos, tais como Conselhos de Administração, comitês e papéis de liderança, que podem ajudar os três grupos – propriedade, família e empresa – a realizar suas tarefas imediatas e preparar-se para o futuro. Neste capítulo, iremos resumir essas sugestões de acordo com o estágio de desenvolvimento da empresa.

Cada um dos três subsistemas da empresa familiar pode beneficiar-se com uma estrutura de coordenação, que a auxilia na realização das suas tarefas de desenvolvimento. Também há planos que podem orientar o trabalho nessas tarefas. Normalmente os planos são de responsabilidade de pessoas alocadas nos setores "superpostos" do modelo e que estão em dois ou três subsistemas ao mesmo tempo. A maneira mais fácil de se ter uma visão geral de todas as estruturas e planos possíveis é retornar ao modelo dos três círculos (Figura 8-1)

A DIMENSÃO DE PROPRIEDADE

À medida que a família atravessa os estágios de propriedade, as técnicas para representar os interesses dos proprietários tornam-se mais complexas. Nas empresas de Proprietário Controlador, a voz da propriedade é um solo vocal. Não há ambigüidade a respeito do direito do proprietário de representar seu ponto de vista. Isso significa que as estruturas tipicamente de propriedade são inexistentes ou pró-forma, assim como o Conselho de Administração exigido para a incorporação. Mesmo nos casos em que o Conselho é levado a sério, como veremos adiante, seu papel nas empresas de Proprietário Controlador é

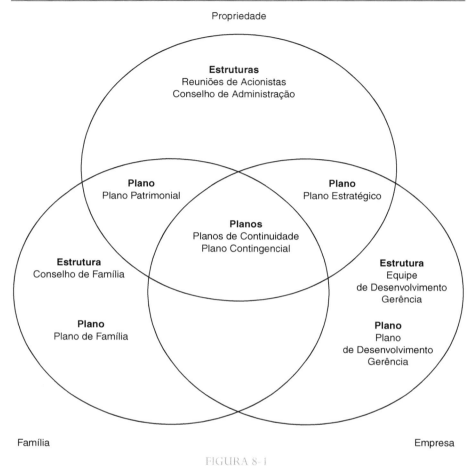

FIGURA 8-1
Estruturas e Planos no Modelo de Três Círculos

prover orientação estratégica, e não representar os interesses dos acionistas. O proprietário faz isso por si mesmo.

Entretanto, tão logo qualquer parcela das ações é passada a outra pessoa, a voz do proprietário transforma-se em um coro, e as estruturas de controle passam a ser relevantes. Uma das lições mais universais que aprendemos é que, quando os legítimos interesses dos proprietários não têm um foro para expressão, as questões de controle e retorno sobre o investimento acharão um meio para emergir, na família ou na empresa. Quando elas vêm à superfície no círculo "errado", quase sempre são inquebráveis – e, às vezes, destrutivas. É muito melhor para os membros dos três subsistemas quando os proprietários têm sancionado oficialmente oportunidades para conversar e tornar conhecidas as suas opiniões. As estruturas que permitem essa oportunidade são as reuniões de acionistas e os Conselhos de Administração ou Consultivos.

Reuniões de Acionistas

O grupo de acionistas é composto por todos os acionistas, e somente eles (não seus cônjuges, antigos ou futuros acionistas). Nas empresas de Proprietário Controlador não existe grupo algum; em grandes Consórcios de Primos, esse grupo pode chegar facilmente a cinqüenta ou cem pessoas; e nas empresas de capital aberto, pode haver muitos milhares de acionistas. Qualquer que seja o número, em conjunto eles possuem a empresa.

É raro os acionistas de qualquer corporação se reunirem mais de uma vez por ano. Quando o grupo é muito grande, em particular se houver uma participação pública significativa, as reuniões dos acionistas de empresas familiares não costumam diferir muito daquelas de qualquer corporação de capital aberto. Normalmente elas têm objetivos informativos. A gerência explica o que a empresa está fazendo e apresenta os resultados financeiros do ano anterior. Mais importante, é eleito o Conselho de Administração.

Mas nas empresas familiares de capital fechado que estão passando do estágio de Proprietário Controlador para os de Sociedade entre Irmãos e Consórcio de Primos, as reuniões dos acionistas também podem ser eventos particularmente simbólicos. Elas representam uma excelente maneira de perpetuar um forte espírito de propriedade, essencial para manter as gerações posteriores psicológica e financeiramente comprometidas com a empresa. Essas reuniões são uma oportunidade para trocas de informações na família e para a manutenção de relacionamentos – em algumas famílias grandes, chegam a ser a única oportunidade de contato. Elas ajudam os membros da família que são pequenos acionistas a se sentirem parte valiosa do sistema. Os grandes acionistas e proprietários-gerentes devem usar essas reuniões para enfatizar a importância da contribuição que todos os investidores da família trazem para a empresa. Ao mesmo tempo, as reuniões de acionistas marcam de forma sutil o limite entre os parentes que são acionistas e os outros membros da família. Embora isto possa inicialmente ser embaraçoso, porque a distribuição das ações não costuma ser discutida em foros abertos da família, o esclarecimento da participação acionária real pode clarear o ar e dissipar assuntos tabu, potencialmente inacessíveis. Por exemplo, quando irmãos ficam sabendo, nessas reuniões, que outros foram mais rápidos na implementação de planos patrimoniais para reduzir impostos e na doação de ações às gerações mais jovens, podem sentir-se encorajados a ser mais proativos no gerenciamento de seus próprios bens. As reuniões de acionistas também são um bom local para se fazer acertos no mercado interno e facilitar a transferência de ações de acordo com as necessidades individuais e familiares.

Por outro lado, as reuniões de acionistas são maus veículos para se tentar administrar as dinâmicas da empresa ou da família. Se todo o grupo de acionistas é convocado para criar políticas ou debater a estratégia da empresa, isto é sinal de que a família não resolveu questões centrais de confiança e delegação. Se essas reuniões se transformam em arenas para debates sobre questões gerais da família (como resolver antigos desacordos a respeito do plano patrimonial de um pai falecido, ou responder a ataques sobre o papel, ou a reputação da família na comunidade), não relacionadas a participações acionárias, isto indica que as necessidades para um foro familiar não foram satisfeitas. Não há dúvida de que os acionistas têm direitos de propriedade. Eles merecem ter um procedimento pelo qual suas opiniões possam ser ouvidas. Contudo, esse procedimento precisa incluir tanto as reuniões de acionistas, onde as questões amplas da visão da empresa são discutidas, como a de eleição para o Conselho de Administração, o qual deve ser concebido como um grupo-tarefa efetivo. É através do Conselho que os interesses dos proprietários são transformados em políticas e transmitidos à alta gerência. Se o CEO for excessivamente exposto a todos os acionistas, sem o amortecedor do Conselho, isto certamente irá interferir na operação eficiente da empresa.

É claro que, em pequenas empresas e em muitas Sociedades entre Irmãos, o grupo de acionistas é muito pequeno. Neste caso, as reuniões do Conselho e dos acionistas podem envolver essencialmente as mesmas pessoas. Contudo, separar as funções dos dois grupos é uma providência desejável. Um dia o grupo de acionistas irá crescer se a empresa tiver sucesso. É uma boa idéia definir claramente o Conselho, desde o início, como o órgão responsável pela definição de políticas para os interesses dos acionistas.

Conselhos de Administração e Consultivo

Uma das contribuições reais de especialistas em empresas familiares, na última década, foi encorajar as famílias a criarem Conselhos de Administração. Ward, em particular, fez disso um tema consistente em suas obras.[1] Compartilhamos do endosso geral de que os Conselhos devem ser um recurso amplamente utilizado pelas empresas familiares. Mas nosso modelo sugere que a importância e o papel específico de um Conselho irão depender do estágio de desenvolvimento do sistema, particularmente nas dimensões de propriedade e da empresa. É importante considerar quando o conselho é especialmente útil e sob que forma.[2]

As três finalidades fundamentais de um Conselho de Administração são (1) considerar e representar os interesses dos proprietários; (2) formular e monitorar o objetivo estratégico de longo prazo da empresa; e (3) ser o principal conselheiro para o executivo principal. Em empresas nas quais a gerência é estritamente profissional, o CEO trabalha para o Conselho e é por ele contratado e supervisionado. Quando o CEO também é um acionista importante, como na maioria das empresas familiares, a função de revisão assume a forma de *feedback* honesto e, em alguns casos, de monitoria da capacidade da alta gerência para implementar o plano estratégico da empresa. Por exemplo, um Conselho pode rever os orçamentos anuais de capital e operacional, examinar uma decisão sobre a adoção de uma nova linha de negócios ou o abandono de uma antiga, rever arranjos contratuais de longo prazo, considerar grandes reestruturações organizacionais ou oferecer Conselhos sobre quaisquer decisões que mudem a direção ou a ênfase do negócio.

Os proprietários-gerentes, com freqüência, resistem à formação de um Conselho de Administração e ao seu uso efetivo. Eles estão preocupados com a perda de autonomia e do controle discricionário. Preocupam-se com confidencialidade e privacidade. É verdade que os diretores precisam ser escolhidos com cuidado e as regras de participação, tornadas explícitas. Mas na verdade, como o Conselho serve aos acionistas, um Proprietário Controlador não deve ter medo de formá-lo. Diretores inflexíveis ou oposicionistas podem ser substituídos. Os proprietários-gerentes que vêm o Conselho como um recurso direto – como conselheiros, pois não têm pares – acabam confiando nele e aguardam ansiosamente por suas reuniões. Vimos, inúmeras vezes, a enorme vantagem que um Conselho bem-escolhido e bem-administrado pode oferecer a uma empresa familiar, fazendo, às vezes, a diferença entre dissolução e sobrevivência.

Poucas empresas de Proprietário Controlador criam Conselhos atuantes enquanto estão no seu estágio Inicial de desenvolvimento. O fundador está preocupado com a implementação da sua visão, e não reflete sobre ela. Além da obrigação legal, em alguns casos o Conselho é imposto por sócios não-funcionários ao fundador. Estas são, basicamente, empresas de Proprietário Controlador, mas um ou mais investidores podem ter uma participação minoritária e, portanto, um lugar no Conselho. Nesses casos, os objetivos do proprietário-gerente costumam ser no sentido de minimizar as contribuições do Conselho.

230 DE GERAÇÃO PARA GERAÇÃO

Nas empresas de Proprietário Controlador que criam Conselhos realmente atuantes, os proprietários normalmente querem que estes se concentrem em duas das suas três funções básicas. Não há necessidade de o Conselho proteger os interesses do proprietário. (Na verdade, embora as empresas de Proprietário Controlador tenham maior probabilidade de ter somente membros da família no Conselho, elas estão no estágio de desenvolvimento da propriedade em que os diretores da família são menos relevantes.) Em vez disso, o Conselho precisa concentrar-se em aconselhamento e *feedback* objetivo ao Proprietário Controlador. Como vimos no Capítulo 1, a vulnerabilidade das empresas de Proprietário Controlador é o ponto até onde elas têm todos os seus ovos na mesma cesta. Poucas empresas no estágio Inicial podem dar-se ao luxo de contratar gerentes profissionais qualificados de alto nível para preencher todos os vazios na experiência e no talento do proprietário. Então o Conselho, com orientações técnicas, pode acrescentar um forte ponto de vista financeiro às decisões, além de experiência jurídica.

Um dos problemas enfrentados por Proprietários Controladores interessados em formar um Conselho com diretores externos refere-se ao provimento de incentivos suficientes para atrair membros que possam ser realmente úteis. Raramente há muito status em se pertencer ao Conselho de uma empresa de Proprietário Controlador, especialmente no estágio Inicial. A empresa não pode pagar altos honorários. Normalmente, o proprietário é forçado a confiar em amigos e associados em negócios, que servirão em resposta a uma solicitação pessoal. Somente uma pequena porcentagem de Proprietários Controladores têm a sorte de contar com os amigos certos. Aqueles que a têm beneficiam-se muito dessa vantagem.

Se os Conselhos podem ser muito úteis nas empresas de Proprietário Controlador e no estágio Inicial, eles tornam-se essenciais quando o grupo de proprietários passa para uma Sociedade entre Irmãos ou quando a empresa entra no estágio de Expansão/Formalização. Agora as três funções-chave do Conselho são atuantes. Tão logo se dispersa a propriedade, surgem questões de representação. Na formação de Conselhos, o dilema mais importante enfrentado por empresas familiares é encontrar o equilíbrio ótimo entre diretores que não pertencem à família e escolher os membros da família para o Conselho. Aprendemos que a mais produtiva solução para esses dilemas é manter em mente a função crítica do Conselho: assistir à gerência na liderança eficaz da empresa e de acordo com as metas dos acionistas. O Conselho tem um trabalho importante a fazer e só pode executá-lo eficientemente se incluir as pessoas que devem estar lá, e não outras. Quando a empresa atingir o estágio de crescimento, o Conselho deverá ser formado principalmente por diretores externos. A representação da família é importante para transmitir os valores familiares e monitorar o seu uso, mas não é necessário que cada galho da sua árvore genealógica esteja presente na sala. Como no caso das reuniões de acionistas, isto é uma questão de confiabilidade, já que estes acham que seus interesses somente estarão protegidos se eles mesmos estiverem participando do Conselho. Dois ou três representantes da família são ótimos para um bom Conselho. Eles são os elos de ligação com outros grupos, de participação mais aberta, como o Conselho de Família (descrito a seguir). Um número maior de membros no Conselho somente será necessário se essas pessoas adicionais, devido à sua competência ou experiência especiais, puderem contribuir para as funções estratégica, financeira ou de supervisão gerencial do Conselho.

O mesmo vale quando a empresa passa para os estágios de Sociedade entre Irmãos ou Consórcio de Primos. Usar o Conselho como órgão para representação política dos vários ramos e facções familiares é um desperdício de recursos potencialmente vitais, necessários para a empresa competir com sucesso. Dinâmicas e valores familiares são extremamente importantes, mas devem ser debatidos até se chegar a um consenso no Conselho de Família. Em seguida, essas conclusões podem ser transmitidas ao Conselho por meio de um pequeno número de diretores da família.

Os diretores ideais mas não-pertencentes à família são *estranhos* experientes e independentes – pessoas que não têm conflitos de interesse com a empresa nem com a família. Eles devem ter um forte histórico de realizações em áreas úteis para a empresa, e suas qualificações devem ser complementares às do proprietário-gerente. Os diretores podem ser líderes de empresas que estão, em termos de desenvolvimento, um passo à frente da empresa familiar, em termos de desempenho, porte ou complexidade organizacional. O diretor ideal possui uma sabedoria derivada da sua convivência com muitos dos dilemas atualmente enfrentados pela alta gerência. A familiaridade com a indústria da empresa é desejável, mas não indispensável. Contudo, os diretores externos devem estar familiarizados com questões típicas de empresas familiares, tais como sucessão e continuidade, desenvolvimento de carreiras e dinâmicas familiares. Finalmente, os membros do Conselho devem ter empatia com o proprietário-gerente, ser entusiasmados quanto ao futuro da empresa e proteger os mesmos valores e princípios defendidos pela família.

Ao contrário da prática comum, acreditamos que conselheiros profissionais, como o advogado da empresa, o contador, o consultor gerencial ou os agentes de seguros, não devem ser membros do Conselho. Embora suas sugestões sejam importantes, eles também são remunerados por seus serviços e sua presença no Conselho pode criar conflitos de interesse desnecessários. Eles trabalham para o CEO, a critério deste, e seu desempenho deve ser revisto periodicamente por ele e pelo Conselho. Para as empresas, é melhor manter esses profissionais em um arranjo de honorários por serviços – e a maioria dos bons profissionais prefere assim.

Gerentes-chave da empresa (da família ou não) também não costumam ser bons membros do Conselho. Não estamos dizendo que suas visões e opiniões não são importantes, mas apenas que não é necessário que elas sejam ouvidas e consideradas via sua participação no Conselho. Analogamente, todas as nomeações a título de "recompensa", inclusive de funcionários aposentados, velhos amigos do proprietário e funcionários públicos, não são escolhas adequadas, a menos que essas pessoas estejam empenhadas com a provisão de serviços importantes e tenham a capacidade de fazê-lo. Finalmente, também não é uma boa idéia ter clientes ou fornecedores importantes no Conselho, uma vez que isso, quase certamente, irá criar conflitos de interesse.

Em todos os estágios de propriedade, o Conselho auxilia na formulação de políticas, ajuda o CEO a tomar decisões complexas e a desenvolver objetivos de longo prazo, e monitora o desempenho da empresa. No estágio de Proprietário Controlador do desenvolvimento de propriedade e no estágio Inicial da empresa, as funções de "contribuição" do Conselho são vitais. Dentre as questões típicas, incluem-se estas: Nosso produto ou serviço é viável? Quando e como devemos diversificar? Dispomos dos talentos certos para operar ao mínimo custo possível? Que risco podemos assumir e quais são nossas fontes de capital? O que precisamos saber para sobreviver?

Quando a empresa passa para uma Sociedade entre Irmãos, a agenda do Conselho deve corresponder ao súbito desligamento das dimensões de propriedade e de gerência. Isto é, na maioria das Sociedades entre Irmãos, haverá membros da família que são acionistas importantes, mas tendo como única conexão com a empresa sua participação acionária e não papéis executivos. Pela primeira vez, o Conselho precisa refletir um novo relacionamento entre acionistas e gerentes. Isto significa desenvolver novos processos pelos quais os interesses dos acionistas possam ser transmitidos aos executivos e integrados à estratégia da empresa, protegendo, ao mesmo tempo, a capacidade dos proprietários-gerentes de dirigir a empresa sem interferências indevidas. O Conselho deve tomar as decisões finais sobre dividendos, endividamento e salários de executivos. Quer a Sociedade entre Irmãos seja do tipo quase-pai, primeiro-entre-pares ou equipe democrática, essas questões são potencialmente divisoras. Sem a participação moderadora de um Conselho de boa qualidade, dominado (ou no mínimo fortemente influenciado) por pessoas competentes de fora, a pressão sobre os relacionamentos familiares quando a parceria enfrenta essas questões potencialmente divisoras pode tornar-se prejudicial.

Além disso, se a empresa estiver, ao mesmo tempo, entrando no estágio de Expansão/Formalização, a competência técnica do Conselho será convocada para lidar com muitas questões de concepção organizacional e desenvolvimento de produtos. Quais são nossas metas para crescimento, e que volume de novos produtos e serviços será necessário para sustentá-lo? Qual estrutura organizacional será mais eficiente agora que estabelecemos nosso lugar no mercado? O que precisamos saber a respeito de novas arenas para as quais nossa estratégia está nos levando, tais como novos mercados, internacionalização ou diversificação? Como podemos ajudar o CEO a descentralizar e integrar um círculo mais amplo de alta gerência profissional?

Se havia um Conselho no estágio de Proprietário Controlador, a transição para uma Sociedade entre Irmãos e a passagem para o estágio de Expansão/Formalização provavelmente irá exigir um *mix* diferente de qualificações no Conselho. A adequação de cada membro para a próxima fase deve ser revista pelos acionistas dominantes e pelo CEO. Na maior parte dos casos, um novo estágio significa a necessidade de trocas de diretores. Por esta razão, defendemos fortemente que se dêem, desde o início, mandatos fixos para os membros do Conselho, com a expectativa de que somente pessoas extraordinariamente versáteis serão convidadas a permanecer num segundo ou terceiro mandatos. Também é por isso que um número excessivo de membros da família pode restringir a adaptabilidade do Conselho, deixando muito poucas vagas para cobrir as novas exigências dos seus membros.

Finalmente, o Consórcio de Primos requer mais uma evolução na natureza do Conselho. O sistema de representação familiar terá de ser mais formalizado, com boas regras para garantir eqüidade e acesso a todos os ramos. Mais ainda que no estágio de Sociedade entre Irmãos, este é o momento para considerar requisitos, para diretores membros da família, que vão além da simples eleição por um setor desta. Muitos Conselhos de Consórcios de Primos adotam critérios para os membros da família que desejam ser diretores: experiência na empresa ou uma experiência educacional ligada a ela, ou, ainda, uma dedicação mínima de dias por trimestre à empresa. É importante que a família entenda que seus diretores não são apenas cães de guarda; eles precisam contribuir para o papel do Conselho de auxiliar nesses complexos empreendimentos. Portanto, os representantes devem ser escolhidos de acordo com sua adequação às exigências do cargo e não com sua idade ou posição na família.

Nas Sociedades entre Irmãos e, mais ainda, nos Consórcio de Primos, a sucessão no gerenciamento é uma preocupação permanente do Conselho. Uma das suas principais tarefas é definir e implementar seu papel na seleção de candidatos, na supervisão do seu progresso e na tomada de decisões a respeito de sucessores. Este é um importante esforço cooperativo dos Conselhos de administração e de família. Como acontece com a maioria das políticas delicadas, é melhor defini-las antes de serem necessárias, quando as questões podem ser tratadas como políticas objetivas e não como de avaliação de pessoas.

Finalmente, no estágio do Consórcio de Primos é provável haver mais de uma empresa operacional e, em conseqüência, mais de um Conselho de Administração. Cada uma das empresas precisa de um Conselho com a composição específica de competências que mais irão beneficiá-la em sua indústria e localidade. Muitos Consórcios de Primos preferem ter os Conselhos das empresas operacionais dominados por diretores externos e criar uma empresa holding, cujas ações representam as participações combinadas da família. A holding é a única ou principal acionista de cada uma das empresas operacionais e seu Conselho tem uma porcentagem maior de membros da família. Este sistema permite que a família divida o risco de empreendimentos novos ou menos lucrativos e também a lucratividade das empresas ou divisões já estabelecidas, sem a necessidade de complicadas distribuições de ações de várias entidades diferentes.

Quer seja através de um Conselho ou de muitos, o grupo familiar de proprietários, no estágio do Consórcio de Primos, precisa levantar continuamente questões de finanças e investimentos: Qual é a condição financeira global da empresa? Que retorno as ações estão propiciando aos proprietários e suas famílias? Como ele se compara com os investimentos alternativos que a família poderia fazer? Quais serão as necessidades de liquidez da família no futuro, particularmente agora que o número de seus membros não-funcionários cresce tão depressa com cada geração? Nossa atual política de dividendos consegue um equilíbrio ótimo entre as necessidades da família e as da empresa?

Qualquer que seja o estágio em que os proprietários decidam criar um Conselho forte e atuante, eles devem estar preparados para investir os esforços necessários em um trabalho criterioso. Em nossa experiência, este é um processo que costuma levar meses ou anos para ser concluído. Ele não deve ser apressado. Para que se encontrem bons candidatos é preciso ativar as mais amplas redes de relacionamento da família e da empresa. Há muitas etapas, incluindo as de identificar os candidatos em perspectiva, investigar seus antecedentes e sua experiência, convidá-los a conhecer os principais gerentes ou outros membros do Conselho e um período razoável de "aclimatação" com o CEO e outros executivos-chave da família. Além dos aspectos de competência e adequação, que já defendemos, é preciso que haja harmonia interpessoal entre os gerentes da família e os prováveis membros do Conselho. Os proprietários-gerentes precisam de critério e empenho para antecipar suas necessidades e iniciar a formação do Conselho com a devida antecedência, para que este esteja pronto, atuante e apto para auxiliar a empresa através de suas transições de desenvolvimento.

Como observação final, algumas empresas preferem formar um Conselho consultivo com diretores externos, deixando o Conselho de Administração como um grupo pró-forma de membros da família. O Conselho de Administração é uma exigência legal de todas as corporações e possui poderes específicos (isto só é verdade na legislação americana). Um Conselho consultivo não tem o mesmo status legal. Contudo, ambos dispõem da mesma autoridade que emana da experiência e sabedoria dos seus membros. Esta distinção de nomes é muito menos importante do que a maneira como eles são usados. As vantagens de um Conselho de Administração são: (1) ele satisfaz os requisitos de incorporação (como a empresa precisa de um Conselho de Administração de qualquer maneira, ter somente um grupo elimina uma duplicação dispendiosa); (2) pode ser mais fácil recrutar as pessoas mais talentosas como diretores que como conselheiros; e (3) o Conselho de Administração pode exigir mais atenção e respeito no ambiente (com bancos, entidades reguladoras, interesses políticos). As vantagens do Conselho Consultivo são: (1) alguns proprietários-gerentes podem sentir-se mais à vontade com esta estrutura; (2) algumas empresas que são distribuidoras ou franquias podem constatar que a empresa-mãe aceita melhor esta estrutura; e (3) o risco de responsabilidade dos diretores é consideravelmente reduzido.[3] Assim sendo, os prêmios de seguro de responsabilidade, que podem ser proibitivos para uma empresa familiar de porte médio, serão significativamente reduzidos. Um bom aconselhamento jurídico poderá ajudar a família a escolher a estrutura mais adequada.

Planos na Dimensão de Propriedade

Nas empresas familiares que formam um Conselho de Administração ativo, parte das responsabilidades deste é participar da elaboração de planos para guiar a operação da empresa. O papel do Conselho – e, a este respeito, o nível de planejamento efetuado em qualquer dos setores – irá depender em grande parte do estágio de desenvolvimento da empresa e do estilo dos seus líderes centrais. Nas empresas com Conselhos plenamente operacionais e planejamento abrangente, o Conselho está envolvido na criação de, no mínimo, quatro planos importantes. Primeiro, em conjunto com os altos gerentes da empresa, ele formula o plano estratégico. Esta é uma prática padrão; Ward e outros têm escrito extensamente a respeito do processo de planejamento estratégico em empresas familiares.[4] Em algumas empresas, o Conselho assume a liderança na formulação do plano estratégico; em outras, responde aos planos estratégicos elaborados pela gerência e supervisiona sua atualização e implementação. Este processo, como todos os planejamentos feitos pelo Conselho, é orientado pela direção global dos proprietários, formulado pelo Conselho de Família, e transmitido ao Conselho através de membros conjuntos e dos líderes mais antigos da família.

O Conselho também trabalha com a alta gerência para criar a equipe de desenvolvimento gerencial, que será vista com mais detalhes a seguir. Neste caso, o Conselho assume mais um papel de revisão, deixando para a gerência a identificação das necessidades de recursos humanos e a avaliação dos candidatos internos em potencial (da família ou não) para cada posição-chave.

Finalmente, o Conselho tem um importante papel a desempenhar na criação de dois planos que utilizam contribuições de estruturas dos três círculos: o plano de continuidade e o plano contingencial. Assegurar a continuidade da liderança é uma das mais importantes responsabilidades do Conselho; portanto, ele assumirá um papel central na formulação e implementação do plano de continuidade, ou o mapa geral para o processo sucessório. O papel do Conselho segue a determinação, pela família, da estrutura de participação acionária que irá prevalecer na próxima geração e suas decisões a respeito das regras e critérios que irão reger os candidatos da família à liderança. Em seguida, o Conselho contribui com suas perspectivas quanto às reais necessidades da empresa a médio e longo prazos.

O plano contingencial é a parte mais freqüentemente negligenciada do processo de planejamento. Como as famílias relutam em pensar sobre crises inesperadas e a alta gerência está sempre ocupada com as operações correntes, o Conselho tem mais chances para pensar com clareza a respeito do impensável. O que irá acontecer se os principais líderes da empresa ficarem subitamente incapacitados para desempenhar suas funções? Quanto estamos preparados para eventos inesperados e drásticos na economia, em nossas instalações ou no grupo de proprietários? Não são necessários cenários excessivamente específicos; a maior parte das situações de crise requer uma resposta que pode ser apenas parcialmente prevista. Mas o Conselho pode se assegurar de que o sistema esteja preparado para tomar as providências, jurídicas e operacionais, necessárias à sua estabilização diante de uma emergência, e que a família e a gerência tenham opções de reserva quando o curso esperado de acontecimentos for interrompido.

A DIMENSÃO DA FAMÍLIA

Todas as famílias são sistemas organizacionais, mas, em particular, aquelas que possuem empresas precisam dar muita atenção às suas necessidades organizacionais. Sugerimos, nos capítulos anteriores, que as famílias se comuniquem abertamente e conversem a respeito do seu futuro. Elas precisam discutir a separação casa-obrigações do trabalho no estágio de Jovem Família Empresária; precisam discutir as oportunidades e regras para os filhos que desejam se juntar à empresa no estágio de Entrada na Empresa; precisam monitorar continuamente as opiniões e reações, uns dos outros, no estágio de Trabalho Conjunto; e precisam definir os objetivos e o cronograma dos eventos da Passagem do Bastão. Em sua maioria, as famílias utilizam-se de comemorações, eventos sociais, feriados, ou telefonemas, para trabalhar nessas tarefas críticas — e estes não são os melhores meios para se tentar conversas tão importantes. De acordo com este modelo, o Conselho de Família é o lugar mais apropriado.

O Conselho de Família

O Conselho de Família é um grupo de pessoas que se reúne periodicamente para discutir questões relacionadas ao envolvimento de suas famílias com uma empresa. O objetivo fundamental desse Conselho é prover um foro no qual os membros possam articular seus valores, necessidades e expectativas em relação à empresa e elaborar políticas que protejam os interesses, a longo prazo, da família.

Há pelo menos quatro razões importantes para se formar um Conselho de Família:

1. Trata-se de um cenário ideal para se educar os membros da família sobre os direitos e responsabilidades advindos da propriedade de uma empresa e sua gerência.
2. Ele ajuda a esclarecer os limites entre a família e a empresa, e dá, aos membros que não estão nos círculos da empresa ou de propriedade, a

oportunidade de serem ouvidos. Isto reduz a probabilidade de assuntos da família serem indevidamente embutidos nas decisões da empresa, e vice-versa.

3. A experiência mostra que as famílias que possuem empresas usam freqüentemente reuniões informais, como aniversários, Natal ou Páscoa, para discutir assuntos prementes de negócios familiares, usualmente com resultados frustrantes. Um Conselho de Família provê o cenário adequado, no qual os parentes podem discutir seus assuntos sem tumultuar os eventos familiares com discussões de negócios.

4. O Conselho pode prover a estrutura que ajudará a família a criar uma visão comum e um "código de compreensão" – um plano familiar.

Como na dimensão de propriedade, a utilidade e a composição ideal de um Conselho de Família depende do estágio de desenvolvimento desta. No início do estágio da Jovem Família Empresária, o casal pode fazer parte dos Conselhos de Família dos seus pais, caso estejam numa geração sucessora, mas provavelmente não necessita de um Conselho próprio. As conversas importantes para seu novo "empreendimento casamento" envolvem apenas os dois. Eles podem achar útil dedicar horários e lugares especiais para conversar a respeito dos dilemas básicos de um casal-empresário – como o fariam para um Conselho de Família – mas ter uma estrutura especial seria um exagero.

Entretanto, isso muda à medida que os filhos deles se aproximam da idade adulta e o núcleo familiar passa para o estágio de Entrada na Empresa. Não só há todo um conjunto de questões a serem discutidas, relativas às carreiras da geração mais jovem, como também os pais estão mudando seus papéis no ambiente da empresa e em relação aos seus próprios pais, que envelhecem. Na verdade, a essa altura, se a geração dos pais usava um Conselho próprio, a família ampliada está de fato operando como uma rede de subfamílias interligadas, cada uma com seus próprios objetivos e interesses no objetivo comum da família como um todo. Os Conselhos de Família podem ser extremamente úteis na criação de oportunidades para que todos esses interesses e metas interligados achem sua expressão adequada, e os conflitos sejam explorados. Finalmente, em nossa visão, os Conselhos de Família são muito valiosos nas famílias que estão nos estágios de Trabalho Conjunto e de Passagem do Bastão, e em todas as Sociedades entre Irmãos e Consórcios de Primos.

A composição desse Conselho normalmente muda à medida que a família passa pelos diferentes estágios e planos. Como o Conselho é uma estrutura da família, e não da empresa ou dos acionistas, ele precisa levar em conta o fato de todos os membros terem interesses em questões de identidade da família — como funcionários atuais ou futuros, acionistas atuais ou futuros, ou simplesmente como membros de uma família cuja vida é continuamente afetada por aquilo que acontece na empresa. Os membros centrais desse Conselho são, tipicamente, o proprietário-gerente, seu cônjuge e os filhos adultos e seus cônjuges. Nas empresas de segunda ou terceira geração, o Conselho também pode incluir irmãos, primos e outros parentes.

Algumas famílias preferem envolver, como membros permanentes no Conselho, os agregados, enquanto outras preferem inclui-los somente em determinadas discussões. Há vantagens e desvantagens na inclusão dos agregados nesse Conselho. Tê-los aí pode promover um espírito de abertura na família e encorajá-los a exercer sua influência diretamente, diminuindo assim a probabilidade de desenvolvimento de triângulos familiares prejudiciais. Muitas das questões discutidas em um Conselho de Família, em especial nos estágios de Entrada na Empresa, Trabalho Conjunto e Passagem do Bastão, têm implicações para a geração mais jovem. É embaraçoso discutir essas questões com somente um dos pais presente. Por outro lado, em alguns Conselhos, a inclusão dos agregados como membros permanentes pode diminuir, nos parentes de sangue, a sua disposição de confrontar seus conflitos, rivalidades e desacordos. Em famílias maiores, a inclusão dos parentes por afinidade também pode aumentar significativamente o tamanho do grupo, reduzindo sua eficácia.

Um tratamento formal e organizacional a uma família pode parecer, inicialmente, algo estranho para aquelas que têm um estilo natural muito informal. Uma coisa que ajuda um Conselho de Família a trabalhar com eficácia é criar uma agenda para cada reunião e segui-la. Nas primeiras reuniões, a agenda ajuda as pessoas a entender a finalidade do Conselho, e à medida que este se torna uma rotina familiar essencial, ela se torna necessária para fazer cumprir prioridades e evitar que as reuniões fiquem sobrecarregadas por excesso de assuntos.

Alguns tópicos são temas recorrentes na maior parte dos Conselhos de Família, em todos os estágios. Eles dizem respeito aos valores básicos da família e ao relacionamento desta com a empresa: Quais são os valores centrais da nossa família? Como os expressamos? O que fazemos quando alguém sente que um valor básico está sendo violado? Como podem esses valores ser preservados e ensinados a futuras gerações, na empresa e na família? Algumas vezes essas questões são discutidas em termos abstratos, com os membros expressando suas filosofias individuais a respeito da família e da empresa. Muitas vezes, porém, os princípios subjacentes emergem quando o Conselho discute dilemas muito específicos que exigem decisões. Por exemplo, o Conselho pode desenvolver, com o tempo, um conjunto de posições sobre assuntos como sucessão e continuidade, liquidez, diversificação, privilégios da família, apoio a novos empreendimentos de parentes e contratação e demissão de parentes.

Muitos tópicos sobem e descem em importância à medida que a família se desloca pela sua dimensão de desenvolvimento. Nos estágios de Jovem Família Empresária e de Entrada na Empresa, o Conselho gastará a maior parte do seu tempo com questões de educação e socialização da geração mais jovem, bem como resolvendo adiadas questões de participação acionária e carreira com pais e irmãos. Isto pode envolver algumas perguntas. Será que o sistema de remuneração da empresa está atraindo a mistura certa de membros da família para papéis de gerência e liderança? Iremos encorajar nossos filhos a trabalhar na empresa? Que qualificações devem ser estabelecidas para os membros da família que querem entrar na empresa? Como podemos preparar as futuras gerações para as responsabilidades de acionistas?

No estágio de Trabalho Conjunto, os Conselhos podem desempenhar um papel crítico na resolução de conflitos na rede familiar em expansão. Há uma lista aparentemente infindável de questões políticas a serem resolvidas neste estágio. Como os valores básicos da família se relacionam com a estratégia e a operação da empresa? Devemos elaborar um código de conduta para os membros da família que trabalham na empresa? Como os membros que estão na empresa irão se relacionar com os gerentes não-pertencentes à família e com os funcionários? Como lidar com o fato de que membros da família podem não se beneficiar igualmente com a empresa? Como ajudar os membros da família que precisam? Quais são os direitos, privilégios, responsabilidades e papéis dos acionistas da família que não trabalham na empresa? Além dessas políticas ligadas à empresa, o Conselho de Família no estágio de Trabalho Conjunto pode ser o ponto-chave de contato para irmãos e primos que não se vêem em suas vidas familiares, mas querem permanecer ligados à identidade familiar. Na verdade, um dos itens mais importantes da agenda para os Conselhos neste estágio é organizar atividades, rituais, férias e comemorações comuns, em resposta à pergunta: como podemos nos divertir juntos?

Para a família no estágio da Passagem do Bastão, o Conselho é, muitas vezes, dominado por questões em torno da sucessão. O Conselho será o ponto de partida para a discussão de critérios para a liderança da empresa no futuro, começando com uma reconsideração da pergunta básica: queremos manter esta empresa sob o controle da família na próxima geração? Que concentração de participação acionária da família é necessária para assegurar a vitalidade da empresa? Como responderemos se membros ou ramos da família quiserem vender suas partes? O Conselho também é um bom lugar para a geração mais velha discutir planos de aposentadoria e patrimoniais com o restante da família. Isto irá levar, com freqüência, a uma discussão mais genérica do futuro da família: Como poderemos transmitir nossa história familiar às futuras gerações? Como vemos o papel e a reputação da nossa família em nossa comunidade? Temos metas filantrópicas ou de serviços à comunidade? Como implementá-las?

Nem todas as reuniões do Conselho precisam ser "mortalmente" sérias. Na verdade, uma boa mistura de assuntos sérios e "conversa fiada" agradável é importante para manter elevado o entusiasmo pelas reuniões. O Conselho de uma empresa no estágio de Trabalho Conjunto reservava um quarto de cada reunião anual para planejar a casa que estava sendo construída numa montanha perto de Aspen, Colorado. Aquelas conversas eram não só alegres e cheias de entusiasmo, mas também uma oportunidade para se trabalhar em questões importantes de forma mais sociável: preparar a geração mais velha para a aposentadoria, identificar as diferentes prioridades das três gerações presentes e tranqüilizar os mais velhos sobre sua liderança emocional permanente aos olhos de todos os membros da família. Analogamente, muitos Conselhos de Família trabalham melhor na resolução de conflitos quando estas estão ligadas a questões como a programação de uso e as regras de limpeza para a casa de praia da família, em vez de relacionadas à competição por uma sucessão na empresa que se aproxima.

Muitas famílias interessadas na formação de um Conselho sentem-se i inseguras a respeito do que fazer. Existem algumas diretrizes úteis que conduzem a Conselhos de Família mais bem-sucedidos. Em nossa experiência, funcionam melhor os Conselhos que seguem as diretrizes a seguir descritas.

1. *Definem um cronograma para suas reuniões e agarram-se a ele*. Datas de reuniões regulares e previsíveis, estabelecidas com muita antecedência, são o segredo para um bom comparecimento. A freqüência das reuniões deve ser determinada pelo número, pela urgência dos assuntos e pelo estágio de desenvolvimento da família. Nos estágios de Trabalho Conjunto e Passagem do Bastão, os Conselhos de Família reúnem-se com maior freqüência. Normalmente, os Conselhos se reúnem trimestralmente durante os dois primeiros anos, para tratar do acúmulo de assuntos e procedimentos. Depois disso, eles podem se reunir de duas a quatro vezes por ano.

2. *Dedicam atenção ao processo*. O desenvolvimento de um Conselho de Família é um evento importante na vida da família. É comum que estas não estejam acostumadas a se reunir para discussões como as do Conselho. Portanto, é importante criar uma atmosfera favorável, na qual os participantes sintam-se à vontade, expressando seus pontos de vista e livres para explorar assuntos a cujo respeito podem não estar muito informados. Os líderes devem procurar estabelecer, desde o início, uma norma pela qual "perguntas bobas também são bem-recebidas". Também, é importante alimentar os elos sociais e emocionais entre os membros do Conselho, alguns dos quais podem não ter muito contato no dia-a-dia. As reuniões podem começar ou terminar dedicando algum tempo para os membros da família colocarem seus assuntos em dia, conversarem sobre o que está acontecendo em suas vidas. Trocar informações, por exemplo, sobre novos nascimentos, transições de empregos e problemas de saúde pode servir para aproximar o grupo.

3. _Estabelecem responsabilidades claras de liderança no grupo_. De modo geral, um dos líderes da família – no início, provavelmente da geração mais velha – deve ser o cabeça do Conselho. Contudo, muitas vezes, se o líder da empresa não for o presidente do Conselho, a separação entre empresa e família ficará mais clara, criando uma atmosfera mais aberta.

4. _Realizam as reuniões em estilo confortável, mas não excessivamente informal_. É melhor realizar as reuniões fora da empresa e de casa, para manter mínimas as interrupções. As agendas são definidas com sugestões de todos os membros do Conselho e distribuídas com antecedência. Em geral, é melhor dar prioridade, na agenda, a assuntos mais fáceis de serem discutidos. É importante que os membros da família aprendam a trabalhar em conjunto no Conselho e sintam-se à vontade entre si antes que se trate de questões com carga emocional, tais como o planejamento patrimonial. Em um Conselho de Família, "o sucesso cria o sucesso"; se as primeiras reuniões forem bem e a família achá-las úteis, haverá mais chances de as discussões sobre assuntos mais difíceis também irem bem. É especialmente importante que o líder ou facilitador das reuniões se certifique de que todos os membros tenham seu "tempo" adequado e sigam algumas regras consensuais para que haja um respeito recíproco ao direito à palavra.

5. _São flexíveis e criativos no uso de diferentes configurações de subgrupos_. Pode ser útil explorar alguns assuntos primeiro em subgrupos (por exemplo, mulheres e homens, parentes de sangue e por afinidade, primeira e segunda gerações) e depois reuni-los para conhecer as suas experiências e percepções. Muitas vezes, este método serve para elevar a consciência de como os sentimentos e percepções das pessoas são influenciados pelas posições que elas ocupam na empresa e na família.

6. Consideram o uso de facilitação profissional, ao menos no início. Os facilitadores externos podem ajudar a estruturar as reuniões e incentivar uma comunicação mais aberta. Eles também podem apoiar a função educacional do Conselho, transmitindo conceitos de gerência, de família e de empresa familiar. Depois das primeiras reuniões ou do primeiro ano, o Conselho e o facilitador devem reavaliar a continuidade da participação deste. Algumas famílias chegam ao ponto em que estão prontas para prosseguir sozinhas, ao passo que outras usam sempre um facilitador. Uma terceira opção é o facilitador voltar periodicamente ao Conselho — por exemplo, uma vez por ano — para ajudar o grupo a rever seu progresso e trabalhar em assuntos que não conseguiu resolver durante o ano.

O Plano da Família

Em sua função principal como foro para discussões em família, o Conselho pode ser ajudado organizando suas tarefas em um plano integrado da família. Assim como há o plano estratégico no lado da empresa, o plano da família define as visões desta sobre o futuro. Para isso, entretanto, normalmente propomos que se comece com um exame do passado da família. As quatro partes da maioria dos planos incluem uma história da família, uma visão do futuro, uma declaração da missão familiar e um plano de ação.

História da família. Criar uma história da família a partir de registros e relatos é um dos melhores projetos iniciais para um Conselho de Família. Isto é ótimo para salientar a identidade única da família e lembrar os membros mais velhos do legado que eles representam. Também é a melhor ferramenta para integrar e educar os novos membros da família e os mais jovens. Registros de arquivos, fotos e artefatos são úteis, assim como gravações de entrevistas com os membros mais velhos.

Visão do futuro. A parte formal do plano da família começa com "imaginação organizada". Este processo requer que os membros da família esqueçam os papéis e pressões correntes e olhem cinco ou dez anos à frente. Ele é útil para que eles, individual e coletivamente, sonhem e a seguir discutam como gostariam que a família e a empresa fossem no futuro, na melhor das hipóteses, e também como acham que elas serão, dadas as realidades que ambas têm diante de si.

244 DE GERAÇÃO PARA GERAÇÃO

Declaração da missão da família. A declaração da missão da família detalha sua filosofia, inclusive o porquê do seu empenho em manter a empresa. Ela inclui os valores consensuais sobre ética, papel na comunidade, desenvolvimento pessoal, filantropia, o que torna a "vida boa" e outros temas que orientaram a visão da família sobre o futuro. Em famílias grandes, tão logo o Conselho tenha esboçado uma declaração de missão, esta deve ser comunicada e discutida com outros membros da família não-pertencentes ao Conselho.

Plano de ação. A etapa final no plano da família é decidir sobre as ações que lhe darão vida. Ela inclui passos concretos para estabelecer programas e atividades para os membros da família, inclusive treinamento (educação a respeito da empresa, treinamento em liderança, cursos de resolução de conflitos, seminários sobre questões de empresas familiares), elaboração de um código de conduta, estabelecimento de processos para resolver disputas, consultaria para solucionar conflitos e melhorar a comunicação ou aconselhamento para os membros que estiverem enfrentando problemas mais sérios, e divertimentos organizados (férias e passeios). A providência mais importante, que facilita todas as outras, é o investimento em um Conselho de Família vigoroso e permanente.

A DIMENSÃO DA EMPRESA

Não precisamos dizer que boas estruturas gerenciais contribuem para a operação bem-sucedida da empresa. Entretanto, temos sido, muitas vezes, surpreendidos em nosso trabalho com empresas familiares, ao observar como suas gerências abordam de forma reativa as necessidades de crescimento e continuidade. Como vimos no Capítulo 3, o desenvolvimento da empresa requer a antecipação das necessidades de serviços humanos do próximo estágio. O processo de recrutamento, seleção e treinamento, que garante a aptidão da empresa para prosperar em cada estágio sucessivo, leva meses e até anos de preparação. Porém, sucede freqüentemente que nenhuma estrutura da empresa é responsável pelo planejamento e treinamento necessários. Se a empresa for grande o suficiente para ter um departamento completo de recursos humanos, este provavelmente estará focado em seleção, salários e gerenciamento de benefícios. (E as empresas familiares, com freqüência, ficam atrás daquelas de capital aberto em seus investimentos no gerenciamento de recursos humanos.) Algumas são suficientemente sofisticadas para fazer um ótimo trabalho de avaliação de desempenho e de *feedback* aos seus gerentes. Contudo, mesmo essas empresas tendem a ignorar os componentes estratégico e preventivo do desenvolvimento gerencial.

Nas empresas familiares, quando existe o interesse em continuar envolvendo os membros da família na alta gerência, é ainda mais essencial pensar a respeito das necessidades de recursos humanos em termos de desenvolvimento. A complexidade das carreiras especiais para membros da família e o impacto, sobre todos os funcionários, da diferenciação entre as expectativas e trajetórias de carreira para gerentes, pertencentes ou não à família, requer atenção concentrada. É tolice deixar ao acaso a aptidão da família para satisfazer as futuras necessidades de liderança da empresa.

O desenvolvimento gerencial é um processo contínuo em qualquer empresa, ao menos depois do estágio Inicial. O gerenciamento das carreiras dos membros da família torna-se particularmente importante nos estágios de Trabalho Conjunto e de Passagem do Bastão. Em nossa experiência, o processo, quando bem cuidado no estágio de Trabalho Conjunto, pode ter um efeito extremamente benéfico sobre o estresse que tanto a família como a empresa experimentam com a aproximação da transição da Passagem do Bastão. Se os critérios para a avaliação dos líderes da próxima geração forem definidos quando esses sucessores em potencial estiverem começando suas carreiras na empresa, e se for iniciado um processo para criar um portifólio de experiência e avaliações para cada candidato, a importância relativa da objetividade (sobre a política) será ampliada. Quando as seleções tiverem que ser feitas, as escolhas poderão parecer quase óbvias a todos os interessados.

Formação de uma Equipe de Desenvolvimento Gerencial

Esta abordagem mais proativa ao desenvolvimento gerencial requer uma estrutura com a responsabilidade de guiá-la. Temos visto empresas familiares obterem muito sucesso com equipes de desenvolvimento gerencial. Este grupo recebe a responsabilidade específica de antecipar e planejar o desenvolvimento de talentos para papéis de gerenciamento-chave no futuro, com atenção especial aos membros da família.

Além do proprietário-gerente, recomendamos que a equipe seja composta pelo responsável por recursos humanos e pelos gerentes de algumas ou todas as divisões-chave da empresa. Algumas vezes, um ou mais dos diretores externos do Conselho de Administração pode ter um papel na equipe, especialmente na ocasião em que estiver sendo considerada a sucessão do CEO. A equipe deve ser mantida pequena (de quatro a seis membros), e, quando necessário, outros gerentes podem ser convidados a comparecer para discutir determinados assuntos. A menos que já tenha sido identificado um sucessor na família e este ocupe uma dessas posições de gerência-chave, recomendamos que os candidatos em potencial não façam parte da equipe, porque uma função do plano é discutir a carreira e o desempenho que levarão à escolha do sucessor. É claro que os altos gerentes já estarão se reunindo periodicamente com o sucessor em outros contextos para falar sobre seu progresso na empresa.

Com relação aos gerentes da família, a equipe precisa responder a uma dialética interessante. Por um lado, ela precisa ser guiada pelas políticas e metas da família proprietária, articuladas pelo Conselho de Família. É a família quem deve tomar decisões a respeito dos papéis a serem reservados para seus membros, do acesso dos membros dos diferentes ramos a posições executivas, dos critérios para a liderança da empresa. Até mesmo a escolha básica da configuração do controle (Proprietário Controlador, Sociedade entre Irmãos ou Consórcio de Primos) terá impacto sobre as projeções da equipe quanto aos talentos disponíveis.

Por outro lado, para que a equipe faça bem o seu trabalho, ela não pode estar sujeita à política familiar. Sua referência deve ser sua visão daquilo de que a empresa necessita. Uma vez que a família tenha deixado clara sua filosofia básica, a equipe deve ser isolada das tentativas dos parentes de influenciar a aplicação dessas regras a indivíduos específicos. Os proprietários não devem fazer *lobby* em prol de determinadas posições de alta visibilidade para seus filhos. Não se pode permitir que os altos gerentes da família promovam unilateralmente seus próprios filhos, especialmente se esses atos violarem o processo de revisão acordado. Se as avaliações da equipe forem controladas por um alto gerente, a credibilidade de todo o processo estará destruída.

Algumas famílias, em especial no estágio de Consórcio de Primos, estão tão determinadas a proteger a integridade do processo, que entregam completamente o controle das decisões sobre gerenciamento das carreiras de seus membros a uma equipe da qual os parentes estão excluídos. De um modo geral, a equipe recebe um mandato para tomar decisões objetivas, mas serve como grupo consultivo para o proprietário-gerente (presidente do Conselho de Administração ou CEO. Embora a equipe de desenvolvimento gerencial forneça dados críticos para o plano e sirva como caixa de ressonância para idéias e políticas de desenvolvimento, a palavra final é do proprietário-gerente. Quando as ações da família, do Conselho de Administração e da equipe de desenvolvimento gerencial não estiverem alinhadas, caberá a ele efetuar o processo de reconsideração, negociação e troca de informações, que levará a compromissos e a um consenso. Esta questão é um exemplo perfeito de como cada um dos três círculos tem um papel a desempenhar – distinto, mas inter-relacionado – na criação do caráter único da empresa.

O Plano de Desenvolvimento Gerencial

A principal finalidade da equipe de desenvolvimento gerencial é criar e implementar um plano, neste campo, para a empresa. Este plano é um trabalho de projeção das necessidades de pessoal executivo da empresa no futuro e das carreiras de gerentes-chave — da família ou não — para satisfazer tais necessidades. Na maioria dos casos, o investimento de tempo na geração e atualização do plano não é grande; o retorno sim.

A equipe inicia seu trabalho fazendo algumas perguntas básicas sobre a empresa: (1) Dada a nossa estratégia para o futuro, em que áreas esperamos crescer ou encolher; com que velocidade surgirão — e quais serão — nossas necessidades de pessoal gerencial? Como poderemos manter flexibilidade para satisfazer condições de crescimento alto ou baixo? (2) Em que estágio de desenvolvimento da empresa estamos atualmente, e quando esperamos que ele mude? (3) Como está mudando nosso ambiente, e que impacto isso terá sobre a carreira, inclusive experiências dentro e fora da empresa, que irá prover um sucessor com a maior probabilidade de sucesso? (4) Como poderemos integrar nossos esforços de avaliação de desempenho e gerenciamento de carreiras?

Quando a equipe confronta essas perguntas, de preferência consultando o Conselho de Administração, inicia-se o trabalho específico de criação de um mapa de desenvolvimento gerencial da empresa. Isto envolve a identificação dos cargos críticos e das idades e aspirações atuais de todos os gerentes que os ocupam. Em seguida, ela projeta um cronograma descrevendo quando os cargos estarão ou deverão estar vagos no futuro e quem estará preparado para ocupá-los. Mais importante, o plano especifica a linha de aprendizado a ser seguida pelos candidatos identificados a cargos de gerência, inclusive os membros da próxima geração da família, ao se prepararem para papéis nos estágios subseqüentes da empresa. Isto inclui as experiências necessárias, o procedimento para avaliação de desempenho e planos contingenciais.

Alguns proprietários-gerentes mostram-se céticos em relação a este processo de planejamento, porque acham que as situações provavelmente irão mudar e torná-lo obsoleto. Mas isto é tolice. É esperado que condições importantes mudem, e algumas delas muitas vezes. Funcionários-chave sairão de forma inesperada. Novas oportunidades surgirão de repente, exigindo a entrada de novos talentos em gerência. As avaliações de desempenho irão determinar que alguns candidatos excedem as expectativas e que outros são desapontamentos. É importante que os líderes entendam que a resposta a essas contingências inevitáveis será muito mais fácil se houver um plano modificável. Na verdade, aprimorar a capacidade da empresa no sentido de dar o melhor passo estratégico frente a mudanças inesperadas nas fileiras gerenciais é uma das razões mais fortes para o desenvolvimento proativo de um plano.

Ao formular este plano, a equipe deve equilibrar a necessidade especial de desenvolver herdeiros da família na empresa com o requisito – igualmente importante – de encorajar e proteger o trabalho em equipe entre todos os funcionários. Por um lado, o plano deve prover, para os sucessores em potencial, propostas de carreiras que permitam a avaliação de suas capacidades individuais e que, ainda, assegurem o preparo daqueles que forem selecionados para papéis de altos executivos. Ao mesmo tempo, o plano deve dar apoio aos gerentes essenciais não-pertencentes à família, definindo com clareza suas opções de carreira e as posições mais altas que poderão alcançar. A equipe somente poderá lidar efetivamente com esses dilemas se a família e os líderes dos acionistas tiverem sido claros e consistentes em suas políticas de orientação.

Por exemplo, o Conselho de Família, o Conselho de Administração e os altos gerentes da família precisam chegar a um acordo quanto aos gerentes não-pertencentes à família, se estes serão ou não tirados de suas posições para permitir que os sucessores em treinamento adquiram experiência essencial. Ou, no dilema mais comum, a equipe necessita de orientação para exigir ou não, dos supervisores não-membros da família, o mesmo tipo de avaliação objetiva de seus subordinados, pertencentes ou não à família. Tendo recebido políticas claras sobre essas questões, a equipe deverá comunicá-las a todos os gerentes e funcionários afetados.

Finalmente, tão logo inicie este processo, a empresa familiar irá constatar que discussões a respeito de pessoal, desenvolvimento gerencial e sucessão irão levantar outras perguntas sobre sua estratégia de negócios e suas operações. É quase certo que o plano estratégico da empresa passe por um escrutínio, porque projeções de crescimento, fusões, aquisições e alienações, novos empreendimentos e expansão geográfica formam uma base essencial para se projetar necessidades de gerência.

O sistema de gerenciamento de recursos humanos, em geral, também se verá em evidência à medida que a equipe examinar sistemas de avaliação de desempenho, remuneração, opções de benefícios e supervisão. É tentador achar que o plano de desenvolvimento deve esperar até que todos esses sistemas centrais sejam reformulados, mas normalmente isso não é necessário. Os gerentes-chave podem decidir se reunir com maior freqüência para discutir essas questões inter-relacionadas, mas não devem deter o esboço do plano de desenvolvimento gerencial.

COORDENAÇÃO DE ESTRUTURAS E PLANOS

Descrevemos a estrutura que gerencia o desenvolvimento da empresa familiar ao longo de cada uma das três dimensões do nosso modelo. É bom pensar nessas estruturas de acordo com o subsistema a que servem, mas, se não houver uma coordenação adequada entre elas, no final todas irão fracassar. Há três processos principais de coordenação: integração por meio da supervisão do líder mais graduado, através da superposição de participação e via comunicação estruturada direta entre os grupos. O membro mais graduado da família – o proprietário-gerente, que fica no setor central do modelo dos três círculos – pode ser um coordenador eficaz. De certa forma, esta é uma extensão do modelo de comunicação de cubo e raios empregado por tantos fundadores em seus novos empreendimentos. Em sua forma mais extrema, um indivíduo é presidente do Conselho de Administração, CEO e presidente do Conselho de Família. Isto poderá funcionar se o líder for um bom comunicador, imparcial e objetivo na transmissão de informações, e tiver tempo para o trabalho de coordenação. É pedir muito de qualquer líder.

Ao mesmo tempo, ou como alternativa para esse sistema individual, a superposição de participação pode dividir a responsabilidade pela coordenação entre mais pessoas. Em geral, é uma boa idéia os diretores do Conselho de Administração pertencentes à família serem vistos como oficialmente responsáveis por representar o Conselho de Família nas reuniões do Conselho de Administração e também por manter o primeiro Conselho informado a respeito das partes relevantes das atividades do último, de administração. Se esses embaixadores fizerem bem o seu trabalho, a pressão por uma representação excessiva da família no Conselho de Administração será bastante aliviada. A superposição de participação na alta gerência é um pouco mais complicada. Como já dissemos, de modo geral os altos gerentes não são boas opções para o Conselho de Administração; é função do CEO ser a ligação entre estes dois grupos. Se houver membros da família em papéis executivos, estes poderão ser os elos de comunicação entre a empresa e o Conselho de Família. Entretanto, eles precisam cuidar para não usar este Conselho como forma de rodear a autoridade gerencial e os canais de comunicação, ou para encorajar membros da família a se envolverem indevidamente em assuntos da empresa. Mais uma vez, o proprietário-gerente está na melhor posição para monitorar esse fluxo de informações, mantendo-o adequado e não-prejudicial. Caso não haja membros da família na gerência, então o Conselho de Família poderá solicitar a escolha de um elemento de ligação com a empresa. Esta pessoa poderá fazer relatórios periódicos ao Conselho ou estar à disposição para participar de suas reuniões quando houver informações nas quais o Conselho estiver interessado (tais como a descrição de uma nova empresa ou instalação que a empresa adquiriu, ou a explicação de uma nova campanha de relações públicas).

Finalmente, outras rotinas de divulgação de informações podem ser estabelecidas em conjunto com a superposição de participação. Os Conselhos de Família e de Administração podem definir que tipos de informações serão comunicadas nos dois sentidos. O Conselho de Administração também precisa saber como terá conhecimento das decisões sobre política familiar que afetem suas deliberações, tais como as referentes a cronogramas de sucessão e aposentadoria, critérios para admissão de membros da família e a filosofia geral relativa a reinvestimento *versus* dispersão dos lucros. É preferível definir políticas em relação à comunicação entre os grupos e respeitá-las religiosamente a confiar em trocas de informações "quando surgir algo que o outro grupo precisa saber". Este último arranjo subordina-se muito ao critério dos elementos de ligação. Estes poderão sentir-se tentados a enfatizar ou negligenciar assuntos específicos, porque o encorajamento ou não da comunicação aberta sobre esses assuntos irá favorecê-los. Coordenação e comunicação boas podem fazer com que estas estruturas prestem o máximo serviço à empresa e à família.

Notas

1. Ward, 1988b, 1991.
2. Ver também Danco & Jonovic, 1981; Whisler, 1988; Jonovic,1989; e Schwartz & Barnes,1991.
3. Tem havido, nos últimos anos, uma dramática proliferação de ações judiciais contra diretores. Em um esforço para reduzir sua exposição, muitas empresas transformaram seus Conselhos de Administração em Conselhos Consultivos. Contudo, a vantagem pode ser ilusória. Em alguns estados, os tribunais começaram a tratar as duas entidades da mesma forma no que se refere a deveres e responsabilidades legais dos seus membros, com base no raciocínio: "Se vocês se comportam como um Conselho de Administração, vocês são um."
4. Ward, 1988a; Harris, Martinez e Ward, 1994.

CAPÍTULO 9

Consultoria para Empresas Familiares

ALGUMAS EMPRESAS FAMILIARES parecem navegar de um ano para outro sem nunca serem apanhadas por tempestades. Porém, a maioria dos líderes de empresas familiares passa por períodos nos quais sente estar pulando continuamente de um desafio difícil para outro. Esses momentos costumam ocorrer quando o sistema está passando de um estágio para outro numa das três dimensões de desenvolvimento, como quando as ações são distribuídas por um proprietário único a um grupo de irmãos, ou quando a empresa passa por uma grande reestruturação ou por um surto de crescimento. Mas ainda mais difíceis são as ocasiões em que as mudanças ocorrem em duas ou três áreas ao mesmo tempo. Essas mudanças complicadas na empresa e nos papéis das pessoaschave nos três círculos podem confrontar os líderes da família com um conjunto esmagador de tarefas – particularmente porque este se soma às responsabilidades permanentes do gerenciamento das atividades da empresa. Nessas ocasiões, muitos proprietários-gerentes sentem a necessidade de convocar o auxílio de peritos externos.

O mundo dos negócios está cheio de profissionais qualificados: consultores de gerência geral, planejadores financeiros, advogados, banqueiros e representantes de fundos, corretores de seguros e especialistas técnicos para todos os aspectos das operações. Analogamente, quando o conflito familiar se torna inadministrável, ou quando alguns membros da família estão estressados ou com outros problemas comportamentais, existem muitos psicólogos e terapeutas de famílias para ajudar. Muitas vezes, entretanto, esses profissionais são colocados em posição difícil por clientes vindos de empresas familiares, porque os problemas que solicitam sua ajuda cruzam muitos campos e exigem conceitos e experiência que eles não têm. Um planejador de patrimônio pode não saber explicar por que um cliente proprietário de uma empresa reluta em seguir um plano bem elaborado para a distribuição de ações aos seus filhos. Um consultor de empresas é solicitado a elaborar um projeto de mudança no corpo gerencial, mas depois lhe dizem que nenhum plano de reestruturação que desequilibre o tamanho de duas divisões chefiadas por irmãos poderá ser implementado, independente da sua base lógica. Um terapeuta de família procura ajudar uma delas a entender por que o pai empreendedor parece cada vez mais deprimido e incapacitado pelo álcool, exatamente quando sua empresa está, de repente, crescendo de forma surpreendente. Ou um advogado observa uma família caminhar para a destruição e um custoso litígio por causa daquilo que parece ser uma pequena disputa a respeito da transferência de umas poucas ações entre primos. Essas situações podem ser frustrantes tanto para o consultor como para a família; a natureza especializada do nosso treinamento profissional não nos ajuda muito a responder a esses problemas multifacetados de desenvolvimento de empresas familiares.

Neste capítulo, esboçamos alguns princípios básicos de intervenção que consideramos úteis na aplicação do nosso modelo tridimensional para trabalhos de consultoria a empresas familiares. Esperamos que colegas de profissão que não estejam se especializando em empresas familiares consigam novas idéias a respeito dos desafios especiais do aconselhamento a esses clientes e que os proprietários de empresas familiares obtenham alguma compreensão quanto a que esperar da assistência profissional e como usá-la.

De certa forma, uma boa consultoria é uma boa consultoria, seja a uma pequena empresa ou a uma corporação multinacional.[1] Mas constatamos que as exigências especiais da consultoria a empresas familiares originam-se de duas características próprias destas. A primeira é a complexidade do sistema. Quase todas as grandes empresas são complexas, mas aquelas do tipo familiar o são particularmente em razão da interligação de assuntos familiares e da empresa, das tensões de mudança e crescimento causadas pela superposição de muitos ciclos de vida e das conseqüências estratégicas e financeiras do capital fechado.[2] O trabalho com empresas familiares desafia o consultor a reter o complexo sistema em sua mente e gerar uma compreensão dos problemas operacionais que leve em conta as dinâmicas das três dimensões. Cada etapa no processo de consultoria precisa ser considerada à luz da estrutura de participação acionária, da situação da empresa e das dinâmicas familiares.

A segunda característica é no sentido de que a consultoria ocorre freqüentemente numa atmosfera emocional de crise. Pode haver resistência à resolução de problemas e à contratação de consultores em qualquer empresa, mas naquela familiar essa relutância costuma ser exagerada. Muitas dessas empresas familiares permanecem com seu capital fechado porque dão muito valor à sua privacidade, e os membros da família compreendem que o foco nos problemas da empresa provavelmente não pode ser feito sem que também sejam expostas questões pessoais e familiares. Em conseqüência disso, muitas vezes as famílias recorrem a pessoas de fora somente quando enfrentam situações aflitivas que se tornaram realmente inadministráveis. Quando entram os consultores, em geral as emoções estão exacerbadas porque os fatores causadores de tensão – externos ou ligados ao desenvolvimento – foram negados por tempo demasiado. Isto significa que os consultores precisam, muitas vezes, ajudar as famílias a reparar relacionamentos danificados e também aprender formas de comunicação diferentes antes de, efetivamente, planejar ações para resolver os dilemas das empresas. Felizmente, em sua maioria, as famílias possuem alta capacidade de recuperação e estão ansiosas para restaurar a harmonia; o amor e a lealdade à família com freqüência supera feridas e rivalidades. Algumas vezes, porém, as relações sofrem danos irreparáveis – as famílias podem ter perdido a capacidade de resolver seus problemas relativos à empresa, ou podem nunca tê-la tido. De qualquer maneira, até mesmo para começar a avaliar as possibilidades de progresso, o consultor precisa possuir experiência e qualificação para trabalhar em atmosferas emocionalmente carregadas.

Essas duas características levam o cliente a buscar auxílio, bem como a resposta do consultor em potencial. Ao contratar um consultor de empresas familiares, os líderes da família cliente muitas vezes estão testando suas próprias normas de auto-suficiência e privacidade familiar e da empresa. Tendo decidido contratar um estranho, a pergunta real passa a ser: quanto teremos que mudar, e quanto isso irá custar (em termos emocionais, assim como financeiros)? Freqüentemente os clientes precisam lutar contra a tentação de ou entregar toda a autoridade ao consultor, com um mandato amplo para "consertar tudo", ou passar o mínimo possível de autoridade, na esperança de que a consultoria não exija mudanças radicais. Afinal, do ponto de vista do cliente, há muito em jogo. Resolver conflitos e problemas significa mais que conseguir satisfação com o trabalho ou elevar a eficiência organizacional. A futura situação financeira de toda a família pode estar em jogo. Este senso exacerbado de vulnerabilidade soma-se à incerteza natural a respeito do que irá acontecer no decorrer da consultoria. Os bons consultores discutem aquilo que esperam que aconteça e geram metas conjuntas com os clientes, mas nenhum consultor competente pode dizer antecipadamente quais mudanças cada membro da família irá experimentar como resultado do seu trabalho.

Esses profissionais assumem diferentes posições ao efetuar seu trabalho, e o novo cliente está na difícil situação de escolher uma abordagem sem saber com certeza se ela é adequada.[3] Alguns consultores operam como especialistas individuais, cujo trabalho enfoca um problema presumivelmente bem limitado. Esses técnicos especializados podem não ter muita experiência de consultoria a empresas familiares. Os problemas tipicamente tratados desta forma incluem planejamento fiscal e patrimonial, estratégia de negócios, *ou*, para os especialistas em aconselhamento, questões familiares como desarmonia conjugal entre o casal de sócios. Muitos dos conselheiros que já estão trabalhando com a empresa, como o seu advogado ou contador, encaixam-se nesta categoria, embora normalmente não chamem seu trabalho com o cliente de "consultoria", nem se considerem consultores de empresas familiares. Esta pode ser a maneira mais rápida e eficiente de resolver um problema específico, e o *custo* total da consultoria pode ser baixo. Mas a desvantagem é que os especialistas podem fazer, em sua abordagem, suposições incorretas no ambiente da empresa familiar. Uma intervenção em um subsistema pode ter conseqüências não pretendidas em outro, as quais o consultor não está preparado para resolver. Por exemplo, o especialista em planejamento fiscal pode não saber que a estratégia que está propondo contém pressupostos que ofendem filhos não envolvidos na empresa. Ele pode nunca chegar a ver essas pessoas, e a família terá que lidar com o impacto da proposta depois que o projeto técnico estiver pronto e o consultor tiver ido embora. Na verdade, esta situação é hoje menos comum do que há uma década. Cada vez mais os planejadores financeiros, advogados, consultores especializados e terapeutas de famílias estão se conscientizando de que as empresas familiares são clientes singularmente complexos, e estão se treinando e buscando colaboradores para trabalhar nesses cenários.

Um segundo tipo de consultor, que inclui a maior parte das pessoas que se autodenominam consultores de empresas familiares, é realmente um generalista. É um profissional que, trabalhando sozinho, é treinado para enfrentar quase todas as questões problemáticas que surgem em empresas familiares — planejamento de sucessões, conflitos de papéis e comunicação em relacionamentos. Este consultor pode ter estudado administração de empresas, mas também foi capacitado em dinâmicas grupais ou familiares; ou pode ter recebido treinamento clínico e possuir extensa experiência prática em cenários de empresas. O consultor forma relacionamentos com todos ou quase todos os membros da família, bem como com os principais gerentes que não pertencem a ela, podendo assim compreender o sistema em profundidade. O escopo do seu trabalho é, por definição, abrangente. Mesmo assim, o generalista poderá encontrar algumas questões especializadas, com as quais não está capacitado a lidar; neste caso, a troca é de competência ampla, a expensas de conhecimentos técnicos avançados em algumas áreas. Os consultores generalistas de empresas familiares precisam ser realistas quanto à sua capacidade de "fazer tudo"; os generalistas competentes sentem-se à vontade com as limitações dos seus conhecimentos e deixam claro para os clientes, na fase de contratação, que certas questões estão além do seu escopo.

Isto pode levar à necessidade do terceiro tipo de consultor — na verdade, uma equipe de consultoria composta por pessoas com especialidades diferentes.[4] Os membros da equipe provavelmente assumirão papéis especializados nas fases de avaliação e implementação da consultoria — isto é, o especialista em famílias irá entrevistar os membros desta e trabalhar com o Conselho de Família, e o estrategista de negócios irá falar com os líderes da empresa e trabalhar em mudanças organizacionais. Contudo, equipes são muito dispendiosas e precisam ser muito bem gerenciadas para serem eficazes. Além disso, quase todas as empresas familiares já possuem profissionais de muitas áreas para suas operações. É pouco provável que um proprietário-gerente esteja interessado em trocar todos os conselheiros de uma só vez. E os conselheiros que já estão na empresa costumam ser cautelosos em relação a consultores externos. É preciso cuidado quanto a isso, criando e administrando um bom relacionamento de trabalho entre esses conselheiros "permanentes" e os consultores de projetos, para que seus esforços sejam complementares e não competitivos.

Assim como os Conselhos de Administração e de Família possuem finalidade e estruturas diferentes, dependendo dos estágios de desenvolvimento da participação acionária e da família, o tipo mais eficaz de consultor pode estar relacionado ao estágio de desenvolvimento da empresa. As empresas de Proprietário Controlador no estágio Inicial seriam provavelmente esmagadas por uma equipe de consultores externos empenhados em um projeto abrangente e de longo prazo. É mais provável que elas usem indivíduos especialistas, totalmente dirigidos pelo proprietário-gerente e executando serviços específicos a baixo custo. Sociedades entre Irmãos e Consórcios de Primos, por outro lado, quase sempre irão se beneficiar com um generalista de empresas familiares ou com uma equipe qualificada em dinâmicas grupais e desenvolvimento familiar bem como nas questões da empresa. As empresas no estágio de Expansão/Formalização têm maior necessidade de especialistas em estrutura empresarial, finanças e comportamento organizacional. Aquelas que estão no estágio de Maturidade têm essas mesmas necessidades, com ênfase especial em estratégia. Qualquer que seja o problema mais premente que leve ao início do trabalho de consultoria, exige-se que o consultor leve em conta o atual estágio de desenvolvimento da empresa e a maneira como estruturas, papéis e relacionamentos irão provavelmente mudar, com o tempo, ao longo das três dimensões de desenvolvimento.

FASES DE CONSULTORIA

A maior parte dos projetos de consultoria, com empresas familiares ou não, inclui quatro fases:

1. *Contratação* – fase na qual o cliente e o consultor determinam se podem criar um relacionamento produtivo de trabalho e, em caso positivo, concordam com seus termos.
2. *Avaliação* – fase na qual o consultor faz um exame em profundidade do sistema do cliente e chega a uma compreensão preliminar das questões explícitas e subjacentes.
3. *Mudança/implementação planejada* – fase na qual o cliente e o consultor trabalham em conjunto no sentido das metas de mudança daquele.
4. *Avaliação e manutenção* – fase na qual cliente e consultor avaliam a eficácia do projeto e procuram achar maneiras para institucionalizar seus benefícios.

Os limites entre as fases em geral são indistintos ou, de fato, inexistentes. Por exemplo, nas empresas familiares, avaliação e implementação podem estar entrelaçadas se a finalidade da consultoria é a avaliação de candidatos a sucessor, ou uma revisão do plano patrimonial. Também não é incomum um projeto de consultoria parar antes de atingir a quarta fase. Muito disso depende de como o cliente reage ao custo financeiro e emocional da consultoria, da qualidade do relacionamento de trabalho entre o cliente e o consultor, da capacidade do cliente em executar o trabalho sem ajuda externa, e de uma variedade de eventos imprevistos (como uma morte ou uma ruptura na empresa) que podem desviar, redefinir ou adiar um projeto.

Quando se trabalha com empresas familiares, as atividades nas quatro fases irão ser moldadas de maneiras importantes pelos pontos de entrada em cada um dos três círculos e pelo estágio de desenvolvimento de cada um dos três subsistemas. Temos avaliado o modelo como um guia muito útil no planejamento das nossas intervenções em uma ampla gama de empresas familiares.

Contratação

A tarefa global da primeira fase é determinar a adequação entre a abordagem do consultor e as necessidades do cliente, e elaborar um acordo, claro e explícito mas também flexível, a respeito do trabalho.

Embora seja fácil dispensar ou apressar a fase de contratação como uma simples formalidade, com freqüência ela é a mais importante do processo de consultoria. Consultores e clientes podem aprender muito a respeito uns dos outros neste estágio, se prestarem atenção aos detalhes; é nesta fase que são moldados sólidos relacionamentos de trabalho.

Também é neste ponto que são discutidos os honorários. Normalmente, as empresas familiares que não usam regularmente consultores externos ficam surpresas com o custo de tais projetos. Em sua maioria, os consultores cobram por dia, mas alguns cobram por hora; advogados e outros consultores técnicos podem cobrar por fração de hora. É razoável que o cliente em potencial espere do consultor uma estimativa do número de dias necessários ao menos para as primeiras fases do trabalho e uma idéia aproximada do custo total. A observação de como o cliente lida com a discussão do custo, qual parte do sistema irá pagar pelo trabalho, quem controla o orçamento para essa área e a disposição da família para comprometer dinheiro com o projeto dá ao consultor informações valiosas sobre o significado do dinheiro na família e os diferentes níveis de investimento na consultoria.

Uma conseqüência da economia da vida profissional é que organizações maiores e em estágios posteriores de desenvolvimento têm maior probabilidade de dispor de recursos para contratar especialistas em empresas familiares. Elas também estão mais acostumadas a trabalhar com consultores externos. Embora seus problemas possam ser igualmente perturbadores, as empresas no estágio Inicial e as famílias nos estágios de Jovem Família Empresária e de Entrada na Empresa muitas vezes não podem contratar especialistas e precisam confiar em seus conselheiros financeiros e jurídicos. Isto força esses conselheiros a conhecer ao menos os itens básicos de uma perspectiva tridimensional.

A fase de contratação consiste tipicamente de um contato telefônico inicial e a seguir de uma ou mais reuniões entre os consultores e os líderes clientes. Os consultores precisam observar sempre qual dos três círculos faz o primeiro contato: este é um indicador importante das dinâmicas entre os proprietários, a família e a gerência no sistema global. Ele também fornece os primeiros dados sobre os estágios de desenvolvimento da empresa. O contato foi feito por um Proprietário Controlador? Se a empresa é uma Sociedade entre Irmãos, qual deles fez o contato – o líder em um sistema de primeiro-entre-pares, o irmão (ou irmã) que é sempre designado para tarefas administrativas ou um gerente não-pertencente à família? Que idades têm os líderes, e em qual geração, numa família nos estágios de Trabalho Conjunto ou Passagem do Bastão, parece estar o ímpeto para o trabalho? Muitas vezes o consultor recomenda aos clientes que eles discutam o projeto – e seus custos – com outros membros da família e da empresa. Isto ajuda a evitar que ele seja visto como contratado de uma só pessoa e reduz a chance de outras pessoas ficarem surpresas com os seus honorários ou com o escopo do projeto depois do início do seu trabalho.

Quase todos os clientes iniciam as discussões de contratação identificando um problema relativamente unidimensional: um conflito entre dois irmãos no trabalho, por exemplo, ou um proprietário-gerente que não passa o controle ao sucessor escolhido. Para prever de forma razoável o trabalho exigido, o consultor tem o desafio de colher, em pouco tempo, informações suficientes para aplicar uma análise inicial de desenvolvimento ao problema identificado pelo cliente nos três setores – propriedade, família e empresa. Por exemplo, se uma proprietária-gerente pede ajuda para a avaliação da capacidade da sua filha como sucessora em potencial, até mesmo uma estimativa preliminar irá exigir dados a partir de perguntas do tipo: Esta é uma empresa de Proprietária Controladora, ou a mãe faz parte de um grupo de irmãos ou primos acionistas? A família está no estágio de Entrada na Empresa, de forma que a questão é investir ou não no desenvolvimento da filha, ou está na situação de Passagem do Bastão, na qual uma decisão e uma transição são iminentes? Que estágio de desenvolvimento a empresa espera para futuro próximo, e quais demandas se farão sobre a geração de liderança da filha? O consultor também irá querer identificar as estruturas e planos atualmente em uso, e a gama e a qualidade dos conselheiros internos e externos. Esta estimativa preliminar é necessária para que ele faça ao cliente uma apresentação precisa daquilo que o trabalho provavelmente irá implicar.

Os clientes podem ficar confusos com esta inquirição e resistir, pois ela acontece antes de haver um bom relacionamento de confiança, e viola as normas de privacidade da família. O consultor pode estar fazendo as perguntas que os membros da família não podem fazer uns aos outros. Quem são os verdadeiros donos da empresa? Quantos membros da geração mais jovem estão interessados em se tornar executivos da empresa? A família já decidiu manter o controle do negócio por mais uma geração? Um dos testes mais difíceis da capacidade do consultor está em alargar a perspectiva dos clientes sem deixar de responder à solicitação inicial de ajuda por parte deles.

É sempre um dilema para o consultor decidir quanto investir em um cliente em potencial antes de obter um contrato. Por um lado, quanto mais informações puder obter, mais especificamente o trabalho proposto poderá ser definido, e maior a sua probabilidade de conseguir o contrato. Por outro, muitas vezes ele não está sendo pago para este trabalho. Isto vale em especial quando o cliente está agindo como um bom consumidor e obtendo informações e propostas de vários consultores antes de escolher um. Os consultores com mais prática podem usar sua experiência para encurtar a coleta de informações anteriormente ao contrato e fazer boas estimativas a respeito do que está acontecendo na família. Porém, em última análise, cada oportunidade requer que o consultor tome uma decisão a respeito de quanto investir na venda do projeto ao cliente e quando dizer: "Deste ponto em diante, se continuarmos, o projeto começou e o relógio está ligado."

Assim, a fase de contratação requer que o consultor aprenda o suficiente sobre o cliente em potencial para lhe dizer, com precisão, e honestamente, se pode ajudar e sob que forma. Uma parte vital dessa tarefa é esclarecer quem é o cliente. Dada a interligação inerente das três dimensões, isto exige um equilíbrio entre a visão do sistema inteiro como cliente supremo e uma avaliação, círculo por círculo, das principais questões e participantes. O consultor precisa ser claro sobre a fonte do problema: a família, a empresa, o sistema de propriedade ou uma pessoa. Em alguns casos existe uma necessidade imediata, específica e limitada, de intervenção em um ponto: uma análise financeira das conseqüências fiscais de uma mudança de acionistas ou na empresa, ou uma resposta imediata a uma crise na família ou na empresa. Entretanto, além da resposta a uma crise ou de uma análise técnica, quase sempre é contra-producente considerar como cliente um setor do sistema sem levar em conta os outros. Por exemplo, uma reestruturação organizacional que não leve em conta as conseqüências, para a família, de mudanças na autoridade e amplitude de controle dos gerentes a ela pertencentes, não tem probabilidade de sucesso. O mesmo ocorrerá com qualquer planejamento patrimonial ou sucessório que focalize exclusivamente leis fiscais, necessidades da empresa ou uma avaliação "objetiva" dos talentos no gerenciamento. Na verdade, começar a educar a família cliente a respeito da natureza interdependente das partes do sistema da empresa familiar — e determinar sua abertura para uma abordagem abrangente — é uma das tarefas mais importantes da fase de contratação.

Contudo, esta abordagem conceitual precisa ser moderada com a fria realidade. Em muitos sistemas de empresas familiares, os diferentes círculos são controlados por diferentes pessoas ou grupos, com perspectivas e agendas bastante diversas. Convencê-los antecipadamente a autorizar o trabalho quase sempre é impossível. Isto significa que o consultor precisa avaliar se o grau de convencimento é suficiente para que ele inicie o trabalho, com a intenção de usar o processo de consultoria para educar e convencer todos os principais envolvidos durante a evolução do trabalho. Algumas vezes isto funciona, principalmente quando os líderes possuem autoridade ou compreensão suficiente para facilitar o acesso do consultor a todas as partes do sistema. Por exemplo, se o grupo de primos atualmente no controle dos papéis de liderança da empresa pedir ajuda para a organização de uma equipe eficaz, pode ser que inicialmente não seja possível obter a autorização do grupo constituído pelos pais deles, que ainda detêm o controle acionário e também do círculo da família. Na verdade, certas dinâmicas, nessa antiga Sociedade entre Irmãos, poderão solapar e sabotar sistematicamente os esforços do consultor no sentido de criar um Consórcio de Primos viável – e os próprios primos podem ser impotentes para superá-las. O consultor precisa avaliar (mesmo com informações mínimas) se o projeto é viável. Pode ser que o ponto mais alto a ser alcançado seja ajudar os membros do sistema a quem o consultor tem acesso (neste caso, os primos) a aprender o máximo possível a respeito das dinâmicas que moldam e restringem sua atual situação.

A dimensão final da tarefa de contratação é seu aspecto mais intangível: as pessoas podem discutir a experiência do consultor em um determinado tipo de problema e concordar sobre as metas do projeto, mas e quanto ao relacionamento? Como podem elas dizer que ele é digno de confiança e que o relacionamento de trabalho será um sucesso? Nossa experiência é que toda interação cliente-consultor, a partir do primeiro telefonema, é uma boa indicação do tipo de relação que se seguirá na consultoria. Se a interação for respeitosa, honesta e franca, o relacionamento irá provavelmente se desenvolver pelo mesmo caminho. Porém, se o consultor sentir que o cliente é manipulativo, ou se este sentir que o consultor está exagerando na venda, então esse sentimento irá provavelmente persistir no relacionamento, mesmo depois de chamada a atenção para perguntas e questões específicas. Nos estágios iniciais, cabe a cada parte levar o que sente a sério e determinar se está à vontade para prosseguir.

Avaliação

As tarefas desta fase são: desenvolver uma compreensão em profundidade do sistema da empresa familiar e elaborar um conjunto de abordagens recomendadas para a realização das mudanças desejadas. Aparentemente, a fase de avaliação parece ser um diagnóstico direto, até mesmo um procedimento científico. O consultor faz perguntas, os clientes dão respostas e, no final, o consultor diz aos clientes o que significam as respostas e sugere o "tratamento" apropriado. Se este modelo chega a funcionar em consultoria organizacional, isto não ocorre com freqüência em empresas familiares. As poderosas dinâmicas dos três subsistemas não costumam estar abertas a esse tipo de cura cirúrgica feita por um estranho. Mais uma vez, com a rara exceção de assistência técnica muito limitada, que não requer mudanças nas dinâmicas subjacentes do sistema, uma avaliação bem-sucedida exige compreensão e gerenciamento cuidadosos do sistema integrado da empresa familiar.

Na avaliação, o processo crítico é o desenvolvimento de uma aliança de trabalho entre consultor e cliente. Em outras palavras, o consultor engaja o cliente como um parceiro ativo, e não apenas como uma fonte na coleta de dados. O consultor refina continuamente as perguntas à medida que mais informações sobre o sistema do cliente são colhidas e propõe opções baseadas na sua experiência em situações semelhantes. O cliente é guiado para uma compreensão cada vez mais clara das dinâmicas que criaram os atuais dilemas e para os caminhos das mudanças. Mais uma vez, os aspectos específicos desse relacionamento irão depender dos estágios de desenvolvimento da família e da propriedade. Por exemplo, nas empresas de Proprietário Controlador, o foco está sobre a aliança pessoal entre o proprietário e o consultor. Entretanto, pode ser que o aspecto mais importante da intervenção seja o fato de o consultor deixar claro que espera obter a colaboração de uma ampla gama de interessados e vencer a resistência do proprietário. Desta maneira, o processo de consultoria também contribui para seu conteúdo, ajudando a preparar o proprietário para uma abordagem mais cooperativa, em antecipação ao estágio de Sociedade entre Irmãos ou de Entrada na Empresa, em cuja direção o sistema está se movendo.

Na verdade, a avaliação do sistema do cliente deverá estar bem adiantada quando for concluída a fase de contratação. Agora, o consultor visita a família e a empresa e entrevista os principais personagens. O número de entrevistas em cada sistema irá depender do escopo do projeto, do acesso que o consultor conseguiu negociar inicialmente, da natureza do problema e do estágio de desenvolvimento da família e da empresa. Se a consultoria está começando com foco em questões financeiras e de participação acionária relativas a uma proposta de compra ou reestruturação, pode haver a necessidade de extensas revisões de registros, planos patrimoniais e dados de desempenho financeiro, bem como entrevistas com alguns executivos-chave que não pertencem à família. Se as questões mais prementes dizem respeito a conflitos entre irmãos numa Sociedade entre Irmãos, ou entre os ramos de um Consórcio de Primos, o consultor pode ter conversações com uma amostra de membros da família para explorar com maior profundidade a história e as dinâmicas desta. Normalmente, o consultor irá entrevistar todos os membros do núcleo familiar, bem como os gerentes-chave que não pertencem a ela. A coleta de dados se expande a partir daí, conforme as necessidades.

Mesmo quando o acesso a um dos círculos é mais fácil, o consultor precisa tomar cuidado para não ficar preso numa parte do sistema. Uma das razões do fracasso de alguns consultores de empresas familiares é que eles se baseiam exclusivamente nas técnicas tradicionais de coleta de dados da sua disciplina. Assim, psicólogos familiares, trabalhando em um problema definido como um bloqueio de comunicação entre irmãos gerentes, podem se basear somente em entrevistas com membros da família e colher informações inadequadas sobre o desempenho de várias divisões ou sobre as visões de gerentes-chave que não pertencem à família. Em conseqüência disso, eles não conseguem ver que os problemas refletem novas restrições à medida que uma unidade de negócios, anteriormente lucrativa, passa da Expansão/ Formalização para a Maturidade. Analogamente, um consultor treinado como conselheiro financeiro pode se enganar na coleta de histórias familiares ou na investigação de dinâmicas interpessoais, mesmo que compreenda conceitualmente a interdependência dos três círculos. Não existem muitas lições incondicionais da experiência nesta área, mas uma delas, que nos foi ensinada pelo modelo tridimensional, é que certos dados – história da família, genograma, o "mapa" dos três círculos, o balanço básico e dados de desempenho e a distribuição das ações – devem fazer parte da fase de avaliação em quase todas as consultorias a empresas familiares.

A determinação do estágio de desenvolvimento de cada subsistema normalmente requer a coleta de alguns dados a respeito do passado, bem como do presente. Por exemplo, o controle acionário sempre esteve concentrado nas mãos de um líder da família? Esta tem assumido historicamente que todos os filhos irão trabalhar na empresa? As mulheres tiveram papéis importantes na empresa nas gerações passadas? Determinados eventos-chave marcaram as transições de um estágio para outro? Cada dado sugere que são necessárias informações adicionais para se obter o quadro completo. Por exemplo, se os primeiros dados sobre o desempenho da empresa mostram um achatamento da lucratividade, o consultor poderá querer ir mais longe no exame da taxa de introdução de novos produtos, dos investimentos em pesquisa e desenvolvimento e da estrutura competitiva global da indústria, para detectar se a empresa está em transição para a Maturidade. Em outro caso, se os irmãos expressam preocupações quanto ao recente comportamento errático ou deprimido do CEO, de 44 anos, o consultor poderá perguntar mais a respeito de outras questões de transição para a meia-idade, tais como a saída dos filhos do lar paterno ou a morte recente de genitores.

A esta altura do processo, se o consultor esteve trabalhando de perto comum ou mais membros da família cliente, lhe é comum pedir uma reunião mais longa para resumir a avaliação e as recomendações, e explorar as reações ao plano. Nessa discussão, o consultor não está buscando apenas a concordância do cliente para entrar na fase de ação, embora isto faça parte da sua agenda; ele também está aferindo a reação da família à avaliação. Esta reação, positiva ou negativa, lhe dará várias informações vitais: Até que ponto se captaram as verdadeiras dinâmicas da família? Quanto as pessoas na família diferem em suas explicações do problema? Elas sentem-se à vontade para falar a respeito das suas perspectivas diferentes? Até onde é difícil ou fácil a família concordar em prosseguir?

Em muitas consultorias, especialmente quando a capacidade do consultor para se empenhar em um processo de real colaboração foi restringida desde o início, essa sessão de *feedback* é o final do trabalho. Às vezes o consultor enfrenta um dilema real ao prepará-la. Contar à família aquilo que ela quer ouvir pode reduzir a ansiedade, mas representa erroneamente a verdadeira análise do consultor. Confrontá-la com as conclusões às quais ele chegou pode ser considerada uma provocação tal que pode conduzir ao fim do projeto. Neste aspecto, o consultor de empresas familiares é como qualquer outro conselheiro profissional, que precisa achar uma forma para ser, ao mesmo tempo, eficaz e honesto. As demandas especiais sobre esse consultor provêm das duas características já discutidas – os sistemas são psicológica e estruturalmente muito complexos e o trabalho, muitas vezes, ocorre numa atmosfera emocionalmente sobrecarregada.

Mudança/Implementação Planejada

A tarefa da fase de implementação é iniciar um conjunto de atividades que irão resultar em algumas mudanças desejadas no sistema da empresa. Os princípios gerais de mudança planejada aplicam-se a empresas familiares: para que a mudança tenha sucesso, o sistema (membros da empresa ou da família) deve sentir a necessidade de mudar, líderes vitais devem apoiar a mudança, o agente de mudança deve estabelecer prazos claros e comunicação aberta, e os recursos adequados devem ser alocados para apoiar os esforços de mudanças. Numa empresa familiar, as conexões entre todos os elementos do sistema, os vários estágios de desenvolvimento em cada dimensão e a necessidade resultante de apoiar o esforço de mudança nas três dimensões fazem do trabalho do consultor um ato de malabarismo.

Por exemplo, o fundador da Kramer Construction, aos 64 anos, anunciou, há três anos, sua intenção de vender a empresa ao seu filho (com 38 anos), mas nesse período não iniciou qualquer mudança em seu escopo de responsabilidades, nem no do filho. Kramer Sr. é atualmente o Proprietário Controlador. Ele e sua mulher decidiram transferir o grosso das ações ao filho, e para a filha apenas um número simbólico de ações sem direito a voto. Por sugestão de um amigo e advogado da família, que recebeu a responsabilidade de esboçar o plano patrimonial e o contrato de venda, o casal Kramer, o filho, a nora e a filha reuniram-se com um consultor para elaborar o plano sucessório e seu cronograma. O consultor efetuou uma cuidadosa avaliação da empresa: uma empresa madura de construção civil residencial, com planos (ainda não implementados) de um novo empreendimento de reconstrução para pequenas empresas, visando elevar a eficiência no uso de energia. A seguir, o consultor ajudou na elaboração de um plano de aposentadoria para o pai e um regime de treinamento intensivo para o filho. A família esperava que o foco deste esforço fosse no local de trabalho, especificamente no relacionamento de trabalho entre pai e filho. Mas a mãe, a nora e a irmã são participantes importantes neste processo de mudança. Na verdade, o consultor sabe que a mãe acha que o filho está empurrando seu marido porta afora e que a nora acha que o sogro não respeita seu marido e que não pretende se aposentar. Ele sabe também que, ao mesmo tempo, a filha pondera que está sendo tratada de forma injusta no patrimônio dos pais, mas não se sente à vontade para lhes dizer isso diretamente.

Em conseqüência dessa avaliação, o consultor precisou ajudar a família a ver gradualmente que a criação de um Conselho de Família e a busca de comunicações mais abertas e honestas poderiam ser tão importantes quanto os detalhes jurídicos do plano patrimonial. Ele tem mantido o advogado envolvido como parceiro durante todo o processo. Este apóia plenamente a reconsideração e discussão do plano patrimonial para resolver a preocupação da filha quanto ao recebimento de um tratamento imparcial. O consultor também iniciou um projeto de estratégia envolvendo o pai, o filho e o Conselho de Administração, para implementar a idéia do novo empreendimento e orientar a transição da empresa para uma combinação de unidades: uma madura e outra, na fase inicial.

Portanto, trabalhar em múltiplas frentes é a norma nas consultorias a empresas familiares. Os esforços de mudança devem levar em conta a complexidade estrutural e emocional do sistema da empresa familiar e as tendências naturais das pessoas de retomar a padrões conhecidos em tempos de incerteza. Esta resistência à mudança é forte mas, na maioria dos casos, os membros da família não estão conscientes da dinâmica. No caso citado, por exemplo, a Sra. Kramer pode não querer que seu marido seja posto tão depressa para fora da empresa, porque está insegura quanto à mudança que a presença dele em casa irá trazer para o relacionamento do casal.

"Ele está acostumado a estar no controle e eu estou acostumada a dirigir nossa casa à minha maneira", disse ela ao consultor. "Depois de quarenta anos de casamento, não o quero olhando sobre meu ombro e dizendo como fazer um sanduíche de atum." A nora pode estar preocupada com a possibilidade de o marido reagir ao seu novo papel no trabalho tornando-se mais parecido com o pai, o que ameaçaria seu casamento. A filha sempre protegeu o pai e era a favorita dele. Ela tem uma ótima carreira profissional e não se interessa pela empresa, mas não quer perder seu "status especial" quando o irmão e o pai se ligarem mais intimamente no trabalho. Assim, cada membro da família, apesar de conscientemente apoiar o esforço de mudança, pode, inconscientemente, resistir a ele e mesmo sabotá-lo. O consultor precisa prever isso e conceber um processo de mudança que ajude as pessoas a identificar e superar suas tendências de recorrer a comportamentos conhecidos.

O consultor poderá não permanecer tão intensamente envolvido com essa família durante toda a fase de implementação, a menos que a família ou a empresa continue a experimentar grandes dificuldades com a transição. Em muitos casos, ele será muito ativo no primeiro ano, formando um Conselho de Família e ajudando este Conselho, o Conselho de Administração e o proprietário-gerente a estabelecerem marcos para as mudanças. Contudo, no decorrer do segundo ano, à medida que a família aprender a usar as estruturas e assumir o processo, o papel do consultor mudará de agente ativo de mudança para conselheiro quando necessário. Esta é uma evolução comum na fase de implementação, exceto quando o cliente quer que o consultor continue atuando como facilitador do Conselho de Família. Algumas famílias acham que um facilitador externo ajuda a manter o processo do Conselho nos trilhos e sentem-se mais à vontade no Conselho, com a confiança de que o consultor estará presente para impedir que discussões difíceis se aqueçam demais.

Avaliação e Manutenção

A consultoria a empresas familiares traz um relacionamento pessoal muito intenso. Às vezes, se o trabalho foi bem por um período extenso, é difícil – para o consultor ou para o cliente – finalizar o projeto e preparar a saída do consultor. Na melhor das hipóteses, o consultor irá estruturar a conclusão do trabalho com um estágio final, envolvendo avaliação e suporte permanentes. Tanto ele como o cliente estão preocupados com a avaliação do sucesso do projeto: A intervenção foi útil? A família ou a empresa está funcionando melhor? Ajudar a família a avaliar o processo de mudança pode não só prover bons dados ao consultor e ao cliente, mas também aumentar a apreciação da família do muito que realizou e também sua confiança a respeito de prosseguir sem o consultor no futuro. Embora não haja medidas concretas de sucesso nas intervenções em empresas familiares, um consultor pode convidar os clientes a considerar sua experiência em diversas áreas.

- Os membros da família e da empresa têm maior clareza a respeito de seus papéis?
- As pessoas no sistema se entendem e respeitam mais umas às outras?
- A família comunica-se melhor?
- As pessoas estão mais satisfeitas com os processos de tomada de decisões?
- As pessoas sentem-se mais seguras quanto ao futuro?
- Os três círculos estão mais preparados para passar para o próximo estágio, com as questões-chave resolvidas, e também para enfrentar novos desafios?

Além da avaliação, normalmente tanto o cliente como o consultor reconhecem o importante apoio que este pode oferecer quando a empresa familiar lida com as implicações emocionais e logísticas de um esforço de mudança, mesmo sendo este bem-sucedido. Toda mudança tem um custo e, muitas vezes, as pessoas e as organizações precisam de tempo para se ajustar à nova liderança, a padrões de comunicação diferentes e a novas normas de comportamento. Alguns consultores preferem efetuar um *check-up* periódico, por exemplo numa reunião anual especial do Conselho de Família para acompanhar marcos críticos e refletir sobre o progresso do ano anterior. Outros consultores preferem um desligamento total e, se solicitado para o trabalho de acompanhamento, recomendam a família e a empresa a colegas. Uma forma interessante de permanecer em contato, mas levar o relacionamento a novos termos, é o consultor envolver a família em projetos com novos clientes que estão no mesmo estágio da família "diplomada". Essa consultoria de família a família pode ser um grande benefício para ambos os lados e prover aprendizado adicional para o consultor.

INTERVENÇÃO POR MEIO DE ESTÁGIOS DE DESENVOLVIMENTO

As empresas familiares – todas elas, independente de como são gerenciadas e da força da família – enfrentam desafios importantes no decorrer de seus ciclos de vida. Há momentos críticos em muitos estágios, quando a assistência de um profissional externo pode ser particularmente útil. Além das nossas lições gerais da experiência com consultoria a empresas familiares, chegamos a algumas conclusões a respeito da utilidade e dos riscos de consultoria em certos estágios de desenvolvimento.

Aconselhamento Proativo nos Estágios Iniciais de Desenvolvimento

Nos estágios iniciais das três dimensões, o controle é consolidado em uma pessoa ou grupo muito pequeno. Em especial nos estágios de Proprietário Controlador e Inicial, o proprietário-gerente pode usar a consultoria como forma de obter respostas de pares. Afinal, nesses estágios não há ninguém na organização que divida com ele o papel de líder. Um consultor experiente pode atuar como mentor, um desafiador que, ao mesmo tempo, o apóia e o guia por trás do cenário, de modo a ajudar a aumentar a confiança desse proprietário sem abalar sua autoridade pública. Empresas familiares desse tipo são as que têm menor probabilidade de ter Conselhos de Administração eficazes. E pode ser muito complicado, para o jovem proprietário-gerente na segunda geração (ou posterior), recorrer freqüentemente ao pai em busca de Conselhos. Por isso, mesmo que o relacionamento entre gerações seja muito bom, o processo de tomar posse e mudar de direção beneficia-se com uma voz externa de *feedback* e apoio. Por todas essas razões, neste estágio, um relacionamento pessoal com um bom conselheiro pode ser um grande recurso para a liderança.

Para esses relacionamentos consultivos, é preciso tomar cuidados especiais na seleção do consultor. A menos que a empresa tenha uma necessidade incomum de qualificações especiais – como aconselhamento sobre levantamento de fundos em empreendimentos arriscados de alta tecnologia, ou um problema técnico herdado pelo proprietário-gerente da geração anterior –, é mais provável que um generalista tenha a perspectiva ampla que é útil neste estágio. Da maior importância é a harmonia pessoal entre o proprietário e o consultor. Caso uma atmosfera de confiança e amizade não se desenvolva rapidamente na interação, o proprietário deve tentar outros candidatos.

Aconselhamento sobre Interação Familiar

Nas Sociedades entre Irmãos, e quando as famílias atingiram o estágio de Trabalho Conjunto, os problemas que surgem são, quase sempre, relacionados a dinâmicas familiares e aos relacionamentos entre parentes. Esses desafios conduzem às mais complicadas intervenções consultivas. No primeiro caso, as dinâmicas são, em sua maioria, entre gerações e entre irmãos e irmãs. No segundo caso, os problemas são entre pais e filhos. Além disso, esses dilemas freqüentemente estimulam problemas nos relacionamentos conjugais, aumentando a confusão. Todas essas dinâmicas familiares afetam as operações da empresa em momentos críticos, muitas vezes no estágio de crescimento. Estas podem ser situações nas quais uma família tem menor probabilidade de chamar um consultor, mas onde um auxílio de boa qualidade pode fazer a maior diferença.

Em casos como este, é da maior importância usar um consultor que seja bem informado e experiente a respeito de dinâmicas familiares. Nessas ocasiões, muitos irmãos sócios ou proprietários-gerentes no meio da carreira têm uma forte tendência a recorrer a um aconselhamento jurídico e financeiro tradicional, porque os problemas familiares podem parecer muito ameaçadores e dolorosos. Contudo, embora haja decisões claramente importantes a serem tomadas – a respeito de questões técnicas como planejamento patrimonial, direitos de propriedade, capital para crescimento e acordos de compra e venda –, é pouco provável que elas sejam efetivamente implementadas se o conflito familiar bloquear o caminho. Por exemplo, se a empresa estiver, ao mesmo tempo, nos estágios de Sociedade entre Irmãos- Trabalho Conjunto- Expansão/Formalização, um consultor poderá ajudar os proprietários a tratar simultaneamente das oportunidades de diversificação e expansão e dos planos da família, para preparar a próxima geração, de todos os seus ramos, para a liderança.

Também há estágios de desenvolvimento nos quais um Conselho de Família e um Conselho de Administração eficaz tornam-se essenciais para quase todas as empresas. Um consultor com experiência organizacional e em facilitação pode ser de grande ajuda para formar o Conselho de Família. Muitos consultores estão preparados para ajudar a formar o Conselho de Administração e até para localizar participantes em potencial. (Contudo, como dissemos no Capítulo 8, normalmente o consultor não participa deste Conselho. Ele é um profissional, como os consultores jurídico e financeiro.)

Nesses estágios, um dos determinantes mais importantes do sucesso da consultoria é a capacidade de se ganhar a confiança de todos os participantes-chave e de se transmitir um estilo de imparcialidade e confiabilidade. Não é fácil trabalhar de forma igualmente eficaz com duas ou três gerações, ambos os sexos e uma ampla gama de estilos de personalidade, mas quase sempre isto é necessário. Flexibilidade e respeito claro por todos os diferentes interessados no sistema são critérios importantes para que o consultor tenha melhores chances de conduzir a família e a empresa através dessas águas complexas.

Finalmente, esta é uma das ocasiões em que o consultor precisa conhecer bem os limites dos seus conhecimentos. Algumas famílias necessitam de algo mais que a consciência das suas dinâmicas; elas precisam de terapia familiar. Definir o limite entre consultoria a uma empresa familiar com foco na família e terapia familiar é um dos mais difíceis e importantes desafios deste trabalho. Quando a família começa a confiar em um consultor sensível a questões interpessoais e que, por seu trabalho, está familiarizado com conceitos psicológicos, isto pode ser muito sedutor para ele. A família expressa suas necessidades e pede ajuda. O consultor pode sentir um forte impulso de realizar intervenções semelhantes às da terapia, explorando dinâmicas intra e interpessoais. Contudo, há muitos perigos nesse caminho. Além da questão óbvia de treinamento e credenciais apropriados, raramente um consultor dispõe do acesso ou de tempo para atuar como terapeuta para a família. Recomendar uma terapia adequada (algumas famílias respondem melhor à palavra "aconselhamento") ou indicar um terapeuta são opções mais indicadas. Em alguns casos, a família pode aceitar uma indicação com a condição de haver uma troca de informações de acompanhamento entre o terapeuta e o consultor. Esta solução respeita o conceito de equipe multidisciplinar, embora deva ser tratada com cuidado, devido à natureza especial da terapia e das restrições éticas e profissionais impostas aos terapeutas. Com ou sem acompanhamento, o fato de o consultor ter ajudado a família a identificar problemas em seu sistema e reagir aos mesmos irá alterar a natureza da consultoria, possibilitando, em muitos casos, que se siga em frente em outras tarefas da consultoria.

Aconselhamento ao Complexo Sistema

Nas empresas no estágio de Consórcio de Primos, o processo de consultoria se aproxima do estilo encontrado em empresas não-familiares. Por exemplo, se a empresa está nos estágios de Consórcio de Primos-Trabalho Conjunto-Maturidade, as maiores necessidades são de políticas e procedimentos não específicos para pessoas. Essas organizações se baseiam, para seu sucesso, menos no espírito empreendedor individual e mais no projeto organizacional e em operações sem problemas. Neste caso, é provável que sejam necessários vários consultores. Muitas especialidades técnicas podem contribuir para a vitalidade da empresa: planejamento de recursos humanos, marketing, fusões e aquisições, financiamento público, relações com governos e operações internacionais, entre outras. As divisões funcionais podem estar tão bem definidas que, para alguns projetos técnicos, os conselheiros não precisam interagir, ou mesmo tomar conhecimento uns dos outros (embora achemos que a interação quase sempre melhora a qualidade dos serviços). Em outros casos, uma abordagem de equipe é muito melhor, em especial quando ainda existe apenas uma empresa operacional, dirigida por um grupo gerencial altamente integrado. As empresas deste porte também têm maior probabilidade de poder pagar por uma consultoria com abordagem de equipe.

Entretanto, esta maior confiança em especialistas técnicos separados não significa que o generalista é irrelevante. Esta empresa ainda é familiar. Os primos, em geral, são um pouco mais distantes da intensidade das dinâmicas familiares experimentadas por irmãos e pais, mas não estranhos. Na verdade, ajudar a família a entender como os Consórcios de Primos diferem das Sociedades entre Irmãos pode ser a tarefa mais importante para a empresa conseguir relacionamentos estáveis para o futuro. As questões de oportunidade para ocupar posições de gerenciamento e de desenvolvimento para os membros da família, planejamento de sucessões, valores e cultura corporativos, dividendos e arranjos de compra e venda exigem um trato sensível das dinâmicas da família ampliada. Focalizar a visão da família para o futuro e traduzir essa visão em políticas são tarefas freqüentemente facilitadas por uma boa consultoria.

O principal critério para selecionar consultores nestes estágios é o *mix* de qualificações e o gerenciamento do esforço em equipe. Para proprietários que tenham tido, durante muitos anos, bons serviços de um advogado da família ou contador, pode ser difícil pensar a respeito de trazer um especialista em aplicações para suas empresas. Entretanto, quando as empresas atravessam o crescimento e maturidade, elas precisam, mais que nunca, da vantagem de conhecimentos atualizados e experiência variada. Além disso, as famílias que trabalharam bem em conjunto nas fases de Entrada e Trabalho Conjunto e nas formas de Proprietário Controlador e Sociedade entre Irmãos, podem sentir-se subitamente incapazes de compreender ou administrar a interação entre primos. Chamar um especialista em empresas familiares, mesmo que para um curto período, pode ser suficiente para impedir que se desfaça o grupo de primos responsáveis pelo legado da família. Os líderes da família precisam achar maneiras de usar novos especialistas sem colocar em risco a segurança e a tranqüilidade advindas do trabalho com um grupo de conselheiros leais.

Sucessão

O planejamento sucessório é, sem dúvida, a questão que mais motiva os proprietários de empresas familiares a trabalhar com consultores. Fala-se e escreve-se tanto a seu respeito, tanto na imprensa profissional como na popular, que o estigma contra pedir ajuda parece ter diminuído. Na verdade, muitas empresas podem chamar seus problemas de conflitos familiares ou de liderança problemática como de "planejamento sucessório" para sentirem-se suficientemente livres para buscar assistência. Isto torna a fase de contratação especialmente importante no estágio da Passagem do Bastão, uma vez que aí surgem os casos com maior probabilidade de autodiagnósticos equivocados.

O planejamento contingencial para sucessões inesperadas é um assunto em todos os tipos de empresas familiares, mas também há algumas considerações especiais quanto à consultoria sobre sucessão planejada nas combinações de Passagem do Bastão. Em primeiro lugar, em nossa experiência, uma intervenção bem-sucedida com empresas familiares no estágio da Passagem do Bastão requer a ampliação do foco pata além da "substituição do líder". A melhor obra nesta área diz que a continuidade é um processo, não um evento. Portanto, os melhores consultores ajudam a gerenciar esse processo, não se limitando a programar o evento. É por essa razão que focalizamos nossa atenção, mais que na tarefa da sucessão, no processo de continuidade – a preparação, nos três círculos, para uma transição até um futuro previsto. Em segundo lugar, existem especialistas em sucessões, mas os clientes precisam ter cuidado. O fato de o mercado achar mais fácil solicitar este serviço significa que esta também é a especialidade mais fácil a se oferecer. Nem todos os conselheiros para sucessões são verdadeiros consultores de empresas familiares. O mais importante, na busca de um consultor para ajudar no planejamento da continuidade, é procurar uma compreensão ampla dos três círculos.

Este capítulo nos traz de volta às lições que aprendemos em nossa experiência com empresas familiares, seguindo a frase de Kurt Lewin: a teoria informa a prática e a experiência prática dá forma à teoria. As empresas familiares são empreendimentos incrivelmente complexos; seu sucesso representa uma realização notável por seus membros. A natureza de um bom serviço a esses sistemas é inerentemente interdisciplinar. É importante que os profissionais não sejam apanhados na lei do martelo: "Quando sua única ferramenta é um martelo, todo problema parece um prego." Os clientes merecem uma rede de consultores que tenham trocado suas experiências e aprendido com elas, formulando teorias que permitem, a cada um deles, fazer estimativas calibradas que vão além da sua experiência pessoal. Dessa maneira, os instrumentos em nossas caixas de ferramentas podem se tornar tão variados e complexos quanto as famílias às quais servimos.

Notas

1. Block, 1981; Schein, 1988; Bellman, 1990.
2. Lane, 1989; McCollom, 1990; Vago, 1995.
3. Hilburt-Davis & Senturia, 1995.
4. Schwartz, 1989.

CONCLUSÃO

Lições dos Ciclos de Vida

AS METAS BÁSICAS DOS PROPRIETÁRIOS de empresas familiares não são misteriosas. Eles querem que suas empresas sejam lucrativas, proporcionando um bom padrão de vida para suas famílias e um aumento de valor. Eles querem que todos os membros de suas famílias tenham conforto, amor e proteção, especialmente seus filhos. Porém, muitas famílias temem que a realização de uma dessas metas venha em detrimento da outra. Elas se preocupam com a possibilidade de que conflitos familiares, indiferença ou falta de profissionalismo possam prejudicar a capacidade de prosperidade da empresa, destruindo o suporte financeiro para a família e corroendo o legado e a instituição que se esforçaram tanto para construir. Ao mesmo tempo, elas temem que a pressão da empresa crie tensão, ciúme ou ressentimentos, tornando seu sucesso sem significado. Por detrás de todos os problemas que as empresas familiares criam para os profissionais – planejamento sucessório, relacionamentos dentro da mesma geração e entre gerações, dilemas de controle, dividendos e herança, planejamento de carreiras – existe um desejo comum: o de que a empresa e a família se sustentem mutuamente e não se destruam, capitalizando as forças, uma da outra, e tendo juntas mais sucesso do que teriam sozinhas.

O modelo que apresentamos neste livro é a melhor ferramenta que conseguimos desenvolver nos últimos vinte anos para ajudar as famílias à satisfazerem esse desejo. De certo modo, ele é complicado, tantas são as contingências e variações e as histórias de empresas familiares. Não há como criar um modelo muito simples para descrever essas organizações enlouquecidamente complexas e elegantes. Por outro lado, o modelo se baseia em poucas idéias simples a respeito de sistemas e desenvolvimento. Podemos resumir seus conceitos centrais como duas lições da experiência, as quais aprendemos com as próprias empresas familiares, tanto com aquelas que estão se aproximando de suas metas como com outras que estão lutando para superar seus temores.

Lição 1: Trate a Empresa como Empresa, a Família como Família e a Propriedade com Respeito

Há uma razão pela qual a idéia dos três círculos têm tanto apelo para os proprietários de empresas familiares e os profissionais que trabalham com eles. Ela ajuda a desfazer nós. Quando o CEO de uma Sociedade entre Irmãos recebe de sua irmã, não-funcionária, um pedido de emprego para seu problemático filho de 20 anos, o dilema pode parecer sem solução. Dizer "sim" viola a política da empresa e irrita os gerentes e colegas de trabalho na divisão que tem o azar de receber o sobrinho. Dizer "não" desaponta uma irmã que também é uma sócia e cujo apoio é necessário para desafios muito mais importantes enfrentados pela empresa.

A melhor alternativa para uma solução em que todos ganhem é reconhecer que as opções conflitantes provêm de círculos diferentes do sistema, dos quais somente um é apropriado para aquele problema em particular. O problema está no círculo da família: um sobrinho desgarrado e desempregado e uma irmã sem marido que se preocupa com ele. A solução proposta está no círculo da empresa: um emprego para o qual o candidato não está qualificado e que pode ter um impacto negativo sobre o desempenho da empresa. No caso real de onde foi tirado este exemplo, o CEO compreendeu que uma resposta adequada a uma necessidade da família é através dela própria. Inicialmente a irmã discordou, mas ele manteve-se firme ao dizer que um emprego na empresa era uma solução fácil, mas errada. Agindo como um irmão, não como CEO, ele conversou com a irmã sobre as preocupações desta, passou algum tempo com o sobrinho no fim de semana, descobriu que os problemas eram mais sérios do que a irmã havia pensado e ajudou o jovem a receber o auxílio profissional de que necessitava.

Nem todas as situações como essa têm solução. E alguns problemas existem, de fato, em dois ou três círculos ao mesmo tempo. Mas mesmo nesses casos, a separação das partes do problema que provêm de cada círculo pode ser o primeiro passo para a ação. Usamos a perspectiva deste modelo para tentar enxergar as nuances do comportamento e da personalidade individuais, dentro da profunda estrutura do sistema da empresa familiar. Isto coloca em contexto os atos das pessoas. Descobrimos, como resultado, a nossa própria compreensão daquilo que estava acontecendo e o porquê do grande crescimento dessa compreensão – e esta é uma espécie de conclusão que pode ser compartilhada com os próprios membros da família.

Porém, como acontece com todas as lições básicas, esta tem suas limitações. Separar os círculos tem um valor maior para aqueles que estão imersos nas complexidades de um dilema e precisam de ajuda para isolar todos os fatores. Mas é igualmente importante lembrar que focalizar um subsistema, por vez, serve apenas para ajudar no diagnóstico; no final, este é um modelo de um sistema integrado e multidimensional. As complicações das empresas familiares e suas forças únicas são dois lados da mesma moeda. Não se pode resolver problemas em empresas familiares decidindo olhar somente para a empresa, para a família ou para os acionistas. Talvez a versão mais completa desta lição seja: trate a empresa como uma empresa familiar, possuída e dirigida por indivíduos que são, uns para outros, muito mais que associados em negócios; trate a família como uma família que tem uma empresa, envolvendo parentes que escolheram trazer suas carreiras e vidas financeiras para o domínio familiar; e trate os proprietários com o respeito que eles conquistaram investindo não apenas seus bens, mas sua identidade pessoal e o futuro de seus filhos no sucesso do empreendimento.

Uma das mais antigas histórias nessa área ainda fala com eloqüência às famílias, a respeito da necessidade de se cuidar do todo e também das partes das empresas familiares. Ela fala de uma empresa familiar de muito sucesso no leste dos Estados Unidos, dirigida por um fundador dinâmico e visionário. A empresa crescera até incluir várias grandes lojas que haviam recebido aclamação nacional por lucratividade, atendimento aos clientes e gerência inovadora. O fundador tinha três filhos, que trabalhavam com ele na empresa: dois eram conscienciosos e competentes, mas o mais jovem, carismático e afável, tinha problemas para se dedicar a um trabalho regular. Quando estava na empresa, ele era o sujeito favorito de todos, mas não aparecia muito por lá.

Quando o pai, finalmente, descobriu a péssima dedicação do seu caçula ao trabalho, inicialmente ficou em dúvida sobre como reagir. O supervisor, que não era da família, havia afirmado que se o jovem não fosse filho do dono já teria sido demitido meses antes. Mas o pai também sabia que não havia acompanhado a situação e que sua agenda cada vez mais lotada significava que ele havia dedicado ao caçula muito menos tempo que aos dois mais velhos. No fim, o pai chamou o filho para uma conversa importante, que (como diz a história) teve lugar na banheira de hidromassagem da casa do pai. O filho estava muito entusiasmado, achando ter finalmente chegado o dia da sua promoção ao mesmo nível dos irmãos e de assumir seu lugar como um dos líderes da empresa.

O pai começou dizendo que possuir uma empresa familiar significava, para ele, usar muitos chapéus diferentes. "Vou começar pondo meu chapéu de CEO", disse ele. "Meu senhor, seu supervisor me contou sobre seu desempenho insatisfatório ao longo do ano passado, apesar dos avisos dele. Sinto muito, mas está despedido." O jovem ficou surpreso e quase afundou. O pai disse: "Espere. Agora tenho que pôr meu chapéu de pai." Depois de uma pequena pausa, ele continuou com simpatia: "Filho, sinto muito por saber que você acabou de perder seu emprego. O que posso fazer para ajudá-lo?"

De acordo com a história, ambos conseguiram falar como pai e filho de uma forma que não faziam havia vários anos. O filho reconheceu que queria ser bem-sucedido como os irmãos mas não sabia como, e que achava que precisava demais da mesma monitoria recebida pelos seus irmãos mais velhos. Em conjunto, foi elaborado um plano para que o filho voltasse à escola para MBA. Depois de formado, ele trabalhou vários anos em outra empresa, acumulando muita experiência e um belo currículo. No final, ele retornou à empresa da família como membro bem-sucedido da Sociedade entre Irmãos. O pai concluiu: "Na ocasião eu não entendi por que, mas algo me disse que eu tinha de responder ao meu filho de duas maneiras, como empresário e como pai, cada uma com uma mensagem diferente. Não poderíamos ter feito melhor."

Lição 2: Tenha Sempre em Mente a Natureza Constante e Inevitável das Mudanças Ligadas ao Desenvolvimento

Assim como acontece com o tempo no Meio-Oeste, se você não estiver gostando de como as coisas estão numa empresa familiar neste momento, apenas espere – logo elas estarão completamente diferentes. Quando se procura entender como funcionam as empresas familiares, é muito fácil ficar preso a uma perspectiva do "instantâneo". As dinâmicas são tão complexas que parece um triunfo conceitual congelar todas as bolas no ar ao mesmo tempo e compreender realmente como o sistema funciona. Infelizmente, o congelamento é uma ilusão. O sistema está constantemente evoluindo nas três dimensões, mesmo quando parece calmo na superfície.

A *estrutura da propriedade* muda com menos freqüência, mas de forma mais drástica. Enfatizamos, muitas vezes, que o importante não é a identidade dos proprietários, mas, sim, a estrutura do grupo proprietário, que tanto determina a operação do sistema da empresa familiar. As distinções entre empresas de Proprietário Controlador, Sociedade entre Irmãos e Consórcio de Primos não são apenas conseqüências da procriação e dos planos patrimoniais. Elas são escolhas baseadas na busca de sonhos individuais e coletivos. Quase todas as outras dinâmicas que apresentamos neste livro – entre membros da família, gerentes e acionistas – partem do estágio de desenvolvimento da propriedade e mudam quando muda a estrutura da propriedade.

A *família* muda constantemente, já que cada membro fica mais velho ano a ano. Contudo, o ritmo do desenvolvimento, individual e familiar, também evolui numa seqüência de estágios que são distintos e têm significado para as famílias donas de empresas. Utilizamos extensamente os conceitos de desenvolvimento adulto de Levinson porque eles parecem funcionar muito bem para ajudar a explicar este padrão de estabilidade e transição nas famílias. A lição aprendida é que raramente é adequado falar sobre a "família dona de empresa" sem levar em conta seu estágio de desenvolvimento. As diferenças entre famílias nos estágios de Jovem Família Empresária, Entrada na Empresa, Trabalho Conjunto e Passagem do Bastão provocam conseqüências importantes para a empresa e também para a família, porque influenciam aquilo que está nas mentes dos membros-chave da família e aquilo que está mais perto dos seus corações.

Finalmente, a *empresa* muda de forma errática, ao longo de um curso que só é de desenvolvimento no sentido mais amplo. Nesta dimensão, não é tanto a seqüência de estágios que é crítica, mas o reconhecimento de que o porte e a complexidade da empresa fazem diferença. Por exemplo, é fácil ver que empresas no estágio Inicial são diferentes, em alguns aspectos, de todas as outras, em conseqüência do nível de esforço (alguns diriam obsessão) exigido nesta fase. Quando começamos a prestar mais atenção a esta dimensão, também ficamos impressionados pelo impacto sutil, mas poderoso, da distinção entre as empresas em Expansão/Formalização e aquelas que atingiram a Maturidade. As demandas do crescimento e as conseqüências das estruturas mais complexas proporcionam tanto oportunidades como desafios que podem dominar a família e o grupo de proprietários. O fim da expansão também pode ter um profundo efeito sobre as decisões financeiras e oportunidades de carreira para os membros da família envolvidos.

Tudo considerado, este reconhecimento do desenvolvimento é a lição central do nosso modelo. Modelo este que consideramos ser uma útil ferramenta analítica. Mas também somos realistas quanto às suas limitações, e esperamos aprender mais sobre sua aplicabilidade. Afinal, assim como o esboço de um artista, um modelo não capta a realidade, somente a sugere. Não obstante, a atenção aos estágios pode elevar o controle proativo das famílias sobre partes importantes das suas vidas. Existe uma grande vantagem em um modelo de desenvolvimento se ele for baseado em experiências e válido em termos amplos. Perspectivas ligadas ao desenvolvimento não nos dão apenas uma compreensão do passado, mas também um vislumbre do futuro. Uma vez que proprietários, membros da família ou gerentes encontrem seu lugar no presente, ao longo de uma dimensão de desenvolvimento, eles conhecem um pouco mais o que vem pela frente. Os Proprietários Controladores podem antecipar, antes da chegada do momento da transição, as conseqüências imprevisíveis de todas as suas opções de sucessão. Os executivos de empresas em Expansão/ Formalização podem começar muito antes a se preparar para as necessidades da Maturidade e tomar providências para a renovação da empresa. E os membros da família que sabem que seus filhos estão crescendo e que eles estão envelhecendo podem se beneficiar, por ter alguma luz lançada sobre as experiências de muitas outras famílias donas de empresas que passaram antes pela mesma estrada. Os membros criteriosos dessas famílias não precisam de um modelo de desenvolvimento para saber que as coisas estão sempre mudando, mas sim para iluminar as prováveis conseqüências dessas mudanças, inevitáveis em seus sistemas complexos e interligados. Em conseqüência disso, eles podem melhorar as chances da empresa da família de continuar a sustentá-los e também às pessoas a quem amam, de uma geração para outra.

Referências Bibliográficas

Adams, B. 1968. *Kinship in an urban setting*. Chicago: Markham Press.

Adizes, I. 1979. Organizational passages: Diagnosing and treating lifecycle problems of organizations. *Organizational Dynamics* 8 (1): 2-25.

Aldous, J. 1978. *Family careers: Developmental change in families*. New York: John Wiley and Sons.

_____. 1990. Family development and the life course: Two perspectives on family change. *Journal of Marriage and the Family* 52: 571-83.

Aldrich, H.E., e R. Waldinger. 1990. "Ethnicity and entrepreneurship." *Annual Review of Sociology* 16: 111-35.

Aristotle. edição de1992. "The ownership of property" em *The politics*. London: Penguin: 112-19.

Arthur Andersen and Company. 1995. *American family business survey*.

Auwers, L. 1978. "Fathers, sons, and wealth in colonial Windsor, Connecticut." *Journal of Family History* 3 (2): 136-49.

Ayers, G.R.1990. Rough family justice: Equity in family business succession planning. *Family Business Review* III (1): 3-22.

Bank, S., e M.D. Kahn. 1982. The sibling bond. New York: Basic Books.

Barnes, L.B., 1988. Incongruent hierarchies: Daughters and younger sons as company CEOs. *Family Business Review* I (1): 9-21.

Barnes, L.B. e S.A. Hershon. 1976. Transferring power in the family business. *Harvard Business Review* 54 (4): 105-14.

Barnett, F., e S. Barnett. 1988. *Working together: Entrepreneurial couples*. Belmont, Calif.: Ten Speed Press.

Barry, B. 1975. The development of organization structure in the family firm. *Journal of General Management* 3 (1): 42-60.

Bayrus, B.L. 1994. Are product life cycles really getting shorter? *Journal of Product Inovation Management* II (4): 300-08.

Beckhard, R. 1969. *Organization development: Strategies and models*. Reading, Mass.: Addison-Wesley.

Beckhard, R., e WG.Dyer, Jr. 1983. Managing continuity in the family-owned business. *Organizational Dynamics* 12 (1): 5-12.

Bedford, VH. 1989. Sibling research in historical perspective: The discovery of a forgotten relationship. *American Behavioral Scientist* 33 (1): 6-18.

Beehr, T.A. 1986. The process of retirement: A review and recommendations for future investigation. *Personnel Psychology* 39: 31-5.

Bellman, G.M. 1990. *The consultant's calling.* San Francisco: Jossey-Bass.

Bennis, W. G., K. D. Benne, e R. Chin, eds. 1985. *The planning of change.* 4th ed. New York: Holt, Rinehart and Winston.

Bennis, W. G. e H. Shepard. 1956. A theory of group development. *Human Relations* 9: 415-37.

Benson, B., E. T. Crego, e R.H. Drucker. 1990. *Your family business: A success guide for growth and survival.* Homewood, Ill.: Dow Jones-Irwin.

Berebeim, R.E. 1984. How business families manage the transition from owner to professional management. The Conference Board. Reimpresso em 1990 no *Family Business Review* III (1): 69-110.

Berle, A.A., e G.C. Means. 1932. *The modern corporation and private property.* New York: Macmillan.

Bird, B.J. 1989. *Entrepreneurial Behavior.* Glenview, Ill.: Scott, Foresman.

Birley, S., e I.C. MacMillan, eds. 1995. *International entrepreneurship.* New York: Routledge.

Block, P. 1981. *Flawless consulting.* San Diego: University Associates.

Blood, R.O., e D.M. Wolfe. 1960. *Husband and wives: The dynamics of married living.* Glencoe, Ill.: Free Press.

Bolman, L. e T. Deal. 1984. *Modern approaches to understanding and managing organization.* San Francisco: Jossey-Bass.

Bossard, J.H.S., e E.S. Boil. 1960. *The sociology of child development.* 3ª. ed. New York: Harper and Row.

Bowen, D.D, e R.D Hisrich. 1986. The female entrepreneur: A career development perspective. *Academy of Management Review* II (2): 393-407.

Bowen, M. (atribuído). 1972 Toward the differentiation of self in one's own family. Em *Family interaction,* editado por J.L. Framo. New York: Springer.

Brockhaus, R.H., Sr., e P.S. Horwitz. 1986. The psychology of the entrepreneur. Em *The art and science of entrepreneurship,* editado por D. Sexton e R. Smilor. Cambridge, Mass.: Ballinger.

Brodsky, M.A, 1993. Successful female corporate managers and entrepreneurs: Similarities and differences. *Group and organization management* 18 (3): 366-78.

Brown, F.H. 1991. *Reweaving the family tapestry: A multigenerational approach to families.* New York: Norton.

Bruno, A.V: e T.T. Tyebjee. 1982 The environment for entrepreneurship. Na *Encyclopedia of entrepreneurship,* editado por C.A. Kent, D.L. Sexton, e K.H. Vesper. Englewood Cliffs, N.J.: Prentice Hall.

Calder, G.H.1961. The peculiar problems of family business. *Business Horizons* 4 (3): 93-102.

Carlock, R.S. 1994. A classroom discussion with James R. Cargill. *Family Business Review* VII (3): 297-307.

Carroll, R. 1988. Siblings and the family business. Em *Siblings in therapy: Life span and clinical issues,* editado por M.D. Kahn e KG. Lewis, New York: Norton.

Carter, E., e M.McGoldrick, eds. 1988 *The changing family life cycle: A framework for family therapy.* New York: Gardner Press.

Cates, J.N., e M.B. Sussman.1982. Family systems and inheritance. *Marriage and Family Review* 5 (3): 1-24.

Centers, R., B.H. Raven, e A. Rodrigues. 1971. Conjugal power structure: A re-examination. *American Sociological Review* 36 (2): 264-78.

Chandler, A. 1962. *Strategy and structure.* Cambridge, Mass.: MIT Press.

Chau, T.T. 1991. Approaches to succession in East Asian business organizations. *Family Business Review* IV (4): 161-89.

Christensen, C.R., e B. Scott. 1964. Review of course activities. Working paper. lMEDE, Lausanne, Switzerland.

Churchill, N., e V Lewis. 1983. The five stages of small business growth. *Harvard Business Review* (May-June): 30-51.

Cicirelli, VG. 1985. Sibling relationships throughout the life cycle. Em *The handbook of family psychology and therapy,* editado por L.L'Abate. Homewood, Ill.: Dorsey Press.

Clignet, R. 1995. Efficiency, reciprocity, and ascriptive equality: The three major strategies governing the selection of heirs in America. *Social Sciente Quarterly* 76 (2): 274-93.

Cohn, M. 1990. *Passing the torch: Transfer strategies for your family business.* Blue Ridge Summit, Penn.: Liberty Hall Press.

Collin, S., e L. Bengtsson. 1991 Diversification and corporate governance. Paper presented at the annual meeting of the Academy of Management, Dallas, August.

Combrinck-Graham, L. 1985. A developmental model for family systems. *Family Process* 24 (2): 139-51.

Connidis, I.A., e L.D. Campbell. 1995. Closeness, confiding, and contact among siblings in middle and late adulthood. *Journal of Family Issues* 16 (6): 722-45.

Copland, A. 1995. Deconstructing the lone genius myth: Toward a contextual view of creativity. *Joumal of Humanistic Psychology* 35 (3): 69-112.

Covin, J., e D. Slevin. 1990. New venture strategic posture, structure, and performance: An industry life cycle analysis. *Journal of Business Venturing* 5: 123-35.

Cramton, C.D. 1993. Is rugged individualism the whole story? Public and private accounts of a firm's founding. *Family Business Review* VI (3): 233-61.

Cushman, J. W 1986. "The Khaw group: Chinese business in early twentieth-century Penang." *Journal of Southeast Asian Studies* XVII (1): 58-79.

_____. 1991. Family and state: The formation of a *Sino-Thai tin-mining dynasty.* Singapore: Oxford University Press.

Daily, C.M., e M.J. Dollinger.1992. An empirical examination of ownership structure in family and professionally managed firms. *Family Business Review* V (2): 117-36.

Danco, L.A. 1975. Beyond survival: *A business owner's guide for success.* Cleveland: University Press.

Danco, L.A, e D.J. Jonovic. 1981. *Outside directors in the family-owned business.* Cleveland: University Press.

Davis,J., e R. Tagiuri. 1989. The influence of life stage on father-son work relationships in family companies. *Family Business Review* II (1): 47-74.

Deutsch, M. 1977. The resolution of conflict: *Constructive and destructive processes.* New Haven: Yale University Press.

DiMaggio, P., e W Powell. 1983. The iron cage revisited: Institutional isomorphism and collective rationality in organizational fields. *American Sociological Review* 48: 147-60.

Dodge, H. e J. Robbins. 1992. An empirical investigation of the organization live cycle model for small business development and survival. *Journal of Vocational Behavior* 36: 258-73.

Donckles, R. e E. Fröhlich. 1991. Are family business really different? European experiences from STRATOS. *Family Business Review* IV (2): 149-60.

Donnely, R. 1964. The family business. *Harvard Business Review* 42: 93-105.

Dreux, D.R. 1990. Financing family business: Alternatives to selling out or going public. *Family Business Review* III (3): 225-43. Amended 1992, *Family Business Review* V (1): 111-12.

Dumas, C. 1989. Understanding of father-daughter and father-son dyads in family-owned businesses. *Family Business Review* li (1): 31-46.

_____. 1990. Preparing the new CEO: Managing the father-daughter succession process in family businesses. *Family Business Review* III (2): 169-81.

Dunn, J., e R. Plomin. 1990. Separate lives: *Why siblings are so different*. New York: Basic Books.

Duvall, E.M. 1957. *Family development*. Chicago: J.B. Lippincott Company.

_____. 1977. *Marriage and family development*. 5 th ed. Philadelphia, J.B. Lippincott.

Duvall, E.M. e R.L. Hill. 1948. *Report fo the committee on the dynamics of family interaction*. Washington D.C.: National Conference on Family Life.

Dyer, W.G. Jr. 1986. *Cultural change in family firms: Anticipating and managing business and family transitions*. San Francisco: Jossey-Bass.

_____. 1989. Integrating professional management into a family owned business. *Family Business Review* II (3): 221-35.

_____. 1992. *The entrepreneutial experience*. San Francisco: Jossey-Bass.

Elder, G.H. Jr., 1987. Families and lives: Some developments in life-course studies. *Journal of Family History* 12 (1-3): 179-99.

Engels, F. 1942. *The origin of family private property, and the state* (1884). New York: International Publishers.

Engels, F., e K. Marx. 1848. *Communist Manifesto*.

Ericson, E.H. 1963. *Childhood and society*. 2nd ed. NewYork: Norton.

_____. 1980. *Identity and the life cycle*. New York. Norton.

Flamholtz, E. 1986. *How to make the transition from entrepreneurship to a professionally managed firm*. San Francisco: Jossey-Bass.

Francis, A. 1980. Families, firms, and finance capital: The development of U.K. industrial firms with particular reference to ownership and control. *Sociology* 14 (1): 1-27.

Friedman, S.D. 1991. Sibling relationship and internacional succession in family firms. *Family Business Review* IV (1): 3-20.

Furstenberg, EE,Jr. 1979. Recycling the family: perspectives for researching a neglected family form. *Marriage and Family Review* 2: 12-22.

Furstenberg, F.F. Jr., e G.B. Spanier. 1984. *Recycling the family: Remarriage after divorce*. Beverly Hills: Sage.

Gallo, M.A., e J. Sveen. 1991. Internationalizing the family business: facilitating and restraining factors. *Family Business Review* IV (2): 181-90.

Gersick, C. 1988. Time and transition in world teams: Tower a new model of group development. *Academy of Management Journal* 31 (1): 9-41.

_____. 1991. Revolutionary change theories: A multilevel exploration of the punctuated equilibrium paradigm. *Academy of Management Review* 16 (1): 10-36.

Gersick, K. 1982. Ethnicity and organizational forms: An interview with William Ouchi. *Family Business Review* V (4): 417-36.

_____. 1996. Equal isn't always fail. *Family Business* 7 (2): 44-9.

Gibbon, A., e P.Hadekel. 1990. Steinberg: *The breakup of a Family empire*. Toronto: Macmillan of Canada.

Gilligan, C. 1982. *In a different voice*. Cambridge, Mass.: Harvard University Press.

Gillis-Donovan, J., e C. Moynihan-Bradt. 1990. The power of invisible woman in the family business. *Family Business Review* III (2): 153-67.

Glick, P.C. 1947. The family cycle. *American Sociological Review* 12: 164-77.

_____. 1955. The life cycle of the family, *Marriage and Family Living* V: 3-9.

_____. 1977. Updating the family life cycle. *Journal of Marriage and The Family* 39: 5-13.

Gould, R. 1978. *Transformations: Growth and change in adult life*. New York: Simon & Schuster.

Greenshaus, J. 1987. *Career management*. Hinsdale, Ill.: The Dryden Press.

REFERÊNCIAS BIBLIOGRÁFICAS **283**

Greiner, L. 1972. Evolution and revolution as organizations grow; *Harvard Business Review* (july-august): 37-46.

Handler, WC. 1994. Succession in family business: A review of the research. *Family Business Review* VII (2): 133-74.

Handler, WC., e K. C. Kram. 1988. Successions and family firms: The problem of resistance. *Family Business Review* I (4): 361-81.

Hannan, M.T., e J. Freeman. 1977. The population ecology of organizations. *American Journal of Sociology* 82: 929-64.

Hareven, T. K. 1978 Transitions: *The family and the life course and a historical perpective.* New York: Academic Press.

Harris, D., J.I. Martinez, e J.L. Ward. 1994. Is strategy different for the family-owned-business? *Family Business Review* VII (2): 159-74.

Harvey, M., e R.G. Evans. 1994. Family business and multiple levels of conflict. *Family Business Review* VII (4): 331-48.

_____. 1995. Forgotten searches of capital for a family owned business. *Family Business Review* VIII (3):159-76.

Havighurst, R. J. 1966. *Developmental tasks and education.* New York: David McKay.

Heer, D.M. 1963. The measurement and basis of family power: An overview: *Marriage and Family Living,* 25: 133-39.

Hetherington, E.M., D.Reiss, e R. Ploming, eds 1994. *Separate social world of siblings. The impact of non-shared environment on development.* Hillsdaie, N.J.: Lawrence Erlbaum.

Hilburt-Davis,J. e P. Senturia. 1995. Using the process/content framework: guidelines for the content expert. *Family Business Review* VIII (3): 189-99.

Hines, P.M., N. Garcia-Prieto, M. McGolrick, R. Almeida, e S. Weltman. 1992. Intergenerational relationships across cultures. Families in Society: *The Journal of Contemporary Human Services* 23: 323-38.

Hofferth, S.L. 1985. Updating children's life course. *Journal of Marriage and the Family* 47 (1): 93-115.

Hoffmire, J.S., J.H. Willis, e R.J. Gilbert. 1992. Practice note: Questions and answers regarding ESOPs for family businesses. *Family Business Review* V (2): 173-80.

Hollander, J.L. 1973. *Making vocational choises.* Englewood Cliffs, N.J.: Prentice-Hall.

Hollander, B.S. 1990. Hail to the chiefs. *Family Business* I (3): 40-3.

Hollander, B.S., e N.S. Elman. 1988. Family-owned business: An emerging field of inquiry. *Family Business Review* I (2): 145-64.

Hsu, P.S.C. 1984. The influence of family structure and values on business organizations in Oriental cultures: A comparison of China and Japan. Em *Proceedings of the Academy of International Business,* June, 754-68.

Hunt, L.A. 1992. *The family romance of the French Revolution.* Berkeley: University of California Press.

Jaffe, D. 1990. *Working with the ones you love: Conflict resolution and problem solving strategies for a successful family business.* Berkeley: Conari Press.

Johnson, S.C. 1988. *The essence of family business.* Indianapolis: Curtis.

_____. 1990. Why we'll never go *public. Family Business* I (4): 16-21.

Jonovic, D. J. 1989. Outside review in a wider context: An alternative to the classic board. *Family Business Review* II (2): 291-323.

Judge, D.S. 1995. American legacies and the variable life histories of women and men. *Human Nature* 6 (4): 291-323.

Kadis, L.B., e R. McClendon. 1991. A relationship perspective on the couple-owned business. *Family Business Review* IV (4): 413-24.

Kanter,R.M. 1983. *The change masters.* New York: Simon & Schuster.

Kasl, S.V: 1980. The impact of retirement. Em *Current concers in occupational stress,* editado por C.L. Cooper e R. Payne. New York: John Wiley and Sons.

Katz, D., e R.L. Kahn. 1978. *The social psychology of organizations.* New York: John Wiley and Sons.

Kaye, D. 1985. Toward a developmental psychology of the family. Em *Handbook of family psychology and therapy,* editado por L. L'Abate.Volume I. Homewood, Ill.: Dorsey.

_____. 1991 Penetrating the cycle of sustained conilict. *Family Business Review* IV (1): 21-44.

Kepner, E. 1983. The family and the firm: A coevolutionary perspective. *Organizational Dynamics* 12 (1): 57-70.

Kets de Vries, M. 1985. The dark side of entrepreneurship. *Harvard Business Review* 63 (6): 160-67.

Kimberly,J. 1979. Issues in the creations of organizations: Initiation, innovation and institutionalization. *Academy of Management Journal 22* (3): 437-57.

Kimberly, J., R.H. Miles, e Associates. 1980. *The organizational lifecycle.* San Francisco: Jossey-Bass.

Kotter, J., V: Faux, e C. McArthur. 1978. *Self-assessment and career development.* Englewood Cliffs, N.J.: Prentice-Hall.

Lamb, M., e B. Sutton-Smith, eds. 1982. *Sibling relationships: Their nature and significance across the life span.* Hillsdale, N.J.: Lawrence Erlbaum.

Lane, S.H. 1989. An organizational development/team-building approach to consultation with family businesses. *Family Business Review* II (1): 5-16.

Lank, A.G. 1991. Challenging times for European family enterprises. *Family Business Review* IV (2): 121-25.

Lansberg, I. 1983. Managing human resources in family firms: The problem of institutional overlap. *Organizational Dynamics* 12 (1): 39-46.

_____. 1985. Family firms that survived their founders. Paper presented at the annual meeting of the Academy of Management, San Diego.

_____. 1988. The succession conspiracy. *Family Business Review* I (2): 119-43.

_____. 1991. On'retirement: A conversation with Daniel Levinson. *Family Business Review* IV (l): 59-73.

_____. 1994. A lesson in humility from the Greek gods. *Family Business* V (1): 9-10.

_____. A ser publicado. *Succession and continuity in family firms.* Boston: Harvard Business School Press.

Lansberg, I. e E. Perrow; 1990. Understanding and working with leading family businesses in Latin America. *Family Business Review* III (3): 127-48.

Larner, R.J. 1966. Ownership and control in the largest non-financial corporations, 1929 e 1963. *American Economics Review* 56: 777-87.

LeMasters, E.E. 1957. Parenthood as crisis. *Marriage and Family Living* 19: 353-55.

Levi, L.D., H. Stierlin, e R.J. Savard. 1972. Fathers and sons: The interlocking crises of integrity and identity. *Psychiatry* 35 910: 48-56.

Levine, J.H. 1972. The sphere of influence. *American Sociological Review* 37: 14-27.

Levinson, D.J. 1978. *Seasons of a man's life.* New York: Basic Books.

_____. 1986. A conception of adult development. *American Psychologist* 41 (1): 3-13.

_____. 1996. *Seasons of a woman's life.* New York: Knopf.

Levinson, D.J., e W. Gooden. 1985. The life cycle. Em *Comprehensive textbook of psychiatry,* 4th ed., editado por H.I. Kaplan e B.J. Sadock. Baltimore: Williams and Wilkins.

Levinson, H. 1971. Conflicts that plague family business. *Harvard Business Review* (March-April): 90-8.

Lewin, K. 1951. Problems of research in social psychology (1943-44). Em *Field theory in social science,* editado por D. Cartwright. New York: Harper and Row.

Lippitt, G.L. e W.H. Schimidt. 1967. Crises in a developing organization. *Harvard Business Review* (November-December): 102-12.

Loscocco, K.A., e K T. Leicht. 1993. Gender, work-family linkages, and economics success among small business owners. *Journal of Marriage and the Family* 55 (4): 875-87.

McCollom, M. 1990. Problems and prospects in clinical research on family firms. *Family Business Review* III (3): 245-62.

_____. 1992. The ownership trust and succession paralysis in the family business. *Family Business Review* V (2): 145-60.

_____. 1995. Reevaluating group development: A critique of the familiar models. Em *Groups in context: A new perspective on group dynamic,* editado por J. Gillette e M. McCollom, Md.: University Press of America.

McGiverns, C. 1989. The dynamics of management succession: A model of chief executive succession in the small family firm. *Family Business Review* II (3): 401-11.

McGoldrick, M. e R. Gerson. 1985. *Genograms in family assessment.* New York: Norton.

McGoldrick, M. e J.G. Troast, Jr. 1993. Ethnicity, families, and family business: Implications for practitioners. *Family Business Review* VI (3): 283-300.

Mangelsdorf, M.E. 1994. Start-up funding: Consider the sources. Inc. 16 (8): 32.

Marcus, G.E. 1980. Law in the development of dynastic families among American business elites: The domestication of capital and the capitalization of family. *Law and Society Review* 14 (4): 859-903.

Marshack, K.J. 1993. Copreneurial couples: A literature review on boundaries and transactions among copreneurs. *Family Business Review* VI (4): 355-69.

Massachusetts Mutual Life Insurance Company. 1994. 1994 *Research findings: A telephone survey of 1002 family business owners.*

Mattessich, P., e R. Hill. 1987. Life cycle and family development. Em *Handbook of marriage and the family,* editado por M.B. Sussman e S.K Steinmetz. New York: Plenum.

Matthew, S.H., P J. Delaney, e M.E. Adamek. 1989. Male kinship ties: Bonds between adult brothers. *American Behavioral Scientist* 33 (1): 58-69.

Menchik, P.L. 1980. Primogeniture, equal sharing, and the U.S. distribution of wealth. *The Quarterly Journal of Economics* XCIV (2): 299-316.

Millar, F.E., e L.E. Rogers. 1988. Power dynamics in marital relationships. Em *Perspectives on marital interaction,* editado por P. Noller e M.A. Fitzpatrick. Philadelphia: Multilingual Matters Ltd.

Miller, D., e P.H. Friesen. 1984. A longitudinal study of the corporate lifecycle. *Management Science* 30 (1): 1161-183.

Mintzberg, H., e J. Waters. 1982. Tracking strategy in an entrepreneurial firm. *Academy of Management Journal* 25 (3): 465-99.

Minuchin, S. 1974. *Families and family therapy.* Cambridge, Mass.: Harvard University Press.

Minuchin, S. B. Montalvo, B.G. Guerney, Jr., B.L. Rosman, e F. Schumer. 1967. *Families of the slums.* New York: Basic Books.

Mitchell, B.A. 1994. Family structures and leaving the nest: A social resource perspective. *Sociological Perspetives* 37 (4): 651-71.

Murdock, M., e C.W Murdock. 1991. A legal perspective on shareholder relationships in family businesses: The scope of fiduciary duties. *Family Business Review* IV (3): 287-301.

Muson, H. 1995. How to keep the Campbell kids happy. *Family Business* 6 (1): 48-52.

Nelton, S. 1986. *In love and in business: How entrepreneurial couples are changing the rules of business and marriage.* New York: Wiley.

Nock, S.L. 1988. The family and hierarchy. *Journal of Marriage and the Family* 50 (November): 957-66.

Olson, P.D. 1987. Entrepreneurship and management. *Journal of Small Business Management 25* (3): 7-12.

O'Rand, A.M., e M.L. Krecker. 1990. Concepts if the life cycle: Their history, meanings, and uses in the social sciences. *Annual Review of Sociology* 16: 241-62.

Osherson, S. 1980. *Holding on or letting go: Men and career change at midlife.* New York: Free Press.

Panglaykim, J., e I. Palmer. 1970. Study of entrepreneurship in developing countries: The developmental of one Chinese concern in Indonesia. *Journal of Southeast Asian Studies* 1 (1): 85-95.

Pfeffer, J., e G. R. Salancik. 1978. *The external control of organizations.* New York: Harper and Row;

Piaget, J. 1963. *The origins of intelligence in children.* New York: Norton.

Plato. 1970 edition. *The laws,* editado por TJ Saunders. London: Penguin.

_____. 1987 edition. *The republic,* editado por H. Lee. New York: Penguin.

Phontieu, L.D., e H.C. Caudill. 1993. Who's the boss? Responsibility and decision making in co-preneurial ventures. *Family Business Review* VI (1): 3-17.

Pope Leo XII. 1940. Rerum novarum (encyclical on the condition of the workingmen: May 15, 1891). Em *Social wellsprings: Fourteen epochal documents* by Pope Leo XIII, editado por J. Husslein. Milwaukee: Bruce Publishing Company.

Poza, E.J. 1989. *Smarth growth: Critical choices for business continuity and prosperity.* San Francisco: Jossey-Bass.

Reich; R.B. 1987. Entrepreneurship reconsidered: The team as hero. *Harvard Business Review* (May-June): 77-83.

Rosenberg, G.S., e D.F. Anspach. 1973. Sibling solidarity in the working class. *Journal of Marriage and the Family* 35: 108-13.

Saluter, A.F 1994. *Marital status and living arrangements:* March 1994. U.S. Department of Commerce, Bureau of the Census, Washington, D.C.

Schachter, F.F. 1982. Sibling deidentification and split-parent identification: A family tetrad. Em *Sibling relationships: Their nature and significance across the lifespan,* editado por M.E. Lamb e B. Sutton-Smith. Hillsdale, N.J.: Lawrence Erlbaum.

Schein, E.H. 1983. The role of the founder in creating organizational culture. *Organizational Dynamics* 12 (1): 13-28.

_____. 1988. *Process consultation: Its role in organizational development.* Reading, Mass.: Addison-Wesley.

_____. 1992. *Organizational culture and leadership.* San Francisco: Jossey-Bass.

Schwartz, M.A., e L.B. Barnes. 1991. Outside boards and family business: Another look. *Family Business Review* IV (3): 269-85.

Scott, W.R., e R. Bruce. 1987. *Five stages of growth in small business. Long-Range Planning* 20 (3): 45-52.

Scott, W. R. 1992. *Organizations: Rational, natural, and open systems.* 3rd ed. Englewood Cliffs, N.J.: Prentice-Hall.

Sharfman, M.P., B. Gray, e A. Yan. 1991. The context of interorganizational collaboration in the garment industry: An institutional perspective. *Journal of Applied Behavioral Science* 27 (2): 181-208.

Shapero, A., e L. Sokol. 1982. The social dimensions of entrepreneurship. Em *Encydopedia of entrepreneurship,* editado por C.A. Kent, D.L. Sexton, e K.H. Vesper. Englewood Cliffs, N.J.: Prentice-Hall.

Simonton, D.K. 1983. Intergenerational transfer of individual differences in hereditary monarchs: Genetic, role-modeling, cohort, or socio-cultural effects? *Journal of Personality and Social Psychology* 44 (2): 354-64.

Sonnenfeld, J.A. 1988. *The hero's farewll: What happened when CEOs retire.* New York: Oxford University Press.

Sonnenfeld, J.A., e P.L. Spence. 1989. The parting patriarch of a family firm. *Family Business Review* II (4): 355-75.

Sorokin, P.A., *C.C.* Zimmerman, e C.J. Galpin. 1931. A *systematic source book in rural sociology,* II. Minneapolis: University of Minnesota Press.

Spanier, G.G., e P.C. Glick. 1980. The life cycle of American families: An expanded analysis. *Journal of Family History* 5: 97-111.

Steinmetz, L. 1969. Critical stages of small business growth: When they occur and how to survive them. *Business Horizons* (February): 29.

Stevenson, H.H., e W.A. Sahlman. 1987. Entrepreneurship: A process, not a person. Working paper, Harvard Business School, Cambridge, Mass.

Stevenson, H.H., M.J. Roberts, e H.I. Grousbeck. 1994. *New business ventures and the entrepreneur.* 4th ed. Burr Ridge, Ill: Irwin.

Stevenson, L.A. 1986. Against all odds: The entrepreneurship of women. *Journal of Small Business Management* 24: 30-6.

Swartz, J. 1996. Toward a model of justice in ownership succession: An exploratory study of the intergenerational transfer of family business ownership. Ph.D. diss., California School of Professional Psychology, Los Angeles.

Swartz, S. 1989. The challenges of multidisciplinary consulting to family-owned businesses. *Family Business Review* II (4): 329-39.

Tagiuri, R., e J.A. Davis. 1982. Bivalent attributes of the family firm. Working paper, Harvard Business School, Cambridge, Mass. Reimpresso em 1996, *Family Business Review* IX (2): 199-208.

Thornton, A., L. Young-De Marco, F. Goldscheider. 1993. Leaving the parental nest: The experience of a young White cohort in the 1980s. *Journal of Marriage and the Family* 55: 216-29.

Timmons, J.A. 1989. *The entrepreneurial mind.* Andover, Mass.: Brick House Publishing.

_____. 1994. *New venture creation.* 4th ed. Burr Ridge, Ill.: Irwin.

Torbert, W 1974. Pre-bureaucratic and post-bureaucratic stages of organization development. *Interpersonal Development* 5: 1-25.

Vaillant, G. 1977. *Adaptation to life.* Boston: Little, Brown.

Vago, M. 1995. Why fish must learn to see the water they swim in. *Family Business Review VIII* (4): 313-25.

Van de Ven, A.H. e G. Walker. 1984. The dynamics of interorganizational coordination. *Administrative Science e Quarterly* 29: 5598-621.

Vance S.C. 1983. *Corporate leadership: Boards, directors, and strategy.* New York: McGraw-Hill.

Vancil, R.F. 1987. *Passing the baton: Managing the process of CEO sucession.* Boston: Harvard Business School Press.

Walsh, F. 1994. Healthy family functioning: Conceptual and research developments. *Family Business Review* VII (2): 175-98.

Ward, J.L. 1987. *Keeping the family business healthy.* San Francisco: Jossey-Bass.

_____. 1988a. The special role of strategic planning for family businesses. *Family Business Review* I (2): 105-17.

_____. 1988b. The active boar with outside directors and the family firm. *Family Business Review* I (3): 223-29.

_____. 1991. *Creating effective board for private enterprises: Meeting the challenges of continuity and competition*. San Francisco: Jossey-Bass.

Ward, J.L., e C.E. Aronoff. 1994. How family affects strategy. *Small Business Forum* (Fall): 85-90.

Weiser, J., F. Brody, e M. Quarry. 1988. Family business and employee ownership. *Family Business Review* I (1): 23-35.

Whisler, T.L. 1988. The role of the board in the threshold firm. *Family Business Review* I (3): 309-21.

Whiteside, M.F., e F.H. Brown. 1991. Drawbacks of a dual systems approach to family firms: Can we expand our thinking? *Family Business Review* IV (4): 383-95.

Wicker, A. W, K.A. Burley. 1991. Close coupling in work-family relationships: Making and implementing decisions in a new family business and at home. *Human Relations* 44 (1): 77-92.

Wong, S. 1985. The Chinese family firm: A model. *British Journal of Sociology* 36 (1): 58-72.

Zaleznik, A., e M.F.R. Kets de Vries. 1975. *Power and the corporate mind*. Boston: Houghton Mifflin.

Zaltman, G., e R. Duncan. 1976. *Strategies for planned change*. New York: John Wiley and Sons.

Zeitlin, M. 1976. Corporate ownership and control: The large corporation and the capitalist class. *American Journal of Sociology* 79 (5): 1073-119.

Índice

Acionista(s)
  ativo e passivo, 9
  na empresa familiar complexa, 182-85
  gerenciamento da complexidade da família e o
    grupo de, 50-53
  reuniões de, 227-28
  não-pertencentes à família, 35-36
Adolescência, 163
  separação e individualização, 77
Aristóteles, *Política,* 29

Bancos, empréstimos de, 36-37
Barnes, L.B., 207
Bingham, família, 3
Brown-Herz, Fredda, 100

Campbell Soup Company, 178, 219
Capital
  opções de financiamento, 173-74
  mercado, criando empresas familiares, 53-55
  recursos na complexa empresa familiar,
    190-93
  retenção, 46
  início, 139-40
Capitalização, 35-6
Cargill, Inc., 1,54, 177, 178
Cargill, James R., 54, 178
Cargill, W.W, 178
CEO
  e Conselhos de Administração, 228-9, 232-5,
    245, 249
  papel do na empresa familiar, 3
Churchill, Neil, 23
Ciclo(s) de vida
  lições de, 273-78
Comitês de avaliação, 218

Complexidade
  do estágio de Consórcio de Primos, 47-50
  da família e do grupo de acionistas, 50-53
  como medida do desenvolvimento da
    empresa,103-06
Compromisso, gerência e proprietários, 128-29
Comunicação, 156
  e cooperação, promover entre gerações, 85-88
Conflito
  consultores para resolução de, 253-58
    (ver também Consultores, consultoria)
  gerência encorajando produtivo, 88-90
  entre irmãos e outros relacionamentos
    familiares, 167-68
Conflitos de interesses, 232
Conselho consultivo, 235
Conselho de Família, 186, 194, 218, 226, 231,
  235-43
Conselhos de Administração, 41, 44, 200, 214
  na empresa familiar complexa, 146-47, 193
  em empresas familiares de Proprietário
    Controlador, 32, 33
  em empresas de Consórcio de Primos, 51
  e o Conselho de Família, 250
Conselhos de fundações familiares, 219
Consistência na comunicação, 85-87
Consultores, consultoria, 89, 251-6, 263-65
  fase de avaliação, 256, 261-63
  fase de contratação, 256-60
  custos, 257
  fase de avaliação e manutenção, 256, 266-67
  intervenções através de estágios de
    desenvolvimento, 267-72
  fase de mudança/implementação planejada,
    256, 263-65
  tipos, 252-55

Continuidade, 95
   sonho de, 81
   como processo, 270
Controle
   equilíbrio do unitário com contribuições dos
     interessados, 36-38
   desenvolvimento de processo para dividi-lo
     entre os acionistas, 41-45
Cooperação e comunicação, promoção entre
   gerações, 85-88
Coopers & Lybrand, 139
Co-presidentes, 44
Corning Company, 44
Cultura da empresa, 150, 151-52

"Dallas"(série da TV), 3
Danco, L.A., 206
Davis,J.A., 5, 164
Decisões sobre carreiras, 20, 165-66
   facilitação de um bom processo para o início,
     81-82
Desafios estratégicos, 173-76
Desenvolvimento de adultos, 201
   teoria do, 59, 75
Desligamento da empresa, geração mais velha,
   95-97
Deutsch, M., 212
Dimensão de desenvolvimento da empresa
do modelo de desenvolvimento, 23-25, 103,
   244-45
   passando pelos estágios, 130-31
   Ver também Empresa; Plano de
     desenvolvimento gerencial;
   Equipe de desenvolvimento gerencial
"Dinastia" (série da TV), 3
Dinastias, 91, 140
   Ver também Empresa familiar complexa
Divórcio, 58-61
Dorrance, família, 178, 219
Duvall, E.M., 83
Dyer, W:G.,Jr., 152

Emaranhamento-desligamento, 162, 165
Empreendedor, 137
   motivações do, 138-39
   papel do, 139-41
Empreendimento casamento, 63, 65-73, 82,
   146-47, 238
Empresa
   mudanças na, 277
   estágios de desenvolvimento, 106-08
   (ver também estágio de Expansão/
     Formalização;
   estágio de Maturidade; estágio Inicial)

fatores que levam à fundação, 138-39
   profissionalização, 118-19
   pensar a respeito, em termos de
     desenvolvimento,103-06
Empresa familiar complexa, 177-79
   questões da empresa, 188-89
   questões familiares, 185-88
   questões de participação acionária, 182-85
Empresa familiar, crescimento e evolução, 155-56
   questões da empresa, 169-76
   questões de família, 162-69
   questões de participação acionária, 157-62
Empresas familiares, definição, 2-4
Encíclica Papal (1891), 29-30
Equipes de consultoria, 255, 269
Erikson, Erik, 97
Esforço em equipe, 156
Estágio de Consórcio de Primos, 17-19, 47-48, 138
   características, 47-48
   desafios-chave, 49-55
   sucessões e, 203-05
   transição para, 215-220
Estágio de Entrada na Empresa, 20-21, 62, 73
   características, 72-73
   interação com o estágio de Parceria entre
     Irmãos, 161-62
   desafios-chave, 75-82
Estágio de Expansão/Formalização, 23, 106-08
   características, 114
   interação com o estágio de Parceria entre
     Irmãos, 158-61
   desafios-chave, 118-22
   mudanças gerenciais, 170-71
Estágio de Expansão/Formalização – forma de
   Parceria entre Irmãos – estágio de Entrada na
   Empresa, *ver* Empresa familiar, crescimento e
   evolução
Estágio Inicial, 23, 106-08, 137-38
   características, 108-09
   desafios-chave, 110-12
Estágio de Jovem Empresa, 20, 62, 137, 141, 147
   características, 63
   desafios-chave, 65-73
Estágio de Maturidade, 24, 106-22
   características, 123 -24
   desafios-chave, 126-30
Estágio da Passagem do Bastão, 20-21, 62, 90,
   129, 178, 204, 237
   características, 92-93
   desafios-chave, 97-99
Estágio de Proprietário Controlador, 17, 19, 31,
   137-38
   características, 32-33
   desafios-chave, 35-39

e o estágio de Sociedade entre Irmãos, 39-48
sucessões e, 203-05
transição para, 205-10
Estágio de Sociedade entre Irmãos, 17, 19
características, 39-40
e o estágio de Proprietário Controlador, 36, 38, 41, 46, 53
e o estágio de Consórcio de Primos, 47-48, 50
interação com o estágio de Entrada na Empresa,161-61
interação com o estágio de Expansão/Formalização, 158-61
desafios-chave, 41-47
mudanças gerenciais no, 170-71
sucessões e, 203-05
transição para, 211-15
Estágio de Trabalho Conjunto, 20, 21, 58, 60, 97, 125
características, 82-83
desafios-chave, 85-88
Estruturas e planos, coordenação de, 249-50
Experiência empreendedora, fundadores e, 137-38
questões da empresa, 149-53
características, 141
fatores que levam à fundação, 138-39
questões familiares, 147-48
questões de participação, 146-47
transformação em empresa familiar, 139-41

Família Du Pont, 3
Família Ford, 219
Família Mogi, 215
Família Pulitzer, 3
Família Rockefeller, 215
Família Rothschild, 215
Família(s)
mudanças em, 276-78
definições, 60
estágios de desenvolvimento, 58-59 (ver também Estágio de Entrada na Empresa; estágio de Passagem do Bastão; estágio de Trabalho Conjunto; estágio de Jovem Empresa)
liderança, transferência entre gerações, 97-99
ciclos de vida, 59-61, 82-83
tomar decisões iniciais a respeito do relacionamento com o trabalho, 69-70
gerenciar três gerações trabalhando em conjunto, 90-92
pensar em termos de desenvolvimento, 58-61
desenvolver relacionamentos com a ampliada, 69-70
Famílias com três gerações, 90-92
Fase de avaliação da consultoria, 256-57, 261-63

Fase de avaliação e manutenção da consultoria, 256, 266-67
Fase de contratação da consultoria, 256-60
Filhos
educação, 71-72
Filhos dominantes, 68
Flatriholtz, Eric, 23
Ford Motor Company, 145, 219
Fortune, 500, 2
Freud, Sigmund, 2

General Motors, 211
Geração(ões)
escolha da estrutura de participação acionária para a próxima, 38-9
mais velha, desligamento da empresa, 95-97
separação e individualização dos mais jovens, 77-80
gerenciamento da família com três trabalhando em conjunto, 90-92
Gerenciamento do caixa, 120-22
para financiar aposentadoria e compras, 129-30
Greiner, Larry, 23

Harvard University, 5
Holding, organizando as empresas da família como uma, 192
Honestidade, 85

Informação, sistema de, 171-73
Inovação, proteção contra a perda, 188-89
Integridade, senso de, 97-98
Interessados, equilíbrio do controle unitário com contribuições
dos principais, 36-38

Johnson, Samuel C., 208

Kikkoman Company, 219, 225
Kimberly, John, 23
Laissez-faire, cultura de, 152
Lansberg, I., 45, 81, 96, 195, 201
Levi Strauss, 55
Levinson, D.J., 20, 59, 75, 163, 164, 201, 277
Lewin, Kurt, 271
Líder quase-pai, 40, 43
Liderança
na empresa familiar complexa, 185-90, 193
e o papel de primeiro-entre-iguais, 43
transferência entre gerações, 96-99
e o papel quase-paterno, 41-43

MacMillan, Cargill,]r., 178
MacMillan, W DWican, 178

MacMillan, Whitney, 178
Manifesto Comunista, 29
Massey-Ferguson, 145
McGraw-Hill,1
Modelo de desenvolvimento, construção do, 15-18
  dimensão da empresa, 13-5
  dimensão da família, 19-22
  dimensão da propriedade, 18-19
Modelo de três círculos, 6-14, 226
Mudança
  devido ao desenvolvimento, 276-78
  tempo e inevitabilidade de, 14-15
Mudança ligada ao desenvolvimento, natureza constante e inevitável da, 276-78
Mudanças estruturais e de sistemas, 171-73

Nepotismo, 4
Oferta de compra, 8-14, 23
Ordem de nascimento, 79
  Ver também Primogenitura

Padrões de autoridade em famílias com empresas, 68
Participativa, cultura, 152
Paternalista, cultura, 152
Planejamento de empresas, 111
Planejamento estratégico, 103, 114, 119-20, 169, 175, 236
Plano de ação, 244
Plano contingencial, 235, 236, 271
Plano de continuidade, 236
Platão
  Leis, 29
  República, 29
Pré-nupcial, contrato, 70
"Preparação", conceito de, 77
Presidente do Conselho de Administração, papel do, *em* empresas familiares, 2-3
Primogenitura, 79-80, 195, 208
Propriedade coletiva, 195

Questões da empresa
  na empresa familiar complexa, 188-93
  na experiência empreendedora, 149-54
  em empresas familiares que crescem e evoluem, 169-76
Questões da família
  na empresa familiar complexa, 185-89
  na experiência empreendedora, 147-48
  na empresa familiar em crescimento e evolução, 162-68
Questões de participação acionária
  na empresa familiar complexa, 182-85
  na experiência empreendedora, 146-47

na empresa familiar em crescimento e evolução, 157-62

Ramos, controle da orientação faccional da família, 46-47
(Re)focalização estratégica, 126-28
Relacionamentos entre irmãos
  em empresas familiares, 77-80
  no estágio de Entrada na Empresa, 167-68
  por toda a vida, 78
Rivalidade
  entre gerações, 4-5
  entre irmãos, 5

Sistemas, empresas familiares como, 5-14
Sobrevivência, 111
Sócio, papel do, na empresa familiar, 3
Sonnenfeld, Jeffrey, 96, 98
Steinberg, Inc., 43
Steinberg, Mitzi, 43
Steinberg, Sam, 43
Sucessão(ões)
  o complexo processo de, 194-97, 219-20
  "conspiração", 96
  e a negociação do sonho comum, 201-03
  planejamento, consultores para, 271-72
  desligamento da geração mais velha da empresa, 95-97
  transição para empresa de Proprietário Controlador, 205-10
  transição para Consórcio de Primos, 215-20
  transição para Parceria entre Irmãos, 211-15
  compreendendo a diversidade de, 203-21

Tagiuri, R., 5
Terapia, necessidade para a família, 268-69
Tom emocional das famílias em Consórcios de Primos, 185-88
Tomada de decisões, 174
Transição(ões)
  para empresa de Proprietário Controlador, 205-10
  para Consórcio de Primos, 215-20
  ciclo de vida individual, 157, 160
  para Sociedade entre Irmãos, 211-15

Valores de gerenciamento de patrimônio, 152, 153
Vancil, Richard, 211

Wal-Mart, 1
Ward,John, 18, 30, 127, 228, 236

Yale University, 59

Zeus, 42

Conheça outros livros da Alta Books

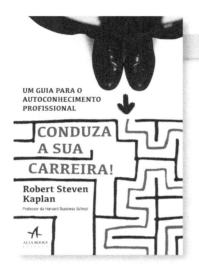

Conduza a Sua Carreira

Design de Negócios

Integração de Idéias